Direitos Humanos

Direitos Humanos

EVOLUÇÃO E COOPERAÇÃO INTERNACIONAL

2021

Priscila Caneparo

ALMEDINA

DIREITOS HUMANOS
EVOLUÇÃO E COOPERAÇÃO INTERNACIONAL

AUTOR: Priscila Caneparo dos Anjos

DIRETOR ALMEDINA BRASIL: Rodrigo Mentz
EDITORA JURÍDICA: Manuella Santos de Castro
EDITOR DE DESENVOLVIMENTO: Aurélio Cesar Nogueira
ASSISTENTES EDITORIAIS: Isabela Leite e Larissa Nogueira

DIAGRAMAÇÃO: Almedina
DESIGN DE CAPA: Roberta Bassanetto

ISBN: 9786556272481
Julho, 2021

Dados Internacionais de Catalogação na Publicação (CIP)
(Câmara Brasileira do Livro, SP, Brasil)

Anjos, Priscila Caneparo dos
Direitos humanos : evolução e cooperação internacional / Priscila Caneparo dos Anjos. -- 1. ed. -- São Paulo : Almedina, 2021.

ISBN 978-65-5627-248-1

1. Cooperação internacional 2. Direitos humanos
3. Direitos humanos (Direito internacional)
4. Organizações internacionais I. Título.

21-64286 CDU-342.7

Índices para catálogo sistemático:

1. Organizações internacionais : Direitos humanos 342.7

Maria Alice Ferreira - Bibliotecária - CRB-8/7964

Universidade Católica de Brasília - UCB
Reitor: *Prof. Dr. Ricardo Pereira Calegari*
Pró-Reitora Acadêmica: *Prof.ª Dr.ª Regina Helena Giannotti*
Pró-Reitor de Administração: *Prof. Me. Edson Cortez Souza*
Diretor de Pós-Graduação, Identidade e Missão: *Prof. Dr. Ir. Lúcio Gomes Dantas*
Coordenador do Programa de Pós Graduação em Direito: *Prof. Dr. Maurício Dalri Timm do Valle*
Editor-Chefe do Convênio de Publicações: *Prof. Dr. Marcos Aurélio Pereira Valadão*

Este livro segue as regras do novo Acordo Ortográfico da Língua Portuguesa (1990).

EDITORA: Almedina Brasil
Rua José Maria Lisboa, 860, Conj.131 e 132, Jardim Paulista | 01423-001 São Paulo | Brasil
editora@almedina.com.br
www.almedina.com.br

[...] Nossos interesses nacionais nos mantêm tolhidos, nos dividem. Mas nós, latino-americanos, pertencemos a uma nação comum ainda não constituída e que está dividida em vários países. [...]

José Alberto Mujica Cordano

LISTA DE SIGLAS

ABC – Agência Brasileira de Cooperação
ACNUR – Alto Comissariado das Nações Unidas para os Refugiados
ANVISA – Agência Nacional de Vigilância Sanitária
APEC – Cooperação Econômica da Ásia e do Pacífico
CADH – Pacto de São José da Costa Rica
CCPR – Comitê de Direitos Humanos
CDH – Comissão de Direitos Humanos
CDI – Comissão de Direito Internacional
CECAN – Comunidade Europeia do Carvão e do Aço
CEJIL – Centro por la Justicia y el Derecho Internacional
CENIDH – Centro Nicaraguense de Derechos Humanos
CIDH – Corte Interamericana de Direitos Humanos
COE – Conselho da Europa
CSS – Cooperação Sul-Sul
DDHH – Direitos Humanos
DUDH – Declaração Universal dos Direitos Humanos
ECOSOC – Conselho Econômico e Social das Nações Únicas
FIV – Fecundação *in Vitro*
FUNAG – Fundação Alexandre Gusmão
GRIC – Grupo de Revisão da Implementação de Cúpulas
IDH – Índice de Desenvolvimento Humano
INREDH – Fundación Regional de Asesoría en Derechos Humanos
IPPDH – Instituto de Políticas Públicas do MERCOSUL
ITU – International Telegraph Union

LGTB – Lésbicas, Gays, Bissexuais e Transgêneros
MEM – Mecanismo de Avaliação Multilateral
MERCOSUL – Mercado Comum do Sul
MESECVI – Mecanismo de Seguimento da Convenção de Belém do Pará
MESICIC – Mecanismo de Acompanhamento da Implementação da Convenção Interamericana Contra Corrupção
MRE – Ministério das Relações Exteriores
NAFTA – Tratado Norte-Americano de Livre Comércio
OEA – Organização dos Estados Americanos
OI – Organização Internacional
OIT – Organização Internacional do Trabalho
ONG – Organização não governamental
ONU – Organização das Nações Unidas
OSC – Organização da Sociedade Civil
OUA – Organização da Unidade Africana
PAIR – Plano de Ações Integradas e Referenciais de Enfrentamento à Violência Sexual Infanto-Juvenil no Território Brasileiro
PIDCP – Pacto Internacional sobre Direitos Civis e Políticos
PNDU – Programa das Nações Unidas para o Desenvolvimento
PNUMA – Programa das Nações Unidas para o Meio Ambiente
SISCA – Sistema de Acompanhamento das Cúpulas das Américas
UA – União Africana
UNCTAD – Conferência das Nações Unidas sobre Comércio e Desenvolvimento
UNICEF – Fundo das Nações Unidas para a Infância

SUMÁRIO

Introdução

A proteção internacional dos direitos humanos incumbe os sujeitos de Direito Internacional, Estados e organizações internacionais, no compromisso de assegurar a eficácia universal dos direitos humanos. De tal modo, exigem-se ações dos indivíduos, dos governos nacionais, dos órgãos e da sociedade internacional, que visem sua promoção e defesa.

O Estado, desde seus primórdios, pautou o desenvolvimento de seus institutos nos objetivos comuns da sociedade. Com o desenrolar dos tempos, a figura estatal se flexibilizou para melhor atender aos anseios societários relativos à dignidade da pessoa humana: não mais se comportara o poder estatal desatrelado das exigências dos direitos humanos. Para tanto, valores ligados à cooperação e ao *jus cogens* emergiram na ordem jurídica nacional.

Simultaneamente, a definição de soberania adequou-se à crescente interdependência dos Estados na comunidade internacional e à edificação do Direito Internacional – mais especificamente do Direito Internacional dos Direitos Humanos –, a partir da criação de mecanismos que garantam o efetivo compartilhamento das soberanias em defesa, em última análise, dos direitos humanos. Desponta, neste cenário, o Estado Constitucional Cooperativo, atualizando o papel do Estado por intermédio de vetores cooperativos.

Nessa perspectiva, a realidade do Direito Internacional dos Direitos Humanos aduz a um plexo indispensável de sujeitos, valores e institutos encarregados de concretizarem a eficácia deste ramo do Direito. Não mais se comporta que o arranjo social, pautado na dignidade da pessoa humana, esteja atrelado exclusivamente a uma única formatação estatal: neste entrecho, despontam as organizações e as cortes internacionais, bem como a interligação entre os Estados por aportes cooperacionais.

Não obstante, os Estados cumprem o papel primário na proteção dos direitos humanos, prevendo em seus ordenamentos jurídicos os direitos protegidos e as formas de buscá-los caso ocorram violações. Para alcançarem esta proteção, os Estados podem se valer, em tempos mais recentes, de instrumentos cooperativos, aproveitando experiências positivas de ordenamentos estrangeiros nesta temática ou desenvolver, conjuntamente, novas técnicas de proteção.

Agora, na falta ou na ineficácia de mecanismos nacionais, abre-se caminho à proteção internacional dos direitos humanos. A partir da organização da sociedade em pilares democráticos, a ordem interna não mais apreendeu o domínio reservado da tutela destes direitos, suportando, subsidiariamente, a jurisdição internacional por intermédio do compartilhamento da soberania estatal. Justifica-se que pela aplicação do princípio da subsidiariedade às jurisdições internacionais, sua coexistência com as jurisdições nacionais está plenamente compatibilizada.

Com efeito, esta proteção internacional dos direitos humanos, estruturada em órgãos e documentos, abrange tanto a proteção universal, como a regional. A proteção objeto desta tese, proteção regional interamericana, compõe-se, basicamente, de dois órgãos, Comissão e Corte Interamericana de Direitos Humanos, além de documentos consagradores de valores atrelados à democracia, paz, direitos humanos e cooperação.

A Corte Interamericana é, de fato, o órgão jurisdicional do sistema interamericano, prolatando condenações contra os Estados que reconheceram expressamente sua competência contenciosa.[1] Os termos de suas sentenças se dividem em duas espécies: obrigações pecuniárias e obrigações não pecuniárias (obrigações de fazer e de não fazer). Quanto aos primeiros, o art. 68.2 da Convenção Americana sobre Direitos Humanos[2] prevê que o cumprimento se dará por normativa interna de

[1] Hoje, são eles: Argentina, Barbados, Bolívia, Brasil, Chile, Colômbia, Costa Rica, Equador, El Salvador, Guatemala, Haiti, Honduras, México, Nicarágua, Panamá, Paraguai, Peru, Suriname e Uruguai.

[2] Nas palavras do art. 68.2: "a parte da sentença que determinar indenização compensatória poderá ser executada no país respectivo pelo processo interno vigente para a execução de sentenças contra o Estado".

execução de sentenças contra o Estado; entretanto, quanto aos termos não pecuniários, deixa-se a cargo dos Estados deliberarem sobre os meios de implementação.

A partir do exame acurado do cumprimento das sentenças da Corte Interamericana, observa-se que, na grande maioria dos casos, os Estados possuem entraves na execução dos termos não pecuniários de suas condenações, não havendo sequer, à exceção de Peru e Colômbia, normativa interna atrelada aos modos de satisfação destes pontos prolatados. A falta de segurança, eficácia e consolidação dos direitos humanos proclamados internacionalmente acaba por reivindicar novos artifícios que assegurem o cumprimento integral destas sentenças internacionais.

Com base na problemática exposta, abre-se caminho à utilização das vias cooperativas pelos Estados que aceitaram a competência contenciosa da Corte justamente para sustentar a realização efetiva, em ambiente interno, dos termos de suas condenações.

Em outras palavras, a efetividade do Direito Internacional dos Direitos Humanos, no sistema interamericano, encontra-se em xeque, dado o alto grau de descumprimento dos ditames ali impostos. Para a reversão do quadro, demanda-se a complexa interligação entre os mais variados institutos do Direito, sob um prisma de multidisciplinaridade.

Nessa perspectiva, o objetivo da tese aqui apresentada repousa, tendo em mente a indispensabilidade da ordem jurídica estatal, no estudo do desenrolar dos direitos humanos – e sua consequente proteção internacional – e na fundamentação da cooperação internacional como instrumento benéfico à consolidação daqueles direitos. Para tanto, analisam-se as posturas estatais frente às condenações na Corte Interamericana e, a partir destas, oportuniza-se a elaboração de propostas, por vias cooperativas, de harmonização no cumprimento dos conteúdos não pecuniários. Deste modo, aspira-se à melhoria na implementação dos direitos humanos em solos internos.

No entanto, esta proposta de harmonização, orientada pela conexão entre os Estados por canais cooperativos, exige, necessariamente, o respeito para com as peculiaridades locais; caso contrário, servirá como meio de dominação, e não de coordenação.

Em suma, a hipótese desta tese encontra-se na premissa de que as sentenças da Corte Interamericana, especificamente quanto aos seus pontos não pecuniários, serão mais satisfatoriamente cumpridas em solos internos pela harmonização dos instrumentos nacionais, com base na cooperação internacional entre os Estados.

A singularidade deste estudo repousa justamente na busca da harmonização das legislações nacionais, com base em suas particularidades locais, em benefício da consolidação dos direitos humanos em cada um dos Estados que aceitaram a jurisdição da Corte Interamericana, optando-se, para tanto, pelo exame casuístico de cada um deles. Esta alternativa se coaduna com o empenho em alcançar um subsídio ao menos normativo que garanta a eficácia interna das sentenças da Corte Interamericana. Não se objetivou a investigação apenas dos fatores ligados à condenação e às formas de implementação: quis-se entender o quadro dos direitos humanos e a realidade fática de cada um dos Estados analisados para se chegar a um consenso sobre as melhores propostas de harmonização das normativas sobre o cumprimento dos termos não pecuniários das sentenças da Corte.

Para tanto, elegeu-se o exame doutrinário dos institutos necessários à compreensão da problemática envolvendo os Estados que possuem condenações na Corte Interamericana, bem como de suas possíveis soluções. Ademais, averiguaram-se as legislações nacionais previamente existentes, tendo-as como subsídio ao desenvolvimento das propostas de harmonização e, por fim, investigou-se a jurisprudência da Corte Interamericana e os meios de implementação de suas obrigações pelos Estados.

Assim sendo, esta tese se realiza a partir das seguintes fontes: (a) doutrina atrelada aos ramos do Direito Internacional dos Direitos Humanos, Direito Internacional Público, Direito Constitucional, Teoria Geral do Estado, Teoria Política, Filosofia do Direito e Sociologia do Direito; (b) documentos dos sistemas de proteção dos direitos humanos, mais especificamente aqueles previstos no sistema interamericano; e (c) normas jurídicas nacionais sobre o cumprimento interno das sentenças da Corte Interamericana.

Quanto aos métodos empregados neste trabalho, aduz-se ao método dedutivo, indutivo e dogmático. O método dedutivo – cuja lógica caminha do particular para o geral por diversas pesquisas de fatos, com a constatação de repetição do resultado suspeito como verdadeiro – será o de maior valia, desenvolvendo-se, como raciocínio base, a análise das formas de implementação das condenações da Corte em bases nacionais, relacionando-as às propostas de harmonização a partir do resultado das investigações. Quando se demonstrar possível a utilização de generalizações, então, paralelamente, operar-se-á com o método indutivo – caminhando do geral para o particular, considerando que se um fenômeno ocorre tal como os outros, ter-se-á apenas um único resultado. Quanto ao método dogmático, serão investigados os ordenamentos jurídicos internos sobre o cumprimento das sentenças prolatadas pela Corte Interamericana e sua eficácia, visando melhorá-la por vetores cooperacionais.

Adentrando à delimitação do tema, elegeu-se a interligação das matérias substanciais ao estudo, quais sejam: delimitações das noções de sociedade e dos institutos atrelados aos conceitos estatais; investigação da cooperação internacional, de seus princípios e do aspecto prático brasileiro; desdobramentos atrelados aos direitos humanos, chegando aos seus sistemas de proteção internacional e às condenações em âmbito interamericano dos Estados nesta temática.

Quanto à divisão, a tese aqui exposta fora desenrolada mediante quatro capítulos:

O primeiro capítulo, "Delimitações conceituais do Estado: das primeiras sociedades às organizações internacionais", parte das primeiras formações humanas até se chegar às formações sociais requerentes da figura estatal. Destaca-se, a partir de então, o Estado como meio garantidor dos anseios sociais, vindo, ao longo da história, a modificar suas características para melhor atendê-los. Em tempos mais recentes, a partir da globalização, analisa-se a flexibilização da soberania, com o seu consequente compartilhamento, sucedendo na formação das organizações internacionais e na possibilidade de sua responsabilização internacional.

Quanto ao segundo capítulo, intitulado "Aspectos relevantes da cooperação internacional", mencionam-se os fundamentos e os princípios impreteríveis à compreensão da cooperação internacional, cuja qual permitiu a consagração de um novo modelo de Estado, denominado, segundo Peter Häberle, de "Estado Constitucional Cooperativo". Neste formato, o Estado inclina-se a alinhar conceitos de Direito Constitucional e de Direito Internacional, assegurando direitos a seus cidadãos também por intermédio de instrumentos cooperativos. Por fim, averiguam-se os rumos cooperacionais em solos brasileiros.

O terceiro capítulo, "Os direitos humanos", pretende assimilar o seu desenrolar histórico, bem como suas características, chegando, hoje, em sua internacionalização e na consequente proteção internacional. A partir daí, infere-se à análise dos sistemas universal e regionais de proteção dos direitos humanos, elucidando seus instrumentos e órgãos próprios.

Finalmente, o quarto capítulo, nomeado "O sistema regional interamericano: análises e buscas cooperativas para harmonizar o cumprimento das sentenças da Corte Interamericana de Direitos Humanos", centra-se nos documentos e órgãos que compõem o sistema interamericano, apreendendo os meios de implementação das condenações e a situação atual dos direitos humanos em cada um dos Estados que reconheceram a competência contenciosa da Corte. Propõe-se, a partir de então, modos de harmonização no cumprimento, pelos Estados, dos termos não pecuniários das sentenças deste órgão.

A divisão em tela aproxima sistematicamente os temas tratados nesta tese, facilitando seu desenvolvimento e compreensão. Ademais, a partir desta estruturação observa-se o suporte teórico e fático para a consolidação das propostas, confirmando sua utilidade à efetivação do sistema interamericano e dos propósitos dos direitos humanos naqueles Estados que o integram.

Capítulo 1
Delimitações Conceituais do Estado: das Primeiras Sociedades às Organizações Internacionais

1.1 A Sociedade e o Estado

1.1.1 Delineamentos das formações sociais – aspectos relevantes da natureza humana

O Estado, que ocupa espaço privilegiado nas formações da sociedade atual, tem como escopo fundamental os conjuntos sociais que o almejam para seu próprio desenvolvimento. Relata-se que a sociedade requer as estruturas estatais para seu aperfeiçoamento e, concomitantemente a esta alusão, o Estado não tem qualquer existência sem esta referida sociedade.

Neste entendimento, faz-se necessário aprofundar o estudo das formações sociais desde suas primeiras configurações, uma vez que fora neste momento que a ideia rudimentar de Estado vem a surgir. Não se pode, de tal maneira, dissociar a figura estatal dos próprios conglomerados humanos – são eles que se organizam de modo a possibilitar o surgimento e o desenvolvimento estatal.

Mesmo contando com características ainda embrionárias, a concepção estatal já acompanha a humanidade desde a formação de seus primeiros clãs – quando então seres humanos, com características semelhantes e vontades comuns, principalmente em relação à ordem e justiça, organizaram-se em sociedades, muitas vezes complexas, em torno de um chefe, para compartilharem do mesmo modo de vida e das mesmas leis – ainda que não juridicamente estruturadas.

Em um primeiro momento, cabe ser dito que a sociedade se organiza de maneira natural, a partir de premissas voltadas ao seio familiar: é a família a formação basilar de um prospecto de desenvolvimento até que se torne possível o encontro das formações estatais. Por segundo, quem faz o papel de estruturação dos conjuntos humanos vem a ser a religião propriamente dita, com suas instituições hierarquizadas e compostas por ligações metafísicas. Igualmente às instituições religiosas, encontram-se os estabelecimentos de ensino, cujos quais pretendem estruturar ainda mais as formações humanas em prol de uma sociedade organizada e com conhecimentos acerca de si mesma. Em termos mais recentes, voltando-se a interesses correlatos ao dos sistemas econômicos, os homens se unem, sintetizando suas atuais formações societárias, em torno de um objetivo, qual seja: objetivos materiais. De forma mais objetiva, traduz-se:

> No mundo moderno, o homem, desde que nasce e durante toda a existência, faz parte simultânea ou sucessivamente, de diversas instituições ou sociedades, formadas por indivíduos ligados pelo parentesco, por interesses materiais ou por objetivos espirituais. Elas têm por fim assegurar ao homem o desenvolvimento de suas aptidões físicas, morais e intelectuais, e para isso lhe impõem certas normas, sancionadas pelo costume, a moral ou a lei.
>
> A primeira em importância, a sociedade natural por excelência é a família, que o alimenta, protege e educa. As sociedades de natureza religiosa, ou Igrejas, a escola, a Universidade, ao outras instituições em que ele ingressa; depois de adulto, passa ainda a fazer parte de outras organizações, algumas criadas por ele mesmo, com fins econômicos, profissionais ou simplesmente morais: empresas comerciais, institutos científicos, sindicatos, clubes, etc. O conjunto desses grupos sociais forma a *Sociedade* propriamente dita. Mas, ainda tomado neste sentido feral, a extensão e a compreensão do termo sociedade variam, podendo abranger os grupos sociais de uma cidade, de um país ou de todos os países e, neste caso, é a sociedade humana, a humanidade.[3]

[3] Azambuja, Darcy. **Teoria geral do estado.** Rio de Janeiro: Globo, 1996. p.1.

Ocorre que as formações sociais vêm de encontro, sem qualquer questionamento, para com a vontade humana, quando então homens reúnem-se em torno de ideais comuns, formando determinados grupos sociais. Como descrito, a sociedade acaba por ser a conjunção de alguns grupos sociais, devidamente estruturados, sob os ideais que lhes entendem ser passíveis de incorporação, buscando o seu aprimoramento.

O problema que se vislumbra, neste dado contexto, reside no fato de ser ou não a sociedade uma característica própria da natureza humana, uma vez que a vida em sociedade pode acabar por limitar a própria liberdade humana. Encontram-se, na doutrina clássica que paira sobre os delineamentos societários[4], duas posições praticamente opostas: no primeiro caso, enuncia-se uma resposta afirmativa, entendendo ser o homem, em sua faceta mais íntima, um ser social por excelência, não restando dúvidas acerca de sua propensão pela vida em sociedade; em um enfoque contraposto, entende-se que a sociedade é apenas fruto de uma escolha humana. Nos entendimentos doutrinários, alude-se:

> A vida em sociedade traz evidentes benefícios são homem, mas, por outro lado, favorece a criação de uma série de limitações que, em certos momentos e em determinados lugares, são de tal modo numerosas e freqüentes que chegam a afetar seriamente a própria liberdade humana. [...]
>
> Tanto a posição favorável à ideia da sociedade natural, fruto da própria natureza humana, quanto a que sustenta que a sociedade é, tão-só, a consequência de um ato de escolha, vêm tendo, através dos séculos, adeptos respeitáveis, que procuram demonstrar, com farta argumentação, o acerto de sua posição.[5]

Inicialmente, considerando adeptos favoráveis aos conceitos de sociedade natural, pode-se dizer que seu nome exponencial fora Aristóteles, tendo ele denominado, preliminarmente, o homem como um

4 Há, de fato, duas correntes doutrinárias clássicas para o estudo do homem em um ambiente societário: a primeira delas, a corrente naturalista, marcada por nomes como Aristóteles, Cícero, São Tomás de Aquino e Oreste Ranelletti, apoia-se no fato de que a própria natureza humana busca uma vida em sociedade; quanto a segunda, conhecida como contratualista e tendo como nomes exponenciais Platão, Thomas Moore, Tommaso Campanella e Thomas Hobbes, abarca a vontade consciente humana para a vida em sociedade.

5 DALLARI, Dalmo. **Teoria geral do Estado**. São Paulo: Saraiva, 1998. p.7.

animal político[6], colocando-o em posição não outra que de igualdade para com os animais, tendo em vista que não conseguiria viver isoladamente sem que lhe houvesse imposta constrição.

Momentos posteriores, reafirmando as ideias de Aristóteles, aparecem Cícero (Roma, século I a.C.) e Santo Tomás de Aquino, tendo ambos reafirmado o que inicialmente fora concluído por aquele filósofo: o homem pressupõe a vida normal a partir da interação com outros homens, em constante formação social, e não a partir de uma concepção de escolha entre o coletivo e o individual. Considera-se que:

> [...] Reafirma-se, portanto, a existência de fatores naturais determinando que o homem procure permanente associação com os outros homens, como forma normal de vida. Assim como ARISTÓTELES dissera que só os indivíduos de natureza vil ou superior procuram viver isolados, SANTO TOMÁS DE AQUINO afirma que a vida solitária é exceção, que pode ser enquadrada numa três hipóteses: excellentia naturael quando se tratar de indivíduo notavelmente virtuoso, que vivem em comunhão com a própria divindade, como ocorria com os santos eremitas; corruptio naturae, referente aos casos de anomalia mental; malafortuna, quando só por acidente, como no caso de naufrágio ou de alguém que se perdesse numa floresta, o indivíduo passa a viver em isolamento.[7]

Ocorre que há aqueles que acreditam na livre opção humana para viver em sociedade, encontrando-se, entre os homens, de fato, um *contrato social*[8] – tomando-se a liberdade de ser utilizada expressão já cunhada pelo direito e pela própria história.

[6] *Anthropos physei politikon zoon.* Nesse sentido, Aristóteles refere-se ao fato de que, para o homem, não basta apenas viver, mas sim viver bem. E, para viver bem, nesse sentido, a sua melhor forma se dá desenvolvendo sua vida na sociedade contemplada pela *polis.* (CENTRO DE ESTUDOS DO PENSAMENTO POLÍTICO. **Animal político**. Disponível em: <http://www.iscsp.utl.pt/~cepp/indexfro1.php3?http://www.iscsp.utl.pt/~cepp/conceitos_politicos/animal_politico.htm>. Acesso em: 07 mar. 2015).

[7] DALLARI, Dalmo. **Teoria geral do Estado**. São Paulo: Saraiva, 1998. p.8.

[8] Neste ponto, remete-se a aspectos históricos para o melhor entendimento: em consonância com Jean-Jacques Rousseau, o poder só pode ser legitimado e, consequentemente, a sociedade só pode ser idealmente organizada a partir deste segundo um *contrato social.* Tempos mais recentes, trazem, igualmente, à tona a ideia de contrato social, segundo pensamentos de John Locke para legitimar o Estado Liberal e a propriedade privada – nesse sentido,

Destarte, a sociedade seria o produto do acordo de vontades, de um contrato imaginário celebrado entre todos os seus atores sociais. Tais ideias não poderiam ter outros adeptos senão aqueles considerados, pelos acontecimentos, como contratualistas.

O primeiro deles vem a ser Platão, quando então entende que a organização da vida em sociedade parte de uma construção racional, e não de uma necessidade intrínseca humana. Ocorre que, ainda nesses primórdios, não existia claramente a ideia de contratualismo, vindo apenas a se consolidar com Thomas Hobbes, em 1651[9], onde o homem só consegue superar seu estado de natureza a partir do contrato social.

Segundo este último entendimento, deve-se deixar claro que, em tempos mais recentes, partindo da premissa destes aspectos doutrinários clássicos, o Estado acaba por surgir de um suposto contrato social: há, de fato, uma transferência mútua de direitos entre homens organizados nos moldes estatais. Ocorre que os seres humanos não seriam passíveis de controlar seus instintos e de bem se auto-organizarem caso lhes faltassem a figura de um ente detentor de poderes, tal qual se demonstra ser o Estado. Por isso mesmo, a figura estatal tende a se comportar imprescindível para uma vida em sociedade – sendo esta, novamente, dita como fruto de uma escolha humana.

Sucede-se a esta realidade o fato de que a sociedade – e o Estado, em última análise –, não poderia sustentar-se em bases advindas da *guerra de todos contra todos*. Haveria, assim, de se encontrar um ponto de equilíbrio na própria natureza humana para o desenrolar das formações sociais, e não apenas a adstrição destas ao contrato de homens entre homens.

Nesse ponto de convergência, encontram-se as ideias propostas por Montesquieu, não negando a existência de um pacto entre os homens e o Estado, mas admitindo que a existência da vida em sociedade acaba por se dar de maneira natural à vida humana, ainda que regidas por leis de governo. Para justificar este entendimento, transcreve-se:

diz-se que a liberdade almejada seria àquele em que o homem não seria obrigado a fazer nada que não lhe agradasse, a não ser segundo termos legalmente impostos.

[9] No ano em questão, Thomas Hobbes lançou sua obra crucial para o entendimento de que as associações humanas são fruto de sua vontade, e não de aspectos internos de sua natureza, tendo sido ela denominada de *O Leviatã*. (Hobbes, Thomas. **O Leviatã**. São Paulo: Ícone, 2003).

> Para MONTESQUIEU existem também leis naturais que levam o homem a escolher a vida em sociedade. Essas leis são as seguintes: a) o desejo de paz; b) o sentimento das necessidades, experimentado principalmente na procura de alimentos; c) a atração natural entre os sexos opostos, pelo encanto que inspiram um ao outro e pela necessidade recíproca; d) o desejo de viver em sociedade, resultante da consciência que os homens têm de sua condição e de seu estado. [...]
> Embora começando por essas observações e dizendo em seguida que "sem um governo nenhuma sociedade poderia subsistir", MONTESQUIEU não chega a mencionar expressamente o contrato social e passa à apreciação das leis do governo, em fazê-las derivar diretamente de um pacto inicial.[10]

Do anteriormente exposto – a partir de todo desenrolar histórico de observância do fenômeno da junção dos seres humanos –, e, como consequência de uma realidade pautada nos ideais de congregação humana genuína a sua natureza, tem-se, hoje, a predominância do entendimento de não ser a sociedade o resultado de um contrato entre homens e homens, ou entre homens e Estados – logicamente, não negando a importância do contratualismo para o desenvolvimento mais peculiar e aprofundado das relações societárias.

O que de fato une homens a homens, constituindo-se o fator social em pauta, é, na verdade, a delimitação de sua própria natureza, aquela que leva em conta a necessidade do homem viver em sociedade para atender aos seus anseios mais íntimos, sobrepondo-se vida em coletividade à vida individual.

Assim entendido, torna-se possível passar para o segundo ponto desta análise, onde se preveem os principais elementos de tais congregações humanas.

1.1.2 Elementos cruciais das sociedades

A partir do estudo de ser ou não a sociedade uma decorrência natural da natureza humana, passa-se à análise de aspectos mais práticos do referido instituto, ou seja, seus próprios elementos característicos.

[10] DALLARI, Dalmo. **Teoria geral do Estado**. São Paulo: Saraiva, 1998. p.10.

Neste momento, cabe ser dito, preliminarmente, que nem todos os grupos humanos formam, de fato, sociedades: para se contar com formações sociais, necessário se demonstra a existência de algumas características inerentes a elas. Tem-se um regime próprio de existência, individualizando-as como fenômeno. Nos termos de Azambuja:

> Os grupos humanos, a que aludimos, são sociedades, porém nem todos os grupos humanos formam uma sociedade. Na acepção científica do termo, sociedade é "uma coletividade de indivíduos reunidos e organizados para alcançar uma finalidade comum". [...] Supõe organização permanente e objetivo comum. Por isso, uma multidão, a plateia de um teatro, etc. não são sociedades; pois, ainda que se lhes reconheça um efêmero objetivo comum, não têm no entanto organização nem são permanentes.[11]

Como fator decisivo para individualizar o conceito de sociedade, de maneira lógica e racional, deve-se levar em consideração elementos como a "união moral de seres racionais e livres, com organização estável para a realização de um fim comum".[12]

Seguramente, pode ser entendido que, por mais complexo que se demonstre um conglomerado humano, ou por mais que existam convergências em determinados grupos, ainda assim, nem sempre serão considerados como componentes de uma determinada sociedade, ainda que, diante deles, se coloque um determinado interesse social, ou melhor dizendo:

> Como se tem verificado com muita frequência, é comum que um grupo de pessoas, mais ou menos numeroso, se reúna em determinado lugar em função de algum objetivo comum. Tal reunião, mesmo que seja muito grande o número de indivíduos e ainda que tenha sido motivada por um interesse social relevante, não é suficiente para que se possa dizer que foi constituída uma sociedade.[13]

[11] AZAMBUJA, Darcy. **Teoria geral do estado**. Rio de Janeiro: Globo, 1996. p.1.

[12] JOLIVET, Regis. **Traite de Philosophie**. 7.ed. França: Le-livre, 1963. (Tradução livre).

[13] DALLARI, Dalmo. **Teoria geral do Estado**. São Paulo: Saraiva, 1998. p.11.

Ora, dada esta conjuntura, então importante se atesta determinar, de maneira objetiva, quais seriam os elementos cruciais para delimitar a existência de uma sociedade por intermédio de uma reunião de homens.

Segundo Dallari, seus fundamentos resumem-se a três, quais sejam: a) finalidade ou valor social; b) manifestação de conjunto ordenadas; c) poder social.[14]

1) **Finalidade ou Valor Social**: aqui, os conceitos interligam-se diretamente à questão da liberdade humana.[15] Ou seja, a sociedade tem como ponto de alcance, entre seu conglomerado, a liberdade deles escolherem ao bem comum: "ela busca a criação de condições que permitam a cada homem e a cada grupo social a consecução de seus respectivos fins particulares".[16] Coloca-se em apartado o determinismo, cujo qual nega a possibilidade de opção e, como consequência prática, exalta-se a própria liberdade humana de escolha como um dos pilares para a construção da instituição ora denominada de sociedade.
2) **Manifestação de Conjunto Ordenadas**: refere-se à reiteração, ordem e adequação. Quanto à reiteração, tem-se a ideia de que para a consecução do bem comum, o conjunto de homens deve realizar esforços repetidamente, atuar com sucessivos esforços em prol da finalidade coletiva. Em congruência com tais manifestações para o bem de toda a coletividade, há de se observar a ordem, com o cumprimento dos papeis de unidade e logicidade, unindo-se a partir de um conjunto harmônico de ações. Refere-se ao fato de que o próprio dispêndio de energia de uma dada sociedade deve se dar sempre, dentro de uma determinada ordem, em prol do bem comum de seus entes. Esta ordem deve ser pautada em ideais de moralidade e de direito. Por último, alude-se à adequação como elemento essencial à manifestação do conjunto para se ter uma denominada sociedade. Nesse sentido, de maneira breve, menciona-se que o termo vem empregado de forma a se alcançar o bem comum sem eventuais desvirtuamentos, sem prejuízo dos recursos disponíveis.

[14] *Ibid.*, p.12.

[15] Telles Junior, Goffredo. **O povo e o poder**: o Conselho do Planejamento Nacional. 3.ed. São Paulo: Saraiva, 2014.

[16] Dallari, *op. cit.*, p.13.

3) **Poder Social**: indiscutivelmente, sejam quais forem os aspectos relevantes para se chegar a conceituações acerca do poder, há de se fazer referência deste como fenômeno social, ou seja, a capacidade de uma determinada pessoa influenciar ou, até mesmo, determinar o comportamento de um grupo. Em consonância, abre-se o debate para se saber se há ou não a necessidade de existência de um poder para se estruturarem as bases de uma sociedade. Contrapõem-se, nesse momento, as teorias anarquistas às teorias do poder como algo elementar à vida em sociedade. Do referido embate, urge a complexa necessidade do poder para a confluência da vida em sociedade, a partir de condições históricas, econômicas e culturais. Em decorrência, todo poder procura sua legitimação a partir das aspirações sociais e, assim, em um ciclo quase lógico, a sociedade busca suas bases nos próprios conceitos advindos do poder e, sucessivamente, o poder se legitima segundo os anseios societários. Diz-se que a legitimação do poder "pode basear-se na tradição, no costume ou nas leis indicadoras de sua forma e de quem deve exercê-lo, bem como de seu uso e dos meios de evitar e reprimir os seus abusos".[17] Neste prospecto, entende-se que o poder social pode advir não apenas do Estado de Direito que se almeja na maior parte das sociedades civilizadas, mas sim em termos menos estruturados, tais como a moral, os costumes, as tradições, entre outros elementos caracterizadores de um grupo social.

Dados tais ensinamentos, indispensável se demonstra ter em mente, em todo o trabalho aqui estruturado, que a sociedade não se organiza a partir apenas de conjuntos de seres com objetivos em comum: há sim de serem observados regimes próprios, que lhes garantam unicidade, harmonia e bases estruturais próprios daquilo que, desde então, se conhece por sociedade. E, para tanto, indispensável se fazem os conceitos de finalidade, ordem e poder – ainda que estes sejam aplicados em sociedades políticas além das bases estatais, partindo da premissa que há, de fato, uma ordem internacional própria estruturada pelos direitos humanos e pelo imperativo da paz.

[17] Gusmão, Paulo Dourado. **Introdução ao estudo do direito**. 10.ed. Rio de Janeiro: Forense, 1984. p.65.

1.1.3 As sociedades políticas

Primariamente, enaltece-se, novamente, aquilo que a doutrina clássica[18] tanto enalteceu: a sociedade, inquestionavelmente, é fruto de um agrupamento humano, havendo uma ordenação na busca de seus fins delimitados em seu interior.

O fato é que, com o passar dos tempos, as sociedades tornaram-se multifacetadas, ganhando novos contornos, novos objetivos e, em decorrência, novas adjetivações, garantindo-lhes peculiaridades para com umas às outras.

Sucede-se, nesse desenrolar, que as sociedades, logo em seus primórdios, observaram a necessidade de resguardarem, entre seus valores, aspectos cooperativos entre si, garantindo, entre elas, a própria sobrevivência de tais. Em outros termos, diz-se que:

> [...] as sociedades primitivas se apresentam com uma organização simples e homogênea. Aos poucos, todavia, o grupo vai evoluindo e se torna mais complexo, notando-se, então, que os indivíduos da mesma tendência e com as mesmas aptidões preferem constituir um grupo à parte, num movimento de diferenciação. Mas os grupos assim diferenciados necessitam dos demais para sua própria sobrevivência, sendo indispensável, por isso, que as partes se solidarizem e se conjuguem num todo harmônico, para que cada grupo se beneficie das atividades desenvolvidas pelos demais. Isto se consegue por um movimento de coordenação. [...][19]

Em tempos recentes, os agrupamentos humanos – aqueles considerados como sociedades –, apesar de sua alta heterogeneidade, podem ser resumidos, a partir de uma perspectiva final, em dois grandes grupos. O primeiro deles, a partir de uma visão individualista e particular, desenvolve-se a partir de ações de seus membros com vistas aos objetivos ligados à sua própria criação. Já o segundo, faz-se por intermédio de sociedades com finalidades amplas, sem objetivo previamente definido, sendo que cada um de seus membros poderá, a partir de suas estruturas,

[18] Novamente, alude-se a nomes como Aristóteles, Platão, Cícero, São Tomás de Aquino, Thomas Hobbes, dentre outros anteriormente já aludidos.

[19] Dallari, Dalmo. **Teoria geral do Estado**. São Paulo: Saraiva, 1998. p.20.

desenvolver seu livre-arbítrio no sentido de atingir seus devidos fins particularmente considerados.[20]

Cabe ser dito, aqui, que neste contexto de bipolarização das sociedades, a sociedade política encontra-se delimitada segundo os preceitos do primeiro grupo supracitado. Em outros termos: encontra-se, ela, em consonância com fins particulares, a partir de um núcleo previamente delimitado, tendo sua criação por motivos voluntários de seus membros.

A partir de entendimentos clássicos, referencia-se o termo *política*[21] aos primórdios gregos, quando então se deu a conotação como sendo o conjunto de aspectos interligados aos conceitos de cidade e, consequentemente, ao cidadão. Baliza-se o sentido da palavra pelo próprio agir social em um contexto de cidade grega, ou seja, seria a própria atuação humana na *polis*.

Em um projetar histórico, a partir de Platão, entendeu-se a política além das interações sociais, ou seja, poderia, a partir dela, delimitar-se um caminho a um ideal comum pelas relações preexistentes, compondo-se, assim, de um instituto com seu traçado previamente delimitado.

Ainda, compreende-se que, como conceito platônico de política, nutre-se um ideal de justiça, onde esta só é possível de ser alcançada a partir de pilares políticos. Em realidade, a justiça deve ser buscada pela política de uma forma ampla, não a partir da imposição da vontade ou da força do governante. Ela deve partir do cidadão da *polis*, que sai em busca de seus ideias. Em outras palavras, diz-se que:

> A justiça que deve surgir na *polis* não é apenas aquela que o governante pode impor pela lei ou ela força, é também aquela do indivíduo que sai da caverna e busca o olhar o sol – ainda que a maioria jamais possa fazê-lo. A *República* não é um simples modelo para se fazer leis, ela é a tentativa do filósofo de criar uma nova ética para o ser humano, aquela do agir racionalmente.[22]

[20] Dallari, Dalmo. **Teoria geral do Estado**. São Paulo: Saraiva, 1998.

[21] O referencial à terminologia *política* vem da língua grega, onde o adjetivo *Pólis (politikós)* toma referencial à cidade e a tudo que a ela se interpola: urbanidade, civilidade, público. A política, na verdade, seria a ciência de governar a cidade.

[22] Teixeira Júnior, Geraldo Alves. Filosofia da teoria política: alguns momentos. **Cadernos UFS de Filosofia**, Sergipe, fasc. XI, v.5, p.91-92, 2009.

Ocorre que, numa projeção histórica, pouco tempo depois, Aristóteles vem a criticar a concepção dada por Platão acerca da política, da sociedade e do próprio homem neste todo incluso. Para ele, a *polis* vem a ser o conjunto de interesses de cada um dos indivíduos que ali se encontram.

Concomitantemente a este novo entendimento, Aristóteles, em sua obra denominada de *Política*, inaugura um novo pensamento, cujo traz, como primeiro estudo lendário sobre o Estado, sua natureza, suas funções e, especialmente, as divisões do Estado. Noberto Bobbio vem de encontro às explanações de Aristóteles quando assim elenca:

> Devido ao adjetivo de *polis* (*politikós*), significando tudo aquilo que se refere à cidade, e portanto ao cidadão, civil público e também sociável e social, o termo *política* foi transmitido por influência da grande obra de Aristóteles, intitulada *Política*, que deve ser considerada o primeiro tratado sobre a natureza, as funções as divisões do Estado, e sobre as várias formas de governo, predominantemente no significado de arte ou ciência do governo, isto é, de reflexão, não importa se com intenções meramente descritivas ou também prescritivas (mas os dois aspectos são de difícil distinção), sobre as coisas da cidade. [...][23]

De tal forma, entende-se que Aristóteles viu a teoria política além da cidade, considerando também aspectos interligados à natureza de seus governos e às suas próprias constituições – no sentido de como a normativa geral das cidades se regulava.

Conjugados pontos centrais dos entendimentos de Platão e de Aristóteles acerca da política, entende-se que esta não se dá um fim em si mesma: sua finalidade está localizada no ser propriamente dito, localizando-a na cidade e em seu pensamento.

Passando-se à Idade Média, consagra-se o auge do pensamento teológico, estando a grande maioria dos institutos que ali vieram a ser desenvolvidos atados a este. Não diferente se deu a política: denota-se que, ali, a política contou com pouca emancipação, tendo em vista estar acoplada aos mandamentos religiosos.

[23] Bobbio, Norberto. **Teoria geral da política**: a filosofia política e as lições dos clássicos. Rio de Janeiro: Elsevier, 2000. p.159.

Pontua-se que o pensamento anterior – referenciado, neste trabalho, a Platão e Aristóteles – não se perdeu em sua totalidade no período em questão: sua utilidade repousou apenas no sentido de interpretação dos novos preceitos, como bem se denota:

> Durante a Idade Média, na Europa Ocidental os cristãos vivenciavam uma concepção comum de mundo: as formas de saber e de verdade estavam expostas no Novo Testamento, nas Escrituras Sagradas e nos ensinamentos dos Padres da Igreja. Tanto a filosofia política quanto as outras áreas da cultura e do conhecimento científico estavam sob o controle e sob a ingerência da teologia oficial e das doutrinas da Igreja Romana. Porém, a herança da antiguidade clássica não havia sido abandonada ou esquecida, pois se fez presente na interpretação e na obra dos grandes pensadores cristãos que souberam adaptar para a teologia cristã a obra de Platão, Aristóteles, Sêneca, Cícero, Plotino e outros.[24]

Neste ínterim histórico, as leis não advinham de preceitos jurídicos, nem de ditames morais ou de justiça, mas se demonstrariam anterior ao direito propriamente dito, ou seja, seriam produtos de uma lei superior, pautadas em preceitos religiosos.

Ocorre que, como seria lógico pensar, a Igreja, dada a conjuntura política, não negaria a religião. Muito pelo contrário: faz dela a sua máquina propulsora para converter e, até mesmo, conter aqueles súditos que não estariam em consonância com seus ensinamentos. Ou seja, se não fosse possível o convencimento pelo castigo da alma em termos transcendentes, então que se desse por meio de regras mundanas, por intermédio da imposição dos soberanos.

> [...] Que se compreenda que não se trata de dizer que a religião nega a política, há uma coexistência e uma relação entre ambas, sendo que o rei impõe sobre os corpos aquilo eu a Igreja não consegue imprimir nas almas; a Igreja, por si só, talvez não pudesse convencer pela promessa de um castigo que está distante – após a vida – e tampouco seria coerente ou bem vista caso aplicasse os castigos terrenos, [...].[25]

[24] WOLKMER, Antonio Carlos. O pensamento político medieval: Santo Agostinho e Santo Tomás de Aquino. **Revista Crítica Jurídica da Fundácion Iberoamericana de Derechos Humanos**, México, n.19, p.16, 2001.

[25] TEIXEIRA JÚNIOR, Geraldo Alves. Filosofia da teoria política: alguns momentos. **Cadernos UFS de Filosofia**, Sergipe, fasc. XI, v.5, p.94, 2009.

Discute-se, ainda, neste contexto, o fato da Igreja, internamente atrelada aos preceitos cristãos, ter se transformado muito mais em um estilo de vida societário que uma delimitada teoria política propriamente dita, uma vez que mensurava até onde os seres humanos poderiam desenvolver seus institutos sem que as penas divinas incidissem sobre estes. Em conexão, como não poderia deixar, o Estado – mais especificamente o governo – passou a adotar medidas cristãs para se ter um domínio político, jurídico e social de toda a população. Em outra dicção, o Estado e a própria teoria política foram afetados pela Igreja, mas com ela não se confundiram ou se transmutaram.

> Por certo, o cristianismo foi muito mais uma elaboração que objetiva a salvação humana e a redenção dos oprimidos do que propriamente uma filosofia política. O que parece, portanto, é que determinadas ideias sobre governo, autoridade, lei humana e obediência estavam presentes não só na tradição clássica pagã, mas sobretudo em numerosas passagens do Novo Testamento. [...]
> A supremacia da Igreja Romana como instituição com legitimidade maior da cristandade consolida os ensinamentos de uma filosofia política em torno da forma de governo, da obediência e dos deveres do cristão ao poder público, as origens e os fundamentos do poder constituído, as relações entre Igreja e Estado etc. Inicialmente, pode-se dizer que a concepção crista de governo e de autoridade legal se baseia numa filosófica do Direito divino, em que o poder constituído provém de Deus, que dá legitimidade aos governantes, competindo ao povo escolhido a obediência e a subordinação às autoridades em exercício. [...][26]

É nesta ordem que se coloca uma nova normativa de poder político – desconhecida na Antiguidade –, reorganizada em uma dualidade; de um lado, têm-se os preceitos do cristianismo, tendendo a controlar e influir na vida do homem em mundo terreno e espiritual; de outro, tem-se o Estado, com sua conduta baseada no poder de seus governantes, propenso a conduzir os seus cidadãos aos objetivos que lhe entendiam plausíveis em seus territórios, naquele determinado momento humano.

[26] WOLKMER, Antonio Carlos. O pensamento político medieval: Santo Agostinho e Santo Tomás de Aquino. **Revista Crítica Jurídica da Fundácion Iberoamericana de Derechos Humanos**, México, n.19, p.17, 2001.

Para tanto, os Estados compreendiam a importância da Igreja na vida societária e dela não se distanciavam na busca do poder sobre as pessoas: por mais que o Estado estivesse disposto a buscar seus objetivos na vida temporal, em plano concreto, sabia-se que os seres estavam atrelados a preceitos da vida espiritual, sendo este o contexto de influência cristã sobre a vida do Estado e, mais, da própria sociedade. Nos entendimentos de George Sabine:

> [...] o cristianismo postulou um problema desconhecido no mundo antigo – o problema da Igreja e do Estado [...]. A novidade da posição cristã residia na suposição da dualidade de natureza do homem e do controle sobre a vida humana [...]. A distinção entre coisas espirituais e temporais constituía a essência da evidente opinião cristã. [...] o cristão estava inevitavelmente obrigado a cumprir um duplo dever, situação essa inteiramente desconhecida da antiga ética pagã. Devia ele não apenas dar a César o que era de César, mas a Deus o que era de Deus; contudo, se entrassem em conflito, não havia dúvida de que devia obedecer a Deus e não ao homem.[27]

Precisa-se que esta confluência de pensamentos não viera a restar durante toda a eternidade histórica, sendo que, a partir do final do século XIV e começo do século XV, a Europa passou por um processo de conflito entre o Papado (poder político supremo da Igreja) e o Império, sendo que, ao final, este emergiu sobre aquele. Além disso, ilustram-se alguns pontos decisivos para a derrocada do pensamento político interligado aos preceitos cristãos, tais como: os preceitos da Igreja Romana colocados à prova com a disseminação das heresias, a Guerra dos Cem Anos entre a Inglaterra e a França, a peste negra, que devastou os europeus no ano de 1348, além da ascendência da corrente filosófica denominada como *nominalismo*.[28]

[27] SABINE, George H. **História das teorias políticas.** Rio de Janeiro/Lisboa: Fundo de Cultura, 1964. p.189-191.

[28] O nominalismo fora uma doutrina filosófica baseada em ideias generalistas, com gêneros e espécies, sem qualquer ligação com a realidade fora do espírito ou da mente. Assim sendo, transmutam-se as ideias do mundo das almas para uma realidade pautada apenas nos indivíduos e nos objetos individualmente considerados. O universo, assim sendo, só existe no individual, no particular, e não por si só.

Investiga-se uma prevalência das ideias que colocaram os preceitos cristãos como maléficos ao desenvolvimento da teoria política e, mais, à própria sociedade. Entendeu-se que os abusos da Igreja como um todo causaram muito mais perturbações à política, à sociedade e à paz que a própria busca a esta última. E é aqui que se reúnem as forças para que o governo dos soberanos pudesse prevalecer sobre as posições religiosas, a partir de um momento histórico denominado como Renascimento.

Importante se demonstra pontuar que momentos históricos de transição nunca são pacificamente doutrinados. Há fatos que o interligam à conjuntura anterior e, ao mesmo tempo, novidades reais que o fazem diferenciadores. E é assim que se trata a época do Renascimento, quanto então a teoria política vem de encontro a muitas questões, em seu íntimo, sobre seu papel propriamente dito e a uma inflexão entre o poder político e o poder religioso. Registra-se o seguinte trecho:

> À medida que os reis puderam apropriar-se cada vez mais do governo, tirando esse das imposições religiosas, a teoria política passa também a seguir esse movimento e o Renascimento será um ponto de inflexão entre a independência ou a subordinação da política. Esse ponto de inflexão é o que irá questionar a própria teoria política sobre seu papel e seu objeto. Parte da teoria política resiste em abandonar o vínculo entre o político e o religioso do outro lado, há a consideração de que assim deve ser e que o governo significa governo dos homens, sob a lei dos homens. [...]. Contudo, podemos dizer que há uma crise que se apresenta, isto porque passa-se a questionar elementos que antes eram aceitos como pressupostos.[29]

Na passagem de uma realidade à outra se vislumbrou a teoria política como apta à consolidação das bases de um governo soberano, conferindo-lhe diretrizes da feitura e realização de seus objetivos. Por óbvio, a teoria política da época em questão não atingiu, ainda, os preceitos basilares que hoje se desenvolvem, sendo que, para o momento, os fins justificariam os meios e a própria manutenção das estruturas estatais se demonstrara mais importante que a sua função pelo bem da sociedade –

[29] TEIXEIRA JÚNIOR, Geraldo Alves. Filosofia da teoria política: alguns momentos. **Cadernos UFS de Filosofia**, Sergipe, fasc. XI, v.5, p.94, 2009.

talvez por esta razão ocorriam, ainda, tantos desvirtuamentos do empenho para com os seus cidadãos.

Propõe-se, aqui, uma teoria política moderna, pautada em dogmas desenvolvidos por filósofos de grande peso histórico, tais como Maquiavel, Hobbes, Kant, segundo as quais o poder deveria ser prevalecente sobre qualquer outro componente societário, proporcionando-se uma devida autonomia.

> [...] é fácil considerar que a resposta vencedora dos embates teóricos foi aquela que definia como objeto da política a manutenção do poder acima de qualquer outro elemento e, portanto, conferia uma autonomia à política relativamente à moral religiosa. A predominância desse ponto de vista foi o que moldou as bases da teoria política moderna que iria vigorar nos séculos seguintes. Essas bases teóricas se fixaram de tal modo que não sofreram grandes ameaças antes do século XIX. [...][30]

Adentrando ao pensamento das figuras supracitadas, Maquiavel fora um expoente para a teoria política moderna – a partir de sua obra denominada *O Príncipe* –, uma vez que viera a separar, definitivamente, o Estado da religião (apesar de, nesse momento, ainda não prevalecer esta compreensão). Igualmente, muitos se referem ao fato de ter Maquiavel separado, também, a atividade política da própria ética, sendo que, para ele, a política deveria ser o instrumento para *conquistar e manter o poder ou a autoridade*, estando todo restante – moral, ética e religião – atrelada apenas à conquista e à manutenção do poder. De resto, não seriam fundamentais ao desenvolvimento político cotidiano propriamente dito.

Por fim, quanto à Maquiavel, na análise de sua obra, identifica-se a política como uma atividade dos seres humanos, sem fundamentos além dela própria. Para ele, a política nada mais seria do que a disputa pelo poder e por sua manutenção.[31]

[30] *Ibid.*, p.95.

[31] Maquiavel, em seu Capítulo XVIII, intitulado *De que modo os príncipes devem cumprir sua palavra*, responde à questão de como adequar o julgamento moral à conquista, consolidação e manutenção do poder, assim tendo dito: “Todos concordam que é muito louvável um príncipe respeitar a sua palavra e viver com integridade, sem astúcias nem embustes. Contudo, a experiência do nosso tempo mostra-nos que se tornaram grandes príncipes que não ligaram muita importância à fé dada e que souberam cativar, pela manha, o espírito dos homens e,

Imergindo nos entendimentos de Hobbes, segundo sua principal obra, *Leviatã*, tem-se, como tema central da teoria política, a existência da razão para só assim ser possível determinar a existência de um direito dentro de todo este aporte fático.

Identifica-se que há, de fato, para Hobbes, a necessária racionalização das relações humanas, conjugada à própria noção de política no interior do Estado. Viera a valorizar a imprescindibilidade de meios, advindos da teoria política, pra a preservação do Estado pelo soberano. Relata-se a utilização da força como meio legítimo para que o governo do Estado, pautado em seu soberano, venha a buscar seus próprios fins, ainda que, para isso, devam ser sacrificados alguns direitos de seus cidadãos. Confirma-se o trecho a partir do entendimento:

> Mesmo com a novidade da racionalização das relações sociais, um elemento se preserva: a teoria política deve, sobretudo, fornecer ao soberano elementos para a preservação do Estado [...]. Preserva-se o fim prático e a utilidade do estudo da política, elementos já presentes em Maquiavel. [...] O conselho ao soberano já não pode ser meramente prático, ainda que seu objetivo o seja, mas deve incluir a discussão do direito da soberania. As respostas racionais que pretendem legitimar o direito de soberania irão fornecer ao governante o direito da utilização da força que possui e aos súditos a justificativa do dever de obediência. [...][32]

Esquematiza-se o pensamento de Hobbes na medida em que ele traz à tona o denominado bem público. O bem público, para ele, deve pautar toda a ação política do soberano. Naturalmente, o que se considerava, naquele momento, bem público tem um caráter completamente destoante daquele hoje concebido.[33] Embora existam muitas controvérsias, precisa-se que o bem público, para Hobbes, em suma, identificar-se-ia

no fim, ultrapassar aqueles que se basearam na lealdade." (MAQUIAVEL, Nicolau. **O príncipe**. Tradução Maria Júlia GoldWasser. 2.ed. São Paulo: Martins Fontes, 1996. p.216).

[32] TEIXEIRA JÚNIOR, Geraldo Alves. Filosofia da teoria política: alguns momentos. **Cadernos UFS de Filosofia**, Sergipe, fasc. XI, v.5, p.98, 2009.

[33] Bem público, hoje, é considerado como o somatório dos interesses individuais, ou seja, a busca pelo interesse coletivo. É dele que advêm as duas pedras de toque a reger toda ação política dos governantes, quais sejam: princípio da supremacia do interesse público sobre o privado e princípio da indisponibilidade do interesse público.

com a própria manutenção do Estado e da paz no contexto de Estados soberanos. De tal forma, não se tem como dissociar a realidade da existência dos Estados soberanos – e a teoria política serve como aporte teórico, jurídico e racional para tanto.

Finalmente, quanto a Hobbes, entende-se quase que uma identidade entre a teoria política e o poder do soberano, sendo que, para ele, o medo deve ser um meio legítimo pra a manutenção do poder do soberano, já que, para ele, tal como para Maquiavel, a moral seria um elemento acessório, não necessário para o desenrolar das forças políticas, assim entendido:

> Considerando essa relação de quase-identidade entre política e soberano, Hobbes tratará, na obra citada, dos métodos para a manutenção do Estado. O medo é talvez um dos instrumentos mais importantes a ser utilizado pelo soberano para esse fim, já que a moral não apresenta "razões suficientes" para se tornar efetiva. Para o filósofo, que observa sua teoria como capaz de colocar em ordem o caos social por meio da instituição de um tipo de organização pública duradoura, convém mais se direcionar ao soberano – possuidor de força e técnicas – que ao povo – excessivamente movido pelas paixões e por cálculos mal feitos.[34]
>
> Concentrando-se nos ensinamentos de Kant, relacionam-se seus pensamentos com os descritos por Hobbes, quando, a partir de então, ocorrera uma racionalização do poder. Aqui, o poder acaba por tomar um papel secundário comparado ao direito, sendo ele o primeiro filósofo, a partir de uma teoria política, a considerar o direito como o cerne central de uma sociedade.

Debate-se acerca do surgimento de uma teoria política pautada a partir de preceitos da teoria jurídica, traçada por delineamentos da moral. Por conseguinte, o soberano só poderá praticar seu poder a partir de valores morais retirados de uma teoria jurídica, legitimando, assim, seu poder por valores correlacionados à moral da sociedade. Segundo seus próprios ensinamentos:

> A moral é já em si mesma uma prática em sentido objectivo, como conjunto de leis incondicionalmente obrigatórias, segundo as quais *devemos*

[34] Teixeira Júnior, *op. cit.*, p.99.

> agir, e é uma incoerência manifesta, após se ter atribuído a autoridade a este conceito de dever, querer ainda dizer que não se *pode* cumprir. Pois então este conceito sai por si mesmo da moral (*ultra posse nemo obligatur* ['ninguém está obrigado ao que excedeu o seu poder']): logo, não pode existir nenhum conflito entre a política, enquanto teoria do direito aplicado, e a moral, como teoria do direito, mas teorética (não pode, pois, haver nenhum conflito entre a prática e a teoria: deveria então entender-se pela última uma *teoria geral da prudência* (*Klugheitslehre*), isto é, uma teoria das máximas para escolher os meios mais adequados aos seus propósitos, avaliados segundo a sua vantagem, isto é, negar que existe uma moral em geral.[35]

Há de ser argumentado que Kant baseou sua obra em concepções morais próprias, onde não espera – e deixa isto claro já em seu início – que seja facilmente realizável, ou até mesmo que um dia isto ocorra. Propõe, de fato, aportes para o desenrolar da política na mão dos soberanos em determinados Estados, considerando, como ponto principal para tal, a teoria do direito – novamente, baseada em valores morais indissociáveis a tal. O que quer, de fato, é validar um fim a partir de suportes jurídicos e morais, referenciando-se não apenas aos soberanos, mas aos membros da sociedade individualmente considerados. Em decorrência lógica, considera o poder político como um fim prático em si mesmo, a partir do momento que se delimita um objetivo a ser alcançado. Quer, em suma, suportar jurídica e moralmente os fins e os meios a serem alcançados pelo poder político em um dado Estado. Diz-se, então:

> A teoria jurídica, por sua parte, está diretamente relacionada às concepções morais do autor e, se podemos encontrar um conselho ao soberano em suas obras, esse conselho se dará por meio de considerações morais. [...] A questão para o autor não é necessariamente a de esperar a concretização daquilo que exerce. Logo no início do texto "A Paz Perpétua", por exemplo, Kant trata de que talvez o projeto não seja jamais realizado. [...] Após estabelecido um fim, o indivíduo age em relação à moral assim como Estado age em relação ao direito puro: a ideia orienta o que

[35] KANT, Immanuel. **A paz perpétua**: um projecto filosófico. Covilhã: LusoSofia Press, 2008. p.34.

a prática realiza. O projeto de Paz Perpétua, portanto, será importante, porque definirá um fim superior a ser perseguido e, ainda que a força da acao prática pretenda negá-lo, ele será sempre reconhecido como correto. Preserva-se assim o entendimento segundo o qual a teoria política deve ser prática [...]. Kant, por isso, também aconselha o soberano: não bastando apenas apresentar os fins, mas devendo também indicar os meios.[36]

Em uma análise superficial, os ensinamentos kantianos parecem – frisa-se, apenas parecem, mas não o são – um tanto quanto contraditórios: em tese, haveria como a teoria política se socorrer de uma teoria do direito que, por sua vez, abarcaria um campo além dela própria, a partir valores morais?

A resposta depende de um terceiro elemento, qual seja, a liberdade: é ela quem sela o elo entre teoria do direito e valores morais, não restando dúvidas que a teoria política muito bem se compatibiliza a partir de uma teoria jurídica pautada na moral. Em seus ensinamentos:

> Nós conhecemos a nossa própria liberdade (de que procedem todas as leis morais, portanto, também todos os direitos e deveres) apenas mediante o *imperativo moral*, o qual é uma proposição que ordena o dever, e a partir da qual a capacidade de obrigar outros, isto é, o conceito de direito, pode depois ser desenvolvido.[37]

A partir dos ensinamentos suprareferidos, deve-se, ainda, organizar o significado de política para os seguintes autores, em um linear temporal. Nesta passagem, o termo perdera muito de seu antigo entendimento para atrelar-se a conceitos estatais. Como bem delimita Bobbio:

> Na era moderna, o termo perdeu o seu significado original, tendo sido paulatinamente substituído por outras expressões tais como "ciência do Estado", "doutrina do Estado", "ciência política", "filosofia política" etc., para enfim ser habitualmente empregado para indicar a atividade ou conjunto de atividades que têm de algum modo, como termo de

[36] Teixeira Júnior, Geraldo Alves. Filosofia da teoria política: alguns momentos. **Cadernos UFS de Filosofia**, Sergipe, fasc. XI, v.5, p.100, 2009.

[37] Kant, Immanuel. **A metafísica dos costumes**. Bauru: EDIPRO, 2003. p.239.

> referência, a *polis*, isto é, o Estado. Dessa atividade a *polis* ora é o sujeito, donde pertencem à esfera da política atos como o de comandar (ou proibir) algo, com efeitos vinculantes para todos os membros de um determinado grupo social, o exercício de um domínio exclusivo sobre um determinado território, o de legislar com normas válidas *erga omnes*, o de extrair e distribuir recursos de um setor para outro a sociedade e assim por diante ora objeto, donde pertencem à esfera da política ações tais como conquistar, manter, defender, ampliar, reforçar, abater, derrubar o poder estatal etc.[38]

Dirige-se, a partir de então, a teoria política para de encontro com a teoria do próprio Estado, onde a primeira acaba por ser instrumento para o desenvolvimento da segunda. Só se demonstra possível e habilmente plausível o fortalecimento da pacificação de seres em um determinado território a partir da existência de um governo, buscando seus objetivos a partir de uma teoria política do poder. Logicamente, esta teoria, hoje, deve buscar seus aportes em outra, denominada como teoria jurídica, uma vez que as delimitações estatais, em termos recentes, dependem de uma ordem normativa, capaz de delimitar, na sua essência, os próprios contornos da soberania do Estado e de seus poderes – seja em plano interno, seja em plano internacional.

Recentemente, o *príncipe* do clássico nome, Maquiavel, não mais comporta as anteriores delimitações, passando a ser necessária a consolidação de uma vontade pública, coletiva, considerada ela própria como a política. Requer, esta última, uma representação por intermédio dos partidos políticos que compõem as esferas dos poderes.

O empenho de Antonio Gramsci, em desmitificar este *príncipe* da atualidade é notório e merece aqui ser tratado. Segundo seus termos:

> O moderno príncipe, o mito-príncipe, não pode ser uma pessoa real, um indivíduo concreto; só pode ser um organismo; um elemento complexo de sociedade no qual já tenha se iniciado a concretização de uma vontade coletiva reconhecia e fundamentada parcialmente na ação. Este organismo já é determinado pelo desenvolvimento histórico, é o partido político: a

[38] Bobbio, Norberto. **Teoria geral da política**: a filosofia política e as lições dos clássicos. Rio de Janeiro: Elsevier, 2000. p.160.

primeira célula na qual se aglomeram germes da vontade coletiva que tendem a se tornar universais e totais. [...][39]

Relata-se, assim, que a consciência coletiva, a partir de dados morais – lembrando, sempre, que Kant já os ponderava –, deve ser pautada não apenas em um único agente, mas a partir de um sistema complexo de junção de valores, delimitado por intermédio dos partidos políticos hoje existentes. Ocorre que estes últimos só seriam, de fato, a figura representativa do *príncipe* moderno se bem acompanhassem as necessidades sociais e a mudança corriqueira de seus anseios. A própria política – aqui utilizada em referência à sua teoria e prática propriamente ditas – deveria pautar-se no desenvolvimento, na flexibilidade, na dinâmica do ser humano, onde não existem conceitos, entendimentos, valores e sentimentos fixos e imutáveis. Importa dizer que:

> A inovação fundamental introduzida pela filosofia da práxis da ciência política e da História é a demonstração de que não existe uma "natureza humana" abstrata, fixa e imutável (conceito que certamente deriva do pensamento religioso e da transcendência); mas que a natureza humana é o conjunto das relações sociais historicamente determinadas, isto é, um fato histórico comprovável, dentro de certos limites, através dos métodos da filosofia e da crítica. Portanto, a ciência política deve ser concebida no seu conteúdo concreto (e também na sua formulação lógica) como um organismo em desenvolvimento. [...][40]

Apesar da sociedade se pautar em valores intrínsecos, anseia-se a um poder soberano, coadunando-se com o uso juridicamente possível da força. Por óbvio, a força despendida pelo Estado deve pautar-se em bases estruturais límpidas do devido processo legal[41], a partir de direitos fundamentais e a intenção do Estado – mais especificamente do poder em si – em consolidar o interesse público sobre o coletivo.

[39] GRAMSCI, Antonio. **Maquiavel**: a política e o estado moderno. 6.ed. Rio de Janeiro: Civilização Brasileira, 2003. p.6.

[40] GRAMSCI, Antonio. **Maquiavel**: a política e o estado moderno. 6.ed. Rio de Janeiro: Civilização Brasileira, 2003. p.9.

[41] Em termos jurídicos internos, diz-se que o devido processo legal só se torna legítimo a partir do respeito a direitos fundamentais e princípios do processo, especialmente no que diz respeito ao princípio ao contraditório e a ampla defesa das partes.

O problema que se observa é que o público, no contexto de materialização de interesses, não consegue se desvencilhar do particular: questão que o atual *príncipe* enfrenta no desenrolar de suas funções. Propõe-se, então, para sanar as referidas questões, a existência de um espírito, de uma alma estatal que deve, para o melhor atendimento dos anseios de seus cidadãos, fazer vigorar a distinção entre o público e o privado – por mais complexo que se demonstre.

Delimitar contextos estruturais distintos entre o público e o privado, para garantir a imposição de normativas jurídicas à teoria política, nunca foi e nem será tarefa fácil. Para tanto, hoje, conta-se com instrumentos legitimadores da função política dos soberanos, destacando-se a democracia e a prevalência dos direitos humanos. Não se mostra aqui o foro adequado para questionar esses valores em termos práticos, mas sim em buscar aportes justificadores da atuação estatal frente à teoria política – especificamente suportes teóricos que justifiquem, em momento posterior, a consolidação de teorias que legitimem a busca majoritária do interesse público, mais especificamente dos direitos humanos de seus cidadãos, em detrimento aos interesses privados ou particulares de seus próprios governantes ou, ainda, dos anseios econômicos de seus particulares.

Admite-se que o referencial teórico deste trabalho repousa, especificamente, na teoria democrática legitimadora da função política, tendo em vista, que a partir dela, os valores atrelados aos direitos humanos podem prevalecer sobre aqueles inerentes única e exclusivamente à corroboração do poder pelo poder estatal.[42] Não está se negando a visão clássica, mas sim estruturando a teoria política aos anseios da realidade a que se atrela.

De tal forma, deve-se socorrer às teorias kantianas para a composição da política dos tempos atuais: o direito positivo expresso em Hobbes só se ratifica a partir do momento que parte de uma moral, de um senso ético encontrado em toda a sociedade. Não se pode prever leis injustas ou que ofendam os valores que o povo espera que seus governantes res-

[42] A teoria do *poder pelo poder*, proposta por Carl Schmitt, em sua obra *Der Wert des Staates*, traz, em si, uma negação que o poder do Estado possa vir a ser limitado por qualquer normativa superior. Em outros termos, o poder, para o sê-lo, deve ser exercido como poder, sem qualquer limitação. Observa-se, então, que estas ideias não se coadunam com a hipótese de limitação do poder estatal com uma normativa garantidora de direitos humanos e do imperativo da paz.

peitem – e é justamente nesta teia de raciocínio que se confirma a necessidade de uma constituição estatal pautada na vontade popular, não transmutando dois sistemas distintos, mas sim confluindo em uma única realidade: a vontade do povo e o exercício do poder pelos governantes de um Estado.

A teoria política recente ainda merece duas grandes considerações. A primeira delas parte das considerações de Foucault. Este filósofo entendeu que o poder – e sua consolidação pela política – não deveria vir a pautar-se em aspectos ligados ao *não*, ou seja, o poder deveria desenvolver não apenas em bases limitativas, em barrar, destruir, negar, subtrair, mas, igualmente, em embasamentos ligados à construção de forças, partindo-se do pressuposto que, indiscutivelmente, deve-se sim ter a teoria política como meio de ordenação, mas para que se possa construir um caminho a agregar a teoria à realidade social e ao próprio Estado. Em termos doutrinários, diz-se essa como sendo a teoria de bipoder.

> Mas, enfim, o que é o bipoder? Trata-se de uma nova forma de poder que aparece na segunda metade do século XVIII, que, como dito, não exclui o exercício do poder disciplinar, mas o embute e o integra, modificando-o parcialmente. Aqui se nota, segundo Foucault, um deslocamento histórico importante no modo como se trata o poder: enquanto até o século XVIIII (quando aparece a forma de normalização biopolítica) o poder soberano tinha um "poder de morte", ou seja, o poder de negar, barrar, destruir ou eliminar, a partir daquele século se verifica um poder destinado a produzir forças, fazê-las crescer e ordená-las. Trata-se cada vez mais de um poder que gere a vida, ao invés de um poder que produz a morte.[43]

A teoria do bipoder é extremamente relevante para o balizamento da atuação do poder em relação a determinados direitos humanos.[44] O Estado – com seus instrumentos de poder – tem a obrigação de não

[43] FONSECA, Ricardo Marcelo. O poder entre o direito e a "norma": Foucault e Deleuze na teoria do estado. In: FONSECA, Ricardo Marcelo (Org.). **Repensando a teoria do Estado**. Belo Horizonte: Fórum, 2004. p.267.

[44] Refere-se, nesse momento, a direitos humanos como aqueles consolidados em plano internacional. Todavia, não se pretende excluir os direitos fundamentais de tal contexto. Muito pelo contrário: objetiva-se considerar os direitos fundamentais como uma espécie de direitos humanos, sendo aqueles formalmente internalizados em plano internacional. Mas,

ingerência em direitos humanos individuais: deve, contudo, respeitá-los e fazê-los respeitar por todos os cidadãos, comprovando assim, um dos aspectos teóricos supracitados, quando se visa à teoria política como uma negação a algumas ações. Em contrapartida, o poder estatal tem o *dever-poder* de consolidar os direitos humanos que dependam de sua atuação, tais como os direitos sociais, deixando clara a necessidade de utilização de forças em prol de tais – segundo momento da teoria do bipoder.

Outra apreciação que merece destaque vem a ser os entendimentos de Marx e de Engels acerca do poder em um determinado Estado. Para eles, o uso das forças do poder convém a partir de uma sociedade dividida em classes sociais, onde o poder por si só serve como instrumentos para a consolidação da classe dominante. Ou seja, o Estado atua com seu caráter político justamente para pacificar esta eterna luta de classes[45], fazendo com que a força física de utilização exclusiva pelos meios estatais seja a base condutora de todo o aparato político. Só em decorrência deste uso da força é que se consegue chegar ao dever de obediência para com a sistemática organizatória de uma sociedade estatal, a partir de uma classe dominante. Nos ensinamentos de Bobbio:

> [...] Esta hipótese abstrata adquire profundidade histórica na teoria do Estado de Marx e de Engels, segundo a qual as instituições políticas em uma sociedade dividida em classes antagônicas têm por principal função permitir que a classe dominante mantenha o próprio domínio, objetivo que não pode ser alcançado dado o antagonismo de classe, senão mediante a organização sistemática e eficaz de força monopolizada [...].[46]

Estima-se, neste sentido, que o poder constitui – apesar de não ser o idealmente pensado, especialmente quando se trata de teoria política

em um contexto de *jus cogens*, entende-se a aplicação da teoria do poder do Estado também àqueles delimitados em um contexto mais amplo, em nível global.

45 O termo "luta de classes" adveio das conclusões de Karl Marx. Lembra-se que este designa o referido instituto como uma oposição entre os diversos segmentos societários, pautando-se em aspectos mais amplos que o poder propriamente dito. Nesta linha de raciocínio, a luta de classes invade os campos econômicos, sociais, culturais e todos aqueles que diferenciam uma casta societária da outra.

46 Bobbio, Norberto. **Teoria geral da política**: a filosofia política e as lições dos clássicos. Rio de Janeiro: Elsevier, 2000. p.165.

como aporte para uma teoria dos direitos humanos – uma forma de dominação, de convalidação de fatores para que as bases de predomínio prevaleçam sobre os ideais democráticos ou, ainda, ideais de uma sociedade global una, concisa e coerente com os valores legítimos do cidadão global. Como não se pode negar, há sim muitos aspectos da teoria política que hoje são tratados, não apenas em plano nacional, mas em plano internacional, como meios de dominação não somente de uma classe sobre a outra, mas igualmente de um Estado – com maior poderio econômico e político – sobre outros não tão influentes geopoliticamente.

Por último, demonstra-se imprescindível a contextualização da teoria política neste estudo: não se pretendeu, aqui, demonstrar incansavelmente todos os seus entendimentos, estudiosos e temas correlatos. O que se intenciona com esse aporte é, de forma lógica, estruturar as bases de uma teoria política amplamente aplicável a um contexto de consolidação de direitos humanos em plano regional e nacional. Objetiva-se, de fato, com as bases da teoria do poder, fazer com que novos institutos possam ser, aqui, em momento oportuno, desenvolvidos, aprimorados e que o contexto de poder estatal não impeça, mas venha a contribuir e se mostre consonante com as conclusões que neste trabalho pretendem ser estruturadas.

1.1.4 O Estado – subsídios estruturais, sua origem e formação de seus institutos

Adentrando aos conceitos do Estado, importante se faz, nesse momento, tratar acerca da origem e formação de seus principais institutos – pontos estes convergentes aos elementos que em sua base se encontram.

Nesta linha teórica, dever-se-á tratar acerca de duas questões elementares, quais sejam: o aparecimento do Estado propriamente dito e, por segundo, quanto aos motivos que levaram a este referido aparecimento.

Em princípio, cabe ser dito que o Estado é, a partir de uma visão clássica, uma sociedade, fazendo-se existir a partir da união de um grupo de seres organizados em prol de um objetivo comum. Diz-se mais: não vem a ser apenas uma sociedade, mas uma sociedade política, tendo um regramento jurídico delimitado e um fim a ser alcançado, qual seja, o fim público. Como determina Azambuja:

> O Estado, portanto, é uma sociedade, pois se constitui essencialmente de um grupo de indivíduos unidos e organizados permanentemente para realizar um objetivo comum. E se denomina *sociedade política*, porque, tendo em sua organização determinada por normas de Direito positivo, é hierarquizada na forma de governo e governados e tem uma finalidade própria, o *bem público*.[47]

Ainda, o Estado acaba por ser produto da inteligência humana, uma vez que há, para sua constituição, necessariamente, o exercício da vontade dos seus indivíduos, de seus governantes e de suas vontades confluentes. E é desta forma que Burdeau[48] considera-o como um "artifício da inteligência humana".

Estima-se, nesta linha de raciocínio[49], que o Estado aparece como uma força de congregação societária maior do que todas aquelas que em seu interior se desenvolvem. Quer-se dizer que todas as demais organizações da sociedade tendem a respeitar a vontade que a partir do Estado se desenrolam e, ainda, só se convalidam as regras do interior de um determinado segmento da sociedade se o Estado as aceitá-las como legítimas. Exprime-se que:

> Todas as demais sociedades têm a organização e a atividade reguladas pelo Estado que pode suprimi-las ou favorecê-las. Nenhuma delas tem poder direto sobre o indivíduo e só conseguem dele o cumprimento das obrigações assumidas se o Estado as reconhece, e unicamente este dispõe legitimamente da força para tornar efetiva a obediência. [...]
> O Estado aparece, assim, aos indivíduos e sociedades, com um poder de mando, como governo e dominação. O aspecto coativo e a generalidade é o que distingue as normas por ele editadas; suas decisões obrigam a todos os que habitam o seu território.[50]

[47] Azambuja, Darcy. **Teoria geral do estado**. Rio de Janeiro: Globo, 1996. p.2.

[48] Burdeau, Georges. **O estado**. São Paulo: Martins Fontes, 2005. (interpretação de suas palavras).

[49] Infere-se ao fato de que, partindo de premissas conceituais clássicas do conceito de Estado, tem-se a figura estatal como polo de maior relevância sobre a vida humana, justificando, então, a ideia de confluência de Estado como ente central da sociedade. Em momento posterior – e como defendido neste trabalho – o Estado só legitima seu poder caso venha a respeitar o chamado *jus cogens*.

[50] Azambuja, Darcy. **Teoria geral do estado**. Rio de Janeiro: Globo, 1996. p.4-5.

Contrastando aos aspectos societários, cabe ainda ser entendido que o Estado não se consubstancia com sociedades singulares – e por isso mesmo, tem-se desenvolvido temas como a autodeterminação dos povos[51] dentro de seu ordenamento jurídico – e nem mesmo com a própria sociedade como tema geral. Inicialmente, o Estado busca seu principal objetivo – o bem comum – por intermédio de instrumentos próprios, cujos quais não podem ser desvirtuados na busca de outros objetivos. Em segundo lugar, sublinha-se o fato de que não há, em qualquer outro contorno societário, aspectos que demandem a ordem e a defesa aceitável senão pelo Estado.

Investiga-se, neste quadro, a própria origem da ideia de Estado, uma vez que, não se confundindo com outros grupos de indivíduos, toma contextos e delimitações próprias. Destarte, frisa-se que, mesmo tendo características rudimentares, a ideia de Estado já acompanha a humanidade desde a formação dos primeiros clãs, quando então seres humanos, com características semelhantes e vontades comuns, principalmente em relação à ordem e justiça, organizam-se em sociedades, muitas vezes complexas, em torno de um chefe, para compartilharem do mesmo modo de vida. Fora com o passar dos anos que estas formações sociais se incrementaram de maneira mais intensa, contribuindo, para tanto, a formação das cidades gregas, dos Impérios ao longo da história, além de outras organizações que, equitativamente, aprofundaram as bases para o surgimento do Estado como agora se apresenta.

O problema crucial que se coloca é que nem toda sociedade politicamente organizada deve ser considerada como um Estado, uma vez que a existência do poder não convalida o surgimento deste último. O que se exprime, em verdade, quando se quer considerar os primórdios do Estado em sociedades primitivas é a ruptura com a generalização de conceitos e institutos que deveriam, em tese, ser considerados próprios de organizações políticas, e nem de estruturas e conceitos estatais. Seguindo esta linha de raciocínio, Burdeau taxa:

> Nem toda sociedade politicamente organizada é um Estado. Portanto, não podemos considerar válidas as definições que o assimilam ao fato da

[51] Em consonância com a Resolução 1514, de 1960, da Organização das Nações Unidas, considera-se direito inerente a todos os povos o "direito de livre determinação; em virtude desse direito, eles determinam livremente seu status político e continuam livremente seu desenvolvimento econômico, social e cultural".

> diferenciação entre governados e governantes. O que essa hierarquia revela é a existência de um Poder. Ora, embora o fenômeno do Poder seja universal, existem muitas formas suas que não são estatais. É por causa de uma excessiva generosidade verbal que se qualifica de Estado a organização política que existiu entre os babilônicos, os medos ou os persas, ou ainda que se vincula o mesmo título ao poder exercido por um chefe de tribo na Melanésia ou na África equatorial. [...] No Estado o Poder reveste características que não encontramos alhures; seu modo de enraizamento no grupo lhe vale uma originalidade que repercute na situação dos governantes, sua finalidade o livra da arbitrariedade das vontades individuais; seu exercício obedece a regras que lhe limitam o perigo. Isso é suficiente, parece, para impedir confundir o Estado com uma diferenciação qualquer entre chefes e súditos.[52]

Investiga-se que, em realidade, quanto à época do surgimento dos Estados, há, de fato, três delineamentos estruturais[53] importantes para o possível debate:

1) Em consonância com as ideias de Eduard Meyer[54] e Wilhelm Kopper, entendeu-se que o Estado surge desde as sociedades mais primitivas, uma vez que o primeiro se confunde com as próprias organizações sociais que possuem autoridade e poder para gerenciar um determinado povo. Ou seja, para os referidos estudiosos, o Estado acaba por ser ubíquo.

[52] Burdeau, Georges. **O estado**. São Paulo: Martins Fontes, 2005. p.1-2.

[53] Utiliza-se, apenas para melhores aportes conceituais, a mesma delimitação teórica utilizada por Dalmo Dallari, em seu livro Teoria Geral do Estado. Não se pretende esgotar todo o conteúdo como o referido autor o fez, mas apenas ilustrar, exemplificativamente, como se pode delimitar as origens do Estado.

[54] Em suas palavras, considerando a organização social e o início dos Estados, diz-se que: *"Von dem Leben des Menscen gilt das gleiche Von Anfang an. Denn wenn wir entwicklungsgeschitlich annehmen, daB die wenigen Spuren eines solchen Anthropoiden, die bisher entdeckt sind, sich durch weitere Funde vermehren werden, so kann es nicht zweifehalft sein, daB win Wesen Von der physischen Beschaffenheit des Menschen überhaupt nur entstehen und sich erhalten konnte, wenn MIT der körperlichen die geistige Entwicklung in fortwährender Wechselwirkung zusammenging."* (Meyer, Eduard. **Geschichte des Altertums**. Berlin: J. G. Cotta'sche Buchhandlung Nachfolger, 1968. p.26).

2) Em contrapartida, uma segunda classe de autores[55] entende que a origem do Estado não se coaduna com a origem das primeiras formações sociais, uma vez que as delimitações estatais só emergiram a partir do momento que os agrupamentos humanos a viram como condição indispensável para um aprimoramento de temas correlacionados às suas vidas. Documenta-se, então, que o surgimento dos Estados, quanto ao tempo e ao espaço, não guarda identificações lógicas, ocorrendo em diversos locais, em diferentes tempos.
3) O terceiro e último posicionamento acerca da época do surgimento dos Estados vêm de nomes exponenciais, tais como Carl Schmidt[56], que considera o Estado apenas como uma sociedade política, com elementos bem estruturados e características extremamente precisas. Para ele, a antinomia entre o caráter amigo e inimigo é o fator crucial para o desenvolvimento de caracteres políticos. Ainda, pode ser localizado no ano 1648 o surgimento inicial dos Estados, a partir da assinatura da chamada *Paz de Westfália*.[57]

Inquestionavelmente, a partir dos entendimentos acima elencados e independentemente da corrente doutrinária filiada, é fato que as teorias que vem a compor a origem e surgimento dos Estados, assim como as sociedades, não se demonstram estáticas, fixas, variando seu sentido a partir do tempo e do espaço.

[55] Exponencial da referida classe de pensadores vem a ser Lawrence Krader, em sua obra intitulada de *A Formação do Estado*. Para ele, a origem do Estado acaba por ser imprecisa – e identificá-la no tempo e no espaço acaba por ser uma desnaturação de sua própria natureza.

[56] Para melhor compreensão acerca do caráter político descrito por Carl Schmidt, cita-se: *"all political concepts, images, and terms have a polemical meaning. They are founded on a specific conflict and are bound to a concrete situation; the result (which manifests itself in war or revolution) in a friend-enemy grouping, and they turn into empty and ghostlike abstractions when this situation disappears."* (SCHMIDT, Carl. **The concepto f the Political**. Chicago: University of Chicago Press, 1995. p.30).

[57] Segundo o calendário histórico da Deutsche Welle, diz-se que "no dia 24 de outubro de 1648, o imperador Ferdinando 3.º assinou a Paz da Vestfália com a Suécia e a França. O documento marcou o fim do primeiro grande conflito europeu". (Deutche Welle. **1648**: paz da Vestfália encerrava Guerra dos Trinta Anos. Disponível em: <http://www.dw.de/1648-paz-da-vestf%C3%A1lia-encerrava-guerra-dos-trinta-anos/a-660411>. Acesso em: 28 mar. 2015).

Aprofundando-se, neste momento, o estudo acerca da formação dos Estados, adotam-se as teorias de formação originária ou formação contratual dos Estados para melhor compreensão.[58] Segundo a primeira delas – teorias ligadas à formação natural ou espontânea do Estado –, o instituto não seria resultando de uma manifestação de vontade, mas sim de causas naturais, delimitadas além da própria erupção do arbítrio humano. Já em consonância com a segunda, há um caráter contratualista nas bases estatais, delimitados a partir da vontade e necessidades dos seres; em outras palavras, o Estado não teria uma formação advinda de fatores naturais, independentes de manifestações humanas, mas sim um caráter vinculado aos anseios do ânimo humano.

Dito isto, encerra-se o debate dos principais aportes conceituais acerca da teoria geral do Estado. Entende-se, neste momento, que as delimitações estatais acabam por abarcar e serem indissociáveis da própria estrutura de formação das sociedades – seja para negar sua interação, seja para sobrepor seu surgimento. Indiscutivelmente, portanto, parte-se à evolução da história do Estado e seus principais elementos tendo em mente que a formação do Estado sempre dependerá de subsídios conceituais humanos.

1.1.4.1 *Noções sobre a evolução histórica do Estado*

A evolução histórica do Estado abrange, primordialmente, a delimitação das feições que foram adotadas, ao longo dos tempos, pelos Estados, para lhes caracterizarem como tal. Há, na realidade, um esforço no balizamento de estruturas, características e segmentos estatais próprios sobre sua evolução e necessários para o deslinde de seu futuro.

Em decorrência de um fluxo cronológico, o entusiasmo pelo Estado já se inicia no Estado Antigo, quando então dois atributos próprios de conceitos estatais começam a se configurar: sua unicidade (sem qualquer possibilidade de divisão no seu interior) e a religiosidade (característica onipresente nestes Estados, uma vez que os próprios serão considerados, pela história, como Estados Teocráticos). Taxa-se, ainda, que

[58] Apesar de autores como Dalmo Dallari determinar, em sua obra, espécies de causas de aparecimento natural dos Estados – tais como origem familiar, atos de força, violência ou conquista, causas econômicas ou patrimoniais, desenvolvimento interno da sociedade –, neste trabalho adota-se apenas a diferenciação supramencionada, uma vez que tal já atende às correlações lógicas e instrumentais necessárias a este estudo.

estas formações estatais não se distanciam da moral, da filosofia ou da economia, sendo que as características de tais ramos confluem no próprio emaranhado estatal.

O grande interesse pelo tema, dado os grandes pensadores da humanidade, inicia-se na Grécia, quando então Aristóteles escrevera seu livro *Política*. Entende-se que, na época em tela, o Estado advinha a partir da formação de cidade – ou seja, das cidades-Estados gregas –, com uma organização política identificada em suas exponenciais, Atenas e Esparta. Assim, Aristóteles, ao analisá-las, é considerado como o precursor do tema ciência do Estado, além de contribuir para a delimitação das formas de governo naquele momento identificáveis. Além de Aristóteles, Platão também contribuiu para a formação do pensamento estatal, com a feitura de seu livro *A República*.

Há confluências e divergências entre o estudo de ambos estes filósofos. Nesse sentindo, investiga-se que Aristóteles viera a propor um Estado com características reais, a partir do suporte fático que dispunha na época. Já Platão partiu do pressuposto de encontro do Estado ideal, por intermédio de seu próprio entendimento acerca do homem e do mundo que o rodeava.

Precisa-se que a ideia que viera a ser desenvolvida por Platão era, ainda, muito atrelada a conceitos metafísicos e não corresponde, exatamente, àquilo que hoje se materializa como instituição estatal. Apesar de alguns pontos controversos, tal filósofo veio a ter seu reconhecimento, uma vez que fora a partir de seus trabalhos que se pôde reconhecer a imprescindibilidade do Estado para o desenvolvimento da vida humana. Fora, igualmente, o primeiro estudioso a tratar o Estado não apenas como o conhecimento de muitos e diversos fatos, mas sim como um sistema coerente do pensamento. Valoriza-se, neste ponto, o seguinte trecho:

> Platão insiste que, sem ter encontrado uma verdadeira e mais adequada concepção dos seus deuses, o homem não pode esperar ordenar e regular o seu próprio mundo humano. Enquanto continuamos a conceber os deuses de maneira tradicional, lutando e enganando-se mutuamente, as cidades não deixarão de ser mal governadas. Porque aquilo que o homem vê nos deuses é apenas uma projeção da sua própria vida – e vice versa. Lemos a natureza da alma humana na natureza do Estado – formamos os nossos ideais políticos de acordo com as nossas concepções

> dos deuses. Uma coisa implica e condiciona a outra. Para o filósofo, para o governante, é de importância vital começar a sua obra nesse ponto.[59]

Argumenta-se que o ideal de Estado travado pelos filósofos gregos não garante a existência do próprio em seu plano social: como é bem sabido a partir de uma compreensão histórica, a Grécia antiga nunca chegou à formação de um Estado único, partindo sempre de estruturas independentes, denominadas de cidades-Estados. Entretanto, o que fez florescerem teorias acerca dos Estados nesse momento civilizatório é o fato de ali terem existido certas características inerentes a toda realidade, indissociáveis da figura estatal ao longo dos tempos. Sem dúvidas, há uma expressão inerente de sociedade política em todas as cidades-Estados gregas, além de estarem sempre pautadas na autossuficiência.

À época do Império Romano, observa-se a evolução de um pequeno agrupamento de seres em extensões territoriais, humanas, morais e organizatórias jamais antes vivenciadas. Ocorre que falar em Estado, neste entrecho, pode ser considerado, por alguns, demasiadamente pretensioso. Sucede que há alguns atributos identificáveis neste contexto que o fazem interligados às características das cidades-Estados gregas e, em outros momentos, aproximarem-se do conceito de Estado Medieval. Por conseguinte, acredita-se na existência de particularidades institucionais que permitem o enlace do Império Romano a uma figura denominada – sem qualquer pretensão de uma nova teoria acerca da história – de Estado Romano.

Para tanto, sabe-se que, ali, o traço característico fora a organização societária pautada em bases familiares. Além disso, o povo poderia participar ativamente do governo – o problema vislumbrado era que nem todos viventes sob a égide do Império Romano seriam cidadãos, oportunos na incidência de direitos e deveres e, consequentemente, da participação da vida estatal. Com o passar dos anos, novos estratos da sociedade ganharam força, tornando-se cidadãos, mas, ainda assim, fazendo com que as bases familiares permanecessem como a organização da sociedade mais relevante.

Do exposto, entende-se que, mesmo que o ideal de Estado, neste entrecho, venha a ser primitivo e contaminado pela própria religião,

[59] CASSIRER, Ernst. **O mito do estado.** São Paulo: Códex, 2003. p.90.

encontram-se as bases para a possibilidade do desenvolvimento do conceito em períodos posteriores, uma vez que a demanda por uma organização societária já surge nos primórdios da história, tal como no Estado Antigo, na Grécia Antiga e no Império Romano.

Em uma projeção cronológica, avista-se, na Idade Média, um conceito de Estado proveitoso de algumas das bases dos ideais dos filósofos gregos, acrescentando-se a estas os elementos cujos quais foram demandas pela própria realidade em questão. De plano, já se estabelece que, no que tange ao desenvolvimento dos Estados, fora uma época de uma complexidade demasiada, demonstrando-se extremamente árduo e trabalhoso a identificação de componentes unívocos do Estado Medieval. Sem embargos, descortinam-se concepções informativas de dada sociedade política que permitem sua identificação e, como aspecto mais relevante, a condução ao Estado que trará novas bases ao instituto mais próximas à realidade, qual seja, o Estado Moderno.

Categorizando os rudimentos que se fizeram presentes e que combinaram para a formação do Estado Medieval, têm-se o cristianismo (que daria as bases à concepção de unidade e universalidade neste momento), as invasões bárbaras (possibilitando valores de transformação na sociedade e, em consequência, aspirações a um novo tipo estatal, tal como o Estado Moderno) e o próprio feudalismo em si.

Aponta-se que, por mais que tais dificuldades fossem, de fato, identificáveis para a conceituação de um Estado Medieval, há muitos ensinamentos que daquela época advieram acerca de tal, tendo como exponencial o nome de São Tomás de Aquino.

Como fora esboçado logo acima, na época medieval, a válvula condutora de toda a sociedade era, de fato, os fundamentos religiosos ditados pela própria Igreja, cujos quais conflitavam constantemente com o próprio Estado – ambos os institutos desejavam exercer o poder supremo sobre os seres societários que ali se encontravam. A solução para este embate seria, segundo São Tomás de Aquino, estabelecer que tanto o Estado quanto a Igreja deveriam pautar suas condutas nas leis da justiça. Sobre este entendimento, discorre-se:

> S. Tomás de Aquino declarou que os homens são obrigados a obedecer às autoridades seculares, mas que essa obediência é limitada pelas leis da justiça, e que, portanto, os súditos não são obrigados a obedecer

> a uma autoridade usurpadora ou injusta. A sedição é, na verdade, proibida pela lei divina; mas resistir a uma autoridade usurpadora ou injusta, desobedecer a um "tirano", não tem o caráter de revolta ou sedição, sendo, pelo contrário, um ato legítimo. Tudo isso mostra muito claramente que, a despeito dos incessantes conflitos entre Igreja e o Estado, entre a ordem espiritual e a ordem secular, ambas se encontravam unidas por um princípio comum. O poder do ri é, como diz Wyclif, uma "potesta spiritualis et evangelica". A ordem secular não é meramente "temporal"; possui uma verdadeira eternidade, a eternidade do direito, e, portanto, um valor espiritual próprio.[60]

Embrenhando-se na Idade Moderna, tem-se a tentativa de grandes pensadores em organizar e sistematizar a ciência política, partindo do próprio Estado Moderno, com características e diretrizes próprias que fizeram alterações profundas e definitivas ao conceito de Estado. O seu surgimento atrela-se a uma complexidade de fatores e de aspectos históricos, não passíveis de identificação em compreensões unitárias ou isoladas. Segundo Miguel Reale:

> Analisando a formação do Estado, e especialmente do Estado Moderno, verificamos que ela é o resultado de um longo e complexo processo de integração e de discriminação, no qual interfere uma série de fatores. Compreende-se, pois, o erro das teorias simplistas que tentam reduzir a multiplicidade dos fatores a um só, quer geográfico, quer étnico, quer militar, quer econômico, quer pessoal pela ação criadora dos "heróis" ou "super-heróis".[61]

Definitivamente, fora possível seu alcance pelas fraquezas do regime institucional anterior, trazendo consigo condições insustentáveis para a sociedade que ali se desenvolvia, especialmente quanto aos aspectos ligados à busca por uma unidade.

Neste momento, há a erupção dos ideais dos principais pensadores em separar o Estado de qualquer elemento metafísico e/ou religioso. Maquiavel, em sua obra intitulada *O Príncipe*, é o grande exponencial em considerar uma concepção racional de Estado neste estágio histó-

[60] Cassirer, Ernst. **O mito do estado**. São Paulo: Códex, 2003. p.133.

[61] Reale, Miguel. **Teoria do direito e do estado**. 5.ed. rev. São Paulo: Saraiva, 2000. p.41.

rico. Para melhor compreensão de sua ideologia, analisa-se: "O Estado é completamente independente: mas ao mesmo tempo está completamente isolado. A lâmina afiada do pensamento de Maquiavel cortou os laços pelos quais nas gerações passadas o Estado estava ligado ao todo orgânico da existência humana".[62]

A própria noção de Estado, a partir de ensinamentos clássicos da Teoria Geral do Estado, surge apenas na Idade Moderna. Anteriormente, as organizações societárias, políticas atrelavam-se apenas às suas próprias realidades, e não a uma amplitude maior, como se espera das instituições estatais. Partindo de tais premissas, explica-se o fenômeno estatal nas palavras de Jacques Maritain:

> A própria palavra Estado aparece somente ao longo da história moderna: a noção de Estado estava implícita no antigo conceito de cidade, que significava essencialmente corpo político, e mais ainda, no conceito romano de Império. Tal conceito, todavia, jamais foi expresso de maneira explícita na Antigüidade. [...] Na idade barroca, enquanto a realidade do Estado e o sentido do Estado se manifestavam progressivamente como grandes realizações jurídicas, o conceito de Estado surgiu mais ou menos confusamente como conceito de um todo, que se sobrepunha ao corpo político ou que o envolvia, haurindo o poder do alto, em virtude do seu próprio direito natural e inalienável.[63]

A história do Estado Moderno acaba por ser marcada por intermináveis integrações, objetivando, sempre, a sua unidade.[64] Em outros termos, diz-se que "a história do Estado Moderno é, de maneira particular, uma história de integrações crescentes, de progressivas reduções à unidade".[65]

[62] Cassirer, Ernst. **O mito do estado**. São Paulo: Códex, 2003. p.171.

[63] Maritain, Jacques. **O homem e o estado**. Rio de Janeiro: Livraria Agir, 1966. p.22.

[64] O caráter unitário será de extrema importância neste estudo. Não se pretende retirá-lo do Estado – já se deixa previamente avisado ao leitor –, mas sim incorporá-lo em uma realidade mais ampla, em que valores indispensáveis ao cidadão estatal – ou, melhor dizendo, global – fazem-se presente na realidade e conjuntural estatal neocontemporânea. Quer-se, neste sentido, uma convergência de unidade e de valores entre os Estados que da mesma realidade compartilham.

[65] Reale, Miguel. **Teoria do direito e do estado**. 5.ed. rev. São Paulo: Saraiva, 2000. p.43.

Evoca-se que a característica primordial que de lá advém – e que se faz de extrema relevância e importância para este trabalho – é o próprio processo de integração, transmutando-se em conceitos e institutos hodiernamente, mas desde então reconhecida na história. Sintetiza-se:

> O Estado atual é uma incessante luta de integração social. Refleta, na sua estrutura, forças independnetes, que congrega e comanda. É um ãngulo de convergência de todas as forças sociais propulsoras, sob sua disciplina, da felicidade e da ordenm no seio da comunhão. Asculta as tendências, as influências dos fenomenos de toda a natureza imprimindo-lhes rumo e ritmo dirigidos à sua finalidade.[66]

Mais que o caráter integracional, o Estado Moderno guarda novas características peculiares, tais como: um direito supremo e inalienável, o domínio dos meios coercitivos a serem utilizados contra os seus próprios cidadão que, em dado momento e contexto, vieram a infringir alguma de suas regras impostas, além de reunir uma noção de soberania estatal que, ao longo dos tempos, foi tantas vezes convertida em suas conceituações. Ainda, o Estado Moderno contou com um avanço e uma nova modelagem em sua estrutra jurídica, com o aparecimento das Constituições escritas, que tanto importaram para o freamento dos poderes dos soberanos, da garantia de uma separação de poderes e da existência de uma preordenação da estrutura estatal – temas materialmente constitucionais. Inevitavelmente, algumas das estruturações do Estado Moderno contribuíram para, em tempos mais recentes, suportar o avance da teoria clássica acerca do Estado.

Mais à frente, logo no século XX, surge uma forma estatal diferenciada daquela do Estado Moderno, pretendendo, de uma maneira fíctea, encobrir o poder absoluto, mas, igualmente, englobar todos as dimensões sociais, a ponto de abranger a totalidade dos indivíduos sob seus princípios.

Em verdade, a própria realidade demandara o prosseguimento da teoria clássica sobre Estado, repousando na hetegoreneidade que em seu interior se desenvolvia. Experimenta-se o Estado como ponto de referência – ou, ao menos, uma tentativa – para bem ordenar e harmo-

[66] Cunha Barreto. **O dirigismo na vida dos contratos**. São Paulo: Revista dos Tribunais, 1939. p.455.

nizar os seus diferentes grupos sociais que no seu interior se encontra. Exemplos de tais Estados são aqueles que vieram a se propagar em continente africano em estágio mais atual. Para melhor entendimento:

> Desse modo, o pavilhão estatal veio recobrir durante o século XX realidades muito heterogêneas, a ponto de que o conceito mesmo de Estado pode parecer problemático. No entanto, através dessa difusão é bem um modelo determinado de organização política que impõe, ao menos como *modelo de referência*, substituindo-se às construções preexistentes ou concorrentes; [...]. Ademais, a transcrição da forma estatal desencadeou, de modo claro e inquestionável, *um certo número de efeitos* sobre a realidade social e política: transformando no quadro em que se inscreve e se materializa o vínculo político, o Estado influi sobre as representações, condiciona as estratégias dos atores sociais. O Estado não é uma forma vazia, mas um quadro de ação coletiva, cuja existência contribui a estruturas o universo simbólico e prático das populações, como demonstrou o exemplo africano.[67]

Examinam-se profundas transmutações estatais de um local para o outro. Não obstante esta configuração fática, elementar se demonstra a análise de um ponto convergente entre todos esses Estados, qual seja, uma rede de coerção cada vez mais arraigada em seus aportes controladores de sua sociedade. Modificaram-se as estruturas estatais para sua ordem coercitiva abranger as diversidades que ali se encontram.

Ocorre que, a partir de um contexto de globalização, proteção global dos direitos humanos e surgimento dos organismos internacionais, a concepção supracitada de Estado, tida como clássica, não mais se suporta frente à nova realidade. Em verdade, esta teoria una e concisa decaiu em prol de valores universais, especialmente atrelados aos direitos humanos. Como referencial teórico, importa dizer que este estudo não abandona a teoria clássica acerca do Estado, mas a flexibiliza para melhor atender aos anseios que a dignidade da proteção humana demanda.

Visto isto, denota-se indispensável, a datar do surgimento do Estado Moderno, a congregação de determinados elementos para o Estado firmar-se em plano nacional e internacional. Resumidamente, tais ele-

[67] CHEVALLIER, Jacques. **O estado pós-moderno**. Tradução de Marçal Justen Filho. Belo Horizonte: Fórum, 2009. p.27.

mentos são assim elencados: território, povo, poder e soberania. É a partir deles que se dará a análise do Estado neste momento.

1.1.4.2 *Elementos indispensáveis do Estado*

Primordialmente, há de ser entendida a existência de uma pluralidade de formas para se identificar um Estado e, consequentemente, seus elementos indispensáveis para sua conceituação.

Não se alia à ideia de que o Estado resume-se única e exclusivamente ao seu caráter jurídico, uma vez que este vem a ser uma das facetas de seus elementos, mas com o próprio Estado não se confunde.

Igualmente, os elementos do Estado não se mesclam apenas com os elementos advindos da doutrina sociológica, histórica ou moral, ou seja, por mais que se deva considerá-los em sua identificação, deve-se ir além do que abrange tais teorias para a identificação dos referidos elementos. Em outros termos, entende-se:

> [...] há dois erros a evitar: em primeiro lugar, não se deve admitir que a única maneira justa de explicar o Estado seja a sociológica, a política, a histórica, isto é, a não jurídica; e em segundo lugar, é preciso afastar o engano oposto, a pretensão de que só o jurista seja capaz, com seus métodos e processos, de explicar e resolver os problemas que se prendem ao fenômeno do Estado.[68]

Tradicionalmente, propõem-se a existência de alguns elementos para que um Estado seja entendido, sem qualquer questionamento, como tal. Assim, desde o século passado – a partir dos esforços de estudiosos tais como Hans Kelsen –, o conceito de Estado guarda algumas características[69], sendo que, como primeira, tem-se a territorialidade do Estado: para que haja o desenvolvimento de maneira lícita desta instituição,

[68] Reale, Miguel. **Teoria do direito e do estado**. 5.ed. rev. São Paulo: Saraiva, 2000. p.41.

[69] Canotilho, em sua obra "Direito Constitucional" entende que os elementos indispensáveis para a formação do Estado, a partir de uma conexão com os entendimentos de Kelsen, assim os são: "Desde o século passado que o conceito de Estado é assumido como uma forma histórica (a última para os modernos, porventura a penúltima para os pós-modernos) de um 'ordenamento jurídico geral' (GIANNI) cujas características ou elementos constitutivos eram os seguintes: (1) –' territorialidade', isto é, a existência de uma território concebido como 'espaço de soberania estadual'; (2) – 'população', ou seja, a existência de um 'povo' ou comunidade historicamente definida; (3) – 'politicidade': prossecução de fins definidos e

faz-se por necessário a ocorrência de um determinado povo organizando--se em um espaço geográfico determinado.

Ocorre que mais do que definir a delimitação geográfica de um Estado, esta marca até onde a coercitividade de sua norma alcança. É, de fato, "a base física, a porção do globo por ele ocupada, que serve de limite à sua jurisdição e lhe fornece recursos materiais".[70]

Valoriza-se, de tal forma, o território em seu duplo aspecto: primeiramente como sendo, de fato, o âmbito geográfico, a contiguidade física de terreno em que ele desenvolve seu governo, sua soberania e onde permanece o seu povo; em um segundo momento, conceitua-se como sendo a porção territorial onde faz, por excelência, valer sua ordem jurídica, a partir de um poder de coerção lícito e juridicamente previsto.

O território vem a ser um patrimônio intransponível de seu próprio povo – e não do Estado propriamente dito. Melhor explicando: o território, em si, é uma característica primordial e não superável para a delimitação de um Estado como tal instituição. Ocorre que, como patrimônio, este não vem a ser do Estado, mas de outro de seus atributos obrigatórios, qual seja: seu povo.

Reunindo todas as considerações acima descritas sobre o território do Estado, descrevem-se as conclusões de Hans Kelsen quanto ao tema:

> O território de um Estado não tem de consistir necessariamente em uma porção de terra. Tal território é designado como território "integrado". O território do Estado pode ser "desmembrado". A unidade do território de Estado e, portanto, a unidade territorial do Estado, é uma unidade jurídica, não geográfica ou natural. Porque o território do Estado, na verdade, nada mais é que a esfera territorial de validade da ordem jurídica chamada Estado. Essas ordens normativas designadas como Estado caracterizam-se precisamente pelo fato de suas esferas territoriais de validade serem limitadas. A limitação da esfera de validade da ordem coercitiva chamada Estado a um território definido significa que as medidas coercitivas, as sanções, estabelecidas pela ordem, têm de ser instituídas apenas para esse território e executadas apenas dentro dele.[...][71]

individualizados em termos políticos. [...]". (CANOTILHO, José Joaquim Gomes. **Direito constitucional**. 6.ed. Coimbra: Livraria Almedina, 1999. p.14).

70 AZAMBUJA, Darcy. **Teoria geral do estado**. Rio de Janeiro: Globo, 1996. p.36.

71 KELSEN, Hans. **Teoria geral do direito e do estado**. São Paulo: Livraria Martins Fontes, 2000. p.299-300.

O Estado deve, na atualidade, ser entendido como membro integrante de uma sociedade global de Estados, não estando apartado de toda realidade e conjuntura advinda de um contexto de globalização.[72] Assim sendo, justifica-se a circunscrição da ordem jurídica nacional à ordem jurídica internacional – especialmente no que tange aos seus atos coercitivos e, igualmente, aos imperativos de paz e pela proteção e efetivação dos direitos humanos em seu território (aspectos indissociáveis à delimitação do *jus cogens* de direito internacional).

Não se pretende delimitar e nem aprofundar-se às teorias monista e dualista[73] do direito interno *versus* direito internacional, mas apenas deixar claro – partindo da premissa que este estudo enfoca entendimentos, como marco teórico para o delineamento de suas conclusões, além da visão clássica – que a ordem jurídica que faz valer o aspecto da territorialidade do Estado pode, de fato, ter sua restrição a partir de uma ordem de direito internacional, como bem explica Hans Kelsen:

> Que a validade da ordem jurídica nacional seja restringida pela ordem jurídica internacional a um determinado espaço chamado de território do Estado, não quer dizer que a ordem jurídica nacional seja autorizada a regulamentar apenas a conduta dos indivíduos que vivem dentro desse espaço. A restrição refere-se, em princípio, apenas aos atos coercitivos estabelecidos pela ordem jurídica nacional e ao procedimento que conduz a esses atos. A restrição não se refere a todos os fatos condicionantes aos quais a ordem jurídica vincula atos coercitivos como sanções e, especialmente, não se refere ao delito. [...][74]

[72] A globalização, como tema autônomo e relevante para o estudo acerca de efetivação e proteção dos direitos humanos, será delimitada em tema apartado e em momento oportuno neste trabalho. O que se pretende, neste momento e neste ponto, é demonstrá-la como instituto relevante para que a característica do Estado *território* seja compreendida em termos estruturais maiores, a partir do Direito Internacional.

[73] Apenas a título de elucidação do tema, propõe-se o estudo de **Nadia Araujo e Inês da Matta Andreiulo**, *A internalização dos Tratados no Brasil e os Direitos Humanos* **in** *Os Direitos Humanos e o Direito Internacional.* Rio de Janeiro: Renovar, 1999. Em suas palavras, explica-se acerca do monismo e dualismo: *Enquanto o dualismo utiliza o critério da necessidade de mecanismos de internalização dos tratados para distinguir fontes do direito interno de fontes do direito internacional, o monismo preocupa-se com a admissibilidade da existência de conflitos entre tratados e a ordem jurídica nacional, para saber qual deles deve prevalecer.*

[74] Kelsen, Hans. **Teoria geral do direito e do estado.** São Paulo: Livraria Martins Fontes, 2000. p.301.

Além dos atos coercitivos previstos em um ordenamento jurídico estatal, há de serem consideradas, também, as imposições advindas do *jus cogens* a ele próprio. Há, de fato, uma ordem superior, que, apesar de não trazer configurações e delimitações próprias da teoria geral do Direito como se concebe desde seus primórdios, há de ser respeitada e observada nos ordenamentos jurídicos estatais para melhor adequação à realidade jurídica, moral e social que se desenvolvem em tempos mais recentes.

Concebe-se que esta nova ordem imperativa internacional vem a ser, até mesmo, mais relevante que os conceitos delimitados pela ordem jurídica nacional, uma vez que traduz temas indispensáveis ao bom convívio dos Estados e mais: à proteção do ser humano em âmbito global. Quanto ao tema, discorre-se:

> Esse *mais importante* resulta de um entendimento de que, na tradução de *jus cogens* significando direito constringente ou direito imperativo [...], o termo *imperativo* não equivale a *obrigatório*, característica intrínseca às normas jurídicas, mas é uma obrigatoriedade mais elevada, mais constringente. O *mais importante* resulta também do fato de que as normas seriam imperativas em razão de seu conteúdo mais relevante, mais essencial.[75]

Ainda, para convalidar a restrição da validade do ordenamento jurídico de um Estado a partir de normas de direito internacional utilizam-se os trabalhos da Comissão de Direito Internacional da Organização das Nações Unidas (ONU), mais especificamente quanto aos esforços à confecção da Convenção de Viena sobre o Direito dos Tratados de 1969. Em seus artigos 53 e 63, tem-se a referência expressa ao "jus cogens como uma norma imperativa de direito internacional geral e, igualmente, como uma norma aceita e reconhecida pela comunidade internacional dos Estados no seu conjunto, como norma da qual nenhuma derrogação é permitida [...]".[76]

Ao que tange à aplicação do direito internacional no elemento *território* do Estado, cabe ser dito, ainda, que as fronteiras dos referidos são

[75] Nasser, Salem Hikmat. *Jus Cogens*: ainda esse desconhecido. **Revista Direito Getúlio Vargas**, São Paulo, v.1, n.2, p.163, jun./dez. 2005.

[76] CONVENÇÃO DE VIENA SOBRE O DIREITO DOS TRATADOS DE 1969. Disponível em: <www.gddc.pt/siii/docs/rar67-2003.pdf>. Acesso em: 23 abr. 2015.

delimitadas segundo a referida ordem, a partir da celebração de tratados[77] entre os Estados que partilham de territórios conjugados uns aos outros.

Debate-se o fato de que o Estado não necessariamente será estático quanto ao seu território: poderá ceder ou até mesmo receber, de outro, parte territorial. Novamente, tais institutos acabam por ocorrer mediante a utilização do direito internacional, com a assinatura de um novo tratado, configurando, inquestionavelmente, um ato totalmente lícito do ponto de vista internacional.

Chegando aos aspectos conclusivos do primeiro elemento do Estado, qual seja, seu território, pode-se depreender que este vem a ser a esfera de validade da ordem jurídica aplicável às pessoas que sob sua égide desenvolvem suas vidas e compõem uma sociedade. Vincula-se a conduta do indíviduo, neste território, a uma coercibilidade jurídica aplicável pelos institutos estatais, delimitada por dimensões decorrentes do direito internacional.

Como segundo elemento, deve-se ter em mente que o Estado, como criação humana, só de demonstra possível a partir do momento que um conglomerado humano reúne forças suficientes em prol de sua criação.

Precisa-se que, fazendo uma analogia entre os elementos indispensáveis à existência do Estado, a partir do momento que este contará com um único território, terá, em decorrência, também, um único povo.[78]

Dito isto, como entender o delineamento de um povo de um Estado? Para uma resposta precisa, há de se dizer que o povo de um Estado acaba por se interligar a conceitos advindos da cidadania, a partir da validade de uma ordem jurídica em um determinado território.

Entende-se que a cidadania guarda suas bases pela afirmação de que todos os homens foram igualmente criados, devendo ser esse o objetivo

[77] Em termos conceituais elencados por José Francisco Rezek, entende-se: *Tratado é o acordo formal, concluído entre sujeitos de direito internacional público, e destinado a produzir efeitos jurídicos.*

[78] Como *povo,* neste estudo em pauta, entende-se como o conjunto total dos cidadãos de um determinado Estado, encontrando-se ou não em território nacional. Utiliza-se, aqui, de uma acepção jurídica da palavra povo. Diferentemente refere-se à conceituação de *população.* Em consonância com o *Oxford English Dictionary,* diz-se ser a população a *condição de um país quanto ao número de habitantes, o grau de ocupação do lugar e, consequentemente, o número total de pessoas que habitam um país, uma cidade ou outra área; o conjunto de habitantes.* Ou seja, diferentemente da referência jurídica dada à palavra povo neste contexto, o termo população encontra bases única e exclusivamente para referir-se às aspectos quantitativos e demográficos.

central de uma ordem normativa em um Estado: garantir uma igualdade material entre seu povo, pela observância de direitos e deveres àqueles que ali se encontram.

Por conseguinte, o povo de um Estado será, necessariamente, aquele que a ordem jurídica do referido fizer-se valer e, consequentemente, possibilitar que um indivíduo venha ser considerado como cidadão nacional da referida instituição. É assim que se delimitam os cidadãos de um determinado Estado, sendo o aspecto pessoal do Estado regido e delimitado pela esfera de validade de suas normas. Kelsen, majestosamente, explica o contexto em pauta:

> [...] Ele é constituído pela unidade da ordem jurídica válida para os indivíduos cuja conduta é regulamentada pela ordem jurídica nacional, ou seja, é a esfera pessoal de validade dessa ordem. Exatamente como a esfera territorial de validade da ordem jurídica nacional é limitada, assim também o é a esfera pessoal. Um indivíduo pertence ao povo de um dado Estado se estiver incluído na esfera pessoal de validade de sua ordem jurídica. Assim como todo Estado contemporâneo abrange uma parte do espaço, ele também compreende apenas uma parte da humanidade. [...][79]

Não obstante os ensinamentos em tela, diz-se que a ordem jurídica estatal visa, em última análise, à coerção dos indivíduos que não se submetem voluntariamente a tal. Consequentemente, a coerção só se demonstra possível ao povo que sob a égide de uma regulamentação nacional se encontra. Ou seja, o povo brasileiro não pode, em tese, sofrer um poder de coerção abstrato advindo de um ordenamento jurídico estrangeiro.[80]

Adentrando ao terceiro componente do Estado, tem-se a delimitação de seu poder. Sem questionamento, a sua legitimação abriga a sua

[79] KELSEN, Hans. **Teoria geral do direito e do estado**. São Paulo: Livraria Martins Fontes, 2000. p.334.

[80] De plano, já se faz a ressalva: o termo *estrangeiro* não se identifica com o termo *internacional*. Quanto à normativa, estrangeiro se refere à ordem jurídica interna de um Estado soberano, jurídica e politicamente organizado, enquanto que internacional advém da manifestação de vontade e o aceite de Estados soberanos se submeterem a organismos além-Estado, sejam eles internacionais ou supranacionais. A normatividade que dos referidos organismos derivam faz com que se tenha um caráter internacional – e não estrangeiro.

própria soberania, mas dada suas peculiaridades e importância neste estudo, far-se-á o exame desta última em capítulo apartado.

A palavra poder comporta diferentes significados, a partir da ótica que lhe é inserida. Juridicamente, pode ser entendido como o ordenamento jurídico ao qual há a inserção do homem, ou melhor, dos cidadãos de um Estado. Do ponto de vista político, trata-se de uma terceira pessoa a atuar entre as partes interessadas, ante alternativas distintas a solucionar as suas questões. A partir de um caráter civil, o poder do Estado, em tempos de normalidade, será um poder para a paz, exercido por todos os seus civis; o poder militar encontra-se apartado do referido poder civil e deve subordinação a tal.

Uma feição de extrema relevância vem a ser o poder como monopolizador da coerção, sendo que se assim não o fosse, o próprio Estado desapareceria. Neste sentido é que Kelsen embasa toda sua teoria do poder de um Estado, ao dizer que o referido é, justamente, a composição da validade e eficácia da ordem jurídica de um determinado Estado, compondo e possibilitando a permanência da unidade de seu território e de seu povo. Segundo seus ensinamentos:

> A palavra "poder" tem significados diferentes nesses diferentes usos. O poder do Estado ao qual o povo está sujeito nada mais é que a validade e a eficácia da ordem jurídica, de cuja unidade resultam a unidade do território e a do povo. O "poder" do Estado deve ser a validade e a eficácia da ordem jurídica nacional, caso a soberania deva ser considerada uma qualidade desse poder. [...][81]

Em decorrência, considerando a teoria geral do Estado, entende-se que o poder vem a ser indispensável em sua conceituação. Explica-se: elemento formador de núcleos sociais, tais como o familiar, o religioso, o profissional, dentro outros, o poder garante, ao Estado, a junção coesa e una de todos os seus outros elementos. São seus delineamentos próprios: capacidade auto-organizatória, unidade e indivisibilidade do poder, e soberania.[82]

[81] Kelsen, Hans. **Teoria geral do direito e do estado**. São Paulo: Livraria Martins Fontes, 2000. p.364.

[82] Características adotadas por Paulo Bonavides em **Ciência política**. 10.ed. São Paulo: Malheiros, 2004.

Primeiramente, adentrando ao aspecto inerente à sua capacidade auto-organizatória, alude-se ao fato de que só há Estado propriamente dito se houver condições de regular, modificar ou executar o seu próprio direito, a partir de uma ordem constitucional própria ou derivada. Traduz-se que "há Estado desde que o poder social esteja em condições de elaborar ou modificar por direito próprio e originário uma ordem constitucional".[83]

No que diz respeito à unidade, diz-se ser ela a titularidade de uma única instituição, do próprio Estado.[84] Este não conta com concorrência para o exercício do poder em seu interior: é ele, sozinho, quem detém e controla o poder. Tanto é que, neste sentido, ao Estado só cabe repartir o poder no que tange ao aspecto de seu exercício, a partir de uma tripartição de poderes.

Há, ainda, como último elemento formador do poder, a soberania propriamente dita. Dada sua importância neste estudo, ser-lhe-á dedicado um capítulo apartado para sua fundamentação teórica.

Sublinha-se, apenas, que este trabalho filia-se à corrente doutrinária que entende que o poder do Estado, por ser mais amplo, não se confunde com a própria soberania. Há, dentro do poder, aspectos interligados à dominação que o fazem diferenciar-se da própria soberania. Logicamente, um não se confunde com o outro, mas muito de seus conceitos estão intrinsecamente ligados. Sintetizando tais entendimentos:

> Tratando o poder como elemento à parte, distinto da soberania, é preciso então caracterizar o poder do Estado, demonstrando que ele difere dos demais poderes. [...] nota característica e diferenciadora a dominação, peculiar ao poder estatal. Há [...] duas espécies de poder: o poder dominante e o poder não-dominante. Este último é o que se encontra em todas as sociedades que não Estado, tanto naquelas em que se ingressa voluntariamente quanto nas de que se é integrante involuntário. [...][85]

[83] *Ibid.*, p.108.

[84] Não se faz oportuno, neste momento, distinguir a titularidade do poder quanto à feitura de normativas próprias para limitação de governantes, sejam elas advindas do povo, do monarca ou de uma determinada classe. Examina-se, apenas, a unidade do poder de um Estado, não fragmentada em diversos segmentos que ali se encontram.

[85] Dallari, Dalmo. **Teoria geral do Estado**. São Paulo: Saraiva, 1998. p.42.

Mais uma vez: não se pretende dissociar por completo a soberania do elemento formador do Estado chamado *poder*. Apenas pretende encontrar bases justificadoras para se entender a soberania como um dos braços do poder do Estado, enquanto que este encontra respaldo em termos mais amplos.

1.1.5 A soberania

A soberania é, de fato, parte capital na delimitação de um Estado, tendo em vista a existência de algumas sociedades, em um dado território, com governo próprio, mas não contando com o elemento *soberania* e, em decorrência, não sendo caracterizadas como instituições estatais.

Taxa-se que a soberania que se apresenta no Estado atual é fruto de uma continuidade, de uma evolução semântica, etimológica. Por esta perspectiva, focaliza-se o termo soberania a partir de *superanus, supremitas, super omnia* ou *souveraineté* que, segundo Bodin, seria o "poder absoluto e perpétuo de uma República".[86]

Aponta-se, inclusive, que a expressão traduz-se por intermédio de duas classes gramaticais, quais sejam: substantiva e adjetiva. Em um primeiro sentido, tem-se a conceituação da soberania como o poder do povo, justamente para permitir sua organização jurídica e política, valendo, ainda, em seu território, suas próprias decisões. Como adjetivo, considera-se como a propriedade sublime do poder do Estado.[87]

Considerada, em termos clássicos, como componente indispensável do Estado, caracteriza-se pelo poder de império e dominação, advindo, em consonância, direitos e obrigações a todos os cidadãos que sob sua égide repousam suas vidas. É, de fato, "o poder máximo do Estado, efetivando-se na organização política, social e jurídica de um Estado".[88]

Entretanto, há de ser entendido que, com o advento da ordem internacional, a soberania necessitou, sobremaneira, de uma flexibilização de suas noções, uma vez que seus limites podem, nesse momento, serem estreitos em prol de um ordenamento supranacional ou internacional.[89]

[86] Bodin, Jean. **Les Six Livres de La République**. Paris: l'édition de Paris, 1583. (Tradução livre).

[87] Friede, Roy Reis. **Pressupostos (elementos) de existência do estado**. São Paulo: Revista Justitia, 1999.

[88] *Ibid.*, p.13.

[89] Os conceitos de supranacionalidade e internacionalidade não se confundem; o primeiro deles se refere a uma ordem imposta acima dos Estados (situação plenamente possível, dada

Ademais, o que se considera, de fato, em crise, vem a ser a soberania em seus termos absolutos, uma vez que hoje, inquestionavelmente, conta-se além da possibilidade, mas sim a necessidade de uma estruturação da soberania a partir dos ideais de cooperação, coordenação e subordinação aos valores do *jus cogens*. Em consonância com esta explanação:

> A crise contemporânea desse conceito envolve aspectos fundamentais: de uma parte, a dificuldade de conciliar a noção de soberania do Estado com a ordem internacional, de modo que a ênfase na soberania do Estado implica sacrifício maior ou menor do ordenamento internacional e, vice-versa, a ênfase neste se faz com restrições de grau variável aos limites da soberania, há algum tempo tomada ainda em termos absolutos; [...].[90]

Em um primeiro momento de entendimento, a partir de ensinamentos clássicos, tais como o de Louis Le Fur, contemplou-se a soberania como uma decisão finalística por si mesma, totalmente assimilada pela ordem normativa interna de um Estado. Para ele, a soberania seria entendida como o

> direito, que tem o Estado, de decidir, em última instância, acerca das questões de sua competência, em conjunto com o monopólio da coerção incondicionada, podendo executar suas decisões por intermédio da força, em caso de resistência por parte de seus jurisdicionados.[91]

Ocorre que, como instituto elementar da formação do Estado, a soberania é fruto de uma continuidade, de uma evolução semântica, não tendo, ao longo dos tempos, pacificado-se apenas com o entendimento supracitado.

Destarte, Luigi Ferrajoli elucida este ponto, dizendo que "a noção de soberania remonta ao nascimento dos grandes Estados Nacionais europeus e à divisão correlativa, no limiar da Idade Moderna, da ideia de um ordenamento jurídico universal, que a cultura medieval havia herdado da romana".[92]

as decisões das cortes regionais de proteção dos direitos humanos). Já a internacionalidade diz respeito à conjunção da vontade de diversos Estados para partilharem de interesses comuns, devidamente harmonizados e unificados.

[90] BONAVIDES, Paulo. **Ciência política**. 10.ed. São Paulo: Malheiros, 2004. p.123.

[91] Le Fur, Louis. **Précis de Droit International Public**. Paris: CNRS Editions, 1937. p.67.

[92] FERRAJOLI, Luigi. **A soberania no mundo moderno**. São Paulo: Livraria Martins Fontes, 2002. p.1-2.

Preveem-se, de fato, as bases da definição a partir da fase chamada como Baixa Idade Média, quando então a harmonia de um único poder político real dentro de limites estatais inicia sua derrocada. Aqui, analisa-se uma debilitada união política, a partir de um embate entre o poder do Imperador e o poder da Igreja: não existia uma coesão justificadora da falta de necessidade de conceitos de soberania. Denota-se a necessidade de fazer valer a supremacia de um poder sobre o outro justamente para a conservação da unidade do próprio Estado em si.

É aqui que a instituição estatal se demonstra superior a qualquer outro poder que no seu interior viera a se multiplicar, conjecturando-se, então, os primórdios do conceito de soberania para que o embate do poder entre os grupos sociais internos ao Estado não viessem a lhe transmutar ou, até mesmo, findá-lo. Em termos doutrinários:

> A frouxa unidade do poder político centralizado simbolicamente na pessoa do Imperador padece em sua órbita mais larga o desafio da Igreja. [...] Os poderes autônomos das ordens intermediárias já mencionadas estavam nominalmente sujeitos à autoridade superior do Imperador. Somente este, a cuja testa se achava o Imperador, não ficara sujeito a nenhuma jurisdição. O princípio da soberania começa historicamente por exprimir a superioridade de um poder, desembaraçando de quaisquer laços de sujeição. Tomava-se a soberania pelo mais alto poder, a *supremitas*, que constava já na linguagem latina da Idade Média, por traço essencial com que distinguir o Estado dos demais poderes rivais, que lhe disputavam a supremacia no curso do período medievo.[93]

É que a soberania – enaltece-se – só vem a ser necessária quando há a lucidez na distinção entre o poder do Estado e outros poderes, seja interno ou externo a este.[94]

É neste espírito que urge a essência clássica do conceito de soberania, a partir de suas teorias: a primeira entende ser a soberania o poder da feitura ou anulação de leis, identificando-a com o próprio Poder Legislativo. Já a segunda, localiza a soberania no próprio poder de coerção, de força física, para a estipulação de determinados comportamentos.

93 Bonavides, Paulo. **Ciência política**. 10.ed. São Paulo: Malheiros, 2004. p.124.
94 Comparato, Fábio Konder. **Quem é o povo**. São Paulo: Max Limonad, 1999. p.13-22.

Relata-se quer vem deste contexto a primeira teoria positivada acerca da soberania, com a obra de Jean Bodin, intitulada de *Les Six Livres de La République*, datada de 1576. Para este autor – cujo qual sempre prendeu seus entendimentos à realidade que lhe acompanhava – a soberania encontra respaldo no próprio Poder Legislativo. Por este motivo que se deduz ser a doutrina clássica da soberania a advinda da França. Bodin soube tratar conceitualmente a batalha interna levada a cabo entre os reis franceses e os barões feudais, e o entrave externo, em que a França lutava por sua libertação do Papado.

Bodin ainda combinou o elemento Estado em sua definição de República, tratando a soberania como elemento indispensável daquela primeira instituição. Em suas palavras: "*République est un droit gouvernement de plusieurs ménages et de ce qui leur est commun avec puissance souveraine*".[95]

Mais à frente, em 1762, o contrato social de Rousseau também iria reforçar a concepção clássica de soberania. É por intermédio das estruturas da soberania esboçadas por este autor que aflora a interligação entre soberania e poder popular, manifestando-se a terminologia *soberania popular*.[96]

Em referência, respaldam-se os ensinamentos de Canotilho: "a teoria da soberania popular concebe a titularidade da soberania como pertencendo a todos os componentes do povo, atribuindo a cada cidadão uma parcela da soberania".[97]

Localiza-se nos Estados Unidos, a partir de sua Declaração de Independência, em 1776, a primeira detenção de soberania ao povo. Ali se entendeu fundamental a presença do povo para a própria constitucionalização daquele Estado.

[95] Esta definição pode ser encontrada, segundo a obra de Bodin, no primeiro capítulo de sua obra supramencionada *Les Six Livres de la República*.

[96] Inscrevem-se as palavras de Lenio Luiz Strec e José Luiz Bolzan de Morais: [...] Em 1762, o contrato social de Rousseau irá enfatizar tal conceito, estabelecendo-o como representação do povo, percebida, então, como 'soberania popular' – inalienável, nas mãos de todos diretamente e indivisível – o que se repete até os dias atuais, como se observa do texto constitucional brasileiro de 1988, em seu art. 14.

[97] Canotilho, José Joaquim Gomes. **Direito constitucional.** 6.ed. Coimbra: Livraria Almedina, 1999. p.99.

Documenta-se, então, que o Estado Moderno[98],[99] fez brotar características peculiares à soberania, dentre elas: indivisibilidade, inalienabilidade, imprescritibilidade, perpetuidade, e caráter absoluto. Algumas delas perduram até hoje; outras caíram em desuso especialmente quando da observância da divisão entre soberania interna e soberania externa[100] – tema a ser tratado em momento próximo.

Compreende-se que, em termos mais recentes, a partir do século XIX, a soberania viera a sofrer fortes influências da construção nacional de cada Estado. Ocorre que, de fato, a multiplicidade de atores que aparecem, hoje, faz com que ordens paralelas, ou até além-fronteiras, influenciem seu povo e venham a se chocar com a soberania – aquela atrelada ao seu próprio território, terminologicamente considerada como soberania interna – que, há muito, atendeu aos anseios de dominação, legitimação da força e poder de coerção que lhes era próprio. Acerca do tema, transcreve-se:

> O processo de construção nacional, que renovou o conceito de soberania e lhe deu nova definição, rapidamente se tornou, em todos e em cada

[98] Não estar-se-á querendo tratar sobre a delimitação dos Estados sem qualquer senso crítico sobre a referida denominação. Sabe-se que, partindo de uma doutrina clássica, tal como Maquiavel, Jean Bodin, Ernst Wolfgang Boeckenfoerde, dentre outros, a classificação de Estado Moderno vem atrelada ao século XVIII, tomando por base uma progressiva centralização do poder. A partir do momento que há uma transferência deste poder às mãos populares, deixa-se de se ter o Estado Moderno, emergindo outra denominação.

[99] Ressalva-se que, segundo o entendimento de doutrinadores do tempo presente, tal como Quentin Skinner, não há um conceito exclusivo ao termo *Estado Moderno*. Em sua dicção: *"trazar la geonealogía del estado moderno es descubrir que nunca há existido um concepto único al que término 'estado' se refiera. Em la teoria política moderna diferentes escuelas han considerado al estdo ya sea como (1) el nombre de um aparato de gobierno establecido, o (2) el nombre de um cuerpo de personas subordinadas a uma cabeza soberana, o (3) como outro nombre para designar el cuerpo soberano del pueblo, o (4) como el nombre de uma persona definida de quien se dice (a) que tiene uma real voluntad propia o (b) que tiene voluntad em virtud de que la voluntad de algún poder público autorizado le há sido atribuída. [...]»*. (Skinner, Quentin. Uma Genealogía del Estado Moderno. **Estudios Públicos**, Chile, n.118, p.5, otoño 2010).

[100] De antemão, deixa-se claro que a divisão da soberania entre interna e externa é hipótese já defendida por Luigi Ferrajoli – aliada a este estudo –, quando assim a trata: "essa dúplice oposição entre estado civil e estado de natureza dá origem, a partir da Revolução Francesa, a duas hipóteses paralelas e opostas da soberania: a de uma progressiva limitação interna da soberania, no plano do direito estatal, e a de uma progressiva absolutização externa da soberania, no plano do direito internacional". (Ferrajoli, Luigi. **A soberania no mundo moderno**. São Paulo: Livraria Martins Fontes, 2002. p.27).

> um dos contextos históricos, um pesadelo. A crise da modernidade, que é a co-presença contraditória da multidão e de um poder que quer reduzi-la a uma autoridade única – isto é, a co-presença de um novo conjunto produtivo de subjetividade livres e de um poder disciplinar que quer explorá-lo – não é, finalmente, aplacada ou resolvida pelo conceito de nação, mais do que o fora pelo conceito de soberania ou de Estado. A nação pode apenas ocultar a crise ideologicamente, deslocá-la e retarda seu poder.[101]

A partir do decurso histórico, pôde-se perceber que a definição de soberania mudara ao longo do tempo, transformando e aprimorando-se em decorrência da crescente interdependência dos Estados na atualidade. O que se observa – e é este o foco central do trabalho quanto à soberania – é um crescente compartilhamento de soberania[102], não restando dúvidas que o poder supremo do Estado, advindo de sua soberania interna, decai em detrimento de uma construção ideológica e jurídica comum, por intermédio do referido compartilhamento de soberania entre os Estados.

1.1.5.1 *Soberania interna e soberania externa: seus prismas diferenciadores*

A partir de um desenrolar histórico, demandou-se revisões ao conceito de soberania, justamente para vir a atender aos anseios da sociedade atual. Seu entendimento, advindo do Estado Moderno, tornou-se defasado e não compatível com a realidade de um mundo globalizado. A partir de então, passou-se a perceber que a soberania seria exercível sob duas égides: em um plano interno, onde o Estado imputaria a seu povo, em seu

[101] Hardt, Michael; Negri, Antonio. **Império**. 2.ed. Rio de Janeiro: Record, 2001. p.115.

[102] Pela teoria do compartilhamento de soberania, não haveria uma cessão ou alienação de parcela desta, mas sim uma situação conjunta, um condomínio para desenvolvimento de certos temas, a partir de um acordo internacional – chamado de tratado – prévio à demanda. Nos termos da doutrina, infere-se que: "na soberania compartilhada, os Estados-membros não renunciam à sua soberania, tão-somente passam a exercê-la de forma compartilhada com os outros Estados naquelas matérias expressamente previstas nos tratados; estes, sim, são a base para a definição da distribuição de poderes (competências) entre a Comunidade e seus membros. Esta limitação, que é uma característica da soberania compartilhada, é assegurada pelo chamado princípio da subsidiariedade". (Ariosi, Mariângela F. Direito Internacional e soberania nacional. **Revista Jus Navigandi**, Teresina, v.9, n.498, 17 nov. 2004. Disponível em: <http://jus.com.br/artigos/5942>. Acesso em: 22 set. 2015).

território, seu poder soberano, com todas as características derivadas do Estado Moderno, cuja qual, em um contexto de globalização, não atende aos anseios da comunidade local e internacional; e em contexto externo, a qual garante a independência de cada um dos Estados em plano internacional, garantindo a horizontalidade de poder entre os Estados.

Adentrando à soberania interna, pode esta ser entendida como o *poder gerador do direito positivo*[103], significando, em última apreciação, o próprio poder supremo. Em decorrência, nenhum outro poder, dentro dos limites territoriais de um Estado, estará sobre o poder estatal.

Deduz-se, então, que a soberania interna teria, como sua base estrutural, a própria ordem estatal doméstica, pois ali estaria localizado o seu poder supremo. Dito de outra forma, o poder supremo se daria apenas dentro do território do Estado (nos limites de sua ordem coercitiva).

Nesta visão, a soberania se demonstraria útil e condizente apenas em uma determinada ordem jurídica, tornando-se inútil e insuficiente quando da emergência de um contexto de globalização e de uma sociedade global de Estados, uma vez que se pensa, hoje, em contextos mais amplos que a soberania atrelada apenas à sua ordem jurídica interna. Além disso, nos ensinamentos de Raymond Aron, esta soberania acaba por se tornar perigosa e nociva, visto que *os* "imperativos jurídicos retiram sua força obrigatória da vontade dos poderes do Estado".[104]

O declínio da soberania interna já se relatara com a Revolução Francesa, quando então, na Declaração dos Direitos do Homem e do Cidadão, de 1789, o poder supremo confrontara-se com ondas crescentes de direitos que fizeram com que esta soberania interna viesse a se esfarelar cada vez mais em prol de outros valores, tais como os direitos humanos. Vislumbra-se o entendimento na seguinte passagem:

> Com a *Declaração dos direitos do homem e do cidadão,* de 1789, e depois com as sucessivas cartas constitucionais, muda a forma do Estado e, com ela muda, até se esvaziar, o próprio principio da soberania interna. De fato, divisão dos poderes, princípio da legalidade e direitos fundamentais correspondem a outras tanta limitações e, em última analise, a negações

[103] LIMA, Antonio Sebastião de. **Teoria do estado e da constituição**: fundamentos do direito positivo. Rio de Janeiro: Freitas Bastos, 1998. p.182.

[104] ARON, Raymond. **Estudos políticos**. Tradução de Sérgio Bath. 2.ed. Brasília: UnB, 1986. p.886.

> da soberania interna. Graças a esses princípios, a relação entre Estado e cidadãos já não é uma relação entre soberano e súditos, mas sim entre dois sujeitos, ambos de soberania limitada. [...] Sob esse aspecto, o modelo do estado de direito, por forca do qual todos os poderes ficam subordinados à lei, equivale à negação da soberania [...].[105]

Discrimina-se o fato da soberania interna estar perdendo seus fundamentos primordiais de existência à medida que o Estado se desenvolve pelos preceitos de direito internacional. Avalia-se, desta maneira, que esta soberania, em sua visão tradicional, não mais se coaduna com a realidade que se encontram os Estados e os próprios avanços da sociedade internacional, a partir de um contexto de globalização e *jus cogens*.

Quanto ao *jus cogens*, vale pontuar ser ele fruto de uma necessária verticalização dos pilares estruturais do direito internacional[106], incidindo na própria postura dos Estados frente às normas deste ramo do direito: vislumbra-se a necessidade de uniformização de determinadas regras, especificamente atreladas ao axioma da paz e aos valores dos direitos humanos. Na preciosa lição de Cláudio Finkelstein:

> Ora, é sabido e aceito que tradicionalmente as normas de direito internacional nascem da declaração de vontade dos Estados no sentido de se sujeitar a ela. No entanto, essa ordem incipiente criada por tal mecanismo não tem o condão de exigir seu cumprimento, nem de impor os critérios por ela aceitos, seja pela ausência de um poder de polícia central ou autoridade internacional erigida para cumprir e fazer cumprir o acordado, nem pela unidade de interpretação do que seria universalmente aceito como regra para o estabelecimento de condutas condizentes com a vida em sociedade de Estados.

[105] Ferrajoli, Luigi. **A soberania no mundo moderno**. São Paulo: Livraria Martins Fontes, 2002. p.28.

[106] Nesse sentido, explica Cláudio Finkelstein: "o surgimento e afirmação do 'jus cogens' no direito internacional contemporâneo preenche a necessidade de uma verticalização mínima do ordenamento jurídico internacional, erguido sob pilares de onde o jurídico e a ética se fundem. A evolução do conceito de 'jus cogens' transcende hoje o âmbito do Direito dos Tratados e da Responsabilidade Internacional dos Estados ao atingir o direito internacional geral e a base da ordem jurídica internacional". (Finkelstein, Cláudio. **Hierarquia das normas no direito internacional**: *jus cogens* e metaconstitucionalismo. São Paulo: Saraiva, 2013. p.206).

> O *jus cogens* foi erigido como regra de direito internacional para alterar em parte esta ordem. Por ele, a sociedade internacional reconhece a necessidade de regras uniformes e constantes que visem solidificar essa ordem existente, fruto de séculos de debate acadêmico e embates armados.[107]

Concentrando-se na soberania externa – marco referencial deste estudo –, esta vem a ser a própria independência, a não-ingerência de qualquer ordem normativa estrangeira a um determinado Estado soberano. É, de fato, o que garante a igualdade de todos os Estados em plano internacional, possibilitando a horizontalidade nas relações estatais. Em outros termos, deduz-se que a soberania externa garante que cada uma das ordens normativas internas possuam, no campo da sociedade internacional, igual valoração, permitindo que Estados com poderes econômicos diferenciados, sociedades desiguais e até mesmo realidades não conexas tenham, perante aquela, iguais poderes de fato.

Examina-se, na soberania externa, uma busca pelo *equilíbrio de poder* entre os Estados em plano internacional. A partir deste cenário, pode-se entender que a referida soberania tem por excelência buscar a equivalência de poderes, em plano internacional, entre os referidos Estados, ou que "nenhuma potência possui posição de preponderância absoluta e em condições de determinar a lei para as outras"[108].

Identifica-se, ainda que precariamente, a regulamentação da soberania externa a partir de dois documentos: a Carta das Nações Unidas, de 1945, e a Declaração Universal dos Direitos do Homem e do Cidadão, datada de 1948.

A partir destes documentos é que se justifica a aplicação do *jus cogens* à soberania externa: ela deixa de ser exercida a partir da total liberalidade dos Estados para se subordinar ao imperativo de paz e à prevalência dos direitos humanos. Quanto aos direitos humanos, se havia dúvidas quanto ao seu caráter impositivo advido da Declaração de 1948, não mais se questiona sua existência a partir dos Pactos, assinados no con-

[107] Finkelstein, Cláudio. **Hierarquia das normas no direito internacional**: *jus cogens* e metaconstitucionalismo. São Paulo: Saraiva, 2013. p.279.

[108] Scott, James Brown. **The Classes of International Law**: Le Droit des Gens. Washington: Carnegie Institute, 1916. p.40.

texto da ONU, em 1966. A partir de tais, transformam-se os direitos humanos em limitações não apenas internas, mas igualmente externas à soberania estatal.[109]

O que se observa, a partir de então, é que se a soberania interna já havia perdido muito de sua supremacia em prol de determinados direitos, igualmente se observa no caso da soberania externa: por mais que esta ainda hoje permaneça necessária, especialmente quanto á liberalidade do Estado em se obrigar internacionalmente, alguns pontos de sua supremacia foram relativizados em prol dos direitos humanos e do imperativo de paz. É que após o mundo assistir ás atrocidades advindas das duas Grandes Guerras, não mais se demonstrou aceitável impor institutos que não permitissem o seu balizamento em prol da paz e dos direitos de cada cidadão – uma vez que, antes de cidadãos nacionais, estes são, de fato, cidadãos globais, e a comunidade internacional não deve, especialmente em contextos de proteção universal e regional dos direitos humanos, medir esforços para limitar a supremacia estatal, seus governos e suas ordens jurídicas internas em prol do bem da própria humanidade.

Logicamente, neste contexto, existem muitas falhas e problemas ainda sem soluções. O primeiro deles seria, a partir da referida normatização da soberania externa por intermédio do próprio direito internacional, as lacunas existentes, ainda sem soluções concretas, para quando um Estado-membro vier a infringir qualquer um dos direitos por ele reconhecidos, ou, por melhor dizer, quando praticar um ato considerado, na sociedade internacional, ilícito, principalmente no tocante aos direitos humanos e à violação da paz.

Incontestavelmente, o *jus cogens* é um importante ponto de partida para a normatização da comunidade internacional, mas, ainda assim, os Estados, pelo montante de soberania que lhes é própria, podem virem a prever normativas próprias, ou em comum acordo entre eles, por intermédio da cooperação, para fazer valer os direitos humanos em seu interior.

[109] FERRAJOLI, Luigi. **A soberania no mundo moderno.** São Paulo: Livraria Martins Fontes, 2002. p.39-41.

1.1.5.2 *O Estado na globalização e o surgimento das organizações internacionais*

Incontestavelmente, desde seus primórdios, o Estado abarca uma importância vital à sociedade, tendo em vista que sua égide sempre se fez necessária para o desenvolvimento e a consolidação da vida humana harmônica e organizada.

Sucede-se que muitas de suas instituições e conceitos passaram a necessitar de aprimoramentos, como resultado de um novo processo da história da humanidade: a globalização.[110]

Este movimento[111] viera a se desenvolver de maneira mais efetiva no final do século XX, especificamente ao final da década de 80, quando então a Guerra Fria chegou ao seu termo final e, em decorrência, findou-se a divisão do mundo entre a ideologia das duas grandes potências da época (Estados Unidos e antiga União Soviética).

Compreende-se que ela, a globalização[112], afeta todas as pessoas – sejam elas físicas, jurídicas, privadas ou públicas –, todos os organismos e todos os Estados que sob sua égide se desenvolvem. É este fenômeno

[110] Para Ives Granda da Silva Martins, nem mesmo os grandes acontecimentos do século XIX e XX influenciaram na alteração dos Estados como a globalização o fez. Em suas palavras: "A unificação da Itália e da Alemanha, o constitucionalismo moderno, o fortalecimento dos grandes impérios no século XIX e seu esfacelamento no século XX, as duas grandes guerras mundiais, não alteraram em muito a característica de que os Estados ganham o perfil que os detentores do poder imponham." (Martins, Ives Grada da Silva. **O estado do futuro**. São Paulo: Pioneira, 1998. p.17).

[111] A globalização transborda de aspectos apenas geopolíticos, sendo utilizada pelos mais diversos atores, sejam eles juristas, políticos, economistas, sociólogos, jornalistas, entre outros.

[112] Sabe-se que muitos opositores a este movimento levantaram ferozes críticas, como bem se elucida na seguinte passagem de Gideon Rachman: "O que Joseph Stiglitz e Naomi Klein revelaram foi um sentimento de que a globalização era um projeto que beneficiava mais as elites do que as pessoas comuns. Era certamente verdade que o 'consenso da globalização' parecia mais sólido em locais onde a política internacional e a elite de negócios se reuniam, como Fórum Econômico Mundial, em Davos. Também era verdade que havia alguns temas comuns na insatisfação gerada pela globalização em países tão diferentes quanto os Estados Unidos, a China, a Índia e a Rússia. O que os unia era uma reclamação de que o crescimento mais rápido associado à globalização fora comprado à custa de uma desigualdade crescente – que foram os oligarcas russos, os industriais chineses e os banqueiros de Wall Street que abocanharam o melhor dos benefícios e usaram parte dos lucros para comprar a anuência das elites políticas." (Rachman, Gideon. **Zero-Sum World**: Politics, Power and Prosperity After the Crash. London: Atlantic Books, 2010. p.127. p.127).

que permite, de fato, a interligação do local com o todo, com o global, contribuindo para o incremento do fluxo mundial, "de tal monta que Estados e sociedades ficam cada vez mais enredados em sistemas mundiais e redes de interação"[113].

Inicialmente, a globalização possuía um viés econômico, mas, em decorrência de sua complexidade e abrangência, acabara por atingir todas as esferas da sociedade local e, também, internacional. De tal forma, as estruturas estatais não passaram imune às entranhas da globalização e, por ela, sofreram profundas alterações. Explica-se:

> Já nos anos noventa do século XX, a História Mundial apresenta um conjunto de factos que revelam a raiz e o cariz econômico, que motivou e permitiu o desenvolvimento de um conjunto de fenômenos que efectivaram a globalização e que desencadearam uma mudança profunda na vida do Ser Humano na Terra. Ainda que complexo, e de uma certa dificuldade de curta explicação, poder-se-á indicar um conjunto de elementos que funcionaram como "motores" e apoios a toda a sua implementação. Desta forma, entende-se que, a grandeza do fenômeno, deveu-se ao impulso dado por agentes econômicos, meios e geopolíticos, agentes sociais, culturais, ideológicos, à escala nacional, regional e internacional.[114]

Exprime-se, ainda, que a noção de globalizacao infere, ainda, nos termos de *internacionalização*, contribuindo, cada vez mais, para com a interconexão entre os Estados em uma ordem internacional, contando com uma crescente inderdependência nas trocas internacionais – não apenas econômicas, mas igualmente culturais, políticas, tecnológicas, dentre tantas outras.

Não obstante, a globalização, ainda, "produz reflexos no conceito de soberania, na medida em que acaba por atingir cada país de forma desigual, na proporção da riqueza, poder, ou desenvolvimento social, econômico e tecnológico de cada um"[115].

[113] HELD, David; MCGREW, Anthony. **Prós e contras da globalização**. Rio de Janeiro: Jorge Zahar, 2001. p.12.

[114] OLIVAS CABANILLAS, Enrique; ORTÍZ-ARCE de la FUENTE, Antonio; TORRADO, Jesús Lima. **Globalización y Derecho**: una aproximación desde Europa y América Latina. Madrid: Editorial DILEX, 2007. p.128.

[115] MALUF, Sahid. **Teoria geral do estado**. 31.ed. São Paulo: Saraiva, 2013. p.39-40.

A partir deste cenário, cabe a ressalva: se a soberania externa quer abocanhar a igualdade entre os Estados na comunidade internacional, fica claro que a globalização está trazendo entraves a este objetivo. Necessária então se demonstra a transmutação das figuras estatais em um mundo globalizado, vindo a focar, especialmente, na busca e consolidação da igualdade material dos Estados e, mais, na proteção dos direitos de seus cidadãos.

Como alternativa plausível, enaltece-se a cooperação entre os Estados: por seu intermédio, a instituição estatal continua a garantir sua importância na vida em sociedade, assegurando, ainda, a integração entre seus atores, a proteção de identidades – e dos direitos humanos, em última análise – e o seu ajuste à nova configuração da ordem internacional.[116] Segundo os ensinamentos de Jacques Chevallier:

> O Estado não poderia ser considerado como uma forma de organização política ultrapassada. Sem dúvida, ele é confrontado com novos dados que modificam o contexto de sua ação e, notadamente, à pressão cada vez mais insistente exercida pela globalização: ele ainda persiste na atualidade como o princípio fundamental de integração das sociedades e o local de formação das identidades coletivas; e ele permanece o elemento essencial em torno do qual se organiza a vida internacional. [...] Entretanto, essa persistência é acompanhada de um conjunto de transformações que, longe de serem superficiais, são de ordem estrutural e contribuem para redesenhar a figura do Estado.[117]

Em decorrência desta conjuntura tem-se, para atender aos anseios de uma comunidade internacional globalizada, a partir do início do século XX – e com maior presença no século XXI –, o surgimento das organizações internacionais.

[116] Nas palavras de Held e McGrew: "[...] a globalização representa uma mudança significativa no alcance espacial da ação e da organização sociais, que passa para uma escala inter-regional ou intercontinental. Isso não significa que, necessariamente, a ordem global suplante ou tenha precedência sobre as ordens locais, nacionais ou regionais da vida social. Antes, estas podem inserir-se em conjuntos mais amplos de relações e redes de poder inter-regionais". (Held, David; McGrew, Anthony. **Prós e contras da globalização**. Rio de Janeiro: Jorge Zahar, 2001. p.12-13).

[117] Chevallier, Jacques. **O estado pós-moderno**. Tradução de Marçal Justen Filho. Belo Horizonte: Fórum, 2009. p.23.

É neste panorama que se identifica a modificação do relacionamento entre os Estados e, mais, das próprias estruturas estatais, uma vez que, integrando estes organismos internacionais, a realidade nacional guardará respeito e adequação interna aos institutos, termos e obrigações que da submissão estatal ao estatuto constitutivo da organização decorrem.

Neste cenário, muito se debate acerca do conceito de Estado: quer-se saber se este terá, segundo seus termos já consolidados, meios aptos para atender à demanda da nova realidade que se configura. Quer-se abrir os olhos daqueles que acreditam – por conta das conceituações clássicas de soberania e do próprio medo da sociedade anárquica – que o Estado não pode e nem deve compartilhar[118] parcela de suas funções e de sua própria soberania aos organismos internacionais. O entendimento deste estudo é justamente na contramão de tal juízo: a figura *organização internacional*, dia após dia, faz-se extremamente necessária em um mundo globalizado e que ainda não conseguiu atingir níveis satisfatórios na consolidação dos direitos humanos. Como bem alude Carlos Brandão:

> [...] Com a explosão populacional dos último 350 anos, período em que os Estados atuais se consolidaram e em que o número de habitantes saltou de pouco mais de 400 milhões para 6 bilhões, a interdependência entre os Estados cresceu na mesma proporção. Essa interdependência tende a ser cada vez mais crescente, o que reforça o questionamento sobre a transcrita definição de Estado, que ainda prevalece no Direito Internacional. Essa interdependência entre Estados abrange as principais atividades que asseguram o progresso e o bem público no mundo e a sobrevivência da população, de um modo geral [...].[119]

[118] Não se vislumbra na doutrina questionamento que aqui ocorrera: seria compartilhamento, avocação ou delegação de funções aos organismos internacionais? Neste estudo, o entendimento repousa na questão de se ter um compartilhamento de funções nas organizações internacionais. Explica-se: a partir da existência de organizações supra e internacionais, quer-se referir a todas elas. E sabe-se que a soberania, atributo ainda presente nos Estados, não será doada, por assim dizer, às organizações além-Estado. Ali, há uma cooperação, um compartilhamento no exercício da soberania de determinados – ou muitos – Estados em prol do bem comum da comunidade internacional e do próprio cidadão global.

[119] Brandão, Carlos. Evolução do "Estado" no mundo globalizado. In: Martins, Ives Granda da Silva. **O Estado do futuro**. São Paulo: Pioneira, 1998. p.119.

A conjuntura advinda a partir da globalização não mais comporta apenas um ator em plano internacional para o bem estar da vida em sociedade. O Estado, apesar de continuar sendo indispensável, não é mais pessoa exclusiva no campo da sociedade internacional: justamente para atender aos anseios da sociedade globalizada, despontou um novo ator já considerado como indispensável, a organização internacional.

Preambularmente, infere-se a organização internacional como sendo uma livre associação de Estados, vinculados pelo instrumento do tratado, em concordância com as normas de direito internacional. Tal organismo vem a ser uma entidade de caráter estável, com personalidade jurídica, ordenamento jurídico e órgãos próprios, com fins comuns aos seus membros, conferindo-lhe, em seu pacto constitutivo, a realização de certas funções e determinados exercícios.[120]

Apreendem-se, quanto ao tema, os ensinamentos do Prof. Carlos Roberto Husek, compreendendo os organismos internacionais serem "criados por meio de tratados e passam a ter personalidade internacional independentemente de seus membros"[121].

Para melhor compreensão das organizações internacionais e de suas decorrentes variáveis, indispensável se demonstra o entendimento de alguns aspectos.

Primeiramente, salutar se faz vislumbrar o sistema internacional como um todo, composto, basicamente, de Estados – e de suas decorrentes interações –, das organizações internacionais e de seus atores privados (com especial atenção para as organizações não governamentais (ONGs) e empresas transnacionais).[122]

[120] Reuter, Paul. **Institutions Internationales**. 8.ed. Paris: Thémis-Puf, 1975.

[121] Husek, Carlos Roberto. **Curso de direito internacional público**. 3.ed. São Paulo: LTr, 2000. p.42.

[122] Compõe-se a conceituação de empresas transnacionais por intermédio dos ensinamentos de Husek: "inexistem definições sobre empresa transnacional. Apontam-se critérios – as capazes de influenciar na economia de diversos países ou as sociedades comerciais cujo poder está disperso nas subsidiárias, ou, ainda, aquelas que atuam no estrangeiro por meio de subsidiárias ou filiais –, bem como se apontam características – grande empresa e enorme potencial financeiro ou administração internacionalizada, ou, ainda, unidade econômica e diversidade jurídica. A ONU consagrou a expressão empresa 'transnacional': empresa que atua além das fronteiras – mas se entende que as expressões 'transnacional' e 'multinacional' se equivalem". (*Ibid.*, p.227).

Nesta gama de relações, as organizações internacionais colocam-se primordiais, uma vez que proporcionam, energicamente, a busca pela paz, pela preservação da segurança e a própria estabilidade mundial, em tantos aspectos necessários.[123]

A institucionalização da sociedade internacional, por intermédio das organizações internacionais, visa solucionar problemas atuais dos Estados, moldando e compondo seus comportamentos. Não se infere um aspecto negativo a tal conjuntura: as referidas instituições tornam-se capazes de incrementar a relação interestatal, criando ambiente propício para o aumento da cooperação entre os atores, possibilitando previsibilidade e segurança às relações pautadas no direito internacional.[124]

Argumenta-se, ainda, o fato de que as organizações internacionais, nesta linha de compreensão, cumprem papel imprescindível para o atendimento, hoje, dos problemas globais, os quais, de maneira exemplificativa, podem assim ser descritos:

> As organizações internacionais são imprescindíveis para resolver alguns dos principais problemas que a humanidade enfrenta. A paz e a segurança, a equidade nas relações comerciais, o auxílio financeiro às nações pobres, a preservação do meio ambiente e a previsão de regimes internacionais que promovam o desenvolvimento, distribuam a riqueza mundial e eliminem as enormes desigualdades de poder estão entre os temas que demandam a atuação das organizações internacionais. Numa época de enorme complexidade, jamais vista em outro momento histórico, em que os destinos humanos parecem estar indissoluvelmente entrelaçados, elas se tornaram essenciais para manter a ordem, assegurar a paz e obter a justiça.[125]

Seguindo estes ensinamentos, vislumbram-se as organizações internacionais como *legisladoras globais*, tendo em vista que normas e regras, adotadas pelos Estados, advindas de tais, são impositivas, também, a

[123] GAMA, Ricardo Rodrigues. **Introdução ao direito internacional.** Campinas: Bookseller, 2002.

[124] KEOHANE, Robert Owen. **Ideas & Beliefs, Institutions, Foreign and Political Change Policy.** Ithaca: Cornell University Press, 1993.

[125] AMARAL JR., Alberto do. **Introdução ao direito internacional público**. São Paulo: Atlas, 2010. p.169.

diversos sujeitos de direito internacional e, mais, até mesmo aos próprios indivíduos. Ou seja, impõe seu caráter normativo a todo o âmbito societário que, de forma ou outra, desenvolvem suas vidas e seus anseios sob sua configuração.[126]

Apesar de ambos serem considerados como sujeitos clássicos de direito internacional, os Estados e as organizações internacionais diferem-se em muito em seu surgimento e, consequentemente, em seus conceitos.

Quanto ao Estado, dependerá, para seu surgimento, do atendimento a certos fatores – e não exclusivamente da vontade de outros sujeitos. Tais fatores, primordialmente, abarcam seus elementos constitutivos (território, esfera temporal de validade, povo e poder – este último transcrito em sua composição governamental e em sua soberania).

Igualmente, como muito bem elucida Carlos Roberto Husek, os Estados não dependem de um tratado constitutivo, sendo criados unilateralmente. Em seus ensinamentos, transcreve-se:

> Os Estados são sujeitos primários da ordem internacional, sendo seu nascimento um fato histórico. O reconhecimento do Estado é ato unilateral pelo qual um Estado declara ter tomado conhecimento da existência do outro, como membro da comunidade internacional. Assim, por ser, o nascimento do Estado, um fato, o reconhecimento não passa de um simples ato de constatação – teoria declarativa.[127]

Diferentemente dos Estados, as organizações internacionais, para serem criadas e possuírem capacidade jurídica internacional, necessitam, primordialmente, da vontade dos Estados, segundo pilares de cooperação e solidariedade, em se unirem em torno de um instituto comum. Dessarte, tais organismos são dependentes da vontade dos Estados para sua criação, como bem se configura no seguinte trecho:

> Diferentemente dos Estados, cada um dos quais deve sua existência apenas a si próprio, a organização internacional é uma "criatura", na medida em que somente passa a existir quando Estados se reúnem com o propósito de estabelecer uma entidade à qual são confiadas uma ou mais

[126] Menezes, Wagner. **Ordem global e transnormatividade**. Ijuí: Editora Unijui, 2005.

[127] Husek, Carlos Roberto. **Curso de direito internacional público**. 3.ed. São Paulo: LTr, 2000. p.64.

> funções específicas, descritas em seu ato constitutivo, ou "constituição". Desse particular resulta que suas atividades são estabelecidas por forças exteriores, sobre as quais não exercem controle.[128]

Para se compor um conceito conciso de organização internacional, deve-se entender, primordialmente, que elas acabam por ser resultado da vontade dos Estados. Precisa-se, ainda, que os Estados vêm a manifestar sua vontade na criação e no desenvolvimento de uma organização internacional por intermédio da ratificação de um tratado que, ao mesmo tempo, configura-se, para a organização internacional, seu motor de criação e sua própria "constituição"[129].

Seu tratado constitutivo projeta duas delimitações: sua especificidade e seu papel, comprometendo, ao mesmo tempo, em um misto de limitação e compartilhamento de soberania, os Estados à submissão internacional, segundo o disposto e acordado no referido instrumento.

Em outros termos, a constituição de uma organização internacional se norteia pelo tratado constitutivo, prevendo direitos e deveres aos Estados que, voluntariamente, submetem-se a tal. É por intermédio do tratado que se demarcam todos os poderes de uma organização para um Estado que ali se encontra.[130]

Considerando que a participação de um Estado em um organismo internacional, a partir da submissão ao seu tratado constitutivo, é integralmente voluntária, pode-se caracterizá-la da seguinte forma:

> Associações voluntárias de Estados, estabelecidas por acordo internacional, dotadas de órgãos permanentes, próprios e independentes, encarre-

[128] Cretella Neto, José. **Teoria geral das organizações internacionais**. 3.ed. São Paulo: Saraiva, 2013. p.39.

[129] Há muitos embates doutrinários quanto ao caráter do tratado constitutivo de uma organização internacional. Alguns autores, como Shabtai Rosenne, acreditam que a melhor definição para o referido instrumento seria a de *contratos entre Estados soberanos*, aceitando-os como acordos, pactos desenvolvidos a partir do Direito Internacional. Para outros, tais como Ricardo Monaco, a ideia do tratado constitutivo de um organismo internacional como contrato entre Estados não explica a autonomia da referida instituição, sendo que tal só pode ser garantida a partir da existência de uma nova ordem legal, tendo como ápice de sua pirâmide jurídica, então, o tratado constitutivo, considerado como sua própria *constituição*.

[130] Seitenfus, Ricardo Antônio Silva. **Manual das organizações internacionais**. 5.ed. Porto Alegre: Livraria do Advogado, 2012. p.27.

> gadas de gerir interesses coletivos e capazes de expressas vontade juridicamente distinta da de seus constituintes.[131]

Outro tópico que merece atenção é que, ao contrário dos Estados, a criação das organizações internacionais está sujeita, necessariamente, à existência de um tratado constitutivo, de observância obrigatória e com o dever de guardar respeito aos instrumentos previstos no âmbito internacional. Em outros dizeres, o referido tratado deve submeter-se à *Convenção de Viena sobre Direito dos Tratados*, de 1969.

O que se compreende, por intermédio do surgimento das organizações internacionais, é a percepção dos Estados quanto à necessidade de cooperar e coordenarem entre si para atingirem fins e objetivos comuns, não se demonstrando mais compatível uma atitude individualista e egoísta de cada qual. Estimou-se que o compartilhamento de sua soberania, em prol da criação de organismos internacionais, seria a melhor solução para o alcance de objetivos comuns, como bem demonstra Cançado Trindade:

> O chamado "domínio reservado dos Estados" (ou "competência nacional exclusiva"), particularização do velho dogma da soberania estatal, foi superado pela prática das organizações internacionais, que desvendou sua inadequação ao plano das relações internacionais. Aquele dogma havia sido concebido em outra época, tendo em mente o Estado *in abstracto* (e não em suas relações com outros Estados e organizações internacionais e outros sujeitos de Direito Internacional), e como expressão de um poder *interno* (tampouco absoluto), próprio de um ordenamento jurídico internacional, de coordenação e cooperação, em que os Estados são, ademais de independentes, juridicamente iguais.[132]

Assim, os Estados, voluntariamente, compartilham parcela de sua soberania[133], exercendo-a no plano das organizações internacionais. Mas a

[131] Velasco, Manuel Diez de. **Las Organizaciones Internacionales**. 11.ed. Madrid: Tecnos, 1999. p.41. (Tradução livre).

[132] Cançado Trindade, Antônio Augusto. **Direito das organizações internacionais**. 4.ed. Belo Horizonte: Del Rey, 2009. p.528-529.

[133] Como bem determina Husek, "quanto mais os Estados abdicarem daquela concepção absolutista da soberania, melhores condições terão de sobreviver na sociedade internacional, que

parcela compartilhada acaba por ser apenas aquela adstrita ao próprio objetivo da organização internacional, sendo que nunca os Estados compartilharão, em plano internacional, a totalidade de sua soberania. Caso contrário, estar-se-á diante de um novo arranjo conjectural global.

Coordenam-se a todos estes entendimentos, ainda as seguintes características às organizações internacionais: são elas sujeitos de direito internacional mediato, secundário ou derivado. A primeira característica não abrange qualquer margem de dúvidas: como sujeitos de direito internacional, adquirem direitos e obrigações neste plano, não se restringindo aos limites de suas instituições. Reconhece-se seu caráter secundário tendo em vista que não emergem sem a existência do próprio Estado – sujeito de caráter primário, imediato.[134,135]

Vale ainda discorrer, para se consumar e delimitar o conceito de organizações internacionais, sobre algumas de suas características. Em síntese, do ponto de vista jurídico, três características primordiais se apresentam, sendo elas: institucionalização, permanência e multilateralidade.

Adentrando no condizente à institucionalização, pressupõe-se, por sua vez, a existência de três elementos precípuos: jurisdicionalização das relações internacionais – com um fórum para discussão e solução de controvérsias entre seus membros constitutivos –; dimensão coletiva de alguns de seus aspectos, cujos quais, em momento antecedente interligavam-se exclusivamente à soberania dos Estados – justificando o termo já referido como *compartilhamento de soberania estatal* –; e existência de um secretariado administrativo, por intermédio da interestatalidade (prevalecendo a rotatividade dos Estados membros da organização) ou, ainda, em bases supranacionais (impondo decisões aos Estados e monitorando seu cumprimento).[136]

exige cooperação e solidariedade". (HUSEK, Carlos Roberto. **Curso de direito internacional público**. 3.ed. São Paulo: LTr, 2000. p.107).

134 Para Cretella Neto, esse caráter transitório das organizações internacionais se traduz como sendo elas uma solução transitória na busca de uma hipotética integração política entre os Estados. (CRETELLA NETO, José. **Teoria geral das organizações internacionais**. 3.ed. São Paulo: Saraiva, 2013).

135 Não se perde de vista a possibilidade de organizações internacionais serem compostas por outras organizações internacionais.

136 SEITENFUS, Ricardo Antônio Silva. **Manual das organizações internacionais**. 5.ed. Porto Alegre: Livraria do Advogado, 2012. p.25-26.

Os referidos organismos contam com uma estrutura orgânica independente e permanente. Ressalta-se que nem todos os órgãos de todas as organizações internacionais possuem estas características: apenas aqueles que se demonstram indispensáveis à sua vida e funcionamento.

Apesar de não se poder chegar a um consenso na composição organizacional de toda e qualquer organização, precisa-se uma uniformidade, ao menos, quanto a um traçado tripartite em seu bojo: uma assembleia, que conte com a participação de todos os Estados que a compõem; um órgão que faça às vezes de próprio governo da instituição; e um secretariado que dê conta da administração da organização internacional.

Concentrando-se no processo decisório das organizações internacionais, experimenta-se uma evolução ao longo dos tempos, onde cada vez mais os Estados tomam consciência de que sua submissão – ou até mesmo a concordância – aos órgãos decisórios de tais organismos merece seriedade e cumprimento para com suas decisões, seja em âmbito externo e, especialmente, trazendo os aludidos termos ao próprio campo interno, do direito nacional de cada um dos Estados membros. Como bem explica Cretella Neto:

> Uma característica marcante do desenvolvimento das organizações internacionais desde 1945 foi a mudança do *lócus* dos processos de decisão relativos a um amplo espectro de matérias, antes exclusivamente governamentais, de governos nacionais para organizações internacionais. [...] esse panorama institucional está evoluindo bastante rapidamente, pois as organizações, cada vez mais, interpretam seus poderes – inclusive de forma vinculante – e os aumentam, fazendo com que o consentimento prévio e individual dos Estados perca importância. O processo apresenta-se como uma via de mão dupla: os Estados também, de forma crescente, vêm conferindo cada vez mais amplos poderes de governança às organizações internacionais.[137]

Clarifica-se um ponto de extrema relevância nesta inteligência: há, de fato, a partir do processo decisório das organizações internacionais, duas reponsabilidades assumidas por parte de seus Estados membros. A primeira delas diz respeito aos termos do tratado constitutivo do

[137] Cretella Neto, José. **Teoria geral das organizações internacionais**. 3.ed. São Paulo: Saraiva, 2013. p.40.

organismo, sendo que, a partir do momento em que se adentra a tal, tem-se, necessariamente, o dever de observência e obediência aos termos que deram origem à sua constituição. Em segundo plano, igualmente expressivo, é o atendimento ao seu processo decisório: o que viera a ser decidido, nos foros dos organismos internacionais, deve ser atendido e materializado pelas estatalidades que lhe compõem.[138]

As organizações contam, ainda, com um conceito atrelado à multilateralidade. Nesta perspectiva, delimita-se o âmbito de atuação de uma organização, podendo se dar universal ou regionalmente. A notável diferença entre elas é que, enquanto as organizações de contornos regionais guardam certas delimitações previamente estabelecidas entre seus membros – sejam elas físicas, geográficas, fatores de desenvolvimento, entre outros –, as universais não estabelecem parâmetros para a adesão de um Estado, podendo, em potencial, contar com a participação de um número irrestrito de Estados.

É esta classificação levada em consideração por Ridruejo, quando, a partir da participação de poucos ou muitos, delimita as organizações internacionais em: universais (contando com a cooperação de um maior número de Estados possíveis), a partir do princípio da inclusão; ou restritas, a partir da cooperação de um número determinado de Estados, por intermédio do princípio da exclusão.[139]

O debate acerca da multilateralidade pode ganhar outras conotações: o caráter de especialidade dos organismos internacionais debruça-se na busca de um objetivo comum entre os países. Acontece que, nas organizações de caráter universal, esta acaba por se demonstrar mais difícil, tendo em vista que – como a Organização das Nações Unidas – esta abarca muitos assuntos.

Indiscutivelmente – e não esperando exaurir todo o tema –, existem inúmeras formas de classificar as organizações internacionais. Neste es-

[138] No ato de criação de uma organização internacional, prevê-se, igualmente, a possibilidade de sanções a seus membros, em caráter gradual de severidade, de acordo com a infração cometida, sendo a mais grave de todas elas a possibilidade de expulsão de um de seus membros. Apesar de serem previstas, as organizações internacionais sempre tendem a evitar as sanções e priorizam os canais de comunicação para eliminação de eventuais problemas para com seus membros.

[139] RIDRUEJO, José Antonio Pastor. **Curso de Derecho Internacional Público Y Organizaciones Internacionales**. 7.ed. Madrid: Editorial Tecnos, 1999.

tudo, elegeu-se a classificação proposta por Carlos Roberto Husek, balizando-a a partir de seu objeto, de sua estrutura jurídica e de seu âmbito territorial de ação ou de participação. A partir de suas palavras, prevê-se:

> As organizações internacionais podem ser classificadas da seguinte forma: a) quanto ao seu objeto; b) quanto à sua estrutura jurídica; e c) quanto ao seu âmbito territorial de ação ou de participação.
>
> a) Quanto ao seu objeto – Atende ao objetivo social de cada organização e está dividido em organizações de fins gerais e organizações de fins especiais. [...]
>
> b) Quanto à sua estrutura jurídica – Atende à estrutura jurídica das organizações. Duas espécies devem ser consideradas: organizações intergovernamentais e organizações supranacionais. [...]
>
> c) Quanto ao âmbito de sua participação – Atende ao critério de maior ou menor dimensão no âmbito de sua atuação e, assim, temos: as organizações parauniversais e as organizações regionais, estas últimas segundo critério geográfico e segundo critério ideológico ou geopolítico.[140]

Não se pode perder de vista, examinados todos os termos conceituais das organizações internacionais, que estas não se confundem, em hipótese alguma, com as organizações não governamentais (ONGs).[141] Em uma breve comparação: enquanto as organizações internacionais contam com estrutura e normas próprias, as ONGs submetem-se às regras internas do Estado em que se encontram.

Afora desempenharem um papel representativo na sociedade internacional, não se configuram – tais como os organismos internacionais – como sujeitos de direito internacional.[142] São, de fato, apenas atores na busca de melhores condições para o desenvolvimento e a configuração

[140] Husek, Carlos Roberto. **Curso de direito internacional público**. 3.ed. São Paulo: LTr, 2000. p.111-113.

[141] Como bem explica Husek, "as ONGs, de certa forma, cristalizam o novo paradigma centrado no ser humano e no meio ambiente e são foros de realização da 'cidadania internacional'". (*Id.*. **A nova (des)ordem Internacional ONU**: uma vocação para a paz. Tese (Doutorado em Direito) – Pontifícia Universidade Católica de São Paulo, São Paulo, 2004. p.113).

[142] Avalia-se que, classicamente, sujeitos de direito internacional são as organizações internacionais e os Estados, destinatários de normas de direito internacional, com direitos e obrigações em âmbito internacional.

da vida, em diversos âmbitos. Confirma-se o contraste entre tais na seguinte passagem:

> Distinguem-se, habitualmente, as organizações internacionais governamentais das não governamentais – ONGs, estas últimas sujeitas às normas jurídicas de um único Estado, segundo seu local de constituição ou funcionamento, e que não se confundem com as primeiras, objeto de nosso estudo. Em regra, as ONGs não possuem finalidade lucrativa, e exercem suas atividades tanto no plano interno quanto no internacional.[143]

Finalmente, combinados todos os elementos terminológicos que integram o seu conceito, as organizações internacionais não surgem e nem podem existir sem suas caracteríticas precípuas. Se não contarem com tais, o fenômeno em questão não será considerado como organismo internacional. Em suma:

> Destas definições depreendem-se características essenciais de uma organização internacional, assim consideradas: 1) são associações livres entre Estados; 2) surgem a partir de uma convenção internacional; 3) dispõem de personalidade jurídica internacional; 4) possuem um objeto de trabalho próprio de definido; 5) têm um ordenamento jurídico próprio que regula a sociedade de Estados; 6) possuem órgãos próprios para executar seus objetivos; 7) são dotadas de uma estrutura que se distingue da estrutura dos Estados-membros.[144]

Investigando sua responsabilidade internacional, deduz-se claramente que, possuindo caráter de sujeitos secundários de direito internacional, às organizações internacionais são imputados certos direitos e obrigações que, caso haja seu descumprimento, incorrem em consequente responsabilidade internacional.

Justamente por ter se reconhecido personalidade jurídica própria às organizações internacionais é que lhe permitiu atribuir responsabilização, uma vez que, segundo o instituto, só existe a possibilidade de

143 Cretella Neto, José. **Teoria geral das organizações internacionais**. 3.ed. São Paulo: Saraiva, 2013. p.44.

144 Menezes, Wagner. **Ordem global e transnormatividade**. Ijuí: Editora Unijui, 2005. p.46.

responsabilização caso existam dois ou mais sujeitos devidamente reconhecidos pelo sistema jurídico. Assim, dado o seu caráter de pessoa jurídica, demonstra-se plenamente possível a imputação de responsabilidade.

Investiga-se, então, que as organizações internacionais respondem pelo exercício irregular de suas competências, a partir de sua personalidade jurídica internacional. Em consonância com a expansão da referida personalidade além dos Estados, ocorrera, igualmente, a expansão da própria responsabilidade internacional, como bem se salienta:

> A expansão da *personalidade* jurídica internacional, abarcando a das organizações internacionais, faz-se hoje inelutavelmente acompanhar a expansão da *responsabilidade* internacional, incluída igualmente a das organizações internacionais. Enquanto o domínio do direito da responsabilidade internacional concentrava-se, até recentemente, sobretudo na responsabilidade internacional dos Estados, em nada surpreende que, em nossos dias, nesta primeira década do século XXI, passe a voltar suas atenções também à responsabilidade internacional das organizações internacionais. [...][145]

O principal instituto que cuidou de delimitar os termos e alcances da responsabilidade internacional das organizações internacionais fora a Comissão de Direito Internacional (CDI).[146]

Quanto ao histórico, a CDI, por pedido da Assembleia Geral das Nações Unidas, codificou os princípios de direito internacional que conduzem a responsabilidade internacional dos Estados.[147] Quando estava prestes a concluir seus trabalhos, a CDI inclui, em seus termos finais, expressamente, a responsabilidade das organizações internacionais, apresentando, até o momento, cinco relatórios acerca do tema.[148]

[145] Cançado Trindade, Antônio Augusto. **Direito das organizações internacionais**. 4.ed. Belo Horizonte: Del Rey, 2009. p.612.

[146] Examina-se que, já em 1980, quando então a CDI veio a emitir Parecer sobre a *Interpretação do Acordo de 1951 entre a OMS e o Egito*, previu, de maneira indireta, a responsabilidade internacional das organizações internacionais, determinando que "as organizações internacionais são sujeitos de direito internacional e, como tais, estão vinculadas por quaisquer obrigações que lhes imponham as regras gerais do direito internacional, suas cartas constitutivas ou os acordos internacionais em que sejam partes".

[147] Resolução n.º 799 (VIII) da Assembleia Geral, datada de 7 de dezembro de 1953.

[148] Segundo os ensinamentos de Ranieri Lima Resende: "Em seus três relatórios apresentados até o momento sob os auspícios do Relator Especial Giorgio Gaja, a Comissão formulou

O primeiro relatório da CDI, datado de 2003, determinou que uma organização internacional estaria incorrendo em um ilícito internacional quando, em face de sua ação ou omissão, descumprisse uma obrigação internacional vinculante a ela.

Já em seu segundo relatório, entendeu-se que a "conduta de um órgão ou funcionário de uma organização internacional, no exercício das funções desta última, deve ser considerado como ato da própria organização (para efeitos de configuração de sua responsabilidade)"[149].

No terceiro, a Comissão entendeu que a própria organização, em suas regras, pode vir a tratar das violações. Mais recentemente, advieram o quarto e o quinto relatório, cujos quais entenderam que as normas de *jus cogens* de direito internacional que vinculam os Estados fazem-no, igualmente, às organizações internacionais.

Assim, o *jus cogens* acaba por possibilitar, aos direitos humanos, a assunção de posição de supremacia nos Estados e, igualmente, nas organizaçãos internacionais, garantindo sua observância na constituição e no desenvolvimento dos trabalhos desta última também.

Por último, quanto ao estudo das organizações internacionais, avalia-se a existência de organizações internacionais intergovernamentais e outras, chamadas de supranacionais.

Quanto às organizações internacionais intergovernamentais, imperioso se faz tratar, preliminarmente, acerca do contexto histórico que permitira seu desenvolvimento.

Reporta-se ao fato de que, na primeira metade do século XIX, não haver uma cultura estatal voltada à interdependência entre os Estados, uma vez que a falta de harmonia entre as relações diplomáticas, administrativas, econômicas e políticas refletiam em histórias e necessidades locais apartadas do todo. Em outros dizeres, continentes e Estados

um conjunto de 16 (dezesseis) artigos comentados acerca da responsabilidade das organizações internacionais por atos internacionalmente ilícitos, nos quais se estruturam a delimitação do tema e seus princípios gerais (arts. 1.º a 3); as regras de atribuição de comportamento a uma organização internacional (arts. 4 a 7); o conceito da violação de uma obrigação internacional (arts. 8 a 11); e, por fim, a responsabilidade de uma organização internacional por ato de um Estado ou de outro organismo (arts. 12 a 16)." (Resende, Ranieri Lima. O regime jurídico da responsabilidade das organizações internacionais: a concepção do ato internacionalmente ilícito. **Revista de Informação Legislativa**, Brasília, v.43, p.194, 2006).

[149] Cançado Trindade, Antônio Augusto. **Direito das organizações internacionais**. 4.ed. Belo Horizonte: Del Rey, 2009. p.615.

possuíam seus próprios anseios, deixando apartados determinados locais do globo, tais como África, Ásia central e interior da América do Sul.[150]

Ocorre que, a partir da metade do século XIX, um movimento de aprimoramento das relações mundiais fez com que regiões até então afastadas da realidade global viessem a se firmar, em definitivo, na comunidade internacional. Diversos foram os fatores para tanto, citando, especialmente o incremento das relações econômicas, o aprimoramento das políticas externas, o acirramento pelas descobertas científicas e as maiores interações jornalísticas para a propagação da informação, além do aperfeiçoamento dos meios de transporte.[151]

Os primeiros exemplos de organizações intergovernamentais que surgiram foram a *International Telegraph Union (ITU)*, de 1865, a *Universal Postal Union*, de 1875, e a *International Metereological Organization*, de 1878.

Em um primeiro momento, as organizações intergovernamentais trataram de estabelecer parâmetros ligados ao desenvolvimento econômico de interesse dos Estados. Entretanto, com o desenrolar dos fatos – apesar de já se observarem bases para o desenvolvimento da coordenação e cooperação entre os Estados –, ocorrera um definhamento de suas relações, especialmente entre as grandes potências europeias, culminando na Primeira Guerra Mundial.

O referido acontecimento histórico trouxera consequências arrasadoras para o continente europeu, em âmbito humano, econômico, social, diplomático e tantos outros. Como resultados, fragilizaram-se as bases da comunidade internacional e o imperativo de paz não mais reinava nas relações entre os Estados.

Em decorrência da dimensão do conflito, muitas organizações intergovernamentais que tiveram seu nascedouro em momento anterior à Primeira Guerra não sobreviveram a este episódio, vindo, algumas delas, desaparecerem, enquanto outras se transmutaram em organizações privadas.[152]

150 Hobsbawn, Eric. **A era do capital**. Rio de Janeiro: Paz e Terra, 1982.

151 Tude, João Martins. **Organizações untergovernamentais**: uma reflexão a partir da perspectiva intelectual de Karl Polanyi. Tese (Doutorado em Administração) – Universidade Federal da Bahia, Salvador, 2013.

152 Murphy, Craig N. **International Organization and Industrial Change**: global governance since 1850. New York: Oxford University Press, 1994.

Traça-se, então, neste contexto, a necessidade de urgência de uma organização intergovernamental não mais apenas pautadas em quesitos desenvolvimentistas, mas que dispusesse de meios para a manutenção da paz e estabilidade, facilitando a reconstrução de todo o sistema internacional. Surge, assim, a Liga das Nações, com pretensões universais e objetivos voltados à cooperação, paz e segurança internacionais.

Sem embargo de sua importância, seu objetivo não fora alcançado, uma vez que, apesar de suas providências para a manutenção da paz, não pôde impedir a eclosão da Segunda Guerra Mundial.

Investiga-se, ainda, que muito da falta de efetividade da Liga das Nações se deu devido à "tensão entre o conceito de soberania e a lógica da indivisibilidade da paz, presente no sistema de segurança coletiva"[153].

Apenas ao final da Segunda Guerra Mundial – que viera a consecutir em maiores atrocidades e devastações à raça humana, especialmente por conta das ideologias nazistas e fascistas que ali se desenrolaram – é que urge uma organização intergovernamental de cunho universal, pautada no ideal de paz e na prevalência dos direitos humanos. Tem-se, então, a Organização das Nações Unidas (ONU), organismo mais influente e com maior número de adesões que até hoje já apareceu.

Infere-se ser ela um órgão basilar do direito internacional, formando-se, incialmente, por países capitalistas e socialistas, baseando-se em uma democracia internacional, com o marco na assinatura da Carta das Nações Unidas, datada de 26 de junho de 1945, em São Francisco, Estados Unidos.

Desde seus primórdios, a ONU conta com uma vocação universal, com a multilateralidade, com o objetivo de preservação da paz. É, de fato, uma organização intergovernamental, uma vez que decorre das vontades estatais, não tendo poder ou autoridade suficientes para determinar o que os Estados devem ou não fazer sem o consentimento deles. Em síntese:

> **A Organização das Nações Unidas – ONU** é um organismo intergovernamental, criado por intermédio de uma associação de Estados, com personalidade jurídica internacional, como se depreende de seus artigos 104 e 105, embora não haja dispositivo específico, atribuindo-lhe tal

[153] Herz, Mônica; Hoffmann, Andreia Ribeiro. **Organizações internacionais**: histórias e práticas. Rio de Janeiro: Campus, 2004. p.94.

> personalidade. Na época, evitou-se a idéia de um *"super-Estado"*. Os poderes expressos da ONU estão explícitos e implícitos na Carta. Estes últimos, necessários para a consecução de seus objetivos, como o reconheceu a Corte Internacional de Justiça em um acórdão de 1949, em um processo de *"reparação de danos sofridos ao serviço das Nações Unidas"* [...].[154]

Pode ser expresso que a ONU – mesmo com seu caráter intergovernamental – desde seus primórdios, vem criando um aparato universal para a proteção dos direitos humanos, baseado em sua Carta, em suas Declarações, tratados e além de outras ações voltadas ao desenvolvimento destes direitos.[155]

Investigando as organizações internacionais intergovernamentais – especialmente a Organização das Nações Unidas –, percebem-se características que lhes são próprias: pautam-se na cooperação e coordenação entre seus membros; suas decisões dependem do aceite desses para entrarem em vigor; não possuem órgão ou poder acima dos órgãos internos de seus Estados-membros (situação de horizontalidade entre seus órgãos e os órgãos dos Estados que lhes são membros).

Já no que diz respeito às organizações internacionais supranacionais, pode-se traçar um desenrolar histórico de seus conceitos a partir da criação da Comunidade Europeia do Carvão e do Aço (CECA)[156], por intermédio do Tratado de Paris, datado de 1951.

Esta organização desenvolveu-se após a Segunda Guerra, quando então certos países europeus uniram-se em torno de uma Alta Autoridade supranacional para controle da produção do carvão e do aço, visando fortalecer a reconstrução econômica do continente europeu. O acordo intentava o incremento da cooperação entre seus membros, garantindo o livre comércio para o carvão e o aço entre seus Estados-membros. Fora

[154] HUSEK, Carlos Roberto. **A nova (des)ordem Internacional ONU**: uma vocação para a paz. Tese (Doutorado em Direito) – Pontifícia Universidade Católica de São Paulo, São Paulo, 2004. p.321-322.

[155] HUMAN RIGHTS EDUCATION ASSOCIATES. Disponível em: <http://www.hrea.org/index. php? doc_id=439>. Acesso em: 10 mar. 2015.

[156] A referida organização, com seus moldes supranacionais, fora idealizada por Jean Monnet, político e diplomata francês – comissário do Plano de Modernização e para recuperação econômica do país, na época –, e por Robert Schuman, então ministro francês das Relações Exteriores.

neste contexto que se dera o primeiro compartilhamento da soberania dos Estados em um organismo internacional.

Todavia, fora em 1993, a partir do Tratado da União Europeia que se observou, definitivamente, o avanço no desenvolvimento das organizações supranacionais. Neste momento, o continente europeu se viu na necessidade do incremento de organismos supranacionais, haja vista que seus órgãos intergovernamentais não mais conseguiram bem estruturar o desenvolvimento e os interesses comunitários dos Estados que sob sua égide se encontravam. Traduz-se nos seguintes dizeres:

> A Europa que é demasiado intergovernamental (que é a situação actual) tem sérias limitações. Permite muito frequentemente que os interesses nacionais se sobreponham aos interesses comuns; que as nações maiores dominam rotineiramente as nações mais pequenas.[157]

Com o surgimento dos organismos internacionais supranacionais, discrimina-se a expansão da cooperação e coordenação, com a outorga – pelo compartilhamento de soberania dos Estados – cada vez maior de poderes aos órgãos internos das organizações, justamente para melhor buscar objetivos comuns. Expressão máxima das organizações internacionais, hoje, repousa na União Europeia.

Elencando, brevemente, as principais diferenças entre as organizações internacionais intergovernamentais e as supranacionais, discute-se acerca da capacidade de exercício autônomo das competências recebidas por elas: as organizações internacionais supranacionais, diferentemente das intergovernamentais, contam com uma elevada efetividade para o exercício autônomo de tais competências – por exemplo, as decisões judiciais de seus órgãos legislativos são aplicáveis de imediato no interior de seus membros, não demandando nem mesmo o *exequatur*.[158]

Finalmente, entende-se que as organizações internacionais supracionais contam com um compartilhamento muito maior de soberania de seus membros que aquele demandado pelas organizações internacionais intergovernamentais, uma vez que, naquelas, seus membros cedem parcela de assuntos de seu controle, outrora interno, ao poder supranacional, que virá a delimitar diretrizes comuns aos seus Estados-membros.

[157] Giddens, Anthony. **A Europa na era global.** Lisboa: Editorial Presença, 2007. p.250.

[158] Vasconcellos, Ricardo Rocha de. **O poder das organizações internacionais**. Tese (Doutorado em Direito) – Universidade Federal do Rio Grande do Sul, Porto Alegre, 2005. p.26.

Capítulo 2
Aspectos Relevates da Cooperação Internacional

2.1 Aportes Históricos e Conceituais da Cooperação Internacional

Preliminarmente, para o discernimento do que vem a ser cooperação internacional, indispensável se demonstra o exame de seu próprio desenrolar histórico.

Avalia-se que a referida cooperação internacional acompanha a história da humanidade desde os primórdios temporais. Já no pensamento grego antigo, a partir do entendimento sobre a política, iniciaram-se os trabalhos para delimitar coordenadas para os rumos da cooperação.

Na filosofia grega, a cooperação se desenrolava apenas nas situações em que as cidades-Estados gregas encontravam-se ameaçadas por invasores estrangeiros, sendo que, em momentos de paz, o estado de natureza entra elas voltava a reinar.[159]

Já na era renascentista[160], com a influência de pensadores como Maquiavel e Botero, a soberania do Estado acaba por prevalecer sobre qualquer ideal de cooperação. Não se trata de negar o instituto, mas sim de entendê-lo limitado às vontades estatais, mesmo que essas se

[159] Amorim, Celso Luiz Nunes. Perspectivas da cooperação internacional. In: Marcovitch, Jacques. **Cooperação internacional**: estratégia e gestão. São Paulo: Editora da Universidade de São Paulo, 1994.

[160] O Renascimento fora o período compreendido entre os séculos XIV, XV e XVI, difundindo-se por toda a Europa.

demonstrassem em desacordo com o ideário de cooperação. O que se nota, de fato, é a falta de objetivos comuns, consecutindo na inexistência de unidade entre os Estados europeus.[161]

Mais à frente, a cooperação fora sendo valorizada pela sua necessidade em diferentes contextos: proteções territoriais, aliados em guerras, fluxo de pessoas, bens e serviços gradativamente maiores, globalização, entre outras inúmeras situações que a história relata. Investiga-se que, na Europa – centro do pensamento do mundo, até então, a ideia de cooperação restringiu-se aos ideais teóricos, não estabelecendo sua prática, haja vista os Estados pautarem-se, essencialmente, em sua soberania.

Neste primeiro momento, então, entende-se que a cooperação internacional viera a pautar-se em conceitos de *alteridade*, representando o respeito de um Estado pela existência e livre-arbítrio de outro. A partir daí, apreende-se a possibilidade de cooperação, ainda que remota, em uma comunidade de Estados.

Inevitavelmente, a concepção de cooperação, neste momento, não se identifica com a surgida em momento posterior: há apenas o anseio em barrar a existência de um Estado hegemônico, e não pautar toda a conduta de tais e dos demais agentes internacionais para o ideário de paz. Correlaciona-se, nesta linha, a seguinte avaliação:

> [...] Mas, se o Sistema de Equilíbrio de Poder europeu permitiu o florescimento e a afirmação das ideais de independência e soberania, restringindo os sonhos de dominação universal, é igualmente certo dizer-se que nele a noção de cooperação internacional não oi muito além da de aliança ocasionais entre as potências, com vistas a evitar o surgimento de um Estado hegemônico. [...] o balanço ou equilíbrio europeu visou muito mais à manutenção de uma certa ordem internacional, com a

[161] Já Camões, em certa passagem de *Os Lusíadas*, reflete a situação da Europa no referido momento:

"[...] Que uns aos outros se dão á morte dura,
Sendo todos de um ventre produzidos?
Não vedes a divida sepultura
Possuídora de Cães, que, sempre unidos,
Vos vêm tomar a vossa antiga terra,
Fazendo-se famosos pela guerra?" (Camões, Luís de. **Os Lusíadas**. Lisboa: Escriptorio da Bibliotheca Portugueza, 1852. p.94).

> preservação da autonomia dos que nela participava, do que propriamente à Paz. [...][162]

Estima-se que só com o advento das duas grandes guerras, com o fenômeno cada vez mais intenso da globalização, com a crescente e incontornável circulação de bens, capitais, serviços e pessoas, com o fim do mundo dividido pela Guerra Fria, além da inestimável criação de organismos multinacionais (empresas transnacionais, organizações internacionais e blocos regionais) é que a cooperação entre os Estados demonstrou-se imprescindível e demandou uma ação concreta em prol de sua materialização.

A cooperação, como hoje se apresenta – pautada também em termos desenvolvimentistas[163] –, fora resultado das ondas crescentes de movimentos de descolonização ao redor do globo, além da atenção voltada às tensões nos Estados menos desenvolvidos[164]. Sublinha-se a seguinte passagem:

> [...] Nos anos que se seguiram à Guerra, o acelerado processo de descolonização dos países afro-asiáticos, a renovada consciência da América Latina quanto a seu atraso estrutural e o deslocamento dos focos de tensão mundial do centro desenvolvido para a periferia pobre, com crises como as da Indochina, Argélia, Cuba e Congo, trouxeram a questão do desenvolvimento para o palco de debates. [...][165]

Exprime-se o fato de a cooperação ser alvo de críticas por considerarem-na como um próprio meio de dominação: os Estados que detêm mais meios acabam por assumirem as rédeas dos meios cooperativos, subjugando aqueles que deles necessitam.

[162] Amorim, Celso Luiz Nunes. Perspectivas da cooperação internacional. In: Marcovitch, Jacques. **Cooperação internacional**: estratégia e gestão. São Paulo: Editora da Universidade de São Paulo, 1994. p.151-152.

[163] Para tanto, há de se observar os esforços desenvolvidos pela ONU, especialmente quando da convocação e consequente consolidação da Conferência das Nações Unidas sobre Comércio e Desenvolvimento (UNCTAD).

[164] Relata-se, ainda, a importância do desenvolvimento da ordem capitalista para a consolidação da cooperação, uma vez que a partir desta realidade é que Estados e interesses passaram a integrar a mesma ótica, mobilizando diversos atores para defesa e luta de seus ideais.

[165] Amorim, Celso Luiz Nunes. Perspectivas da cooperação internacional. In: Marcovitch, Jacques. **Cooperação internacional**: estratégia e gestão. São Paulo: Editora da Universidade de São Paulo, 1994. p.153.

Entretanto, sabe-se que, neste contexto, não cabem generalizações: há, de fato, quem se utilize da cooperação como recurso para obtenção de vantagens nos mais variados campos, mas há, também, outros tantos que a transformaram em um instrumento de desenvolvimento e garantia de paz, não lhe distorcendo de seus significados e objetivos centrais.

Ademais, registra-se a caracterização de algumas conjunturas recentes da cooperação, garantidoras de sua coerência, efetividade e confiabilidade:

a) a vigência da democracia e dos direitos humanos, com preferência à democracia representativa, reforçando a política de suspensão de ajuda em caso de ruptura institucional ou violações massivas de direitos humanos;
b) o reforço da economia de mercado, exigindo reformas e reduções do tamanho dos Estados no referido campo, com a consequente abertura comercial;
c) a redução com o gasto militar, obrigado a sua limitação especialmente nos países em desenvolvimento;
d) a defesa do meio ambiente, condicionando concretamente a ajuda internacional à existência de políticas uniformes de preservação e à sustentabilidade dos projetos de desenvolvimento;
e) o combate ao narcotráfico, outorgando recursos especiais aos países produtores em troca de colaboração na política de controle.

Percebe-se a cooperação como instrumento indispensável à consolidação de uma sociedade internacional justa, equânime e pautada no respeito aos direitos e deveres do cidadão global.

Dentro desta ótica, o Estado, hoje, mais do que uma mera opção, tem deveres para com a cooperação, com a incumbência de desenvolver instrumentos para sua efetivação. Diz-se, assim:

> Em seu dever de prover a justiça, o Estado precisa desenvolver mecanismos que posam atingir bens e pessoas que podem não mais estar em seu território. Até mesmo meros atos processuais, mas necessário à devida instrução do processo, podem ser obtido mediante auxílio externo, de modo que a cooperação jurídica internacional torna-se um imperativo para a efetivação dos direitos fundamentais do cidadão nos tempos atuais.[166]

[166] Brasil. Secretaria Nacional de Justiça. Departamento de Recuperação de Ativos e Cooperação Jurídica Internacional (DRCI). **Manual de cooperação jurídica internacional**

Seguindo o desenrolar histórico, desponta a urgência de se trazer um conceito robusto, capaz de se imputar, na prática, a cooperação internacional.

Penetrando na concepção singular de cooperação, evoca-se esta como sendo formas de ações coletivas entre indivíduos, categoriais, classes ou determinados grupos de pessoas, reconhecida como "uma extensa rede de colaboração entre os mais diversos atores sociais"[167].

De acordo com as mais variadas sapiências a respeito da cooperação, realiza-se sua presença em diversos ângulos da sociedade, a partir da interdependência entre sujeitos, sociedades, instituições, grupos, categorias e tantos outros.

Abrenhando-se na cooperação que interessa a este trabalho, a cooperação internacional, determina-se ela como "o intercâmbio do país com o meio externo, com a finalidade de intensificar seu relacionamento em setores específico e de canalizar apoios para seu esforço de desenvolvimento"[168].

Enveredando-se neste ponto, incumbe tratar de uma nova distinção: há aspectos meramente conceituais (definições traçadas por estudiosos do ramo) e, igualmente, definições operacionais da cooperação internacional (delimitadas a partir de projeções utilizadas pelas agências de cooperação dos mais diversos ramos).

Neste momento, trava-se um estudo acerca dos termos conceituais genéricos, pautando-se exclusivamente nas definições advindas de termos doutrinários, e não aquelas colocadas em prática pelas agências de cooperação.

Posto isto, coordena-se a cooperação como um termo paradoxal, marcada pela harmonia e pela discórdia. Quando a harmonia impera, as medidas dos atores que a desempenham são automaticamente facilitadas para a consecução dos objetivos de outros. Já na discórdia, as providências de tais atores obstruem a realização dos objetivos de terceiros,

e recuperação de ativos: cooperação em matéria civil. Brasília: Ministério da Justiça, 2012. p.15.

[167] BECKER, Howard. **Uma teoria da ação coletiva**. Rio de Janeiro, Zahar, 1977. p.13.

[168] Conceito do Ministério da Educação e Ensino Superior de Cabo Verde.

não contando com ajustes de condutas para compatibilizá-la com os interesses dos demais.[169]

Ainda, segundo Keohane, a cooperação só pode ter lugar em situações em que ocorra uma mistura de conflitos e interesses complementares. Nestas, seus atores ajustam suas condutas para a visível, atual ou antecipada preferência dos outros. Nesse sentido, a cooperação não necessariamente terá caráter moral positivo.[170]

Aprofundando todos esses entendimentos justapostos, transcreve-se:

> De acordo com a perspectiva internacional, a cooperação deve ser entendida através da ação política coordenada de seus agentes, uma vez que eles responderão á mudança comportamental recíproca a fim de gerar uma conformidade de ações para atingir seus objetivos individuais. [...] Vale ressaltar que nem toda cooperação envolve altruísmo entre os agentes envolvidos, ou seja, nem todo projeto de cooperação possui fins pacíficos e benéficos, como, por exemplo, as alianças militares.[171]

Consensualmente, dados os termos acima elencados, infere-se a cooperação como o ajuste de comportamento por parte dos atores às preferências reais ou esperadas dos outros atores, por meio de um processo de coordenação de políticas.[172]

Em consonância, para consolidar um conceito, há de ser entendido que uma das condições indispensáveis para a existência da cooperação internacional é a presença de interesses compartilhados entre seus atores. Esta condição, apesar de indispensável, não se demonstra suficiente para caracterizar o instituto, uma vez que, para tanto, vital se revela o alinhamento entre as políticas, pois, caso contrário, estar-se-á diante desavenças, e não cooperação.[173]

[169] KEOHANE, Robert Owen. International Institutions: Two Approaches. In: **International Institutions and State Power**: Essays in International Relations. Boulder: Westview Press, 1989. p.158-179

[170] AXELROD, Robert; KEOHANE, Robert. O. Achieving Cooperation Under Anarchy: Strategies and Institutions. **World Politics**, Baltimore, v.38, n.1, p.226-254, 1985.

[171] COSTA, Luiza Rodrigues; FERNANDES, Márcia de Paiva. **Dossiê Cooperação Internacional**: uma breve discussão teórica. Disponível em: <http://pucminasconjuntura.wordpress.com>. Acesso em: 20 abr. 2015.

[172] MILNER, Helen. **International theories of cooperation**: strenghts and weaknesses. In: World Politics. Baltimore: The Johns Hopkins University Press, 1992.

[173] Estimando não ser este estudo voltado especificamente à cooperação internacional, entende-se que adentrar à teoria dos chamados *payoffs* de Keohane demandaria esforço além

Como desfecho final, a partir de todos os aportes trazidos, aqui, à tona, recorre-se à formulação proposta pela Agência Nacional de Vigilância Sanitária (ANVISA), dizendo ser a cooperação internacional um mecanismo pelo qual um país ou uma instituição promove o intercâmbio de experiências exitosas e de conhecimento técnico, científico, tecnológico e cultural, mediante a implementação de programas e projetos com outros países ou organismos.[174]

2.2 Classificação da Cooperação Internacional

A cooperação internacional tem papel crucial na aproximação e consolidação do relacionamento entre os Estados, tendo em vista tornar viável a confecção e ratificação de tratados[175] das mais diversas matérias.

Analogamente, a cooperação se torna indispensável na resolução de problemas internos estatais quando seu aparato não lhe dá soluções adequadas, necessitando do intercâmbio de experiências internacionais e/ou estrangeiras para seu desfecho.

Por conseguinte, exige-se a composição de uma classificação que venha a atender as mais variadas formas de cooperação, justamente para se saber como se melhor utilizar dela.

Consoante sua classificação geral, a cooperação internacional suporta divisões segundo sua natureza, sendo elas: a) cooperação bilateral (iniciativa entre dois Estados); b) cooperação multilateral (iniciativa entre mais de dois países, podendo contar com a presença de organismos internacionais); c) cooperação trilateral (iniciativa envolvendo dois Estados em desenvolvimento e um doador; ou dois países doadores e um em desenvolvimento).

do necessário para a compreensão do todo da obra que aqui está a se desenvolver. De qualquer modo, diz-se, sucintamente, que: há compartilhamento de interesses quando os atores elegem a cooperação mútua e renegam a desavença mútua. Para o alcance dos referidos interesses por intermédio da cooperação, indispensável se faz a escolha dos atores pela desavença unilateral à cooperação unilateral, pois se previrem ambos os institutos em caráter mútuo, a cooperação demonstrar-se-á impossível; já se escolherem ambos o caráter unilateral, a cooperação irá ser desnecessária, uma vez que ocorrerá a compatibilização dos interesses em jogo.

174 AGÊNCIA NACIONAL DE VIGILÂNCIA SANITÁRIA. Disponível em: <http://portal.anvisa.gov.br>. Acesso em: 20 abr. 2015.

175 Utilizar-se-á a designação *tratados* como o gênero, com diversas espécies, para delimitar o documento de direitos e deveres em âmbito internacional.

Aprofundando esta apreensão, valem algumas considerações: após a Segunda Guerra Mundial, observou-se o surgimento de organismos internacionais, os quais, até hoje, contribuem para a implementação do desenvolvimento não apenas dos Estados, mas da própria sociedade internacional.[176]

As Organizações das Nações Unidas, como órgão universal, participam ativamente na busca pelo desenvolvimento, contando com órgãos indispensáveis à materialização da cooperação, tais como: Assembleia Geral e Conselho Econômico e Social; Programa das Nações Unidas para o Desenvolvimento (PNDU); Fundo das Nações Unidas para a Infância (UNICEF); Conferência das Nações Unidas para o Comércio e o Desenvolvimento (UNCTAD); Programa das Nações Unidas para o Meio Ambiente (PNUMA); Alto Comissariado das Nações Unidas para os Refugiados (ACNUR).[177]

Similarmente, outros órgãos regionais possibilitam a cooperação internacional e, consequentemente, o desenvolvimento dos Estados, sendo que aqueles que mais necessitam de tais serão, quase que sempre, os que dispõem de menores recursos financeiros. Os melhores exemplos, neste ponto, são os blocos econômicos regionais, tais como o Mercado Comum do Sul (MERCOSUL), a União Europeia, o Tratado Norte-Americano de Livre Comércio (NAFTA), a Cooperação Econômica da Ásia e do Pacífico (APEC), dentre tantos outros.

A partir de então, tem-se uma maior institucionalização da própria cooperação internacional. Entretanto, não se pode esquecer, segundo Hurrell[178], a falta de interligação direta entre esta institucionalização e a eficácia da cooperação em cada contexto em que é requerida.

Na segunda classificação aqui proposta, divide-se a cooperação, exemplificativamente, em: cooperação financeira, cooperação descentralizada, cooperação para o desenvolvimento, cooperação técnica, cooperação jurídica, cooperação judiciária, cooperação oficial, entre tantas outras.

[176] Berro, Mariano; Barreiro, Fernando; Cruz, Anabel. **América Latina y la Cooperación Internacional**. Uruguai: Rosgal, 1997. p.60.

[177] O SISTEMA DAS NAÇÕES UNIDAS. Disponível em: <http://www.onu.org.br/img/organograma.pdf>. Acesso em: 21 abr. 2015.

[178] Hurrell, Andrew. **O ressurgimento do regionalismo na política mundial**: contexto internacional. Rio de Janeiro: Contexto Internacional, 1995.

Para este estudo, interessa o estudo mais detalhado da cooperação jurídica internacional[179,180], ferramenta indispensável ao auxílio dos Estados nos mais variados âmbitos jurídicos.

Sua utilização, em suma, visa uniformizar e harmonizar institutos de aplicação extraterritorial, no auxílio, na prevenção e no combate de crimes transfronteiriços, na mais fácil regulamentação e no controle das empresas transnacionais, citando apenas alguns exemplos de aplicação.

Para melhor entendimento do que vem a ser este instituto, transcreve-se:

> A cooperação jurídica internacional deve ser compreendida como um intercâmbio amplo entre Estados soberanos, de atos públicos – legislativos, administrativos e judiciais –, e destinada à segurança e estabilidade das relações transnacionais. A denominada cooperação interjurisdicional, típica entre tribunais de diversos Estados, alcança os atos judiciais jurisdicionais propriamente ditos e os atos judiciais não decisórios, os de mera comunicação processual (citação, notificação e intimação) e os de instrução probatória.[181]

Em um contexto de globalização e com a consequente intensificação das relações entre Estados e sujeitos sob diferentes tutelas jurisdicionais, a cooperação jurídica, de fato, encontra-se muito aquém da demanda, havendo muito, sob seus prismas, a ser desenvolvido.

Entretanto, não há de se descartar a sua importância vital em um mundo de relações entre muitos povos e Estados, constatando a diluição das fronteiras na velocidade da informação. Além disso, dentro do ramo

[179] Deixa-se de lado as expressões "cooperação interjurisdicional" e "cooperação judiciária internacional" para utilizar-se do termo "cooperação jurídica internacional", uma vez que essa denota a ideia, também, dos pedidos feitos e/ou recebidos por autoridades da Polícia ou do Ministério Público.

[180] Segundo o entendimento de Ricardo Perlingeiro Silva, "a preferência pela expressão 'cooperação jurídica internacional' decorre da ideia de que a efetividade da jurisdição nacional ou estrangeira, pode depender do intercâmbio não apenas entre órgãos judiciais, mas também entre órgãos judiciais e administrativos, de estados distintos". (SILVA, Ricardo Perlingeiro Mendes. **O direito internacional contemporâneo**: estudos em homenagem ao professor Jacob Dolinger. Rio de Janeiro: Renovar, 2006. p.798).

[181] SILVA, Ricardo Perlingeiro Mendes. Reconhecimento da decisão judicial estrangeira no Brasil e o controle da ordem pública internacional no Regulamento 44: análise comparativa. **Revista de Processo**, São Paulo, v.29, n.118, p.173, nov./dez. 2004.

jurídico, as interações não mais se desenvolvem sob a égide de um único ordenamento jurídico, demonstrando-se indispensável a cooperação nesta vertente, como bem explica o Ministério da Justiça do Brasil:

> A efetividade da justiça, dentro de um cenário de intensificação das relações entre as nações e seus povos, seja no âmbito comercial, migratório ou informacional, demanda cada vez mais um Estado proativo e colaborativo. As relações jurídicas não se processam mais unicamente dentro de um único Estado Soberano, pelo contrário, é necessário cooperar e pedir a cooperação de outros Estados para que se satisfaça as pretensões por justiça do indivíduo e da sociedade.[182]

Adentrando à cooperação jurídica internacional no campo brasileiro, o país definiu, desde logo, parâmetros à referida cooperação. O Ministério da Justiça brasileiro tratou de conceituá-la e elencar as espécies aplicáveis em âmbito nacional:

> É a interação entre os Estados com o objetivo de dar eficácia extraterritorial a medidas processuais provenientes de outro Estado. A cooperação jurídica pode se basear em tratado ou em pedido de reciprocidade. Dos mecanismos de cooperação jurídica internacional, merecem destaque: **Homologação de sentença estrangeira**: É instrumento dedicado a dar eficácia, em um Estado, a decisões jurídicas definitivas, provenientes de outro Estado. No Brasil, é processo de competência do STJ, conforme o artigo 105, inciso I, alínea "i", da Constituição da República Federativa do Brasil. **Carta Rogatória**: é a solicitação feita pela autoridade judiciária de um Estado à autoridade judiciária de outro Estado para impulsionar o processo nos casos de: citação, intimação, inquirição, oitiva de testemunhas, exame, perícias, vistorias, avaliações, diligências, entre outros. O intercâmbio de cartas rogatórias efetua-se por via diplomática ou por meio de autoridades centrais, indicadas em acordos internacionais. **Pedido de assistência jurídica**: É a atividade de cooperação jurídica, entre Estados, que permite executar, em dada jurisdição, atos solicitados por autoridades estrangeiras. Tais atos têm fundamento em investigação ou instrução de ações jurídicas em território estrangeiro.[183]

[182] MINISTÉRIO DA JUSTIÇA. Disponível em: <www.justica.gov.br/sua-protecao/cooperacao-internacional>. Acesso em: 23 abr. 2015.

[183] MINISTÉRIO DA JUSTIÇA. Disponível em: <www.justica.gov.br/sua-protecao/cooperacao-internacional>. Acesso em: 23 abr. 2015.

Debate-se o fato do Brasil participar do movimento da própria comunidade internacional, que tem se empenhado ativamente para que a cooperação internacional venha a materializar-se por intermédio de protocolos internacionais. Tanto os instrumentos internacionais de caráter bi, como multilateral, têm sido, ao longo dos anos, ratificados – e transmutados em lei interna – pelo Brasil, objetivando, cada vez mais, a materialização da referida cooperação.

Compreende-se, em conclusão, a cooperação jurídica internacional como instrumento essencial para a consolidação de direitos e deveres do cidadão em um mundo pautado na globalização, onde apenas os Estados e seu ordenamento jurídico interno não mais atendem às demandas impostas pela realidade.

Coordenam-se todos os referidos ensinamentos, agora, com os princípios que pautam a atuação e a consolidação da cooperação internacional em contexto global.

2.3 Princípios da Cooperação Internacional

Manifesta-se imprescindível, para melhor compreensão da própria cooperação, o estudo acerca dos princípios motivadores do instituto. Ressalta-se, entretanto, o fato da cooperação internacional não possuir um aporte principiológico particular. Assim, utilizar-se-ão princípios que abarcam o tema mais amplamente, mas plenamente compatíveis com a cooperação internacional.

Identificando os princípios da cooperação em sentido amplo, elenca-se: 1) princípio democrático; 2) princípio voluntário; 3) princípio de autonomia; 4) princípio da equidade; 5) princípio da mutabilidade; 6) princípio de universalidade; 7) princípio de evolução.

Antes de ser realizado um estudo minucioso de cada um, vale a investigação do contexto histórico em que emergiram os referidos princípios.

Aponta-se ter sido no contexto de opressão para com os trabalhadores que se observara a urgência de afloramento de princípios e/ou direitos que lhes garantissem o mínimo existencial – seja material ou juridicamente – para uma vida digna.

Neste dado contexto, infere-se à Revolução Industrial como o movimento que trouxera, além de desenvolvimento econômico e tecnológico, incontáveis violações para com os direitos dos trabalhadores. A partir daqui, eclodiram inúmeros movimentos sociais visando à melhoria nas condições de vida e de trabalho impostas pela burguesia industrial.

Valoriza-se o embrião da cooperação já em meados da Revolução Industrial. Entretanto, o grande salto para sua consolidação adviera com o movimento chamado de *Sociedade dos Probos Pioneiros de Rochdale.*

A aludida sociedade fora criada em 1844, no bairro de Rochdale, em Manchester, Inglaterra, tendo em sua composição vinte e sete homens e uma única mulher (em sua grande maioria, tecelões). Viera, então, a delimitar os princípios que, hoje, são aplicados à cooperação *lato sensu.*

Sintetiza-se que, na realidade de Rochdale, encontravam-se presentes o desemprego e a fome.[184] Seus trabalhadores, insatisfeitos, organizaram-se de forma a pautar suas ações em uma ajuda mútua, com vistas a melhores condições de vida.

Na prática, a referida sociedade pretendia transmudar a realidade em que vivia, pautando-se em preceitos democráticos, humanistas e contrários ao individualismo e falta de direitos que o capitalismo impunha na época. Compreendiam a imprescindibilidade de uma ação coletiva para o progresso de suas vidas.

Evidencia-se que, para transmutar a realidade, certos nortes demonstraram-se imprescindíveis. E, neste contexto, surgira, embrionariamente, um conjunto de princípios aplicáveis à cooperação.

Pontua-se o fato de que tais princípios não nasceram prontos e acabados: foram se firmando com o passar dos tempos e a partir das necessidades que emergiram nos mais variados contextos.

É nesta conjuntura histórica que acabam por desabrocharem, inicialmente, os princípios que virão a ser aplicados, até os dias atuais, à cooperação propriamente dita. A partir deste ponto, embarca-se no estudo de cada um deles.

2.3.1 O princípio democrático

A democracia, valor caro à cooperação internacional e à consolidação e efetivação dos direitos humanos, vem já elencado nos primórdios da Sociedade de Rochdale, quando então se propõe um controle democrático para a transmutação de sua realidade em uma maior justiça para com os seus membros.

[184] HOBSBAWN, Eric. **Mundo do trabalho.** Rio de Janeiro: Paz e Terra, 1987.

O princípio democrático transcende o próprio patamar político, vindo a ser essencial em todas as esferas das ações humanas. Assim, a partir de um aporte teórico clássico[185], baliza-se a democracia no método de formação das decisões políticas: quando se tem regras atribuindo ao povo e à maioria de seus membros o poder de assumir as decisões, diretamente ou por intermédio de seus representantes, então se tem o chamado regime democrático.

Sem embargo da importância deste entendimento, caracterizado por concepções políticas e formais, este estudo norteia-se pelo referencial teórico de Luigi Ferrajoli quanto à teoria democrática: entende este autor que a democracia não apenas se limite a um tipo de regime político, pautado na vontade de todos ou de sua maioria. A democracia, para ele – assim como para este estudo –, vai além: a democracia é, de fato, vinculada aos direitos fundamentais e aos direitos humanos, sendo, de fato, o regime mais propício à sua efetivação. Em seus ensinamentos:

> *Me he detenido em otras ocasiones en las razones y las aporias que a mi juicio hacen insuficiente esta concepción solo política o formal de la democracia: su falta de alcance empírico por la inidoneidad para das cuenta de las actuales democracias constitucionales, em las que el poder del pueblo y de sus representantes no es em modo alguno ilimitado sino que está sometido a los limites y a los vínculos impuestos por los derechos fundamentales constitucionalmente establecidos; la necesidad de tales límites y vínculos, comenzando por los derechos de libertad, como condiciones de la misma efectividad de la democracia política, es decir, de la formación de uma voluntad de los electores consciente e informada; el hecho, en fin, de que tales limites son una garantia de supervivencia de la misma democracia política, que, faltando estos, podría quedar a expensas de la omnipotencia de las mayorías, según han demonstrado el nazismo y el fascismo del siglo pasado que conquistaron el poder con medios legales y formalmente democráticos y luego suprimieron la democracia. [...]*[186]

Partindo à cooperação, esquematiza-se a democracia como essencial à consolidação do próprio princípio da igualdade, onde todos que ali

[185] Este aporte clássico remete – não obstante a existência de outros – aos seguintes nomes: Aristóteles, Platão, Rousseau, Bobbio, Schumpeter e Waldron.

[186] Ferrajoli, Luigi. **La democracia a través de los derechos**. Madrid: Editorial Trotta, 2014. p.36.

se encontram, unidos por um vínculo de vontades comuns, dispõem de valorações semelhantes, permitindo com que o entusiasmo para com a manutenção e a incremento da cooperação prevaleçam. Em outras palavras:

> [...] Contribuem para que os membros se compenetrem de que a cooperação constitui causa relevante, dando-lhes a impressão de que têm uma missão dinâmica na existência. Depois do indivíduo, o *pequeno grupo* é o meio mais importante de que se dispõe para que as cooperativas despertem e mantenham um entusiasmo ativo pela ação cooperativa.[187]

Desenrolando-se até o cenário hodierno, encontra-se o princípio democrático na tão aclamada *promoção da democracia*, que se faz parte indispensável da cooperação internacional.

Neste relato, entende-se que a democracia e a cooperação, apesar de inconfundíveis, praticamente se fundem em prol do bem comum e das delimitações contemporâneas para com as sociedades globais.

A promoção da democracia, em Estados cujos quais ainda não a consolidaram, vem a se desenvolver a partir de programas de cooperação. Logicamente, ainda que dependente majoritariamente de recursos endógenos, a comunidade internacional, por intermédio daquele instituto, pode promover esta democracia.

A democracia, como princípio da cooperação internacional, permite que organizações internacionais venham a atuar em prol da promoção da democracia nos Estados que ainda não a consolidaram.

Em estruturas regionais próximas, a Organização dos Estados Americanos (OEA) elaborou a Carta Democrática Interamericana[188], visando,

[187] Bogardus, Emory. **Princípios de cooperação**. Tradução de Jacy Monteiro. Rio de Janeiro: Lidador, 1960. p.32.

[188] Nos termos do documento: "A Carta Democrática Interamericana é um manifesto de afirmação da democracia representativa como a forma de governo compartida pelos povos das Américas. Superado o difícil período de ditaduras que caracterizou vários de nossos países em décadas anteriores, as nações da América alcançaram este consenso na Declaração de Santiago de 1991, na qual declararam que a democracia era e devia ser a forma comum de governo de todos os países da região. [...] A Carta Democrática Interamericana constitui, por conseguinte, um compromisso coletivo de manter e fortalecer a democracia na América e contém mecanismos regionais para estes fins. [...]" (Disponível em: <www.oas.org/pt/democratic-charter/pdf>. Acesso em: 28 abr. 2015).

especialmente, à consolidação e à reafirmação da democracia no continente americano, a partir de preceitos cooperativistas. Estende-se que a OEA encontra-se alinhada com o princípio democrático da cooperação internacional, especialmente quando sublinha a possibilidade, no artigo 17 do referido instrumento, dos Estados se socorrerem aos seus órgãos quando observarem a fragilidade de sua democracia. Em seus termos:

> **Artigo 17**
>
> Quando o governo de um Estado membro considerar que seu processo político institucional democrático ou seu legítimo exercício do poder está em risco poderá recorrer ao Secretário-Geral ou ao Conselho Permanente, a fim de solicitar assistência para o fortalecimento e preservação da institucionalidade democrática.

Percebe-se o esforço, no continente americano, para com o respeito à democracia, formando, então, uma consciência coletiva, pautada na cooperação, de que o regime democrático vem a ser a melhor opção para a consolidação dos direitos humanos na região.

Em ambientes mais distantes, como na África e países árabes, vislumbram-se constantes esforços de toda a sociedade internacional, norteados pela cooperação internacional, para com a consolidação da democracia nos referidos locais. E o cunhado auxílio não se faz apenas dos países do Norte – historicamente mais desenvolvidos política e economicamente –, mas igualmente daqueles que se encontram em vias de desenvolvimento e, mais, das organizações internacionais, como bem se determina:

> [...] Na África, o escopo e a diversidade de programas de ajuda e cooperação (por parte de doadores da Organização para Cooperação e Desenvolvimento Econômico – OECD e outros parceiros) indicam que certos aspectos internacionais complexos influenciam diferentes tipos de regimes A Primavera Árabe também trouxe à tona a importância de elementos internacionais na promoção da democracia em vários níveis, inclusive no âmbito do estado, sociedade civil, e redes transnacionais, produzindo diversos resultados. Embora estudos sobre a promoção da democracia tenham como foco a ajuda fornecida por países do Norte,

> faz-se cada vez mais necessário estudar o papel desempenhado por potências emergentes. [...][189]

Prova-se, a partir do apontado, que a promoção da democracia está no aporte basilar da própria cooperação internacional, especialmente pelo fato deste último instituto voltar-se, especificamente, à consolidação e efetivação dos direitos humanos – fato este que só consegue ser bem alcançado a partir de regimes democráticos.

Assim, consolida-se, hoje, nos termos da cooperação internacional, o princípio democrático, entendido como indispensável para a estruturação de uma sociedade global organizada e pautada nos direitos humanos.

2.3.2 O princípio voluntário

Primariamente, cabe ser dito que o princípio voluntário abarca a liberdade de qualquer pessoa, ente ou organismo em fazer parte – ou dela se retirar –, tendo como característica marcante o livre-arbítrio. Segundo a doutrina clássica, diz-se que "a cooperação aplicada a associações de pessoas significa que os indivíduos têm a liberdade de fazer ou não parte delas"[190].

Transportando-o à cooperação internacional, transparece a autonomia de cada um dos entes da sociedade internacional em vir a participar de um suposto organismo internacional e, mais ainda, em se comprometerem – por intermédio de tratados – no campo internacional. Ainda, se participantes, o princípio também permite que a sua retirada[191] se dê no tempo em que bem entender.[192]

[189] Abdenur, Adriana Erthal; Souza Neto, Danilo Marcondes. Cooperação brasileira para o desenvolvimento na África: qual o papel da democracia e dos direitos humanos? **Revista Internacional de Direitos Humanos**, São Paulo, v.10, n.19, p.19, dez. 2013.

[190] Strode, Hudson. **Sweden, Model for a World**. Nova York: Harcourt, Brace and Company, 1949. p.189.

[191] A própria Convenção de Viena sobre o Direito dos Tratados, de 1969, prevê, em seu artigo 56, § 1.º, a possibilidade de um Estado retirar-se de um tratado, por intermédio do instituto da denúncia.

[192] Aqui, abre-se uma ressalva: há alguns tratados que preveem certo lapso temporal para o Estado se manter atrelado ao compromisso desde sua intenção em denunciar ou retirar-se de uma determinada organização. O que quer se demonstrar é que, ainda que com tais previsões, a voluntariedade da conduta do Estado – ou de qualquer outro ator internacional – continua latente.

Cabe, apenas, no caso do direito brasileiro, uma ressalva neste ponto: a partir da Emenda Constitucional 45, de 2004, os tratados de direitos humanos ratificados pelo Brasil serão internalizados por quórum de emenda e, assim sendo, passarão a figurar o rol de cláusulas pétreas no ordenamento jurídico brasileiro. Assim sendo, caso o tratado verse sobre direitos humanos, estar-se-á diante da impossibilidade de denúncia de tal, aludindo uma explícita redução do alcance do princípio voluntário.[193]

Apesar da supracitada ressalva, o princípio voluntário ainda se mostra importante na ótica da cooperação. É ele quem permite que prevaleça a participação, de bom grado, de atores em prol do bem comum de toda a sociedade internacional. Valoriza-se o referido princípio pela sua contribuição ao progresso da liberdade individual e da consolidação de direitos e democracia, como bem se alude:

> A participação voluntaria preserva e desenvolve a liberdade individual. Abre caminho a todos os indivíduos a fim de que desenvolvam ao máximo a própria personalidade. Segue as pegadas da Declaração de Direitos da Constituição dos Estados Unidos. Constitui um aspecto fundamental da maneira democrática de viver.[194]

Ademais, o princípio possibilitou a efetivação de direitos em plano internacional, posto que propiciou a expansão de organismos internacionais atuantes em prol daqueles que se encontram em zonas de violações cotidianas de direitos humanos. Neste prisma, cita-se o Movimento

[193] Como bem determina Flávia Piovesan: "Ao admitir-se a hierarquia constitucional de todos os tratados de direitos humanos, há que se ressaltar que os direitos constantes dos tratados internacionais, como dos demais direitos e garantias individuais consagrados pela Constituição, constituem cláusula pétrea e não podem ser abolidos por meio de emenda à Constituição, nos termos do art. 60, parágrafo 4.º, da Constituição. Atente-se que as cláusulas pétreas resguardam o núcleo material da Constituição, que compõe os valores fundamentais da ordem constitucional. Os direitos enunciados em tratados internacionais em que o Brasil seja parte ficam resguardados pela cláusula pétrea "direitos e garantias individuais" prevista no art. 60, parágrafo 4.º, inciso IV, da Carta." (Piovesan, Flávia. Tratados internacionais de direitos humanos e a reforma do Judiciário. In: Sarmento, Daniel; Galdino, Flávio (Orgs). **Direitos fundamentais**: estudos em homenagem ao professor Ricardo Lobo Torres. Rio de Janeiro: Renovar, 2006. p.423).

[194] Bogardus, Emory. **Princípios de cooperação**. Tradução de Jacy Monteiro. Rio de Janeiro: Lidador, 1960. p.35.

Internacional da Cruz Vermelha[195], que, a partir da cooperação para com toda a comunidade internacional, coadjuva expressivamente para a promoção de direitos naquelas referidas áreas.

Alude-se ao fato da referida instituição contar, em seu cerne estrutural, com o princípio voluntário, baseando a atuação de todos aqueles que ali agem a partir da liberalidade de sua conduta, sem tencionar a interesses individuais.[196]

Norteando o princípio em pauta à própria cooperação internacional, estando, hoje, a sociedade de Estados em um cenário de compartilhamento de soberanias em prol do bem comum, só se garante a eficácia do referido compartilhamento a partir da atitude voluntária, do alvedrio de cada figura estatal.

2.3.3 O princípio da autonomia

Para se tratar do princípio da autonomia, deve-se, imediatamente, recorrer-se aos conceitos ligados à liberdade e à ação voluntária.

Em decorrência, do princípio da autonomia depreende-se a uma conduta apartada ao recebimento de algum tipo de privilégio por conta de uma determinada ação. Não se espera proveitos, privilégios, bonificações: faz-se em prol do bem comum, da coletividade, a partir de um fim atrelado à cooperação. Alude-se á autonomia como uma liberalidade de conduta, não associada a qualquer interesse individualmente considerado. A autonomia está, justamente, no caso de se agir em prol da cooperação, desvencilhando-se de objetivos pessoais.

Intrinsecamente atrelado à autonomia desponta o princípio da voluntariedade. É que autonomia e voluntariedade na conduta partilham da mesma prática: só há autonomia, independência na ação – seja de um Estado ou do próprio cidadão –, se houver, concomitantemente, uma liberalidade, uma ação pautada na voluntariedade, sem submissões externas que submetam uma determinada conduta. O comportamento voltado à cooperação mostra-se autônomo de qualquer benefício externo, além

[195] INTERNATIONAL COMMITTE OF THE RED CROSS. Disponível em: <www.icrc.org/por/asserts/ files/publications/icrc-007-4046.pdf>. Acesso em: 30 abr. 2015.

[196] Segundo o Movimento Internacional da Cruz Vermelha, "o princípio do voluntariado significa a motivação humanitária de todas as pessoas que trabalham dentro do Movimento, sejam ou não pagas para fazê-lo".

de contar com o livre arbítrio daquele que pretende agir em prol do referido instituto. Clarifica-se:

> Autonomia é sinônimo de liberdade. O movimento cooperativo proporciona a qualquer cidadão, em qualquer país, a liberdade de participar ou não no movimento. A autonomia resulta logicamente do princípio da voluntariedade, porque somente o que foi construído mediante ação voluntária, pelo próprio esforço dos membros, e que os próprios membros fazem funcionar, pode considerar-se como sendo cooperativo. [...][197]

Examina-se que o princípio da autonomia, empregado *sui generis*, aporta a uma ajuda mútua entre os membros que partilham dos mesmos valores e interesses. Ademais, compreende-se estar sua aplicação atrelada a condições democráticas, tendo em vista que a autonomia só se garante pelo controle democrático de seus meios de exercício.[198]

Ademais, o princípio da autonomia não garante total liberdade: deve fundamentalmente ser contido por normas de vigência nacional e internacional. Interligando-o à cooperação internacional, a autonomia deve ser restringida em prol dos direitos humanos e do imperativo da paz (temas centrais do *jus cogens* internacional).

Como é sabido, o princípio aqui tratado advém, diretamente, daquele aplicado às cooperativas. Como, neste patamar, aplica-se o devido controle, por intermédio de leis internas e internacionais, há de ser, analogamente, limitado quando aplicado à cooperação internacional.

O que aqui se pretende é que o princípio da autonomia venha a garantir, dentro da ótica e a partir da cooperação internacional, que os Estados e demais agentes atuem independentemente de vantagens pessoais, que visem ao bem comum, autonomamente.

[197] Bogardus, Emory. **Princípios de cooperação**. Tradução de Jacy Monteiro. Rio de Janeiro: Lidador, 1960. p.35-36.

[198] Em conformidade com a Cooperativa Habitacional dos Servidores do Senado Federal (COOPERSEFE), o princípio da autonomia assim se discrimina: “as cooperativas são organizações autônomas, de ajuda mútua, controladas pelos seus membros. Se estas firmarem acordos com outras organizações, incluindo instituições públicas, ou recorrerem à capital externo, devem fazê-lo em condições que assegurem o controle democrático pelos seus membros e mantenham a autonomia das cooperativas”. (Disponível em: <www.coopersefe.org.br. Acesso em: 03 maio 2015).

2.3.4 O princípio da equidade

O princípio da equidade deve ser compreendido como um conceito uno, dissociado de qualquer outra terminologia. Faz-se esta reflexão pelo fato de que há uma sobreposição de equidade e igualdade, mas ambos não são sinônimos: enquanto esta trata de garantir uma uniformidade, aquela pressupõe a existência de diferenças humanas em sua aplicação, dizendo que o "tratamento equitativo é tratamento igual, de acordo com o grau de participação nas relações humanas e de contribuição para estas"[199].

O princípio da equidade, em outros termos, pressupõe o encurtamento das disparidades por falta de recursos. É a igualdade transfigurada em uma prática de oportunidade, de cooperação, de auxílio, para muito além dos formalismos que aquela demanda. De fato, mais do que suportar a cooperação, é ele quem faz com que esta atinja um ambiente favorável para seu próprio florescimento. Nesta linha, investiga-se:

> A distribuição equitativa favorece o procedimento honesto em relações econômicas e sociais, contribuindo por essa maneira para criar boa-vontade. Desenvolve mais cooperação, que significa distribuição mais equitativa, a qual, por sua vez, dá origem a mais cooperação. Cresce, por essa forma, a espiral da cooperação.[200]

A partir de uma percepção de honestidade, atrela-se o princípio da equidade à noção de justiça: desde seus primórdios conceituais, a equidade vem a contribuir, juntamente com a justiça, para a minimização das disparidades sociais.

A ideia de justiça faz-se, aqui, vinculada aos conformes propostos por John Rawls, onde só se vislumbra a justiça e, consequentemente, a equidade, em uma conformação social pautada basicamente na conjuntura de igualdade democrática, garantindo-se o direito de todos se beneficiarem de uma cooperação social, em última análise. John Rawls conceitua a justiça segundo o seguinte modelo:

> A justiça é a primeira virtude das instituições sociais, como a verdade o é dos sistemas de pensamento. Embora elegante e econômica, uma teoria

[199] Bogardus, Emory. **Princípios de cooperação**. Tradução de Jacy Monteiro. Rio de Janeiro: Lidador, 1960. p.46.

[200] Bogardus, Emory. **Princípios de cooperação**. Tradução de Jacy Monteiro. Rio de Janeiro: Lidador, 1960. p.50.

deve ser rejeitada ou revisada se não é verdadeira; da mesma forma leis e instituições, por mais eficientes e bem organizadas que sejam, devem ser reformadas ou abolidas se são injustas. Cada pessoa possui uma inviolabilidade fundada na justiça que nem mesmo o bem-estar da sociedade como um todo pode ignorar. [...].[201]

A cooperação tende a pautar-se na equidade e, em última análise, na justiça rawlsiana; entretanto, é dever considerar a estabilidade em seu esquema organizatório, abarcando esquemas impositivos para barrar violações e reestruturar toda a organização social, seja em um contexto de um grupo social, de um Estado ou de toda a comunidade internacional.[202]

Cooperação vincula-se, a partir do princípio da equidade e de concepções justas, a uma distribuição equitativa de meios, valores e condições que propiciem a melhor estruturação e prosperidade de qualquer sociedade a ser considerada. Estabelece-se, em consequência, o papel primordial de acordos, no seio de uma sociedade internacional, para que a justiça prevaleça. Estes instrumentos só se mostram capazes de frutificarem se houver uma colaboração, uma cooperação dos Estados e atores internacionais em prol da equidade. Sintetiza-se:

> [...] Para nós o objeto primário da justiça é a estrutura básica da sociedade, ou mais exatamente, a maneira pela qual as instituições sociais mais importantes distribuem direitos e deveres fundamentais e determinam a divisão de vantagens provenientes da cooperação social. Por instituições mais importantes quero dizer a constituição política e os principais acordos econômicos e sociais. [...][203]

Interligando os conceitos, alude-se ao fato de que a equidade, a partir do momento que embate qualquer privilégio de ordem social, acometendo "contra a intolerância, o fanatismo, o preconceito"[204], pressupõe a

[201] Rawls, John. **Uma teoria da justiça**. São Paulo: Martins Fontes, 2000. p.3-4.

[202] Na dicção de Rawls: "[...] o esquema de cooperação social deve ser estável: deve ser observado o de modo mais ou menos regular e suas regras básicas devem espontaneamente nortear a ação; e quando ocorrem infrações, devem existir forças estabilizadoras que impeçam maiores violações e que tendam a restaurar a organização social". [...] (Rawls, John. **Uma teoria da justiça**. São Paulo: Martins Fontes, 2000. p.6-7).

[203] *Ibid.*, p.7-8.

[204] Fowler, Bertram B.. **The Cooperative Challenge**. Boston: Little, Brown & Co., 1947. p.17.

justiça como um alinhamento de vontade equitativa. Ou seja, todos têm liberalidade em sua conduta de escolha entre um ou outro caminho; entretanto, para se ter a justiça como cerne desta rota, necessário se demonstra a aplicação do princípio da equidade, onde todos estão em prol do bem comum, e não de privilégios individuais. Prevê-se, então, *a justiça como equidade*.[205]

Desde logo, apreende-se a justiça como o meio instrumental apto a garantir a cooperação de toda a sociedade, visando, então, uma equidade entre os seus diversos patamares. Em consonância, a coletividade, direcionada ao bem comum, aceita e aplica todos os princípios inerentes à justiça para a garantia do princípio da equidade e, em última análise, a consolidação de aspectos cooperativos entre seus mais diversos membros.[206]

Em síntese, quando da aplicação do princípio da equidade e de seus desdobramentos ligados à justiça na cooperação internacional, assimila-se que, para se garantir uma comunidade internacional compostas por atores e agentes em condições reais de consolidação de direitos e poderes de barganha internacional, imprescindível se evidencia que sua pauta axiológica e material se desenvolva sobre aqueles institutos.

2.3.5 O princípio da mutualidade

O princípio em tela tende a comportar a atuação conjunta, um sistema de auxílio mútuo, intentando ao respeito e ao bem de todos.

Investiga-se o fato da mutualidade abarcar alguns desafios em tempos recentes, observando a possibilidade, por intermédio de seus valores, a proteção social e a promoção da adequada qualidade de vida em Estados com altos índices demográficos.[207]

A mais intensa motivação para o desenvolvimento do princípio da mutualidade se configura na confiança depositada de uma nação à outra

[205] Segundo Rawls, "uma vez que todos estão numa situação semelhante e ninguém pode designar princípios para favorecer sua condição particular, os princípios da justiça são o resultado de um consenso ou ajuste equitativo. [...] A essa maneira de considerar os princípios da justiça eu chamarei de justiça como equidade". (Rawls, *op. cit.*, p.33).

[206] Rabelo Junior, Luis Augusto. A justiça como equidade em John Rawls. **Âmbito Jurídico**, Rio Grande, v.14, n.94, nov. 2011. Disponível em: <www.ambito-juridicio.com.br/site/index.php? n_link=revista_artigos_leitura&artigo_id=10755>. Acesso em: 07 maio 2015.

[207] ASSOCIAÇÃO MUTUALISTA MONTEPIO. Disponível em: <ei.montepio.pt>. Acesso em: 07 maio 2015.

– proporcionando níveis de progressos conjuntos e o locupletamento da vida. Contempla-se, em último crivo, a cooperação mediante a assistência interna de seus integrantes, com vistas ao bem comum. Valida-se tal entendimento com a seguinte passagem:

> [...] As metas supremas da mutualidade são, por um lado, a fraternidade espiritual dos seres humanos; por outro, a federação democrática das nações que confiam umas nas outras.
> A mutualidade compreende a motivação. Por que trabalham juntos os indivíduos? Evidentemente por algum motivo de natureza importante, como o próprio progresso (em riqueza ou posição), ou em virtude de um sentimento de satisfação que resulta do auxílio a terceiros, por amor de outrem [...].[208]

Em realidade, o princípio da mutualidade quer encerrar com algumas questões fundadas única e exclusivamente em interesses individuais. Aspira-se o progresso coletivo das pessoas, justamente para o alcance do bem comum, em um sentido horizontal. Não se quer aludir a movimentos verticais, ou seja, de um indivíduo sobreposto ao outro, mas sim que caminhem lado a lado, segundo preceitos de cooperação, atingindo o progresso da sociedade como um todo.

> O princípio da mutualidade repudia a doutrina frequentemente formulada de "cada um por si e o diabo por todos", procedimento que se desenvolveu quando o espírito humano estava dominado pela teoria da concorrência, quando as condições de pioneirismo obrigavam cada um a contar principalmente consigo mesmo, quando um estranho podia ser inimigo, quando a sobrevivência significava deitar as unhas em proveito próprio e quando sob condições desesperada de vida comente sobreviviam os que roubavam ou se apossavam dos alimentos de outras pessoas igualmente esfomeadas, porém mais fracas. É longo o caminho de um tal comportamento até a mutualidade.[209]

Depreende-se que o princípio aqui tratado não progredira de forma harmônica e uniforme. Fora consolidado a partir de uma transmutação

[208] Bogardus, Emory. **Princípios de cooperação**. Tradução de Jacy Monteiro. Rio de Janeiro: Lidador, 1960. p.52.

[209] *Ibid.*, p.53.

de características inerentes ao homem, mas que, a partir de um contexto de vida em sociedade, não mais correspondiam às necessidades que aquela demandava. Em um contexto macro, hoje, o auxílio mútuo entre os povos, sociedades, Estados e organismos internacionais corrobora com a cooperação para o progresso concomitante entre eles, em inúmeras temáticas.

Nesta esfera, o mutualismo encontra suas bases definidoras a partir de alguns valores: solidariedade, igualdade, proteção, cidadania, inclusão social, inovação, renovação e transparência.[210] É assim que a mutualidade infirma a antiga natureza humana e sobrepõe a confiança no próximo, com valores além dos interesses individuais.

No plano internacional, partindo da premissa da necessidade de consolidação dos direitos e de preceitos garantidores da paz, o princípio do mutualismo encontra respaldo para sua propagação. Embasando a cooperação, acaba por construir um ambiente favorável ao estabelecimento de uma sociedade internacional justa, equânime e pautada em valores além do interesses únicos e exclusivos de seus atores.[211]

Em conclusão, percebe-se o princípio da mutualidade faz-se imprescindível para o desenvolvimento da cooperação internacional, especialmente pelo fato de ter conseguido, ao menos em parte, modificar a natureza humana em pensar apenas em seu bem individual, para levar em consideração o bem coletivo, contribuindo para a consolidação de direitos nas mais variadas esferas societárias.

2.3.6 O princípio da universalidade

O princípio da universalidade – não obstante suas diversas conceituações[212] – busca a realização de ações pautadas no ideal do bem comum,

[210] MUTUALIDADES PORTUGUESAS. Disponível em: <www.mutualismo.pt>. Acesso em: 07 maio 2015.

[211] "A cooperação consiste no trabalho em conjunto baseado na mutualidade, isto é, em ver o lado oposto de um problema tão bem como o que lhe interessa, respeitar todas as opiniões honestas, procurar por todos os meios pacíficos compreensão comum e acomodamento salutar. Por meio da mutualidade a cooperação exerce o 'poder de promover a paz'." (BOGARDUS, Emory. **Princípios de cooperação**. Tradução de Jacy Monteiro. Rio de Janeiro: Lidador, 1960. p.54).

[212] Um exemplo de seus conceitos repousa no ideal de direitos humanos advindo com o final da Segunda Guerra Mundial, quando então se reconheceu este valor logo no preâmbulo da Declaração Universal dos Direitos Humanos de 1948, dispondo que "o reconhecimento da

em um entrecho de consolidação de direitos e vida equânime, dispensando os interesses individuais e egocêntricos em prol daqueles.

Atrelando-o à cooperação internacional, diz-se acerca da possibilidade de todos se beneficiarem e agirem em prol deste instituto, independentemente de raça, cor, credo, posição política, econômica ou social. A cooperação, por intermédio do princípio da universalidade, "não estabelece qualquer distinção artificial baseada em raça, cor ou religião"[213].

O princípio da universalidade, em âmbito mundial, muito se faz útil à preservação da paz, consolidação de direitos e, igualmente, à prevalência de um ambiente pautado em aspectos cooperativos, partindo da premissa de associação entre povos e nações. Interpreta-se do seguinte modo:

> [...] As associações cooperativas de povos de nações diferentes revelam que a natureza comum do homem é, igualmente, a sua melhor natureza. Contribuem para proporcionar em grande escala a compreensão comum essencial ao governo mundial, que por sua vez é imprescindível, a não ser que as civilizações pretendam destruir-se reciprocamente com o emprego mortal da energia atômica e da guerra bacteriológica.[214]

Partindo deste ideal, a natureza egocêntrica e individualista do homem não tende a triunfar, favorecendo a prevalência de um ambiente favorável à consolidação da paz e dos direitos humanos.

O princípio da universalidade, ainda, atrela-se à consolidação dos direitos humanos, posto que urge a necessidade de consolidação e efetivação de direitos a todos, independentemente de qualquer adjetivação posterior, simplesmente por serem sujeitos de direitos e deveres.[215]

dignidade inerente a todos os membros da família humana e de seus direitos iguais e inalienáveis é o fundamento da liberdade, da justiça e da paz no mundo". (Disponível em: <http://www.ohchr.org/EN/UDHR/Documents/UDHR_ Translations/por.pdf>. Acesso em: 28 maio 2015).

213 Bogardus, *op. cit.*, p.55.

214 Bogardus, Emory. **Princípios de cooperação**. Tradução de Jacy Monteiro. Rio de Janeiro: Lidador, 1960. p.56.

215 Neste momento, cabe uma ressalva: não de se falar em igualdade de direitos em um contexto de discriminação. Há de se ter direitos iguais em situações idênticas, mas direitos diferenciados em situações anômalas. Nas palavras de Boaventura de Sousa Santos: "temos o direito de ser iguais quando a nossa diferença nos inferioriza; e temos o direito de ser

Também, sua proteção deve ser dar em em âmbito nacional (Estado) e, igualmente, internacional (organismo internacional).[216]

Nesta última esfera, adverte-se: este trabalho filia-se, doutrinariamente[217], àqueles que entendem serem os direitos humanos transnacionais[218], não mais abarcando a existência apenas de direitos humanos locais.

> A universalidade dos direitos humanos consiste na atribuição desses direitos a *todos* os seres humanos, não importando nenhuma outra qualidade adicional, como nacionalidade, opção política, orientação sexual, credo, entre outras.
> A universalidade possui vínculo indissociável com o processo de internacionalização dos direitos humanos. [...][219]

Adentrando ao seu conteúdo, os direitos humanos devem – e é esta concepção adotada neste estudo – respeitar o pluralismo cultural. Entretanto, sabe-se que eles, especialmente por questões históricas, abocanham, em sua aplicação, incontáveis valorações ocidentais. Indiscutivelmente, taxa-se a necessidade de compatibilizar estes direitos

diferentes quando a nossa igualdade nos descaracteriza. Daí a necessidade de uma igualdade que reconheça as diferenças e de uma diferença que não produza ou reproduza as desigualdades". (Santos, Boaventura de Sousa. **Pela mão de Alice**: o sociale o político na transição pós-moderna. 10.ed. São Paulo: Cortez, 2005. p.459).

216 Bem se elenca esta questão no art. 4.º da Declaração e Programa de Ação de Viena de 1993. Em seus termos: "A promoção e proteção de todos os direitos humanos e liberdades fundamentais devem ser consideradas como um objetivo prioritário das Nações Unidas, em conformidade com seus propósitos e princípios, particularmente o propósito da cooperação internacional. No contexto desses propósitos e princípios, a promoção e proteção de todos os direitos humanos constituem uma preocupação legítima da comunidade internacional. Os órgãos e agências especializados relacionados com os direitos humanos devem, portanto, reforçar a coordenação de suas atividades com base na aplicação coerente e objetiva dos instrumentos internacionais de direitos humanos." (Disponível em: <www.pge.sp.gov.br/centrodeestudos/bibliotecavirtual/ instrumentos/viena.htm>. Acesso em: 10 maio 2015).

217 Como exponenciais desta corrente doutrinária, elencam-se os nomes de Carlos Weis e André de Carvalho Ramos.

218 Direitos humanos transnacionais podem ser entendidos como aqueles que não mais dependem do reconhecimento ou inerência do cidadão a um Estado: seus direitos serão reconhecidos esteja onde ele estiver, atrelando-se ao dever de proteção internacional ao indivíduo.

219 Ramos, André de Carvalho. **Curso de direitos humanos**. 2.ed. São Paulo: Saraiva, 2015. p.89.

para com outros valores societários locais, respeitando os anseios da sociedade pluralista. Para a resolução deste embate, então, propõe-se que seja estabelecido o universalismo mínimo[220], garantidor dos direitos humanos e dos aspectos culturais locais. Só assim – e este é o referencia teórico deste estudo – é que os direitos humanos não serão tidos como instrumentos de dominação, mas propulsores de uma sociedade pautada na dignidade da pessoa humana, como bem transmite Boaventura de Sousa Santos:

> É sabido que os direitos humanos não são universais na sua aplicação. Actualmente são consensualmente identificados quatro regimes internacionais de aplicação de direitos humanos: o europeu, o interamericano, o africano e o asiático. Mas serão os direitos humanos universais enquanto artefacto cultural, um tipo invariante cultural, parte significativa de uma cultura global? Todas as culturas tendem a considerar os seus valores máximos como os mais abrangentes, mas apenas a cultura ocidental tende a formulá-los como universais. Por isso mesmo, a questão da universalidade dos direito humanos trai a universalidade do que questiona pelo modo como o questiona. Por outras palavras, a questão da universalidade é uma questão particular, uma questão específica da cultura ocidental.[221]

Outro assunto de relevância atrelado ao princípio da universalidade abrange o assentamento de esforços dos Estados para o combate da criminalidade transfronteiriça. A cooperação internacional, neste ponto, entranha-se justamente para permitir a repressão conjugada entre dois os mais ordenamentos jurídicos dos referidos crimes. Para tanto, exige-

[220] O universalismo mínimo pode assim ser conceituado: "o caminho seria aquele do universalismo mínimo, que reconhece a pluralidade moral, mas sustenta que esses diferentes sistemas podem ser avaliados em função de valores universais. [...] Por um lado, reconhece o pluralismo moral, mas não se conforma em aceitar que seja impossível estabelecer um mínimo moral comum, apesar das diferenças. Por outro, se liberta da postura do monismo moral, construindo um argumento universalista sem se abstrair das realidades sociais". (Ribeiro, Emmanuel Pedro S. G.. Direitos humanos e pluralismo cultural: uma discussão em torno da questão da universalidade. In: CONGRESSO NACIONAL DA CONPEDI, 15., 2006, Manaus. **Anais**..., Manaus, 2006. p.13).

[221] Santos, Boaventura de Sousa. Uma concepção multicultural de direitos humanos. **Lua Nova**, São Paulo, n.39, p.112, 1997.

-se certa harmonização dos instrumentos dos ordenamentos para garantir a eficácia da aplicação de medidas extraterritoriais e, igualmente, para abarcar, de maneira equânime e fazer prevalecer o princípio da universalidade.

Examinando ainda aspectos genéricos do princípio da universalidade atados à cooperação, fala-se que este viera a progredir a partir do desenrolar histórico local e da própria integração humana. Em outros termos:

> Não se completa o princípio da universalidade da cooperação num salto. Começa em pequena escala, em diversas localidades e cresce pouco a pouco. Cresce pela integração de pessoas cooperadoras, pela integração de cooperativas, pela integração do espírito de cooperação em qualquer lugar em que se exprima em pensamento ou ação por todos os cantos do mundo.[222]

A universalidade a que se alude é aquela que tem início em um pequeno nicho, tal como uma família, partindo das premissas de cooperação entre aqueles que a integram, até chegar a planos mais amplos, vindo a direcionar a comunidade global, amparando-a nos preceitos de paz e de prevalência dos direitos humanos. É, de fato, considerado o princípio "mais elevado que a humanidade até hoje descobriu"[223].

2.3.7 O princípio da evolução

A despeito do princípio de evolução, denota-se imprescindível compreendê-la como um processo de progresso e crescimento, a partir da própria evolução da sociedade, em termos históricos e culturais.

Capta-se, neste patamar teórico, o fato do homem, diferentemente de outros animais, ter se organizado, em sociedades, por intermédio de instituições e normas próprias a coordenar suas vidas. As normas aqui referidas advieram de algumas composições, a começar daquelas propostas em ambientes familiares, passando pela religião, moral, desembocando no direito. Este último, por sua vez, vem a coordenar as relações sociais

[222] Bogardus, Emory. **Princípios de cooperação**. Tradução de Jacy Monteiro. Rio de Janeiro: Lidador, 1960. p.60.

[223] Alanne, Vieno Severi. **Fundamentals of Consumer Cooperation**. 8.ed. Wisconsin: Cooperative Publishing Association, 1946. p.19.

em um contexto intra, inter e supraestatal, sendo estes dois últimos frutos de um processo evolutivo, a partir da cooperação internacional.

Todavia, a evolução normativa e, em última conjuntura, da cooperação, não partiu de premissas pacíficas, harmônicas e uniformes. É fato que a própria natureza humana possui um viés autoritário e egocêntrico, o que não responderia adequadamente à cooperação. Igualmente, os Estados, a partir da consolidação de suas soberanias – em sua acepção clássica –, não fortificaram, em um primeiro momento, interesses supranacionais, tendo que passar por duas grandes guerras e inúmeros outros conflitos locais para virem a compreender sobre a essencialidade da cooperação internacional para garantia de sua evolução.

Investigando a natureza humana em si, dirige-se o estudo à importância da punição moral para com a cooperação e o altruísmo entre os diversos membros de uma dada sociedade. Em consequência, a referida punição garante uma estabilidade, uma propensão biológica de sobrevivência e a prevalência daqueles institutos em detrimento do egocentrismo e oportunismo humano, criando uma atmosfera propensa ao desenvolvimento da cooperação entre seus componentes. Para melhor compreensão do papel da punição moral, discorre-se:

> [...] Esse mecanismos baseia-se na premissa de que um indivíduo que coopere com os altruístas e puna os oportunistas terá mais aptidão biológica, no longo prazo, do que indivíduos que tentassem, a todo instante, explorar os altruístas. A punição moral pode estabilizar uma determinada variante cultural, impedindo que outras se estabeleçam e possibilitando a variação cultural *entre* grupos distintos, promovendo a estabilização destas variantes em uma determinada população.[224]

Apóia-se o entendimento, em termos gerais, que o princípio evolutivo só alcançou os patamares aqui propostos, atrelados à cooperação internacional, por intermédio de um desenrolar histórico, a começar por pequenos grupos humanos, chegando ao entrecho de sociedade internacional. Compreende-se o cenário a partir do seguinte trecho:

> O princípio cooperativo de crescimento evolutivo demonstra-se por terem começado essas associações geralmente por poucos membros ou

[224] ALMEIDA, Fábio Portela Lopes de. As origens evolutivas da cooperação humana e suas implicações para a teoria do direito. **Revista Direito GV**, São Paulo, v.9, n.1, p.253, jan./jun. 2003.

> poucas famílias, organizados numa sociedade cooperativa local. Em seguida, esta expandiu-se em instituição da comunidade local, que por sua vez juntou-se a sociedades semelhantes para formar as cooperativas distritais, federais ou regionais. Em seguida, essas sociedades maiores reúnem-se para formar a associação cooperativa nacional. Esta, por sua vez, une-se a outras cooperativas nacionais de muitos países, do que resulta a Aliança Cooperativa Internacional. O controle fica com os membros indivíduos das comunidades locais.[225]

Novamente, o princípio evolutivo é melhor estruturado em sociedades democráticas, tendo em vista seu alicerçamento ser orientado pela vontade de seus membros, sem interligação para com caracteres revolucionários, violência ou ameaças.

Como efeito, aplicando-se o princípio de evolução à cooperação internacional – e buscando o progresso harmônico –, imprescindível atesta-se o exercício de políticas governamentais que visem o desenvolvimento. As políticas – sejam elas de caráter nacional, internacional ou supranacional – devem se alinhar com os debates econômicos e sociais, uma vez que a evolução apenas vem a ser garantida se os esforços pairarem sobre outros campos que não apenas o econômico – saúde, educação, segurança, meio ambiente, autodeterminação, participação social, etc.[226] É neste momento – e só assim – que se vislumbra um ambiente capaz de saudar e consolidar, definitivamente a cooperação internacional.

2.4 O Estado Constitucional Cooperativo

O Estado Constitucional Cooperativo que aqui se expõe o debate leva no seu seio aspectos de duas matérias próprias do Direito, quais sejam: Direito Constitucional e Direito Internacional.[227]

[225] BOGARDUS, Emory. **Princípios de cooperação**. Tradução de Jacy Monteiro. Rio de Janeiro: Lidador, 1960. p.64.

[226] ORGANIZAÇÃO DAS NAÇÕES UNIDAS (ONU). Relatório de Desenvolvimento Humano 2013. **A ascensão do sul**: progresso humano num mundo diversificado. Disponível em: <http://hdr.undp.org/en/content/relat%C3%B3rio-do-desenvolvimento-humano-2013>. Acesso em: 12 maio 2015.

[227] Na precisa lição de Lívia Gaigher Bósio: "Percebe-se, por outro ângulo, que no "Estado Constitucional Cooperativo" intensifica-se a relação entre o Direito Internacional e o Constitucional de cada Estado. Quanto aos direitos nota-se uma maior interdependência entre estes e os direitos humanos, não apenas porque a cada nova geração destes surgem novos

Em consonância, os princípios salutares do Direito Constitucional, tais como o alcance de uma sociedade justa, equânime, livre e solidária, devem estar devidamente conformados com aqueles previstos em plano externo – direitos humanos, igualdade dos Estados na sociedade internacional, prevalência da paz e, indispensavelmente, a cooperação entre seus atores e sujeitos.

Certifica-se tal referência quando, a partir de um estudo preliminar, determina-se ser a cooperação a possibilidade de garantia, no interior dos diversos Estados existentes, de prevalência da dignidade da pessoa humana. É que, mesmo em um contexto de Estado soberano, pautado no constitucionalismo, não mais se opera uma independência absoluta de tais entidades, devendo, de fato, socorrer-se a meios próprios de cooperação para adequar-se à nova realidade de interdependência. Nas palavras de Lívia Gaigher Bósio Campello:

> Os Estados são considerados centros de decisão política e protagonistas, enquanto sujeitos de Direito Internacional. Estes sujeitos são parte incontestável do Direito Internacional, compreendidos como entidades soberanas, independentes e iguais, que criam, interpretam e aplicam normas internacionais.
>
> Ocorre que, em um sentido absoluto, esta ideia de independência não encontra total correspondência com a realidade de um mundo crescentemente interdependente, como nos dias atuais. [...][228]

Estar-se-á, de fato, em momento de confluência de institutos do Direito Constitucional e do Direito Internacional, tendo como escopo fático o gradativo desaparecimento das fronteiras dos Estados e o aumento quase que onipresente da conectividade entre sociedades,

direitos fundamentais nos Estados, mas principalmente pelas chamadas cláusulas de abertura das constituições que possibilitam uma maior aproximação entre estas duas esferas." (Campello, Lívia Gaigher Bósio. **Mecanismos de controle e promoção do cumprimento dos tratados multilaterais ambientais no marco da solidariedade internacional**. Tese (Doutorado em Direito) – Pontifícia Universidade Católica de São Paulo, São Paulo, 2013. p.47-48).

[228] Campello, Lívia Gaigher Bósio. **Mecanismos de controle e promoção do cumprimento dos tratados multilaterais ambientais no marco da solidariedade internacional**. Tese (Doutorado em Direito) – Pontifícia Universidade Católica de São Paulo, São Paulo, 2013. p.45.

culturas, políticas, economias e nações mundo afora, confluindo na existência de ordenamentos jurídicos abertos, influenciados por outros estrangeiros e, sobremaneira, por novos modelos institucionais, tais como normas provenientes de organismos internacionais.

Repagina-se, então, a discussão do Direito Constitucional não apenas em ambiente interno, mas em aportes ampliativos, além do ordenamento jurídico previamente estabelecido, levando em conta aspectos práticos demandados pela realidade cooperativa.

Se é notável a tarefa do Direito Constitucional em atualizar o caráter associativo de uma sociedade, então indispensável se registra o acatamento da cooperação em seus ordenamentos jurídicos e, mais, assegurá-la em efetividade e legalidade.[229] Justifica-se o aludido papel do Direito Constitucional pela seguinte passagem:

> [...] o direito constitucional, a legislação constitucional e a concretização da constituição têm a incumbência de atualizar a unidade política da associação da sociedade no Estado, de fornecer fundamentos e critérios de aferição à instituição e efetivação de normas no ordenamento jurídico infraconstitucional e de assegurar, paralelamente a essa garantia de *legalidade*, também a geração, o reconhecimento e a preservação de *legitimidade* no sentido do que é aceito como conteúdo "correto" pela sociedade.[230]

Evidente se constata que só urgem novas cobiças em uma sociedade que não se contenta com a realidade que lhe transparece aos olhos. E, em termos atuais, o Estado passa por uma crise de legitimidade justamente por não conseguir alcançar os anseios impostos por seus cidadãos. De fato, a via cooperativa pode ser a melhor forma de satisfazer duradouramente as exigências da sociedade. Correlaciona-se ao aqui transcrito a seguinte passagem:

> *[...] El Estado encuentra graves dificultades para cumplir sus objetivos porque la globalización situa fuera del âmbito estatal de decisión uma serie de cuestiones*

[229] Fato este já incorporado ao ordenamento jurídico brasileiro, por intermédio do art. 4.º, inciso IX, de sua Constituição, assim dispondo: A República Federativa do Brasil rege-se nas suas relações internacionais pelos seguintes princípios: [...] IX – cooperação entre os povos para o progresso da humanidade; [...].

[230] MÜLLER, Friedrich. **Metodologia de direito constitucional**. Tradução de Peter Naumann. 4.ed. São Paulo: Revista dos Tribunais, 2010. p.68.

de gran importancia em el âmbito de la política nacional, com la consiguiente insuficiencia del Estado para lograr los objetivos que se le han confiado: garantizar la seguridad de quienes habitan em su território, movilizar recursos para hacer edectivo su carácter social y, de manera más discutible, proteger y estimular la identificación de los ciudadanos com sus instituciones. Como ya se há señalado, los instrumentos tradicionales de la acción estatal soberana, el mandato y la coacción, son insuficientes para alcanzar siquiera los dos primeros objectivos mencionados, para ello es necesario que el Estado utilice otros médios e incluya a otros sujetos em la ecaluación de posibilidades y la adopción de decisiones. [...][231]

Ainda assim, não se propõe o abandono do Estado Constitucional, pautado em valores da Revolução Francesa: organização dos Estados, separação dos poderes e direitos humanos – todos eles confluindo à supremacia normativa da Constituição no ordenamento jurídico interno. Quer-se, como certo, uma atualização deste modelo estatal, disposto a melhor atender às reivindicações sociais.[232] E, inquestionavelmente, o modelo de Estado Cooperativo, atrelado ao Direito Constitucional – produzindo, em suma, o Estado Constitucional Cooperativo –, esboça-se o melhor engendramento para alcançá-lo.

> [...] O Estado Constitucional Cooperativo não é apenas uma possível forma (futura) de desenvolvimento do tipo "Estado Constitucional"; ele já assumiu conformação, hoje, claramente, na realidade e é, necessariamente, uma forma necessária de estatalidade legítima do amanhã.[233]

[231] Torrado, Jesús Lima; Olivas, Enrique; Fuente, Antonio Ortíz-Arce de la. **Globalización y Derecho**: una aproximación desde Europa y América Latina. Madrid: Editorial Dilex S. L., 2007. p.584.

[232] Nos entendimentos de Lívia Gaigher Bósio Campello: "[...] o Estado Constitucional Cooperativo é mais um aspecto de desenvolvimento na formação conceitual do próprio Estado. Nas sociedades abertas e plurais, o Estado já está juridicamente limitado pelos direitos fundamentais, sociais, pela separação dos poderes e pela independência dos tribunais. Nesse passo, a ampliação do conceito está ligada com a questão de outros Estados, comunidades de Estados e organizações internacionais, em oposição a um modelo individualista e egoísta. [...]" (Campello, Lívia Gaigher Bósio. **Mecanismos de controle e promoção do cumprimento dos tratados multilaterais ambientais no marco da solidariedade internacional**. Tese (Doutorado em Direito) – Pontifícia Universidade Católica de São Paulo, São Paulo, 2013. p.46).

[233] Häberle, Peter. **Estado constitucional cooperativo**. Rio de Janeiro: Renovar, 2007. p.5.

Em uma visão conjectural, o Estado Constitucional Cooperativo tenta acoplar os Estados Constitucionais atuais em uma comunidade global de Estados, acentuando a interdependência entre seus institutos para melhor consolidação de direitos. Discute-se, para tanto, a indispensabilidade de um aporte democrático que garanta o desenvolvimento da cooperação sem imposição de valores. Desponta, então, a demanda por uma democracia deliberativa que sustente os pilares da cooperação.

> A concepção aqui defendida incorpora elementos de ambos os modelos, ao sustentar que o estado de direito deve ser estruturado com o propósito de garantir as condições que permitem e fomentam a "cooperação democrática". Pode ser definida, por isso, como uma concepção "cooperativa" de democracia deliberativa. [...] Preliminarmente, basta ressaltar que, assim entendida, a democracia deliberativa fornece elementos não só procedimentais, mas também substantivos, para a tarefa de reconstrução da relação entre democracia e estado de direito.[234]

Ademais, existem aspectos externos, próprios do Direito Internacional, que muito vêm a influenciar a ordem normativa interna atinente à cooperação. Nos ensinamentos de Peter Häberle:

> Expressão, pressuposto e consequência da cooperação entre Estados (constitucionais) é o desenvolvimento do *Direito comum,* que deve chamar-se "Direito de cooperação". Tal Direito comum de cooperação é reconhecível entre os Estados constitucionais. O panorama tipológico mostra isso. Normas, processos e competências, objetivos e conteúdos típicos afeitos ao Direito Internacional já se adensaram aqui, amplamente, e de forma considerável: surge um efetivo "comum" em formas e normas de Direito cooperativo que a comparação constitucional deve continuar a especificar. [...][235]

Aprofundando o estudo, há de ser dito que o Direito Internacional destaca-se no Estado Constitucional Cooperativo. Clarifica-se: é que falar em cooperação adstrita unicamente ao âmbito interno do Estado não

[234] Barroso, Luís Roberto. **A reconstrução democrática do direito público no Brasil**. Rio de Janeiro Renovar, 2007. p.45.

[235] Häberle, *op. cit.*, p.63-64.

garante que os anseios da sociedade global sejam atendidos. De fato, a cooperação encontra caminho mais próspero em cenário internacional, reclamando por normativas e instrumentos que se atenham não apenas à realidade de uma dada sociedade, mas da conjugação de todas aquelas existentes mundo afora.

Por conseguinte, vale centralizar a compreensão acerca da relação entre o Direito Interno e Direito Internacional[236], intentando justificar a aplicação destes dois ramos do direito no então chamado Estado Constitucional Cooperativo.

Para este trabalho, adotam-se os ensinamentos da teoria monista, onde Direito Interno e Direito Internacional se encontram em uma mesma esfera de aplicação, devendo, em seu choque, ter-se a prevalência de um deles sobre o outro. Para a jurisdição nacional, ainda há a prevalência da Constituição, dos parâmetros estruturais e hierárquicos da ordem jurídica nacional. Em um possível embate entre as duas ordens jurídicas, ainda prevalecerá a normativa advinda do Direito Constitucional. Nos ensinamentos de Cláudio Finkelstein:

> Em 1977, pelo RE 80004/SE, o Supremo Tribunal Federal determinou que, apesar de serem as normas internacionais válidas e exigíveis, estas não se sobrepõem hierarquicamente às normas do Direito Interno (TRT 24.ª – VII Concurso). Depois desta decisão, foram reiteradas as oportunidades em que se propugnou pela supremacia hierárquica da Constituição sob o Direito Internacional. O Min. Celso de Mello (ADI 1480 MC/DF) afirmou: "È na Constituição da República – e não na controvérsia doutrinária que antagoniza monistas e dualistas – que se deve buscar a solução normativa para a questão da incorporação dos atos internacionais ao sistema de direito positivo interno brasileiro." Portanto, os Tratados Internacionais, uma vez validamente incorporados à ordem interna, são hierarquicamente equiparados à Lei Federal.[237]

Não obstante este posicionamento jurisdicional nacional, releva-se a importância do Direito Internacional quando então do surgimento das

[236] Estima-se uma compreensão rasa sobre a matéria, pois a teoria acerca da relação ente Direito Interno e Direito Internacional demanda esforços condizentes à elaboração de uma nova tese.

[237] FINKELSTEIN, Cláudio. **Direito internacional**. 2.ed. São Paulo: Atlas, 2013. p.38-39.

organizações internacionais, viabilizando a passagem de uma sociedade pautada em aspectos internos para uma sociedade aberta, conglomerando interesses comuns, com enfoque na coordenação e cooperação.

> Contudo, parece óbvia a interferência das organizações na estrutura e na dinâmica da sociedade internacional contemporânea. Nascidas para atender a certas necessidades comunitárias, as organizações provocaram acentuada modificação no regime clássico das relações internacionais, dando origem à "diplomacia parlamentar" e ensejando a passagem de uma sociedade interestatal fechada para uma sociedade aberta.[238]

Os Estados entenderam a necessidade de cooperarem e coordenarem-se entre si para atingirem fins e objetivos comuns, transmutando seu caráter único e exclusivo soberano para adequarem-se à realidade do Estado Constitucional Cooperativo. Nesse sentido, necessitou-se do compartilhamento de sua soberania para a criação de organismos internacionais[239], como bem se traduz Cançado Trindade:

> O chamado "domínio reservado dos Estados" (ou "competência nacional exclusiva"), particularização do velho dogma da soberania estatal, foi superado pela prática das organizações internacionais, que desvendou sua inadequação ao plano das relações internacionais. Aquele dogma havia sido concebido em outra época, tendo em mente o Estado *in abstracto* (e não em suas relações com outros Estados e organizações internacionais e outros sujeitos de Direito Internacional), e como expressão de um poder *interno* (tampouco absoluto), próprio de um ordenamento jurídico internacional, de coordenação e cooperação, em que os Estados são, ademais de independentes, juridicamente iguais.[240]

[238] Cachapuz de Medeiros, Antônio Paulo. As organizações internacionais e a cooperação técnica. In: Marcovitch, Jacques. **Cooperação internacional**: estratégia e gestão. São Paulo: Editora da Universidade de São Paulo, 1994. p.273.

[239] Como bem determina Husek, "quanto mais os Estados abdicarem daquela concepção absolutista da soberania, melhores condições terão de sobreviver na sociedade internacional, que exige cooperação e solidariedade". (Husek, Carlos Roberto. **Curso de direito internacional público**. 3.ed. São Paulo: LTr, 2000. p.107).

[240] Cançado Trindade, Antônio Augusto. **Direito das organizações internacionais**. 4.ed. Belo Horizonte: Del Rey, 2009. p.528-529.

Entrelaçando as origens das organizações internacionais e a possível abertura dos textos constitucionais à formação e delineamento de um Estado Constitucional Cooperativo, elenca-se o fato de que o direito comunitário europeu, em seus primórdios, só fora possibilitado por conta da congregação de entendimentos constitucionais de seus membros.[241]

Em um desenrolar histórico, muitas outras Constituições trouxeram a incrementação da cooperação regional e global, por intermédio da internalização de instrumentos próprios de Direito Internacional, tal como a Constituição da África do Sul, de 1996/97, a Constituição do Azerbaijão de 1995, a Constituição da Ucrânia de 1996, a Constituição da Federação Russa, de 1993, a Constituição da Lituânia, de 1992 e, por fim, a própria Constituição da República Federativa do Brasil, quando, em seu art. 4.º, inciso IX, prevê o regimento de suas relações internacionais por intermédio da "cooperação entre os povos para o progesso a humanidade".

Outro ponto que merece destaque, mesmo que brevemente, envolve a responsabilidade internacional[242] do Estado Constitucional Cooperativo, tema próprio de Direito Internacional.

Nesta esfera, faz-se presente e necessária a cooperação entre os Estados para inibir o desenrolar de atitudes que configurem ilícitos internacionais por parte de outros e, igualmente, a eficácia da medida protetiva e reparadora daquela atitude. Para melhor discriminação da questão, a Assembleia Geral da ONU, por intermédio de sua Comissão de Direito

[241] "[...] À medida que os novos artigos constitucionais insediros, em vista à integração europeia, permitem a transferência de poder soberano a organizações e instituições supranacionais ou de Direito Internacional, eles documentam a disposicao para uma renúncia à soberania que era, até então, estranha ao Direito Internacional, eles documentam a disposição para uma renúncia à soberania que era, até entao, estranha ao Direito Internacional tradicional. Pela primeira vez foram ancorados tais disposivitos na Constituição da Itália, de 1947 (art. 11), e na Lei Fundamental da República Federal da Alemanha de 1949 (art. 24 alínea 2). A Constituição grega, de 1975, a contém no art. 28, alínea 2. [...]" (Häberle, Peter. **Estado constitucional cooperativo**. Rio de Janeiro: Renovar, 2007. p.48-49).

[242] "A responsabilidade internacional do Estado surge com o dever de indenizar em virtude da violação do dever geral de não causar dano diretamente aos demais Estados e, indiretamente, aos bens ou à integridade física dos seus nacionais. As útimas décadas indicaram a crescente importância do caráter punitivo da responsabilidade internacional do Estado, que não mais se confina unicamente ao aspecto reparatório." (Amaral Jr., Alberto do. **Curso de direito internacional público**. 4.ed. São Paulo: Atlas, 2013. p.329).

Internacional, elaborou, no ano de 2001, a Convenção sobre Responsabilidade Internacional do Estado[243], prevendo todas as suas peculiaridades e aplicação ao caso concreto.[244]

Relata-se que quando a violação de um Estado recair sobre normas imperativas de Direito Internacional[245], ter-se-á uma violação mais grave, gerando consequências mais sérias ao Estado, sendo indispensável a cooperação entre os Estados para coibí-las e findar toda e qualquer violação de norma imperativa de Direito Internacional. Em alusão:

> Os Estados deverão cooperar para pôr fim, por meios legais, a toda violação séria de norma imperativa de direito internacional geral. Previu-se um dever positivo de cooperação, mas não se regulou a forma que assumirá. [...] O dever de cooperar vincular os Estados que sofreram os efeitos da violação séria e os que não forma individualmente atingidos. O que se fez, na verdade, foi impor um esforco conjunto e coordenado de todos os Estados com o escopo de neutralizar os efeitos da infração cometida. Cada situação ditará, na prática, a escolha dos meios legais apropriados para efetivar a cooperação. [...][246]

Compatibiliza-se apenas a este entendimento o fato de que a responsabilidade internacional dos Estados, no que tange aos direitos huma-

[243] STATE RESPONSABILITY. **International Law Commission**. Disponível em: <http://legal.un.org/ilc/summaries/9_6.htm>. Acesso em: 21 maio 2015.

[244] Segundo Amaral Jr., "o projeto, dividido em quatro partes, aborda o nascimento da responsabilidade internacional do Estado, as formas e os graus que ela reveste, as sanções, o uso do direito costumeiro, de maneira subsidiária, e a possibilidade de responsabilização individual de um agente público. [...] o projeto prima pela abrangência, pois se aplica a todas as esferas do direito internacional público, ao estatuir normas que preveem o que sucederá quando uma regra primária vier a ser infringida".(Amaral Jr., *op. cit.*, p.330).

[245] Este estudo acompanha o entendimento doutrinário de Cláudio Finkelstein, que identifica uma verticalização das normas de Direito Internacional a partir da afirmação do *jus cogens*. Em seus ensinamentos: "*O surgimento e afirmação do 'jus cogens' no direito internacional contemporâneo preenche a necessidade de uma verticalização mínima do ordenamento jurídico internacional, erguido sob pilares de onde o jurídico e a ética se fundem. A evolução do conceito de 'jus cogens' transcende hoje o âmbito do Direito dos Tratados e da Responsabilidade Internacional dos Estados ao atingir o direito internacional geral e a base da ordem jurídica internacional.*" (Finkelstein, Cláudio. **Hierarquia das normas no direito internacional**: *jus cogens* e metaconstitucionalismo. São Paulo: Saraiva, 2013. p.206).

[246] Amaral Jr., Alberto do. **Curso de direito internacional público**. 4.ed. São Paulo: Atlas, 2013. p.336-337.

nos, acaba por ser majorada, dada a relevância da temática. Nesta linha de raciocínio entende André de Carvalho Ramos:

> [...] esses tratados de direitos humanos são diferentes dos tratados que normatizam vantagens mútuas aos Estados contratantes. Com efeito, o objetivo dos tratados de direitos humanos é a proteção de direitos de seres humanos diante do Estado de origem ou diante de outro Estado contratante, sem levar em consideração a nacionalidade do indivíduo--tema. Assim, um Estado, frente a um tratado multilateral de direitos humanos, assume várias obrigações para com os indivíduos sob sua jurisdição, independentemente da nacionalidade, e não para com outro Estado contratante, criando o chamado regime objetivo das normas de direitos humanos. Esse regime objetivo é o conjunto de normas protelaras de um interesse coletivo dos Estados, em contraposição aos regimes de reciprocidade, nos quais impera o caráter *quid pró* nas relações entre os Estados. Logo, os tratados de direitos humanos estabelecem obrigações objetivas, entendendo estas como obrigações cujo objeto e fim são a proteção de direitos fundamentais da pessoa humana.[247]

Deixar-se-á a análise dos direitos humanos para momento oportuno. Finda o estudo da importância do Direito Internacional em um contexto de Estado Constitucional Cooperativo a partir dos dizeres de Jacques Chevalier:

> Os Estados se encontram agora inseridos em dispositivos de cooperação mais amplos, que limitam de maneira crescente a sua liberdade de ação e no seio dos quais eles apenas podem procurar fazer valer o seu ponto de vista e defender os seus interesses, eis que estão dotados de um poder de influência desigual. Se todos esses dispositivos enfrentaram fortes abalos ao longo dos últimos anos, a sua dimensão deve ser relativizada.[248]

Abarca, ainda neste assunto, o estudo dos rumos da referida cooperação em solos nacionais. É sobre este tema que, agora, passar-se-á a discorrer.

[247] Ramos, André de Carvalho. **Processo internacional de direitos humanos**. Rio de Janeiro: Renovar, 2002. p.27-32.

[248] Chevallier, Jacques. **O estado pós-moderno**. Tradução de Marçal Justen Filho. Belo Horizonte: Fórum, 2009. p.41.

2.4.1 Rumos da cooperação internacional no Brasil

O Brasil preocupou-se, desde sua redemocratização, com o papel da cooperação em seu direito interno e, equitativamente, em seus relacionamentos externos. Corrobora-se este entendimento com sua própria lei fundamental, prevendo-se no art. 4.º de sua Constituição, a necessidade de suas relações internacionais serem regidas, entre outros, pelo princípio da *cooperação entre os povos para o progresso da humanidade.*

Sabe-se que a cooperação internacional é aplicada em muitos âmbitos e em diferentes entornos em solos nacionais: em tratados bi ou multilaterais; em acordos Sul-Sul ou com países desenvolvidos; nos campos tecnológicos, educacionais, econômicos, entre outros. Em outras palavras: O Brasil não tem apenas uma, mas sim várias políticas de cooperação internacional.

Nesta temática, o Brasil adota, como norte de sua cooperação, o princípio da não indiferença, contribuindo de maneira enérgica para que os aspectos colaborativos tragam benefícios nas mais diversas áreas. Em termos conceituais:

> [...] Seja por meio de ações pontuais, como a doação de alimentos e remédios para vítimas de catástrofes naturais, seja pelos projetos de cooperação técnica, seja pela concessão de bolsas de estudo a alunos estrangeiros, seja pela contribuição a organizações internacionais, o princípio da não indiferença inspira e impulsiona a Cooperação Brasileira para o Desenvolvimento Internacional. Equilibrando o respeito à soberania e a defesa da autodeterminação, características tradicionais da diplomacia brasileira, o Brasil vem desenvolvendo uma maneira bastante própria de cooperar com os países em desenvolvimento. De fato, a colaboração concedida pelo país não impõe condicionalidades nem visa a objetivos políticos imediatistas. A cooperação brasileira é especializada, pois conta com o engajamento de órgãos e entidades públicos, universidades e organizações da sociedade civil. É também participativa, pois inclui os países parceiros desde a fase de negociação, que adaptam e contextualizam as ações para a realidade local.[249]

[249] INSTITUTO DE PESQUISA ECONÔMICA APLICADA; AGÊNCIA BRASILEIRA DE COOPERAÇÃO. **Cooperação brasileira para o desenvolvimento internacional**: 2005-2009. Brasília: IPEA, 2010. p.7.

Adentrando à temática dos direitos humanos, sabe-se que o Brasil, desde os primórdios estruturais da Organização dos Estados Americanos (OEA), contribui com esforços cooperativos para consolidá-la. Frisa-se: "A *Organização dos Estados Americanos* (OEA) configura o quadro político geral da cooperação interamericana. Não obstante suas limitações, constitui a expressão política e institucional do ideal pan-americano"[250].

Sem dúvidas, todo o empenho brasileiro monstrou-se determinante no desenvolvimento do sistema de proteção dos direitos humanos em campo interamericano.[251] Prova disso é que, após longos períodos de negociações, o Brasil, já na Nona Conferência Internacional Americana, em 1948, desenvolveu – em colaboração com mais de vinte países – e adotou a Carta da Organização dos Estados Americanos[252], a qual entrou em vigor em 13 de dezembro de 1951 e, no ordenamento jurídico pátrio, pelo Decreto n.º 30.544, de 14 de fevereiro de 1952.

Ainda em contexto regional, relatam-se esforços cooperativos brasileiros para viabilizar e consolidar a integração no campo econômico, por intermédio do chamado Mercado Comum do Sul (MERCOSUL[253]). A partir de 1991, pelo Tratado de Assunção, Argentina, Brasil, Paraguai e Uruguai uniram esforços para sua criação.

Ademais, o Mercosul prevê, internamente, órgãos para o desenvolvimento da cooperação entre seus Estados-membros, possibilitando o alinhamento destes sobre diversas temáticas. São eles: Reunião Especializada de Autoridades Cinematográficas e Audiovisuais do Mercosul; Reunião Especializada sobre Agricultura Familiar; Grupo de Integração

[250] Casella, Paulo Borba. Integração nas Américas: uma visão de conjunto. In: Casella, Paulo Borba (Coord.). **Mercosul**: integração regional e globalização. Rio de Janeiro: Renovar, 2000. p.246

[251] Tema a ser esclarecido, de maneira mais enérgica, em momento oportuno neste estudo.

[252] O Brasil aprovou a Carta da OEA pelo Decreto Legislativo 64, de sete de dez. de 1949.

[253] Como alude Orlando Ferreres, "o Mercosul nasceu em março de 1991, com a assinatura do Tratado de Assunção pelos presidentes de Argentina, Brasil, Paraguai e Uruguai. Em dezembro de 1994, foi aprovado o Protocolo de Ouro Preto, que estabeleceu a estrutura institucional do Mercosul e conferiu personalidade jurídica internacional ao bloco. Finalizou-se, assim, o período de transição, com a adoção dos instrumentos fundamentais de política comercial comum que regem a Zona de Livre Comércio e a União Aduaneira, encabeçados pela Tarifa Externa Comum (TEC). Os primeiros países a assinar acordos com o Mercosul foram a Bolívia e Chile, em 1996". (Ferreres, Orlando. Mercosul: todos os benefícios para o Brasil. **Pontes – Informações e análises sobre comércio e desenvolvimento sustentável em língua português**, Genebra, v.8, n.5, p.11, ago. 2012.)

Produtiva; Sistema de Informação Ambiental do Mercosul; Programa de Apoio ao Setor Educativo do Mercosul; Foro Especializado Migratório do Mercosul; Instituto Social do Mercosul; Reunião Especializada de Cooperativas do Mercosul; Fundo para Convergência Estrutural do Mercosul; Instituto de Políticas Públicas em Direitos Humanos do Mercosul; Reunião Especializada em Ciência e Tecnologia; entre outros.[254]

Traça-se, em tempos mais atuais, a cooperação em contexto Sul-Sul[255], contando com os esforços da Unidade Especial para a Cooperação Sul-Sul do Programa das Nações Unidas para o Desenvolvimento, sendo por esta assim avaliada:

> A cooperação Sul-Sul é um mecanismo de desenvolvimento conjunto entre países emergentes em resposta a desafios comuns. O PNUD Brasil reconhece a existência de laços históricos e geográficos favorece o ambiente para que importantes lições de desenvolvimento possam ser aprendidas com a Cooperação Sul-Sul.[256]

No caso do Brasil, a Cooperação Sul-Sul se apresenta em cinco diferentes categorias: cooperação técnica, científica e tecnológica, contribuições a organizações internacionais e bancos regionais, bolsas de estudo para estrangeiros, assistência humanitária e operações de paz.

Neste ramo, o Brasil atua mais como um fornecedor de instrumentos para o desenvolvimento de outros Estados que um utilizador de tal ferramenta, tendo em vista seus resultados internos positivos especialmente quanto a suas políticas sociais. É esta a realidade apresentada na seguinte passagem:

> De fato, o Brasil acumulou significativos resultados na implementação de suas políticas sociais. À medida que estas se ampliavam e se consolidavam internamente, o governo recebia crescentes pedidos para compartilhar suas experiências e boas práticas com países parceiros.

[254] Todos estes órgãos e suas especialidades estão disponíveis em: <www.mercosur.int>. Acesso em: 26 maio 2015.

[255] A cooperação Sul-Sul é marcada pelo auxílio mútuo dos países que se encontram no Sul do globo terrestre.

[256] PROGRAMA DAS NAÇÕES UNIDAS PARA O DESENVOLVIMENTO (PNUD): **Cooperação Sul-Sul**. Disponível em: <http://www.pnud.org.br/cooperacaoSulSul.aspx>. Acesso em: 26 maio 2015.

A repercussão positiva dessas políticas, por sua vez, garantiu ao Brasil crescente reconhecimento internacional, consolidado, sobretudo, ao longo da primeira década do século XXI.[257]

Esquematiza-se, nesta esfera, que não apenas o governo federal e nem somente o Estado brasileiro soberano estão atrelados à cooperação internacional: centenas de instituições, Ministérios, entidades vinculadas estão em paridade para atender aos preceitos cooperativos internacionais.

Não se trata de catalogar, neste momento, métodos para levantamento de recursos e nem de gerenciar doutrinariamente os fluxos financeiros da cooperação: quer-se, apenas determinar sua importância e seus aspectos práticos em âmbito brasileiro, deixando-se minúcias para trabalhos que atendam única e exclusivamente ao tema.

Como último prisma do estudo da cooperação em solos nacionais, aponta-se à existência da Agência Brasileira de Cooperação (ABC)[258]. Este órgão, integrante da estrutura do Ministério das Relações Exteriores (MRE), tem como competências negociar, coordenar, implementar e acompanhar programas brasileiros voltados à cooperação, especialmente aqueles atrelados à cooperação técnica, pautando-se em acordos de que o Brasil seja parte ou integrante de um organismo internacional.

Quanto à sua criação e instituição em ordenamento pátrio, destaca-se o seguinte fragmento:

> A ABC foi criada em setembro de 1987, por meio do Decreto N.º 94.973, como parte integrante da Fundação Alexandre de Gusmão (FUNAG), vinculada ao Ministério das Relações Exteriores (MRE). Hoje, em 2012, conforme estabelecido no Regimento Interno do Ministério das Relações Exteriores, compete à Agência Brasileira de Cooperação planejar, coordenar, negociar, aprovar, executar, acompanhar e avaliar, em âmbito nacional, programas, projetos e atividades de cooperação para o desenvolvimento em todas as áreas do conhecimento, recebida e outros países

[257] INSTITUTO DE PESQUISA ECONÔMICA APLICADA; AGÊNCIA BRASILEIRA DE COOPERAÇÃO. **Cooperação brasileira para o desenvolvimento internacional**: 2005-2009. Brasília: IPEA, 2010. p.16.

[258] AGÊNCIA BRASILEIRA DE COOPERAÇÃO. Disponível em: <www.abc.gov.br>. Acesso em: 26 maio 2015.

e organismos internacionais e aquela entre o Brasil e países em desenvolvimento, incluindo ações correlatas no campo da capacitação para a gestão da cooperação técnica e disseminação de informações. A ABC/MRE atua, no âmbito do Itamaraty, vinculada à Subsecretaria-Geral de Cooperação e de Promoção Comercial.[259]

Por fim, a cooperação brasileira alude a um sistema democrático, a partir de uma democracia deliberativa[260], onde todos têm o dever e a possibilidade de participação, tendendo, assim, à estruturação de bases cooperativas desde o indivíduo, passando pelos aglomerados societários, até se chegar aos altos escalões do governo. É esta chamada democracia deliberativa que possibilita o diálogo entre o Estado, o Direito Internacional e os instrumentos próprios para a cooperação internacional, consolidando a nova realidade em solos nacionais.[261]

[259] AGÊNCIA BRASILEIRA DE COOPERAÇÃO. **Histórico**. Disponível em: <www.abc.gov.br/ SobreAbc/Historico>. Acesso em: 26 maio 2015.

[260] Para Luís Roberto Barroso, na democracia deliberativa "todos devem poder participar. A participação deve ocorrer livre de qualquer coerção física ou moral. Todos devem ter, de fato, iguais possibilidades e capacidade para influenciar e persuadir. Esses pressupostos de uma deliberação justa e eficiente são institucionalizados através do estado de direito, que é entendido, portanto, como condição, requisito ou pressuposto de democracia. De fato, não há verdadeira democracia sem respeito aos direitos fundamentais. Quando as cortes constitucionais os garantem contra a vontade da maioria ou diante da sua inércia, não estão violando o princípio democrático, mas estabelecendo condições para sua plena realização". (BARROSO, Luís Roberto. **A reconstrução democrática do direito público no Brasil**. Rio de Janeiro Renovar, 2007. p.44).

[261] Nos dizeres do Ministro Luís Roberto Barroso: "A concepção defendida incorpora elementos de ambos os modelos, ao sustentar que o estado de direito deve ser estruturado com o propósito de garantir as condições que permitem e fomentam a 'cooperação democrática'. Pode ser definida, por isso, como uma concepção 'cooperativa' de democracia deliberativa [...]. Preliminarmente, basta ressaltar que, assim entendida, a democracia deliberativa fornece elementos não só procedimentais, mas também substantivos, para a tarefa de reconstrução da relação entre democracia e estado de direito." (BARROSO, Luís Roberto. **A reconstrução democrática do direito público no Brasil**. Rio de Janeiro Renovar, 2007. p.45).

Capítulo 3
Os Direitos Humanos

3.1 A Conceituação dos Direitos Humanos em uma Sociedade Inclusiva

Os direitos humanos, como hoje se apresentam, permitem o reconhecimento dos valores de uma sociedade. Encontram-se representados nas constituições internas de cada Estado – em uma conceituação de direitos fundamentais – e, igualmente, em tratados, garantindo a proteção da dignidade da pessoa humana.

De tal forma, compreendem-se como o aglomerado de direitos mais importantes, indissociavelmente ligados à dignidade da pessoa humana. Sem eles, não se vislumbra a possibilidade da vida humana se desenvolver satisfatoriamente.

Neste setor, cabe discorrer sobre o que vem a ser a dignidade da pessoa humana. Fato é que conceituação precisa acerca deste instituto não se contempla: depende de aspectos calçados nas demandas societárias e nos entendimentos de cada ordenamento jurídico.[262] Ainda, a existência

[262] Para a jurisprudência brasileira, identificam-se quatro usos da dignidade da pessoa humana, segundo entendimento de André de Carvalho Ramos: "o primeiro uso é na fundamentação da criação jurisprudencial de novos direitos, também denominado eficácia positiva do princípio da dignidade humana. [...] Um segundo uso é o da formatação da interpretação adequada das características de um determinado direito. [...] O terceiro uso é o de criar limites à ação do Estado. É a chamada eficácia negativa da dignidade humana. [...]. O quarto uso é a utilização da dignidade humana para fundamentar o juízo de ponderação e

de diversas vertentes da dignidade da pessoa humana faz com que um único entendimento seja considerado praticamente impossível pela doutrina majoritária.

O cerne primordial repousa no fato de que a dignidade da pessoa humana traduz a unidade e a permanência dos direitos humanos. Quando um determinado ordenamento jurídico diz que suas leis devem ser interpretadas em acordo com esta dignidade, entende-se que os direitos humanos estão inerentes, permanentes e em congruência com o completo aparato de leis, podendo ser muito bem traduzido na seguinte esquematização:

> Na busca de tal conceito, previamente devemos observar seu principal fundamento – a dignidade da pessoa humana –, pois é a partir ele que se dá a construção de um significado de direitos humanos válidos para todos. Já antecipamos que a partir do fim da Primeira Guerra Mundial, em 1918, a expressão "direitos humanos" vinculou-se definitivamente ao valor da dignidade da pessoa humana, no viver, no conviver e no porvir dos indivíduos dentro da comunidade. Essa é a ideia máxima dos direitos humanos, seu núcleo valorativo e estável, que concede a estes um sentido de unidade e de permanência.[263]

O conceito de direitos humanos – tal como o conceito de dignidade humana[264] – não possui apenas um único condão, dependendo, ao longo do tempo, dos interesses inerentes a uma dada sociedade, podendo ser flexibilizado ou, até mesmo, transformado. Por isso mesmo, a dificuldade em se estabelecer um conceito único para os direitos humanos é incontestável.

Assim, inicia-se a possível compreensão dos direitos humanos sob a égide da dignidade da pessoa humana: sem ela, não se comportam e não subsistem as características precípuas do espírito dos direitos em tela.

escolha da prevalência de um direito em prejuízo de outro. [...]" (Ramos, André de Carvalho. **Curso de direitos humanos**. 2.ed. São Paulo: Saraiva, 2015. p.76).

263 Silveira, Vladmir Oliveira da; Rocasolano, Maria Mendez. **Direitos humanos**: conceitos, significados e funções. São Paulo: Saraiva, 2010. p.207.

264 Segundo Vladmir Oliveira da Silveira, apesar da dignidade da pessoa humana não ter um conceito pronto e acabado, há alguns valores que não podem ser dissociados dela própria, quais sejam: justiça, vida, liberdade, igualdade, segurança e solidariedade (Silveira; Rocasolano, *op. cit.*).

Logo quando do surgimento da Declaração Universal dos Direitos Humanos, indicara-se a necessária proteção à dignidade da pessoa humana, prevendo-se, em seu art. 1.º, que *todos os seres humanos nascem livres e iguais, em dignidade e direitos*.[265]

Os direitos humanos, assim, não compreendem uma única natureza: impossível condensá-los apenas como condição básica de existência humana ou como caráter apenas moral. São, de fato, todo o esquema organizatório da vida humana, compreendendo aspectos morais, positivação, historicidade e universalidade. É por estes motivos que este trabalha se filia à corrente doutrinária de Flávia Piovensan, que apreende os direitos humanos por diversas naturezas. Em suas palavras:

> Defende este estudo a historicidade dos direitos humanos, na medida em que estes não são um dado, mas um construído, uma invenção humana, em constante processo de construção e reconstrução. Enquanto reivindicações morais, os direitos humanos são fruto de um espaço simbólico de luta e ação social, na busca por dignidade humana, o que compõe um construído axiológico emancipatório. Como leciona Norberto Bobbio, os direitos humanos nascem como direitos naturais universais, desenvolvem-se como direitos positivos particulares (quando cada Constituição incorpora Declarações de Direitos) para finalmente encontrar a plena realização como direitos positivos universais [...].[266]

Quanto à sua precisão terminológica, os direitos humanos não se confundem com os direitos naturais (inerentes à natureza humana), com os direitos do homem (expressão contaminada pelo sexismo), com os direitos individuais (abarcam apenas um grupo exclusivo de direitos humanos) e nem com a liberdade pública (que consagraria apenas os direitos econômicos e sociais). As expressões corriqueiras, então, repousam em direitos humanos e direitos fundamentais, mas ambas elas não se confundem.

[265] DECLARAÇÃO UNIVERSAL DOS DIREITOS HUMANOS. Disponível em: <http://www.ohchr.org/ EN/UDHR/Documents/UDHR_Translations/por.pdf>. Acesso em: 28 maio 2015.

[266] PIOVESAN, Flávia. **Direitos humanos e o direito constitucional internacional**. 8.ed. São Paulo: Saraiva, 2007. p.109.

Direitos humanos, em suma, seriam aqueles reconhecidos e exigíveis em plano internacional, atrelados à normativa própria de Direito Internacional – tratados, por exemplo –, não sendo, em todos os casos, exigíveis em um determinado ordenamento jurídico. Diferentemente, os direitos fundamentais são aqueles positivados e plenamente exigíveis em plano nacional, por intermédio do Direito Constitucional do Estado em tela. Não se pretende, aqui, ater-se a casuísmo, mas apenas alicerçar a compreensão dos referidos institutos por intermédio da doutrina:

> Inicialmente, a doutrina tende a reconhecer que os "*direitos humanos*" servem para definir os direitos estabelecidos pelo *Direito Internacional* em *tratados e demais normas internacionais* sobre a matéria, enquanto a expressão *direitos fundamentais* delimitaria aqueles direitos *reconhecidos* e *positivados* pelo *Direito Constitucional* de um Estado específico. [...]
> Uma segunda diferença entre "direitos humanos" e "direitos fundamentais" também é comumente assinalada: *os direitos humanos não seriam sempre exigíveis internamente, justamente pela sua matriz internacional*, tendo então uma inspiração jusnaturalista sem maiores consequências; já os *direitos fundamentais seriam aqueles positivados internamente e por isso passíveis de cobrança judicial*, pois teriam matriz constitucional.[267]

Imperativo se faz, para garantir sua identificação, o exame das peculiaridades dos direitos humanos, tendo, como primeiro ponto o fato dos direitos humanos não nascerem a partir de um dogma, de um momento específico: surgem de anseios societários individuais, congregando-se com conquistas prévias. São, de fato, reivindicações morais pautadas na dignidade da pessoa humana. Nos dizeres de Flávia Piovesan:

> Na condição de reivindicações morais, os direitos humanos nascem quando devem e podem nascer. Como realça Norberto Bobbio, os direitos humanos não nascem todos de uma vez, nem de uma vez por todas. Para Hannah Arendt, os direitos humanos não são um dado, mas um construído, uma invenção humana, em constante processo de construção e reconstrução. Refletem um construído axiológico, a partir de um espaço simbólico de luta e ação social.[268]

[267] RAMOS, André de Carvalho. **Curso de direitos humanos**. 2.ed. São Paulo: Saraiva, 2015. p.50-51.

[268] PIOVESAN, Flávia. **Direitos humanos e justiça internacional**: um estudo comparativo dos sistemas regionais europeu, interamericano e africano. 2.ed. São Paulo: Saraiva, 2011. p.35-36.

Quanto à historicidade, cabe relatar que, diferentemente do que se imagina, a noção de direitos humanos já viera a ser aludida em tempos remotos, como na Grécia antiga, inspirando uma nova dignidade e dando margens ao florescimento das teorias cristãs da *lex aeterna*[269] e da *lex naturalis*[270], as quais vieram basilar o desenvolvimento dos direitos humanos. Nas palavras de Celso Lafer:

> Na vertente grega da tradição cabe mencionar o estoicismo, que na época helenística, com o fim da democracia e das cidades-estado, atribuiu ao indivíduo que tinha perdido a qualidade de cidadão, para se converter em súdito das grandes monarquias, uma nova dignidade. Esta nova dignidade resultou do significado filosófico conferido ao universalismo de Alexandre. O mundo é uma única cidade – *cosmo-polis* – da qual todos participam como amigos e iguais. À comunidade universal do gênero humano corresponde também um direito universal, fundado num patrimônio racional comum, daí derivando um dos precedentes da teoria crista da *lex aeterna* e da *lex naturalis*, igualmente inspiradora dos direitos humanos.[271]

Com o passar dos tempos, as premissas para a construção e consolidação dos direitos humanos sofreram interferências. Adentrando à era medieval, esforçou-se na busca da verdade eterna e, modernamente, concentrou-se no mundo interior do indivíduo, questionando se seria possível a efetivação de uma verdade eterna. A referida dicotomia influenciou, de maneira decisiva, a construção dos direitos humanos como hoje se apresentam, dado que ambos os entendimentos pautaram-se no individualismo, valor totalmente atrelado às noções de liberdade, como se determina na seguinte passagem:

> É neste contexto que importa realçar outra dimensão importante da tradição que ensejou o tema dos direitos humanos, a saber o *individualismo* na sua acepção mais ampla, ou seja, todas as tendências veem no indivíduo, na sua subjetividade, o dado fundamental da realidade. O indivi-

[269] Proveniente do latim, significando Lei Eterna, identificava a vontade então considerada suprema, advinda de Deus, mas ainda desconhecida em sua totalidade pelo homem.

[270] Do latim, ordem a natureza, representando a vontade divina sobre o todo mundano.

[271] LAFER, Celso. **A reconstrução dos direitos humanos**: um diálogo com o pensamento de Hannah Arendt. 6.ed. São Paulo: Companhia das Letras, 1988. p.119.

> dualismo é parte integrante da lógica da modernidade, que concebe a liberdade como a faculdade de autodeterminação de todo ser humano. [...] Isto culminará na elaboração do conceito de direito subjetivo – especificamente, nos poderes de agir atribuídos ao indivíduo [...].[272]

A partir do surgimento das bases estatais e concomitantemente às angústias populares por melhores condições de vida, emergiram as primeiras Declarações, cujas quais impactaram no desenrolar dos direitos humanos, cristalizando sua natureza positiva e conferindo um teor permanente, estável e seguro.[273]

Como segunda grande característica enuncia-se a centralidade dos direitos humanos. Esta garante que os direitos humanos sejam o âmago do Direito Constitucional e, também, do Direito Internacional. Não apenas as normas, mas todas as condutas públicas e privadas devem guardar respeito e paridade aos direitos humanos. Este entendimento já fora consolidado em território brasileiro quando do julgamento do Habeas Corpus 87.585-8, pelo voto do Ministro Celso de Mello, tendo ele assim entendido:

> O eixo de atuação do direito internacional público contemporâneo passou a concentrar-se, também, na dimensão subjetiva da pessoa humana, cuja essencial dignidade veio a ser reconhecida, em sucessivas declarações e pactos internacionais, *como valor fundante do ordenamento jurídico sobre o qual repousa o edifício institucional dos Estados nacionais.*[274]

Em consonância, entende-se que os principais valores – basilares ao conceito de direitos humanos – encontram-se em plano superior à previsão literária do ordenamento jurídico. Alinhada a esta compreensão é o tema evocado por Vladmir da Silveira, cuja qual este trabalho acompanha:

> O fato é que a formulação dos direitos humanos obedece às nítidas linhas históricas do pensamento, expressando valores que se encontram

[272] LAFER, Celso. **A reconstrução dos direitos humanos**: um diálogo com o pensamento de Hannah Arendt. 6.ed. São Paulo: Companhia das Letras, 1988. p.120.

[273] Neste momento, cabe apenas ressaltar o papel das Declarações, em um aspecto geral, no histórico dos direitos humanos, sendo que o papel primordial e específico das principais Declarações será, em momento oportuno, melhor estudado.

[274] HC 87.585-8, julgamento em 12 de março de 2008. Voto do Ministro Celso de Mello.

acima do ordenamento jurídico. Com efeito, se a expressão "direitos humanos" conforma uma ideologia que surgiu em dado momento histórico, vinculada aos interesses de uma classe particular, isso não implica negar-lhe consenso e validade, para que cada vez mais supere suas determinações históricas, espraiando-se num universo cada vez mais amplo de pessoas e direitos.[275]

Procuram-se, coerentemente e considerando os aspectos coincidentes na maioria das sociedades hoje existentes – prevendo suas particularidades locais – certas características que não garantam a definição concreta e final dos diretos humanos, mas que possam ajudar na construção de seu entendimento.

Assim, catalogam-se traços essenciais aos direitos humanos – considerando, sempre, suas peculiaridades históricas[276] – quais sejam: universalidade, indivisibilidade, interdependência, unidade, inalienabilidade, irrenunciabilidade, intangibilidade, imutabilidade, imprescritibilidade e inviolabilidade.

Apontando caracteres da universalidade, têm-se os direitos humanos compatíveis com a própria natureza humana, guardando atributos conciliáveis para o exercício por todas as pessoas. Esta adjetivação emergiu em um momento posterior à Segunda Guerra Mundial, quando então as atrocidades totalitaristas do nazismo e fascismo trouxeram à pauta internacional a necessidade de uma proteção além do Estado dos direitos mais essenciais à pessoa humana. A partir do surgimento da Organização das Nações Unidas é que se consolidou este traço.

A universalidade que aqui se alude conta com certas singularidades, como por exemplo a subsidiariedade: será apenas na falta ou na ineficácia dos mecanismos nacionais que a universalidade se destaca, garantindo a proteção dos direitos para além da jurisdição nacional. Avalia-se que a conjuntura da ordem interna não tem mais o domínio reservado da tutela, abrangendo, a partir do compartilhamento da soberania

[275] SILVEIRA, Vladmir Oliveira da; ROCASOLANO, Maria Mendez. **Direitos humanos**: conceitos, significados e funções. São Paulo: Saraiva, 2010. p.205.

[276] Quanto às peculiaridades históricas quer-se levantar a questão das categorias delimitadas, segundo a doutrina, dos referidos direitos, em determinados momentos históricos, que, usualmente, vêm a ser chamados de gerações – noção que será analisada em momento posterior nesse estudo.

estatal, suporte de uma jurisdição internacional subsidiária – seja ela regional ou universal. Coordena-se a narrativa a partir do seguinte entendimento doutrinário:

> Esse legado nazista de exclusão exigiu a *reconstrução* dos direitos humanos após a Segunda Guerra Mundial, sob uma ótica diferenciada: a ótica da proteção *universal*, garantida, *subsidiariamente e na falha do Estado*, pelo próprio Direito Internacional dos Direitos Humanos. Ficou evidente para os Estados que organizaram uma nova sociedade internacional ao redor da ONU – Organização das Nações Unidas – que a proteção dos direitos humanos *não* pode ser tida como parte do *domínio reservado* de um Estado, pois as falhas na proteção local tinham possibilitado o terror nazista. A *soberania* dos Estados foi, lentamente, sendo *reconfigurada*, aceitando-se que a proteção de direitos humanos era um *tema internacional* e não meramente um tema da jurisdição *local*.[277]

Avalia-se que a referida característica foi, ao longo dos anos, ratificada por diversos documentos internacionais, tais como a Proclamação de Teerã, de 1968, cuja qual assim dispõe: "é indispensável que a comunidade internacional cumpra sua obrigação solene de fomentar e incentivar o respeito aos direitos humanos e as liberdades fundamentais para todos, sem distinção nenhuma, por motivo de raça, cor, sexo, idioma ou opiniões políticos ou de qualquer outra espécie"[278].

Quanto ao seu caráter universal, cabem ainda duas considerações. A primeira delas diz respeito à questão de que, sendo universais, não mais se encontram na dependência de seu reconhecimento por um dado ordenamento jurídico nacional: devem ser protegidos em âmbito internacional, por um sistema universal e, se for o caso, por um sistema regional, ambos pautados na subsidiariedade.

Outra circunstância que cabe a investigação norteia-se a partir da compatibilização entre os traços de universalidade dos direitos humanos e a indispensabilidade de atendimento ao relativismo cultural. Para melhor compreensão da problemática, conceitua-se o relativismo cultural:

[277] Ramos, André de Carvalho. **Curso de direitos humanos**. 2.ed. São Paulo: Saraiva, 2015. p.89-90.

[278] PROCLAMAÇÃO DE TEERÃ. **Conferência Internacional sobre Direitos Humanos em Teerã de 13 de maio de 1968**. Disponível em: <http://direitoshumanos.gddc.pt/3_1/IIIPAG3_1_10.htm>. Acesso em: 30 maio 2015.

> O relativismo cultural estabelece que a atividade humana individual deve ser interpretada em contexto, nos termos de sua própria cultura. Ele compreende que há uma incompatibilidade entre os sistemas de valores de diversas culturas e que não existem critérios objetivos que possibilitem classificar cada uma delas, pois todas devem ser observadas como igualmente habilitadas a satisfazer as necessidades de seus membros. É um método que observa a estrutura fundamental de funcionamento de cada cultura em relação às suas expressões, normas, padrões e valores.[279]

Em um primeiro momento, pode-se, erroneamente, achar que ambos não seriam passíveis de acomodação em local comum. Ledo engano: há sim um ponto de encontro entre eles. Quando se observa o relativismo cultural atrelado ao valor da dignidade da pessoa humana, verifica-se estar este totalmente alinhado aos caracteres dos direitos humanos. É que estes surgem, justamente, para a proteção, em última análise, da própria dignidade. E se todos têm direito a uma vida digna, observadas suas peculiaridades culturais, então todos têm direito à consolidação e efetivação dos direitos humanos, provando-se, assim, a convivência pacífica de tais valores.

O que não se pode confundir é universalidade com uniformidade: os direitos humanos, precisamente por respeitarem os relativismos culturais, não preveem uma uniformidade, um conceito único para todas as sociedades do globo. Almejam apenas que o mínimo seja garantido a todos, atrelando-se à dignidade da pessoa humana. Não querem ser um instrumento de dominação, a ponto de acabar com a diversidade cultural, mas sim fazer prevalecer a dignidade em todas as culturas mundanas.

Discriminando a característica da indivisibilidade dos direitos humanos, diz-se que tais não comportam decomposição, formando um todo homogêneo, sem facultar que um ou outro venha a ser considerado mais importante ou que detenha mais proteção que o restante.

Este traço comporta, ainda, valores atrelados à interdependência, também conhecida como inter-relação: valoriza-se, entre eles, uma conexão necessária, uma dependência recíproca, por intermédio do auxílio mútuo entre tais para a concretização do todo e, consequentemente, da garantia da dignidade.

[279] MALHEIROS, Emerson. **Curso de direitos humanos**. 2.ed. São Paulo: Atlas, 2015. p.40.

A indivisibilidade e a interdependência são precisas nos seguintes documentos internacionais: Proclamação de Direitos Humanos da 1.ª Conferência Mundial de Direitos Humanos da ONU, de 1968; Declaração sobre o Direito ao Desenvolvimento de 1986; e Declaração de Viena da 2.ª Conferência Mundial de Direitos Humanos, da ONU, de 1993.

Esquematiza-se a unidade dos direitos humanos a partir do retrato de sua formação: caso um deles seja violado, todo o seu restante estará comprometido e vulnerável. A Declaração de Viena de 1993[280], já em seu § 15.º, traduz a citada unidade quando infere que "o respeito aos direitos humanos e liberdades fundamentais, sem distinções de qualquer espécie, é uma norma fundamental de direito internacional na área dos direitos humanos".

Induzindo-se às características da inalienabilidade e irrenunciabilidade, pressupõe-se que "ambos se voltam à pessoa humana à margem de seu consentimento ou até contrariamente a ele"[281]. Alude-se ao fato de que ambos não dependem da vontade do ser humano, sendo inerentes à sua condição e incompatíveis com a livre disposição do ser para vender ou renunciá-los.

A inalienabilidade garante que nenhum direito será transferido, disposto ou transigido, seja a título gratuito ou oneroso, a outrém. Não há, de fato, possibilidade de venda dos direitos humanos.[282] Já no atinente à irrenunciabilidade, não se possibilita a recusa ou rejeição dos referidos direitos, sendo que se o indivíduo assim se manifestar, ter-se-á uma atitude nula de pleno direito, sem qualquer valoração jurídica a considerar. Vislumbra-se impossível abrir mão, ao indivíduo, de sua própria condição humana e, consequentemente, dos direitos que lhes são cabidos por esta.

Evocando a imprescritibilidade, esquematiza-se a não aplicação de prazos prescricionais aos direitos humanos. Por mais que não haja sua utilização em parte da vida, ainda assim, encontram-se na órbita de

[280] DECLARAÇÃO E PROGRAMA DE AÇÃO DE VIENA (1993). Disponível em: <www.pge.sp.gov.br/ centrodeestudos/bibliotecavirtual/instrumentos/viena.htm>. Acesso em: 10 maio 2015.

[281] SILVEIRA, Vladmir Oliveira da; ROCASOLANO, Maria Mendez. **Direitos humanos**: conceitos, significados e funções. São Paulo: Saraiva, 2010. p.229.

[282] Neste ponto atina-se ao fato de que não há a possibilidade de venda perpétua dos referidos direitos. Agora, quanto ao exercício, transitoriamente, pode haver a cessão, a título gratuito ou oneroso, para terceiros.

direitos do indivíduo. É claro que o exercício dos referidos direitos é livre-arbítrio do indivíduo: só exercerá se e quando quiser.

No que diz respeito à intangibilidade e imutabilidade, taxa-se indispensável que os Estados garantam medidas e cláusulas protetivas aos direitos humanos.

A imutabilidade não alude a não possibilidade de mudança, alteração dos direitos humanos: estes são plenamente passíveis de alteração, quando a partir desta comportar-se o aumento ou aprimoramento deles. Quer-se estabelecer, com a imutabilidade, a proibição do regresso ou vedação do retrocesso: é vedada a diminuição de seu rol e de sua proteção em relação ao estágio em que se encontram. Não se vislumbra esta possibilidade nem com a alteração da normativa interna e nem por tratados. Em suma, impossibilita-se a redução, eliminação ou condicionante dos direito em si e de seu exercício.

A intangibilidade deve ser avaliada com cautela: ela deve atender à expansão dos direitos humanos e de seus possíveis choques uns com os outros, garantindo a prevalência daquele que melhor atender ao caso concreto, por intermédio da interpretação. Na dicção de André de Carvalho Ramos:

> A terceira observação é quanto a pouca utilidade dessa proteção de intangibilidade em um cenário marcado pela expansão dos direitos humanos e seus *choques*. Atualmente, os conflitos entre direitos fazem dom que a *interpretação dos direitos humanos* tenha que ser acionada para estabelecer os limites entre eles, sem que seja útil apelar à *proteção da intangibilidade* conferida genericamente a todos, pois todos os direitos em conflito também a terão.[283]

Finalmente, identifica-se a inviolabilidade, sendo a impossibilidade de que alguma pessoa, Estado ou organismo internacional ofenda lidimamente os direitos humanos. De tal forma, não se respaldam ações violadoras e nem a ingerência de normas incompatíveis com seu conteúdo ou com sua devida proteção. Especificando, estas características, alude-se à lição de Vladmir Oliveira da Silveira:

[283] Ramos, André de Carvalho. **Teoria geral dos direitos humanos na ordem internacional**. 5.ed. São Paulo: Saraiva, 2015. p.95.

> Outra característica é imutabilidade, que também se liga ao conteúdo essencial dos direitos humanos no sentido de constituir um âmbito de intangibilidade para o operador jurídico. Finalmente, junto com o caráter intangível – dignidade humana –, a imprescritibilidade e a inviolabilidade são tradicionalmente consideradas características dos direitos humanos, pois eles, respectivamente, não se perdem por decurso do prazo nem podem ser desrespeitadas por indivíduos ou autoridades públicas.[284]

Juntamente a estas características, coordena-se o caráter dialético dos direitos humanos, sendo a *tensão em todos os planos da realidade social delineada pela teoria desses direitos* [...].[285] Neste tópico, cabe ressaltar que o caráter dialético toma conta de boa parte da teoria e da prática dos direitos humanos, quando então se abre a possibilidade de choque entre dois deles. É inescusável o fato de que, para a superação de seus possíveis choques, tenha-se o dever de interpretá-los e garantir sua concretização, com argumentos racionais e fundamentados. Para tanto, utiliza-se a *reserva de consistência*[286] na seara de sua aplicação, garantindo uma certa previsibilidade e segurança jurídica. Em última análise, quer-se os direitos humanos garantidos na prática jurisdicional, por intermédio da interpretação no caso prático. Elucida-se os entornos aqui tratados a partir da passagem:

> A função da interpretação é concretizar os direitos humanos por meio de *procedimento fundamentado*, com *argumentos racionais e embasados*, que poderá ser coerentemente repetido em situações idênticas, gerando *previsibilidade jurídica* e evitando o arbítrio e decisionismo do intérprete-juiz.

[284] SILVEIRA, Vladmir Oliveira da; ROCASOLANO, Maria Mendez. **Direitos humanos**: conceitos, significados e funções. São Paulo: Saraiva, 2010. p.231.

[285] *Ibid.*, p.237.

[286] Para André de Carvalho Ramos, a chamada "reserva de consistência faz algumas exigências à interpretação dos direitos humanos, quais sejam: 1) transparente e sincera, evitando a adoção de uma decisão prévia e o uso da retórica da 'dignidade humana' como mera forma de justificação da decisão já tomada; 2) abrangente e plural, não excluindo nenhum dado empírico ou saberes não jurídicos, tornando útil a participação de terceiros, como 'amici curiae'; 3) consistente em sentido estrito, mostrando que os resultados práticos da decisão são compatíveis com os dados empíricos apreciados e com o texto normativo original; 4) coerente, podendo ser aplicada a outros temas similares, evitando as contradições que levam à insegurança jurídica." (RAMOS, André de Carvalho. **Curso de direitos humanos**. 2.ed. São Paulo: Saraiva, 2015. p.102-103).

> A argumentação jurídica deve, entao, justificar as decisoes jurídicas referentes aos direitos humanos de modo *coerente e consistente*. [...] a estrutura principiológica dos direitos humanos gera vários resultados possíveis em temas com valores morais contrastantes. Não há certo ou errado, mas sim uma conclusão que deve atender a uma "reserva de consistência" em sentindo amplo [...].[287]

Mais recentemente, dado o contexto de Estado Constitucional Cooperativo, estrutura-se uma nova realidade conjectural dos direitos humanos: sua realização cooperativa por toda a sociedade internacional. É que, como bem se observa, a cooperação para a realização dos direitos fundamentais só encontra respaldo se, anteriormete, ordenar-se tal cooperação em prol dos direitos humanos. É assim que deduz Peter Häberle:

> A realização cooperativa dos direitos humanos não se limita a *uma* dogmática dos direitos fundamentais: ou seja, a defesa jurídica dos direitos humanos é um lado, mas não o "único" da liberdade do direito fundamental que o Estado constitucional cooperativo deve toar por base para a diretriz de sua atuação. A esta acrescem-se outros "lados" do direito fundamental. Atividades dos direitos humanos realizadas estatalmente não são formas menos importantes de cooperação efetivas dos direitos fundamentais. [...][288]

Em conclusão, imprescindível se faz elucidar que todos estes direitos estão em constante movimento, impossibilitando a consolidação de um conceito que venha a englobar todas as suas particularidades.[289] Entretanto, na busca por sua universalidade, com o devido respeito às particularidades culturais, subsistem pontos conexos que tornam possível não a consolidação de um conceito, mas a prevalência de estruturas basilareis que os distinguam, independentemente de seu período histórico ou da sociedade que observa sua efetivação e exercício.

[287] Ramos, André de Carvalho. **Teoria geral dos direitos humanos na ordem internacional**. 5.ed. São Paulo: Saraiva, 2015. p.102.

[288] Häberle, Peter. **Estado constitucional cooperativo.** Rio de Janeiro: Renovar, 2007. p.67.

[289] Ainda que seja impossível a estruturação de um único conceito, a Organização das Nações Unidas conceitua direitos humanos como sendo "direitos inerentes a todos os seres humanos, independentemente de sua nacionalidade, lugar de residência, sexo, nacionalidade ou etnia, cor, religião, língua ou qualquer outro status".

3.2 Proteção dos Direitos Humanos e sua Evolução Histórica

Substancial, para compreensão integral dos direitos humanos, infere-se, agora, o estudo de aspectos relacionados à sua proteção e, concomitantemente, certas considerações históricas, uma vez que fora com a evolução dos direitos em tela que tornara-se possível sua consolidação e proteção efetiva na esfera internacional.

Concentrando-se na avaliação da proteção propriamente dita, diz-se, preliminarmente, que a preocupação dos Estados e dos próprios indivíduos com a proteção internacional dos direitos humanos transformou-se no condão central regente da sociedade. Cabe, então, estruturar o que seria a disciplina autônoma chamada de Direito Internacional dos Direitos Humanos. Para tanto, utilizam-se as considerações de Dunshee de Abranches:

> Conjunto de normas substantivas e adjetivas do Direito Internacional, que tem por finalidade assegurar ao indivíduo, de qualquer nacionalidade, inclusive apátrida, e independe da jurisdição em que se encontre, os meios de defesa contra os abusos e desvios de poder praticados por qualquer Estado e a correspondente reparação quando não for possível prevenir a lesão.[290]

Evidencia-se que o Direito Internacional dos Direitos Humanos só se incorpora à realidade jurídica e social quando permeado pela proteção que lhe é demandada, juntamente com a abrangência de todos os campos da atividade humana em momento recente. Nas palavras de Cançado Trindade:

> O Direito Internacional dos Direitos Humanos afirma-se em nossos dias, com inegável vigor, como um ramo autônomo da ciência jurídica contemporânea, dotado de especificidade própria. Trata-se essencialmente de um direito de proteção, marcado por uma lógica própria, e voltado à salvaguarda dos direitos dos seres humanos e não dos Estados. [...] o reconhecimento de que os direitos humanos permeiam todas as áreas da atividade humana corresponde a um novo *ethos* de nossos tempos.[291]

[290] Dunshee de Abranches, Carlos Alberto. **Proteção internacional dos direitos humanos**. Rio de Janeiro: Freitas Bastos, 1964. p.149.

[291] Cançado Trindade, Antônio Augusto. **Tratado de direito internacional de direitos humanos**. Porto Alegre: Sergio Antonio Fabris, 1997. p.20-21.

Assim, descreve-se ser a proteção efetiva dos direitos humanos essencial à consolidação deste novo ramo do Direito, sendo que, em primeiro plano, dar-se-á por instrumentos nacionais, próprios da jurisdição interna de cada Estado. Caso esta não se mostre efetiva na proteção e na consolidação dos referidos direitos, abre-se caminho para a proteção internacional dos direitos humanos, taxando-se que, sempre, deverá ser efetivado *standard* mínimo de direitos humanos ao indivíduo, esteja onde ele estiver.

> *Traditionally, human rights norms are supposed to be provided for in national constitutions and laws for domestic application by the judicial and executive organs of the state as a matter of national sovereignty. But because experience has shown that the state cannot be trusted sufficiently to protect the rights of all persons and groups within its territorial jurisdiction, the idea of international protection emerged as a means of ensuring certain minimum human rights standards everywhere.*[292]

Em sua genialidade peculiar, Norberto Bobbio valoriza o fato de que a problemática em torno dos direitos humanos, hoje, não mais recai sobre seu fundamento ou natureza, mas sim na sua proteção, isto é, "não é mais o de fundamentá-los, e sim o de protegê-los"[293].

Reconhece-se que, para melhor compreensão do Direito Internacional dos Direitos Humanos e seus instrumentos internacionais de proteção, indispensável se avalia o conhecimento do desenrolar histórico dos direitos humanos como um todo.

Em consequência, afirma-se que esboços dos direitos humanos já se faziam presentes em períodos remotos da história, quando então a igualdade viera a servir de base para a busca de tais direitos.

A igualdade, assentada na visão de que todos os homens deveriam ser respeitados justamente por sua natureza humana, teve seu desenvolvimento atrelado ao nascimento da lei escrita, cuja qual possibilitara a evolução de regra geral e harmônica, aplicável a todos, sem distinções de qualquer ordem, conjugada à existência de uma sociedade organizada, como bem transcreve Fábio Comparato:

[292] NA'IM, Abdullahi Ahmed. **Cultural transformation and human rights in Africa**. London: Zed Books, 2002. p.15.

[293] BOBBIO, Norberto. **A era dos direitos**. Tradução de Carlos Nelson Coutinho. Rio de Janeiro: Campus, 1992. p.25.

> Ora, essa convicção de que todos os seres humanos têm direito a ser igualmente respeitados pelo simples fato de sua humanidade, nasce vinculada a uma instituição social de capital importância: a lei escrita, como regra geral e uniforme, igualmente aplicável a todos os indivíduos que vivem numa sociedade organizada.[294]

Novas necessidades humanas, acompanhadas de lutas e conflitos, fizeram-se presentes na vida em sociedade, influenciando, definitiva e essencialmente, a evolução dos direitos humanos. Pontos indissociáveis das necessidades aqui elencadas são o florescimento da democracia e da dignidade da pessoa humana.

Ainda que, neste trabalho, abrace-se o ideal de evolução dos direitos humanos para sua melhor compreensão, discute-se o fato de não existir, de fato, momento preciso do surgimento da disciplina chamada Direitos Humanos, sendo fruto de uma transformação histórica, pautada em instrumentos normativos para sua consolidação como ramo jurídico autônomo. Justifica-se a orientação aqui traçada a partir do seguinte trecho:

> [...] Nesse sentido amplo, de *impregnação de valores*, podemos dizer que a evolução histórica dos direitos humanos passou por fases que, ao longo dos séculos, auxiliaram a sedimentar o conceito e o regime jurídico desses direitos essenciais. A contar dos primeiros escritos das comunidades humanas ainda no século VIII a.C. até o século XX d.C., são mais de vinte e oito séculos rumo à afirmação universal dos direitos humanos, que tem como marco a Declaração Universal de Direitos Humanos de 1948.[295]

Primordialmente, para melhor discernimento quando à evolução histórica dos direitos humanos, frisam-se as considerações de Vladmir Oliveira da Silveira, especificando que "em que pese já existir preocupações com tais direitos, eles não possuíam garantia legal e eram bastante precários em sua estrutura política, já que respeitá-los dependia de sabedoria dos governantes"[296].

[294] Comparato, Fábio Konder. **A afirmação histórica dos direitos humanos**. 3.ed. São Paulo: Saraiva, 2003. p.12.

[295] Ramos, André de Carvalho. **Teoria geral dos direitos humanos na ordem internacional**. 5.ed. São Paulo: Saraiva, 2015. p.31.

[296] Silveira, Vladmir Oliveira da; Rocasolano, Maria Mendez. **Direitos humanos**: conceitos, significados e funções. São Paulo: Saraiva, 2010. p.114.

Penetrando-se no momento pré-axial[297] da história, localizado na civilização Egeia[298], observam-se sinais claros de relativa igualdade social, desfrutando a mulher cretense de liberdade única dentre os outros povos daquela conjuntura.

A existência de alguns documentos levou ao entendimento de que, neste momento, mesmo que rudimentarmente, previa-se a normativa de direitos humanos. Reconhecem-se direitos individuais já no Egito Antigo, quando então da codificação de Menes (3100 – 2850 a.C.), e na Suméria Antiga, com o Código de Hammurabi (1792-1750 a.C.).[299]

Constata-se que o documento de maior importância, neste entrecho, fora o Código de Hammurabi[300]. Comportando 282 cláusulas, fora aplicado nas regiões da Assíria, Judeia e Grécia. Sublinha-se sua importância no desenrolar da igualdade entre os indivíduos e na previsão do salário-mínimo.

Em momento posterior, entre os séculos XI e X a.C., desponta o Reino Unificado de Israel, influenciando o balizamento do poder do Estado pela lei. Os direitos, neste momento, são determinados aos cidadãos, e não aos súditos, transcrevendo-se em direitos de liberdade, vindo a estruturar, ainda de maneira embrionária, a primeira fase dos direitos humanos.

Passando ao momento axial[301] da história, estima-se crucial o desenvolvimento da obra de alguns doutrinadores, tais como Zaratustra (Pérsia),

[297] Esquematiza-se, aqui, o mesmo entendimento de Vladmir Oliveira da Silveira, quando então classifica o período anterior ao século VIII a. C. como período pré-axial (SILVEIRA, Vladmir Oliveira da; ROCASOLANO, Maria Mendez. **Direitos humanos**: conceitos, significados e funções. São Paulo: Saraiva, 2010).

[298] A Civilização Egeia desenvolveu-se a partir da Ilha de Creta, tendo se alastrado por diversos lugares do Mar Ageu, durante os anos de 3.000 a 1.000 a.C.

[299] Listam-se, ainda, as Leis de Ur-Nammu (2111-2094 a.C.), as Leis de Lipit-Istar (1934-1924 a.C.) e as Leis de Eshnunna (1825-1787 a.C.).

[300] CÓDIGO DE HAMMURABI. Disponível em: <http://www.dhnet.org.br/direitos/anthist/hamurabi.htm>. Acesso em: 02 jun. 2015.

[301] O período axial da história, segundo grande parte dos doutrinadores, tais como Fábio Konder Comparato e Karl Jaspers, compreende o eixo de tempo entre os séculos VIII e II a.C. Segundo o primeiro autor, diz-se que "é a partir do período axial que, pela primeira vez na História, o ser humano passa a ser considerado, em sua igualdade essencial, como ser dotado de liberdade e razão, não obstante as múltiplas diferenças de sexo, raça, religião ou costumes sociais. Lançavam-se, assim, os fundamentos intelectuais para a compreensão da pessoa humana e para a afirmação da existência de direitos universais, porque a ela inerentes".

Buda (Índia), Lao-Tsê e Confúcio (China), Pitágoras (Grécia) e Dêutero--Isaías (Israel).[302]

Verifica-se, no ano de 539 a.C., a organização da primeira declaração de direitos humanos, conhecida como Cilindro de Ciro[303], tendo sido proposta por Ciro II, rei da Pérsia, quando de sua conquista da Babilônia. O manuscrito é considerado como a primeira declaração de direitos humanos por conter a previsão de permissão de regresso às terras de origem dos povos exilados da Babilônia, identificando um grande avanço nos direitos humanos na época.

Importa, ainda, referenciar o Budismo e o Confucionismo: o Budismo, fundado na Índia, no século V a.C., pregou, em uma sociedade de castas, a igualdade indispensável aos homens e a prevalência da virtude nas ações humanas[304], anunciando certos valores indispensáveis aos direitos humanos, tais como supremacia da justiça e do direito; fraternidade e generosidade; equivalência de direitos e deveres entre homens e mulheres; reconhecimento de direitos do empregado; e tentativa de organização equânime do corpo social.[305]

Quanto ao Confucionismo, demonstra-se sua influência nos direitos humanos por pautar seus preceitos na fraternidade, no respeito entre as pessoas, no humanismo, na solidariedade, na busca da virtude, na paz e no amor entre os seres humanos.[306]

Outro ponto crucial localiza-se na Grécia Antiga, quando então se previu, na democracia ateniense, certos direitos políticos, pressupondo a participação do cidadão na conjuntura da *polis*. Nomes como Platão e Aristóteles foram exponenciais para que a posterior proteção dos direitos fosse estruturada. Como bem discorre André de Carvalho Ramos:

(Comparato, Fábio Konder. **A afirmação histórica dos direitos humanos**. 3.ed. São Paulo: Saraiva, 2003. p.11).

302 Comparato, *op. cit.*

303 CILINDRO DE CIRO. Disponível em: <http://dhnet.org.br/direitos/anthist/marcos/cilindro/index.htm>. Acesso em: 02 jun. 2015.

304 Deve ser pontua que, desde as suas origens, o Budismo condenou veemente o sistema de castas e, talvez por isso, sua influência na Índia, ao longo dos anos, tenha diminuído. Hoje, apenas 2% da população indiana é adepta do Budismo.

305 A FILOSOFIA BUDISTA. Disponível em: <http://www.dhnet.org.br/direitos/militantes/herkenhoff/ livro1/filos1/ budismo.html>. Acesso em: 02 jun. 2015.

306 Gorczevski, Clóvis. **Direitos humanos dos primórdios da humanidade ao Brasil de hoje**. Porto Alegre: Imprensa Livre, 2005.

A herança grega na consolidação dos direitos humanos é expressiva. A começar pelos direitos políticos, a democracia ateniense adotou a participação política dos cidadãos (com diversas exclusões, é claro) que seria, após, aprofundada pela proteção de direitos humanos. O chamado "Século de Péricles" (século V a.C.) testou a democracia direta em Atenas, com a participação dos cidadãos

homens da *polis* grega nas principais escolhas da comunidade. Platão, em sua obra *A República* (400 a.C.), defendeu a igualdade e a noção do bem comum. Aristóteles, na *Ética a Nicômaco,* salientou a importância de agir com justiça, para o bem de todos da *polis,* mesmo em face de leis injustas.[307]

Nesta narrativa, cabe ainda ressaltar o papel do direito romano: incorporando o conceito de dignidade da pessoa humana ao mundo jurídico, por intermédio das *dignitas,* desenvolvera exponencialmente os direitos humanos por dotar-lhes de caráter tanto moral, como jurídico. O referido conceito contou com primordial relevância por demonstrar-se *essencial para compreender o conceito desses direitos e a luta constante por sua efetivação como forma de limitar o exercício do poder.*[308]

Neste etapa histórica, ainda merece destaque as influências do cristianismo. Ordena-se a igualdade como preceito básico, uma vez que todos seriam filhos do mesmo pai, Deus.[309] Como exemplo, o Novo Testamento (Bíblia) suscitou valores atinentes à igualdade e solidariedade para com o próximo, contando com a igualdade espitritual de todos.

Contudo, a igualdade se efetivara apenas em plano sobrenatural, posto que, na prática, o cristianismo comportou diversas discriminações, tais como a escravidão, a servidão e a diferença no trato entre homens e mulheres.[310] Sintetizando tal ensinamento:

[307] Ramos, André de Carvalho. **Teoria geral dos direitos humanos na ordem internacional**. 5.ed. São Paulo: Saraiva, 2015. p.33.

[308] Silveira, Vladmir Oliveira da; Rocasolano, Maria Mendez. **Direitos humanos**: conceitos, significados e funções. São Paulo: Saraiva, 2010. p.102.

[309] Nos ensinamentos de André de Carvalho Ramos: "o cristianismo também contribuiu para a disciplina: há vários trechos da Bíblia (Novo Testamento) que pregam a igualdade e solidariedade com o semelhante. [...]" (Ramos, *op. cit.*, p.34).

[310] "Ao mesmo tempo em que defendeu a igualdade espiritual, o cristianismo conviveu, no passado, com desigualdades jurídicas inconcebíveis para a proteção de direitos humanos,

> Mas essa igualdade universal dos filhos de Deus só valia, efetivamente, no plano sobrenatural, pois o cristianismo continuou admitindo, durante muitos séculos, a legitimidade da escravidão, a inferioridade natural da mulher em relação ao homem, bem como a dos povos americanos, africanos e asiáticos colonizados, em relação aos colonizadores europeus. [...][311]

Passando à Idade Média – período datado entre os anos 476 a 1453 –, tem-se, como marca, a dominação da religião em todos os âmbitos da vida humana e a limitação do poder dos governantes pelos ensinamentos divinos. Entretanto, há pontos de reivindicações a direitos que não se interligam inteiramente aos preceitos religiosos esquematizados pela Igreja.[312]

Apesar de ser tida como uma sociedade opressora de direitos a partir dos ensinamentos religiosos, destacam-se alguns documentos primordiais no aperfeiçoamento dos direitos humanos: apartado do contexto de violações, fora na Idade Medieval que se iniciara o arranjo do princípio da igualdade dos indivíduos. Esboçam-se as lições aqui traçadas com a referente doutrina:

> Foi, de qualquer forma, sobre a concepção medieval de pessoa que se iniciou a elaboração do princípio da igualdade essencial de todo ser humano, não obstante a ocorrência de todas as diferenças individuais ou grupais, de ordem biológica ou cultural. E é essa igualdade de essência da pessoa que forma o núcleo do conceito universal de direitos humanos. A expressão não é pleonástica, pois que se trata de direitos comuns a toda a espécie humana, a todo homem enquanto homem, os quais, portanto, resultam da sua própria natureza, não sendo meras criações políticas.[313]

como a escravidão e a servidão de milhões. Novamente, essa análise histórica limita-se a apontar valores que, tênues em seu tempo, contribuíram, ao longo dos séculos, para a afirmação histórica dos direitos humanos." (*Ibid.*, p.35).

[311] Comparato, Fábio Konder. **A afirmação histórica dos direitos humanos**. 3.ed. São Paulo: Saraiva, 2003. p.18.

[312] A análise que pretende ser estabelecida, neste trabalho, é sobre o mundo ocidental, mesmo que, para tal, muitas vezes, recorra-se a alguns aspectos do pensamento e da histórica oriental.

[313] Comparato, Fábio Konder. **A afirmação histórica dos direitos humanos**. 3.ed. São Paulo: Saraiva, 2003. p.20.

A primeira grande declaração, datada de 1188, viera do Reino da Espanha, conhecida como Declaração das Cortes de Leão. O referido manifesto *consagrou a luta dos senhores feudais contra a centralização e o nascimento futuro do Estado Nacional.*[314]

Mais adiante, no ano de 1215, surgira, na Inglaterra, talvez o documento mais relevante do período: a *Magna Carta*. Considerada por muitos doutrinadores o primeiro precedente teórico das declarações de direitos humanos, limitou o poder do soberano por intermédio da previsão de direitos e liberdades civis.[315]

Após, São Tomás de Aquino, conseguira, de maneira inicial, delimitar os alcances do direito natural desenvolvido na Idade Média. Coordenou-se por intermédio dos preceitos de justiça e juridicizou-se a partir dos valores imperantes na época. Evoca-se, para melhor clareza, a seguinte passagem:

> A *Summa teologica* de São Tomás de Aquino é peça essencial na definição e alcance do direito natural medieval, que se estabelece como modelo da lei humana. A partir daí Aquino desenvolveu a doutrina teórica e política que fundamentaria a limitação do poder, sustentando que a submissão às autoridades seculares implicava, por parte destas, o respeito às regras da Justiça e a promoção do bem comum.[316]

Na Baixa Idade Média[317] surge o cerne embrionário dos direitos humanos na histórica medieval[318], juntamente com a reconstrução da unidade política que outrora fora abandonada com a instauração dos feudos.

[314] Ramos, André de Carvalho. **Teoria geral dos direitos humanos na ordem internacional**. 5.ed. São Paulo: Saraiva, 2015. p.36.

[315] Como bem transcreve André de Carvalho Ramos, "depois do reinado de João Sem Terra, a Carta Magna foi confirmada várias vezes pelos monarcas posteriores. Apesar de seu foco nos direitos da elite fundiária da Inglaterra, a Magna Carta traz em seu bojo a ideia de governo representativo e ainda direitos que, séculos depois, seriam universalizados, atingindo todos os indivíduos, entre eles o direito de ir e vir em situação de paz, direito de ser julgado pelos seus pares, acesso à justiça e proporcionalidade entre crime e a pena". (*Ibid.*, p.37).

[316] Silveira, Vladmir Oliveira da; Rocasolano, Maria Mendez. **Direitos humanos**: conceitos, significados e funções. São Paulo: Saraiva, 2010. p.120.

[317] A Baixa Idade Média é compreendida durante os séculos XI ao XV.

[318] Como bem sintetiza Fábio Konder Comparato: A proto-história dos direitos humanos começa na Baixa Idade Média, mais exatamente na passagem do século XII ao século XIII. Não se trata, ainda, de uma afirmação de direitos inerentes à própria condição humana, mas

Constatam-se, aqui, importantes reivindicações pela real limitação do poder dos governantes, guiadas pelos valores de igualdade de direitos entre os mais variados estamentos da sociedade. Sublinha-se, inclusive, o alvorecer do valor da liberdade – ainda que enraizado nas castas, sem garantias de fruição por todos.

Observam-se, em suma, na Idade Média, contribuições ao desenrolar dos direitos humanos – não obstante ter a época se consagrado na história como um marco de violações e repressões. Fora neste momento que o valor liberdade assentou-se como necessário – ainda que atinente aos estamentos do clero e nobreza – para estruturação básica de direitos. Finalmente, estima-se ter sido ali a "primeira experiência histórica de sociedade de classes, onde a desigualdade social já não é determinada pelo direito, mas resulta principalmente das diferenças de situação patrimonial de famílias e indivíduos".[319]

No lapso temporal posterior, conhecido na história como Idade Moderna[320], o direito sofrera influências intransponíveis do novo modo de pensar, superando privilégios medievais pela consciência de que os direitos humanos deveriam estar acima do poder ou de qualquer estrato social.

A sociedade fora reorganizada em Estados Nacionais Absolutistas[321], consecutindo na igualdade entre todos os súditos. Em outros termos, o princípio da igualdade embasava o novo arranjo societário, especialmente para aqueles que no poder não se encontravam. Destaca-se:

> [...] A sociedade estamental medieval foi substituída pela forte centralização do poder na figura do rei. Paradoxalmente, com a erosão da

sim do início do movimento para a instituição de limites ao poder dos governantes, o que representou uma grande novidade histórica. Foi o primeiro passo em direção ao acolhimento generalizado da ideia de que havia direitos comuns a todos os indivíduos, qualquer que fosse o estamento social – clero, nobreza e o povo – no qual eles se encontrassem. (Comparato, Fábio Konder. **A afirmação histórica dos direitos humanos**. 3.ed. São Paulo: Saraiva, 2003. p.33).

319 Comparato, Fábio Konder. **A afirmação histórica dos direitos humanos**. 3.ed. São Paulo: Saraiva, 2003. p.34.

320 A Idade Moderna fora desencada pela tomada de Constantinopla pelos turcos-otomanos (em 1453) e findada com a revolução francesa, em 1789. Aponta-se, neste momento, para uma grande crise de consciência europeia, resultando no chamado *Renascimento*.

321 A configuração de Estados nacionais adveio a partir dos Tratados de Westphalia, em 1658, cujos quais colocaram fim à Guerra dos Trina Anos (1618 a 1648), entre católicos e protestantes.

importância dos estamentos (Igreja e senhores feudais), surge à igualdade de todos submetidos ao poder absoluto do rei. Só que essa igualdade não protegeu os súditos da opressão e violência. O exemplo maior dessa época de violência e desrespeito aos direitos humanos foi o extermínio de milhões de indígenas nas Américas, apenas algumas décadas após a chegara de Colombo na ilha de São Domingo (1492).[322]

As declarações inglesas deste período foram verdadeiros textos legais, limitando o poder dos governantes e, consequentemente, garantindo mais direitos à população. Formaram, definitivamente, o embrião da democracia, essencial para a construção e efetivação dos direitos humanos. Segundo os dizeres de Vladmir Oliveira da Silveira:

> Uma das novidades mais importantes das declarações inglesas é a ampliação da titularidade dos direitos, consagrados agora aos homens livres e não mais apenas à nobreza, como na Idade Média. Assim emergem na cena política os primeiros vestígios de democracia, de poder representativo e de garantias institucionais, no momento que o poder real e todos os demais poderes se submetem à lei emanada pelo Parlamento. As declarações insulares também se destacam por algumas características peculiares, em grande medida relacionadas à origem e estrutura do seu direito. Elas foram concebidas como textos legais – isto é, normas jurídico-positivas que podiam ser exigidas pelos cidadãos diante dos tribunais – e não como meras declarações em sentido estrito.[323]

Um dos exponenciais documentos da era fora a *Petition of Right* (Petição de Direitos), de 1628, objetivando o reconhecimento expresso de direitos e liberdades para os súditos do rei.

Após, em 1689, na Inglaterra, com a Revolução Gloriosa e a ascensão ao trono do Príncipe de Orange, Guilherme III, deflagrou-se o documento que colocou fim à monarquia absoluta. Conhecido como *Bill of Rights*[324] (Declaração de Direitos), reconhecera, definitivamente, a

322 Ramos, André de Carvalho. **Teoria geral dos direitos humanos na ordem internacional**. 5.ed. São Paulo: Saraiva, 2015. p.37.

323 Silveira, Vladmir Oliveira da; Rocasolano, Maria Mendez. **Direitos humanos**: conceitos, significados e funções. São Paulo: Saraiva, 2010. p.133.

324 Recorda-se o fato de ser o documento em referência, ainda, uma das mais importantes leis no contexto inglês.

prevalência da vontade da lei em detrimento da vontade do rei, fortalecendo as atribuições legislativas do parlamento e proclamando a liberdade de escolha de seus membros.

Instituiu, ainda, a separação permanente dos poderes, com a consequente divisão de poderes, consagrando certas garantias individuais ao povo – proibição de penas inusitadas ou cruéis e tolerância política e/ou religiosa. Diz-se que "a partir do Bill of Rights britânico, a ideia de um governo representativo, ainda que não a todo povo, mas pelo menos de suas camadas superiores, começa a firmar-se como uma garantia institucional indispensável das liberdades civis".[325]

As revoluções liberais alcançaram a sociedade norte-americana, produzindo declarações que consolidaram e delinearam a democracia como essencial para a efetivação dos direitos, como bem explica a seguinte passagem:

> Pode-se considerar as declarações anglo-americanas como as primeiras formulações modernas dos direitos humanos, evidenciando um significativo avanço teórico na concretização do Estado democrático. [...] Inspirados nas declarações inglesas, esses documentos do Novo Mundo souberam, no entanto, evitar antigos problemas europeus – um deles o que envolvia a liberdade religiosa, expressão concreta do livre-arbítrio individual e uma das liberdades mais importantes, ao lado da igualdade e da tolerância. Em síntese, nas declarações norte-americanas se expressa o modelo liberal no sentido moderno, influenciado pelo jusnaturalismo racionalista, o qual pressupõe a afirmação da autonomia individual e dos direitos naturais, bem como limites ao poder político do Estado – o que se justifica pela teoria** contratualista do pacto entre governantes e governados.[326]

O primeiro grande documento norte-americano fora a Declaração de Direitos do Bom Povo da Virgínia, de 12 de junho de 1776, com o reconhecimento teórico da condição de igualdade inerente aos seres humanos.[327]

[325] COMPARATO, Fábio Konder. **A afirmação histórica dos direitos humanos**. 3.ed. São Paulo: Saraiva, 2003. p.37.

[326] SILVEIRA, Vladmir Oliveira da; ROCASOLANO, Maria Mendez. **Direitos humanos**: conceitos, significados e funções. São Paulo: Saraiva, 2010. p.135-136.

[327] Segundo o art. I da referida Declaração: "Todos os homens nascem igualmente livres e independentes, têm direitos certos, essenciais e naturais dos quais não podem, por nenhum contrato,

Outra manifestação substancial para a afirmação histórica dos direitos humanos fora a Declaração de Indepência dos Estados Unidos, de 4 de julho de 1776. Instituiu, em seu bojo, o direito à autodeterminação de cada indivíduo em suas escolhas políticas, formalizando princípios democráticos e o reconhecimento de direitos a todos os seres humanos, independentemente de quaisquer diferenças. Por fim, consagrou a inalienabilidade dos direitos humanos.[328]

Em 1787, na Filadélfia, promulgara-se a Constituição dos Estados Unidos da América do Norte, não contendo um rol de direitos em seu documento inaugural.[329] Somente após uma votação, em 1789, é que se incorporou, explicitamente, a declaração de direitos, formulada por James Madison, trazendo as primeiras dez emendas à Constituição, em 1791, delienado o *Bill of Rights* norte-americano.[330]

privar nem despojar sua posterioridade: tais são os direitos de gozar a vida e a liberdade com os meios de adquirir e possuir propriedades, de procurar obter felicidade e segurança".

[328] Na esquematização de Fábio Konder Comparato: A importância histórica da Declaração de Independência está justamente aí: é o primeiro documento político que reconhece, a par da legitimidade da soberania popular, a existência de direitos inerentes a todo ser humano, independentemente das diferenças de sexo, raça, religião, cultura ou posição social. [...] A Confederação dos Estados Unidos da América do Norte nasce sob a invocação da liberdade, sobretudo da liberdade de opinião e religião, e da igualdade de todos perante a lei. (COMPARATO, Fábio Konder. **A afirmação histórica dos direitos humanos**. 3.ed. São Paulo: Saraiva, 2003. p.103-104).

[329] Observa-se que a justificativa para a situação em tela fora que "vários representantes na Convenção da Filadélfia (que editou a Constituição) temiam introduzir direitos humanos em uma Constituição que organizaria a esfera federal, o que permitiria a consequente federalização de várias facetas da vida social [...]". (RAMOS, André de Carvalho. **Teoria geral dos direitos humanos na ordem internacional**. 5.ed. São Paulo: Saraiva, 2015. p.43).

[330] Explica-se melhor o enredo da Constituição norte-americana e de suas dez primeiras emendas a partir da seguinte pronunciação: "o fato é que, chamados a ratificar a Constituição, os Estados, como Jefferson previra, não se deixaram impressionar por esse sofisma e condenaram a omissão de um 'bill of rights' na nova Carta Política. Logo em 1789, durante a primeira legislatura do Congresso, James Madison, convertido por Jefferson à necessidade de se aprovar uma declaração de direitos fundamentais no plano federal, apresentou sua proposta de emenda constitucional aditiva, a qual, após várias alterações, acabou sendo aprovada pelas duas Casas Legislativas em 25 de setembro. Doze artigos, cada qual considerado uma emenda distinta, foram enviados à ratificação, que se completou em 1791. [...]" (COMPARATO, Fábio Konder. **A afirmação histórica dos direitos humanos**. 3.ed. São Paulo: Saraiva, 2003. p.118).

No mesmo período, emergem, na França, diversas declarações de direitos humanos. Os referidos instrumentos foram frutos da Revolução Francesa, que viera a mudar substancialmente a sociedade em questão. A tomada da Bastilha inaugurou um novo momento no Estado francês, onde as pessoas passaram a lutar por estruturas radicalmente opostas daquelas que estavam irrigadas no poder e nos entornos sociais.

O primeiro documento significativo fora a *Declaração Francesa dos Direitos do Homem e dos Povos*, de 27 de agosto de 1789, contando com uma tendência inovadora, pautada em seu caráter universal.[331] Até então, frisa-se, todos os documentos citados não pretendiam um alcance além de suas fronteiras: havia um caráter limitador geográfico para sua consolidação e aplicação.

A Declaração visava à transposição das desigualdades, valorizando direitos de igualdade, liberdade e fraternidade[332] a todos os seres humanos, em um encadeamento lógico de que *todos os homens nascem livres e com direitos iguais.*

Contando com dezessete artigos, a Declaração fora incorporada, dois anos após sua promulgação, no preâmbulo da Constituição francesa. Até hoje, influencia mundo afora as Constituições estatais e as convenções sobre direitos humanos.[333]

Percebe-se que as Declarações elencadas até este ponto se preocupavam com liberdades públicas, requerendo postura abstencionista do Estado: o indivíduo desfrutava dos direitos sem contar necessariamente

[331] Em consonância com os ensinamentos de Tocqueville: "vimo-la (a Revolução Francesa) aproximar ou separar os homens, a despeito das leis, das tradições, dos temperamentos, da língua, transformando por vezes os compatriotas em inimigos e os estrangeiros em irmãos; ou antes, ela formou acima de todas as nacionalidades particulares, uma pátria intelectual comum, da qual os homens de todas as nações puderam tornar-se cidadãos". (TOCQUEVILLE, Alexis de. **L'Ancien Régime et la Révolution**. 7.ed. Paris: Michel Lévy Frères, 1866. p.87).

[332] Em termos franceses mundialmente conhecidos: *liberte, egalité et fraternité.*

[333] Como discrimina André de Carvalho Ramos: "São apenas dezessete artigos, que acabaram sendo adotados como preâmbulo da Constituição francesa de 1791 e que condensam várias ideias depois esmiuçadas pelas Constituições e tratados de direitos humanos posteriores, como, por exemplo: a soberania popular, sistema de governo representativo, igualdade de todos perante a lei, presunção de inocência, direito à propriedade, à segurança, liberdade de consciência, de opinião, de pensamento, bem como o dever do Estado Constitucional de garantir os direitos humanos." (RAMOS, André de Carvalho. **Teoria geral dos direitos humanos na ordem internacional**. 5.ed. São Paulo: Saraiva, 2015. p.43).

com uma ação estatal. Estes direitos são conhecidos e classificados como direitos de primeira geração.[334]

Sucede que, com a Constituição francesa, aprovada em 3 de setembro de 1791, incorporou-se um novo rol de direitos ao texto, de cunho social, econômico. Constata-se, pela primeira vez na história, o estabelecimento de direitos humanos sociais, que, mais tarde, foram classificados como direitos de segunda geração.[335] Como destaca Fábio Konder Comparato:

> Reconheceu-se, ademais, pela primeira vez na História, a existência de direitos humanos de caráter social. O antepenúltimo parágrafo do Título Primeiro previu a criação de um estabelecimento geral de *Assistência Pública*, para educar as crianças abandonadas, ajudar os enfermos pobres e fornecer trabalho aos pobres válidos que não tenham podido encontrá-lo. [...][336]

Em síntese, a Idade Moderna, por intermédio das Constituições norte-americana e francesa, fora palco de um movimento crescente de constitucionalização dos direitos humanos, tornando-os, da mesma forma, direitos fundamentais.[337]

Em consequência, a afirmação histórica dos direitos fundamentais assenta-se, de maneira inequívoca, no despertar do constitucionalismo do final do século XVIII. Na elocução de Vladmir Oliveira da Silveira:

[334] Ampara-se este estudo no termo "gerações" para designar as diversas etapas de consolidação dos direitos humanos. Para tanto, concorda e segue o entendimento de Vladmir Oliveira da Silveira.

[335] Na dicção de Vladmir Oliveira da Silveira: "a declaração de direitos da Constituição de 1791 destaca-se por seu pioneirismo na identificação dos reclames sociais, abrindo porta – pode-se dizer – para a segunda geração de direitos humanos, muito embora os direitos civis políticos continuassem a preponderar". (Silveira, Vladmir Oliveira da; Rocasolano, Maria Mendez. **Direitos humanos**: conceitos, significados e funções. São Paulo: Saraiva, 2010. p.140).

[336] Comparato, Fábio Konder. **A afirmação histórica dos direitos humanos**. 3.ed. São Paulo: Saraiva, 2003. p.149.

[337] Consideram-se como direitos fundamentais os direitos humanos que, uma vez internalizados por intermédio das constituições estatais, ganham nova nomenclatura – de direitos humanos, passam a ser chamados de fundamentais – e novos contornos para sua efetivação, no interior de um Estado.

> Após a Declaração de Direitos do Homem e do Cidadão iniciou-se um processo de concretização ou de positivação constitucional de direitos. Com origem nos direitos naturais, os direitos humanos foram perdendo a característica universal e genérica, passando a ser positivados como direitos subjetivos estatais – e particularizados, portanto, sob a ótica de cada Estado.[338]

Ademais, com o final da Revolução Francesa, desponta o surgimento de uma nova sociedade, contando com a estabilização crescente de direitos civis e políticos – os chamados direitos humanos de primeira geração.

Ocorre que, com o incremento da economia de mercado, irrompeu-se um novo quadro, denominado de capitalismo, vindo a postura negativa do Estado não mais corresponder às necessidades populares. Demanda-se, a partir de então, uma postura positiva frente à situação que se desenhava.

Em um primeiro momento, pensou-se que o capitalismo aperfeiçoaria a proteção dos direitos humanos.[339] Entretanto, o ser humano se tornou uma mercadoria quase que descartável aos prumos do capitalismo, reclamando pelo mínimo de condições materiais. Despontam, nesta circunstância, movimentos socialistas, contrapondo-se ao modo de produção e ao liberalismo capitalista.

Como fruto das críticas socialistas e como resposta às reivindicações populares, desenvolveram e fortificaram-se, nos Estados ocidentais, os direitos chamados de segunda geração – direitos sociais, econômicos e culturais.[340]

[338] Silveira; Rocasolano, *op. cit.*, p.147.

[339] Alexy, Robert. **Teoria de los derechos fundamentales**. Tradução de Ernesto Garzón Valdés. Madrid: Centro de Estudios Constitucionales, 1997.

[340] Como sublinha Fábio Konder Comparato: O reconhecimento dos direitos humanos de caráter econômico e social foi o principal benefício que a humanidade recolheu do movimento socialista, iniciado na primeira metade do século XIX. O titular desses direitos, com efeito, não é o ser humano abstrato, com o qual o capitalismo sempre conviveu maravilhosamente; é o conjunto dos grupos sociais esmagados pela miséria, a doença, a fome e a marginalização. Os socialistas perceberam, desde logo, que esses flagelos sociais não eram cataclismos da natureza nem efeitos necessários da organização racional das atividades econômicas, mas sim verdadeiros dejetos do sistema capitalista de produção, cuja lógica consiste em atribuir aos bens de capital um valor muito superior ao das pessoas. (Comparato, Fábio Konder. **A afirmação histórica dos direitos humanos**. 3.ed. São Paulo: Saraiva, 2003. p.42).

A partir da influência dos ideais socialistas do século XIX, a defesa da igualdade e da justiça social se tornaram o estopim para diversas revoluções políticas mundo afora. No ordenamento jurídico dos Estados, internalizaram-se os direitos sociais, tendo como exemplos exponenciais a Constituição Mexicana[341], de 1917, a Constituição da República de Weimar[342], de 1919 e, em solos nacionais, a Constituição de 1934[343]. Ainda, no palco do Direito Internacional, consolidara-se, em 1919, uma organização voltada especificamente aos anseios trabalhistas: a Organização Internacional do Trabalho.[344]

Avaliando os direitos humanos de segunda geração[345], opera-se o abandono do caráter individual – característica marcante dos direitos de primeira geração –, estruturando-os na igualdade material, a partir da atitude positiva estatal que elimine quaisquer diferenças e torne possível a igualdade no plano prático. Como entende Uadi Lâmmego Bulos:

> [...] advinda logo após a Primeira Grande Guerra, compreende os direitos sociais, econômicos e culturais, as quais visam assegurar o bem-estar

[341] A Constituição Mexicana, promulgada em cinco de fevereiro de 1917, outorgara, pela primeira vez na história, aos direitos trabalhistas a qualidade de direitos fundamentais, igualando-os às liberdades individuais e aos direitos políticos. Estabeleceu, ainda, a desmercantilização do trabalho, o princípio da igualdade substancial de posição jurídica entre trabalhadores e empresários, criando, em suma, as bases para o moderno Estado Social de Direito.

[342] A Constituição da República de Weimar, fruto da Primeira Guerra Mundial aboliu as classes sociais, previu a igualdade de direitos entre homens e mulheres, a liberdade de opinião e a liberdade de comércio no Estado alemão. Elevou-se, por intermédio do dado documento, uma democracia social, tendo papel crucial na defesa efetiva da dignidade da pessoa humana.

[343] A Constituição de 1934 teve, como objetivo central, implementar e melhorar a qualidade de vida dos brasileiros, prevendo a criação de leis sociais para tanto.

[344] RAMOS, André de Carvalho. **Teoria geral dos direitos humanos na ordem internacional.** 5.ed. São Paulo: Saraiva, 2015. p.45-46.

[345] Nos apontamentos de Wagner Menezes: "Os direitos humanos de segunda geração são aqueles agregados mais tarde à Declaração dos Direitos do Homem e do Cidadão e elevados à condição de direitos fundamentais. São os direitos econômicos e sociais, do indivíduo como membro da sociedade, no seu trabalhão, em seu lazer, saúde, educação, à cultura e que o Estado tem a obrigação de garantir, pois são 'direitos de crédito'. Esses direitos vieram consagrados na Constituição alemã de 1919, (Constituição de Weimar), e foram incorporados pela Declaração Universal dos Direitos do Homem e do Cidadão, de 1948, nos artigos 22 a 27." (MENEZES, Wagner. **Ordem global e transnormatividade.** Ijuí: Editora Unijui, 2005. p.63).

> e a igualdade, impondo ao Estado uma prestação positiva, no sentido de fazer algo de natureza social em favor do homem. Aqui encontramos os direitos relacionados ao trabalho, ao seguro social, à subsistência digna do homem, ao amparo à doença e à velhice.[346]

Posteriormente, com a ocorrência de duas grandes guerras, consecutindo no maior flagelo, destruição e atrocidades humanas já registradas na história, os direitos humanos adquiriram novos contornos e amplitudes, passando-se, agora, à análise.

3.2.1 A eclosão de um novo paradigma: o processo de internacionalização dos direitos humanos

O processo de internacionalização dos direitos humanos acompanhou a própria humanização do Direito Internacional. Se outrora os direitos humanos eram considerados ramo do Direito Internacional Público, subjugado à vontade soberana dos Estados, o processo evolutivo do Direito e da sociedade fez com que hoje sejam considerados como ramo autônomo jurídico, reclamando conceitos e normatividade própria que alcancem a proteção que lhes é indispensável.

Isto posto, cabe entender que o processo de internacionalização dos direitos humanos vem a ser melhor explicado pela história da humanidade, constituindo o "segundo pilar da estrutura de uma nova ordem jurídica internacional na comunidade internacional contemporânea [...]."[347,348]

Valida-se o fato de ser a internacionalização dos direitos humanos fruto da interpolação de diversos fatores e valores, uma vez que *"les droits de l'homme constituent l'achèvement de valeurs et de principes généraux et l'aboutissement d'une évolution inscrite dans l'histoire de la philosophie, dans laquelle ils puisent em premier lieu leurs racines"*.[349]

Considera-se o processo de internacionalização dos direitos humanos a partir de dois momentos: da segunda metade do século XIX até a

[346] BULOS, Uadi Lâmmego. **Curso de direito constitucional**. São Paulo: Saraiva, 2007. p.403.

[347] MENEZES, Wagner. **Ordem global e transnormatividade**, p.55.

[348] Segundo Wagner Menezes, o primeiro pilar de referida estrutura estaria pautado no surgimento e desenvolvimento das organizações internacionais.

[349] FAVOREU, Louis *et al.* **Droit des libertés fondamentales**. 4.ed. Paris: Dalloz, 2007. p.15.

2.ª Guerra Mundial; e pós-2.ª Guerra, quando do nascimento da Organização das Nações Unidas.

A primeira fase – ou também conhecida como primeiros precedentes históricos do processo de internacionalização dos direitos humanos – atrela-se ao surgimento do Direito Humanitário, da Liga das Nações e da Organização Internacional do Trabalho.

Concentrando esforços na compreensão do Direito Humanitário, diz-se ser este "a lei da guerra, sendo o ramo do Direito dos Direitos Humanos que se aplica aos conflitos armados internacionais e, em determinadas circunstâncias, aos conflitos armados nacionais".[350]

Sua importância reside no papel desempenhado pelo Estado para com os direitos humanos: o poderio estatal encontra limites até mesmo quando se tratar de conflito armado, devendo guardar respeito para com o mínimo dos direitos humanos, elencado em normativa própria, chamada de Direito Humanitário.[351]

Quanto ao surgimento da Liga das Nações, após a 1.ª Guerra Mundial, valem algumas considerações. Proposta, em Paris, pela Conferência da Paz, em 1919, assentou suas bases na cooperação internacional, objetivando a consolidação da paz e da segurança internacional. Entendeu-se que estas só seriam alcançadas se houvesse o dispêndio de atenção e de esforços partilhados entre os diversos Estados.[352]

[350] Buergenthal, Thomas. **International Human Rights**. Minnesota: West Publishing, 1988. p.190.

[351] Cumpre-se destacar o papel desempenhado, no campo do Direito Humanitário, da Comissão Internacional da Cruz Vermelha. Fundada em 1880, por intermédio da Comissão de Genebra, tem como missão aliviar o sofrimento humano, proteger a vida e a saúde, além de resguardar a dignidade da pessoa humana em situações de conflitos armados e outras emergências.

[352] Na leitura de Lívia Gaigher Bósio Campello: "Desde 1919, no Estatuto da Liga das Nações já estava presente a ideia de 'fomento à cooperação entre as nações'. Como na verdade se tratava de uma reação aos sofrimentos causados pela primeira guerra, os objetivos de paz e segurança foram bem enfatizados tanto no preâmbulo como nos seus 26 artigos. Na história desta Sociedade, que durou apenas 20 anos, ficou claro o seu fracasso, mas sem o qual possivelmente hoje não existiriam as Nações Unidas". (Lívia Gaigher Bósio. **Mecanismos de controle e promoção do cumprimento dos tratados multilaterais ambientais no marco da solidariedade internacional**. Tese (Doutorado em Direito) – Pontifícia Universidade Católica de São Paulo, São Paulo, 2013. Campello, Lívia Gaigher Bósio. **Mecanismos de controle e promoção do cumprimento dos tratados multilaterais ambientais**

Por último, neste entrecho, tem-se o papel atribuído à Organização Internacional do Trabalho (*International Labour Organization*). Criada em 1919, destacou-se por consolidar padrões internacionais para o trabalho – condições, equiparação de gênero e salário, entre outros. Fora crucial para o processo de internacionalização dos direitos humanos por contar com convenções de observância obrigatória aos Estados que da Organização participavam.[353]

As circunstâncias aqui expostas, como precursoras dos processos de internacionalização dos direitos humanos, trouxeram grandes inovações: diversificaram o campo de atuação do Direito Internacional, abrigando interesses além do relacionamento entre Estado – Estado, ou Estado – organismos internacionais, supervisionando a efetivação dos direitos humanos pelos Estados aos indivíduos, além de disponibilizarem instrumentos e meios próprios para tanto, já que estes direitos se internacionalizaram.[354]

no marco da solidariedade internacional. Tese (Doutorado em Direito) – Pontifícia Universidade Católica de São Paulo, São Paulo, 2013. p.41-42).

353 No ensinamento de Antonio Cassesse: "Imediatamente após a Primeira Guerra Mundial, a Organização Internacional do Trabalho (OIT) foi criada e um de seus objetivos fora o de regulamentar as condições dos trabalhados em âmbito mundial. Os Estados foram encorajados a não apenas elaborar e aceitar as Convenções Internacionais (relativas á igualdade de remuneração no emprego para mulheres e menores, à jornada de trabalho noturno, à liberdade de associação, dentre outras), mas também a cumprir novas obrigações internacionais". (CASSESSE, Antonio. **Human Rights in a Changing World**. Philadelphia: Temple University Press, 1990. p.172).

354 Na lógica de Flávia Piovesan: "o advento da Organização Internacional do Trabalho, da Liga das Nações e do Direito Humanitário registra o fim de uma época em que o Direito Internacional era salvo raras exceções, confinado a regular relações entre Estados, no âmbito estritamente governamental. Por meio desses institutos, não mais se visava proteger arranjos e concessões recíprocas entre os Estados, visava-se, sim, o alcance de obrigações internacionais a serem garantidas ou implementadas coletivamente, que, por sua natureza, transcendiam os interesses exclusivos dos Estados contratantes. Essas obrigações internacionais voltavam-se à salvaguarda dos direitos do ser humano e não das prerrogativas dos Estados. Tais institutos rompem, assim, com o conceito tradicional que situava o Direito Internacional apenas como lei da comunidade internacional dos Estados e que sustentava ser o Estado o único sujeito de Direito Internacional, Rompem ainda com a noção de soberania nacional absoluta, na medida em que admitem intervenções no plano nacional, em prol da proteção dos direitos humanos. Prenuncia-se o fim da era em que a fora pela qual o Estado tratava seus nacionais era concebida como um problema de jurisdição doméstica, restrito ao domínio reservado do Estado, decorrência de sua soberania, autonomia e liberdade. Aos poucos, emerge a ideia de que o indivíduo é não apenas objeto, mas também sujeito de Direito

Sucede-se que o Direito Internacional dos Direitos Humanos, como hoje se apresenta, estabelecera-se, definitivamente, com o final da Segunda Guerra, vindo a ser compreendido como o *conjunto de normas internacionais criadoras e processadoras das obrigações do Estado em respeitar e garantir certos direitos a todos os seres humanos, sob sua jurisdição, sejam nacionais ou não.*[355]

Os direitos humanos, como tema autônomo do Direito Internacional, emergem na crença coletiva de que, caso estivessem presentes em momento anterior, muitas das violações ocorridas na Segunda Grande Guerra poderiam ter sido evitadas ou prevenidas.[356]

Nesse cenário de caos e destruição em massa, impôs-se a reconstrução de uma sociedade pautada na ordem moral e ética dos direitos humanos. Não mais se demonstra concebível a ineficácia e a falta de proteção efetiva aos referidos direitos, uma vez que as atrocidades da Segunda Guerra não poderiam, novamente, vingar em qualquer lugar, a qualquer tempo.

A continuidade da espécie humana demandava, então, novos parâmetros, a partir da confecção de uma nova ordem internacional, orientada por padrões éticos, morais e jurídicos pautados nos direitos humanos. É neste traçado que se permeia caminho para o surgimento da Organização das Nações Unidas (ONU).

A ONU delimitou, definitivamente, a prospecção de uma nova ordem internacional, com um novo modelo para o desenvolvimento das relações internacionais voltado à manutenção da paz e da segurança internacional, socorrendo-se, para tanto, da cooperação internacional.

Considera-se como marco inicial da disciplina chamada de Direito Internacional dos Direitos Humanos a Carta das Nações Unidas – também chamada de Carta de São Francisco –, de 1945. Fora providencial

Internacional". (PIOVESAN, Flávia. **Direitos humanos e o direito constitucional internacional.** 8.ed. São Paulo: Saraiva, 2007. p.172-173).

355 SIMMA, Bruno. **International Human Rights and General International Law**: a comparative analysis. Netherlands: Kluwer Law International, 1995. p.166.

356 Para Thomas Buergenthal: "o moderno Direito Internacional dos Direitos Humanos é um fenômeno do pós-guerra. Seu desenvolvimento pode ser atribuído às monstruosas violações de direitos humanos da era Hitler e à crença de que parte destas violações poderiam ser prevenidas se um efetivo sistema de proteção internacional de direitos humanos existisse". (BUERGENTHAL, Thomas. **International Human Rights.** Minnesota: West Publishing, 1988. p.17).

seu surgimento, visto que elencara, expressamente, a locução *direitos humanos*[357], positivando, ainda, a cooperação para consecução de seus objetivos. Vale considerar, acerca do tema, a passagem abaixo:

> A criação das Nações Unidas, com suas agências especializadas, demarca o surgimento de uma nova ordem internacional, que instaura um novo modelo de conduta nas relações internacionais, com preocupações que incluem a manutenção da paz e segurança internacional, o desenvolvimento de relações amistosas entre os Estados, a adoção da cooperação internacional no plano econômico, social e cultural, a adoção de um padrão internacional de saúde, a proteção ao meio ambiente, a criação de uma nova ordem econômica internacional e a proteção internacional dos direitos humanos.[358]

A Carta das Nações Unidas consolida não apenas o próprio movimento de internacionalização dos direitos humanos, mas também uma nova geração de tais direitos, pautados na cooperação e na solidariedade entre os povos. Esses novos direitos vieram a compor os direitos humanos de terceira geração.[359]

Concentrando-se nos direitos humanos de terceira geração[360], observa-se, preliminarmente, a consolidação e os esforços em prol da efetivação daqueles direitos anteriormente já previstos – de primeira e segunda geração –, contando, ainda, com a fundação de uma nova ordem internacional, como bem sugere Vladmir Oliveira da Silveira:

> Mais do que isso, a terceira geração sintetiza os direitos de primeira e da segunda geração sob o viés de solidariedade, adensando-os numa

[357] Como exemplo, tem-se seu artigo 55, alínea *c*, tratando sobre o "respeito universal e efetivo dos direitos humanos e das liberdades fundamentais para todos, sem distinção de raça, sexo, língua ou religião".

[358] Piovesan, Flávia. **Direitos humanos e o direito constitucional internacional**. 12.ed. São Paulo: Saraiva, 2011. p.184.

[359] Com a ascensão dos direitos humanos de terceira geração, conclui-se a associação dos direitos humanos aos ideais da Revolução Francesa, completando a tríplice vertente do pensamento revolucionário – liberdade, igualdade e fraternidade/solidariedade.

[360] Tais direitos têm como características: 1) são reclamáveis frente ao Estado, mas nada obsta que sua titularidade seja estatal; 2) requerem prestações positivas e negativas de toda a sociedade internacional, pautando-se especialmente na solidariedade; 3) são direitos atrelados à paz – considerando esta não apenas como a ausência da guerra, mas a possibilidade de uma paz integral ao indivíduo, que permeie seu pleno desenvolvimento.

> perspectiva de equilíbrio de poder – inclusive ideológico – em favor do ser humano [...].
>
> O fundamento dos direitos de solidariedade está numa nova concepção de Estado, de ordem internacional e de relacionamento entre os povos, mas também – e principalmente – na realização efetiva dos direitos anteriores, a que se somam novos direitos não mais individuais ou coletivos, mas difusos. Nesta ótica, o respeito à soberania de um Estado deve compatibilizar-se com seu dever de cooperar com os demais, o que implica admitir como válidos direitos reconhecidos pela comunidade internacional – leia-se, pela consciência humana.[361]

A contribuição da ONU para com os direitos humanos não se restringe aos aspectos supracitados: com a criação de alguns de seus órgãos, tais como a Assembleia Geral e o Conselho de Direitos Humanos[362], priorizou-se o tema dos direitos humanos no bojo da Organização.

Vale ressalvar que, apesar de sua inestimável contribuição para a consolidação dos direitos humanos em plano internacional, não havia um rol expresso de tais direitos, tendo em vista seu tratado constitutivo ser bastante amplo, contando apenas com disposições gerais acerca da temática.[363]

Em decorrência, três anos após sua instauração, estabelecera-se uma declaração englobando todos os direitos previstos ao longo da histórica. Imputa-se a este novo documento a utilidade de servir como código moral e ético cabível de internalização pelos ordenamentos jurídicos estatais.

[361] Silveira, Vladmir Oliveira da; Rocasolano, Maria Mendez. **Direitos humanos**: conceitos, significados e funções. São Paulo: Saraiva, 2010. p.177.

[362] Segundo Flávia Piovesan, são funções do órgão: responder a violações de direitos humanos, incluindo violações graves e sistemáticas, bem como elaborar recomendações; promover a efetiva coordenação das atividades de direitos humanos na ONU e a incorporação da perspectiva dos direitos humanos em todas as atividades da ONU (*mainstreaming of human rights within the UN system)*; estabelecer um diálogo transparente e construtivo com as organizações não-governamentais para a promoção e proteção dos direitos humanos; entre outras diversas atribuições. (Piovesan, Flávia. **Direitos humanos e o direito constitucional internacional**. 8.ed. São Paulo: Saraiva, 2007).

[363] Ainda nos ensinamentos de Flávia Piovesan: "embora a Carta das Nações Unidas seja enfática em determinar a importância de defender, promover e respeitar os direitos humanos e as liberdades fundamentais, ela não define o conteúdo dessas expressões, deixando-as em aberto. [...]" (Piovesan, Flávia. **Direitos humanos e o direito constitucional internacional**. 8.ed. São Paulo: Saraiva, 2007. p.190).

Alude-se à Declaração Universal dos Direitos Humanos[364], datada de 10 de dezembro de 1948. Elaborada no âmbito da ONU, estipulara a universalidade e a afirmação ética dos direitos humanos, impossibilitando reservas acerca dos temas ali contidos.[365]

O objetivo central deste documento fora a consolidação do respeito à dignidade da pessoa humana e o advento de uma nova sociedade global pautada nos valores dos direitos humanos. Ainda, assentou como requisito único a condição de ser humano para gozo e proteção dos direitos ali referenciados.[366]

Conclui-se irrefutável o caráter universal dos direitos humanos a partir da Declaração de Direitos de 1948, justamente por prever, expressamente, em seu art. II, que

> toda pessoa tem capacidade para gozar os direitos e liberdades estabelecidas na Declaração, sem distinção de qualquer espécie, seja de raça, cor, sexo, língua, religião, opinião política ou de qualquer outra natureza, origem nacional ou social, riqueza, nascimento, ou qualquer outra distinção.

A doutrina garante o entendimento acima elencado, quando propõe que, a partir de tal documento, fora possibilitada uma normatividade congruente e protetiva a todos os indivíduos, apenas por sê-los. Coordena-se:

> No tocante à sua *projeção normativa*, constituíram ambas as Declarações um ímpeto decisivo, como já indicado, no processo de *generalização* da proteção internacional dos direitos humanos que as quase cinco últimas

[364] Atenta-se, inicialmente, ao fato de que, sendo uma declaração, não possui, por si só, caráter impositivo àqueles que com ela consentiram. Entretanto, inegável é seu teor moral, ético e jurídico, capaz de influenciar todos aqueles ordenamentos jurídicos estatais que dos valores ali mencionados compartilham.

[365] Como bem explica André de Carvalho Ramos: "embora a Declaração Universal dos Direitos Humanos tenha sido aprovada por 48 votos a favor e sem voto em sentido contrário, houve oito abstenções (Bielorússia, Checoslováquia, Polônia, União Soviética, Ucrânia, Iugoslávia, Arábia Saudita e África do Sul). Honduras e Iêmen não participaram da votação". (Ramos, André de Carvalho. **Curso de direitos humanos**. 2.ed. São Paulo: Saraiva, 2015. p.47).

[366] Piovesan, Flávia. **Direitos humanos e o direito constitucional internacional**. 8.ed. São Paulo: Saraiva, 2007. p.137.

décadas têm testemunhado. Este processo passou a visar a proteção do ser humano *como tal*, e não mais sob certas condições ou em setores circunscritos como no passado [...].[367]

É a partir de então que se impõe moralmente[368] aos Estados a necessária conduta ativa na proteção e efetivação dos direitos humanos, traduzindo-se em preceitos constitucionais. Em ambiente internacional, influi no surgimento de instrumentos que supervisionem e fiscalizem a conduta dos Estados para com os direitos humanos de seus cidadãos. Como bem detalha Cançado Trindade:

> Ademais, a Declaração Universal também se projetou no direito interno dos Estados. Suas normas encontraram expressão nas Constituições nacionais de numerosos Estados, e serviram de modelo a disposições das legislações nacionais visando a proteção dos direitos humanos. A Declaração Universal passou a ser invocada ante os tribunais nacionais de numerosos países de modo a interpretar o direito convencional ou interno atinente aos direitos humanos e a obter decisões. A Declaração Universal, em suma, tem assim contribuído decisivamente para a incidência da dimensão dos direitos humanos no direito tanto internacional como interno. Os direitos humanos fazem abstração da compartimentalização tradicional entre os ordenamentos jurídicos internacional e interno; no presente domínio de proteção, o direito internacional e o direito interno encontram-se em constante *interação,* em benefício de todos os seres humanos.[369]

É neste momento que irrompe a responsabilidade internacional dos Estados no campo dos direitos humanos. Esta será deflagrada quando as ações estatais de promoção e proteção dos direitos não mais se demonstrem efetivas, em consonância com a falha ou omissão de suas instituições.[370]

[367] Cançado Trindade, Antônio Augusto. **Tratado de direito internacional de direitos humanos**. 2.ed. Porto Alegre: Sergio Antonio Fabris, 2003. p.63

[368] É uma imposição moral por estar se tratando de declaração, cuja qual, não obstante a relevância de seu tema, ainda não conta com normatividade própria.

[369] Cançado Trindade, Antônio Augusto. **O direito internacional em um mundo em transformação**. Rio de Janeiro: Renovar, 2002. p.641.

[370] Para Flávia Piovesan, "o processo de universalização dos direitos humanos permitiu a formação de um sistema internacional de proteção desses direitos. Tal sistema é integrado por tratados internacionais de proteção que refletem, sobretudo, a consciência ética contempo-

Destaca-se, ainda, o fato de que o processo de universalização e internacionalização dos direitos humanos assistira à eclosão de um mundo bipolar, dividindo entre duas ideologias dominantes, o capitalismo e o socialismo, permeando e consolidando então o chamado período da Guerra Fria.

Como consequência, edificaram-se dois grandes[371] pactos, enunciativos e juridicamente vinculantes aos Estados que viessem a fazer parte: Pacto Internacional dos Dirietos Civis e Políticos (alinhados aos interesses e valores dos países capitalistas) e Pacto Internacional dos Direitos Econômicos, Sociais e Culturais (em consonância com a ideologia dos países socialistas). Ambos foram desenvolvidos em 1966, pela Resolução 2200.ª (XXI) da Assembleia Geral das Nações Unidas. Visando à melhor compreensão, destaca-se:

> Nos anos seguintes, com o desenrolar da Guerra Fria, esta tentativa de consenso sobre os direitos humanos se revelou crescentemente inócua devido à cada vez mais acirrada disputa entre os dois blocos. Sendo assim, quando se decidiu transformar os princípios declarados em normas jurídicas, a ONU formulou dois pactos distintos. Com efeito, parte dos países socialistas não assinou o Pacto Internacional dos Direitos Civis e Políticos, enquanto parte das nações capitalistas não assinou o Pacto Internacional dos Direitos Econômicos, Sociais e Culturais – dentre elas destacamos os EUA, que até hoje não reconhecem estes direitos como tais.[372]

rânea compartilhada pelos Estados, na medida em que invocam o consenso internacional acerca dos temas centrais aos direitos humanos, na busca da salvaguarda de parâmetros protetivos mínimos – do 'mínimo ético irredutível'". (Piovesan, Flávia. **Direitos humanos e o direito constitucional internacional**. 8.ed. São Paulo: Saraiva, 2007. p.41).

[371] Não se perde de vista que o caráter de indivisibilidade e unidade, características básicas dos direitos humanos, coexiste entre tais. Na compreensão de Abdulrahim Vipajur: *"All rights and freedoms are indivisible and interdependent. The UN system of human rights does not rank them in any hierarchy or any order of priority. Though we may classify rights in different categories, they are all complementary to each other. They are also inter-related. No set of rights has priority over the other. In fact, the ending of the Cold War and the ideological confrontations of East-West has meant that the thesis which has been around from the beginnings of the United Nations, that the rights are inter-related at the international level. Distinctions such as that between the immediate enforcement of civil and political rights and the progressive implementation of economic, social and cultural group is really 'rights' while the other is not".* (Vipajur, Abdulrahim. **The Universa Declaration of Human Rights**: A Cornerstone of modern human rights regime. New Delhi: Manak, 1999. p.16).

[372] Silveira, Vladmir Oliveira da; Rocasolano, Maria Mendez. **Direitos humanos**: conceitos, significados e funções. São Paulo: Saraiva, 2010. p.154.

Investigando o Pacto Internacional sobre Direitos Civis e Políticos (PIDCP), sua adoção se dera na XXI Sessão da Assembleia Geral das Nações Unidas, em 16 de dezembro de 1966, com vigência a partir de 23 de março de 1976. Prenuncia-se, mediante seu art. 1.º, parágrafo 1.º, o fato de todos os Estados signatários terem o dever de *respeitar e assegurar a todos os indivíduos dentro do seu território e sujeito a sua jurisdição os direitos* que o instrumento prevê. Inferiu, também, na criação do Comitê de Direitos Humanos, sendo ele o mecanismo de implementação do documento. Sua atuação baseia-se na análise de relatórios de seus Estados signatários e da direta comunicação com o Conselho Econômico e Social das Nações Unidas (ECOSOC). Depreende-se o seguinte trecho:

> O mecanismo de implementação do Pacto de Direitos Civis e Políticos é o Comitê dos Direitos Humanos, composto por 18 membros eleitos a título pessoal. Os Estados-partes dos Pactos se obrigam a "apresentar relatórios sobre as medidas adotadas para dar efeito aos direitos reconhecidos" no documento e "sobre os progressos realizados no gozo desses direitos" (Artigo 40, parágrafo 2). O Comitê é incumbido de estudar os relatórios, transmiti-los aos Estados-partes com os comentários gerais que considerar apropriados, e de reportar, por sua vez, ao ECOSOC (Artigo 40, parágrafo 4).[373]

O Pacto Internacional sobre Direitos Econômicos, Sociais e Culturais fora produto da XXI Sessão da Assembleia Geral das Nações Unidas, realizada em 19 de dezembro de 1966, entrando em vigor em 3 de janeiro de 1976. Apontou diretrizes aos Estados signatários, segundo seu art. 2.º, parágrafo 1.º, que alude que *individualmente e através da assistência e cooperação internacionais, especialmente econômicas e técnicas, até o máximo de seus recursos disponíveis, com vistas a alcançarem progressivamente a completa realização dos direitos.* Findou possíveis equívocos quanto ao caráter dos direitos sociais, econômicos e culturais: são tão respeitáveis e reconhecidos quanto os direitos civis e políticos, não havendo entre eles qualquer posição de supremacia, contando, todos eles, com caráter normativo aos Estados aderentes. Diferem-se apenas dos direitos civis e políticos quanto à postura estatal: enquanto estes preveem uma postura absten-

[373] ALVES, José Augusto Lindgren. **Os direitos humanos como tema global**. 2.ed. São Paulo: Perspectiva, 2003. p.53.

cionista do Estado, os direitos sociais, econômicos e culturais necessitam, para sua realização, da atuação estatal, como bem determina a doutrina:

> Se os direitos civis e políticos devem ser assegurados de plano pelo Estado, sem escusa ou demora – têm a chamada auto-aplicabilidade –, os direitos sociais, econômicos e culturais, por sua vez, nos termos em que estão concebidos pelo Pacto, apresentam realização progressiva. Vale dizer, são direitos que estão condicionados à atuação do Estado, que deve adotar todas as medidas, tanto por esforço próprio como pela assistência e cooperação internacionais, principalmente nos planos econômicos e técnicos, até no máximo de seus recursos disponíveis, com vistas a alcançar progressivamente a completa realização desses direitos (artigo 2.º, parágrafo 1.º do Pacto).[374]

Incumbe, neste ponto, tecer algumas considerações acerca da I e II Conferência Mundial de Direitos Humanos. Quanto à I, de 1968, resultara na *Proclamação de Teerã*, que não trouxera muitas novidades; a II Conferência, conhecida como Conferência de Viena de 1993, fora mais incisiva: consagrou o alcance universal e o parâmetro indivisível e correlato dos direitos humanos, adotando a *Declaração e Programa de Ação de Viena*.[375]

A Declaração de Viena reafirmou a necessária adoção dos valores universais aos direitos humanos. A partir deste documento, desponta a urgência na adoção de medidas garantidoras e fiscalizatórias do cumprimento da normativa internacional acerca dos direitos humanos, como bem delimita a passagem:

> Com um preâmbulo de 17 parágrafos, uma parte operativa conceitual de 39 artigos e um programa de ação com 100 parágrafos recomendatórios, a Declaração de Viena é o documento mais abrangente adotado consensualmente pela comunidade internacional sobre o tema. E, tendo-se

[374] Piovesan, Flávia. Proteção internacional dos direitos econômicos, sociais e culturais. In: Sarlet, Ingo Wolfgang. **Direitos fundamentais sociais**: estudos de direito constitucional, internacional e comparado. Rio de Janeiro: Renovar, 2003. p.244-245.

[375] "O simbolismo político do termo no título de um texto negociado entre 171 Estados que, no período contemporâneo pós-colonial, oficialmente representavam toda a humanidade, compensaria sua imprecisão – e as dificuldades que os dois substantivos de gêneros distintos impõem à sintaxe de um documento singular, sobretudo nas línguas neolatinas." (Alves, José Augusto Lindgren. **Relações internacionais e temas sociais**: a década das conferências. Brasília: IBRI, 2001. p.104).

em conta que a Declaração Universal de Direitos Humanos de 1948 foi adotada por votação (48 a zero com 8 abstenções), quando a Assembleia Geral da ONU contava com apenas 56 membros (a maioria dos Estados atuais tinha ainda *status* de colônia), é possível dizer que foi a Declaração de Viena que conferiu caráter efetivamente universal aos direitos definidos no primeiro documento.[376]

Posto que a sociedade continuou a se alterar, os direitos humanos, igualmente, acompanharam esta transmutação. Cada vez mais, povos e Estados, a partir de uma relação de interdependência, vincularam-se uns aos outros, mas a situação não consecutira, imperiosamente, em um maior respeito e efetividade aos direitos humanos.

Há, neste modelo atual de vida em sociedade, consequências negativas aos direitos humanos[377], especialmente quando se observa a sobreposição de uma cultura à outra, ou ainda, a supervalorização do poderio econômico, materializado nas empresas transnacionais, voltando-se ao ser humano como mercadoria.

Para contornar este cenário, a partir da diluição das fronteiras e do rápido acesso à informação, examina-se a indispensabilidade do advento e assentamento do Estado Constitucional Cooperativo, intentando a eficácia e proteção efetiva dos direitos humanos. Precisa-se:

> [...] torna-se imprescindível que os Estados soberanos venham, na mesma velocidade, a adequar-se à nova sociedade global que cada vez mais se consolida. Os direitos emersos do contexto aterrador da Segunda Guerra

[376] *Id.* **Os direitos humanos como tema global**. 2.ed. São Paulo: Perspectiva, 2003. p.27.

[377] Nesta vertente, avalia-se: *"el fenómeno de la globalización dsparó por lo menos acentuóel sentimiento extendido de que el hombre de hoy está rodeado de peligros terribles, que condicionan su vida. El fenómeno es, em parte, real y en parte cultural, porque a los riesgos convencionales de siempre (accidentes, enfermedades) se le sumaron los procenientes de modelos sociales que ya no garantizan el futuro a nadie. También han aparecido fenômenos novedosos de gran intensidad, como el terrorismo, la degradación ecológica, el deterioro urbanístico de las grandes ciudades y peligros propios de lãs tecnologias modernas, como los accidentes nucleares, escapes de gás, envenenamiento de águas, accidentes o efecto inesperados de manipulaciones genéticas, uso em el tercer mundo de medicamentos dudosos prohibidos em el primero etc., aumentando el listado de peligros para los seres humanos em lãs sociedades del siglo XXI".* (Elbert, Carlos. La Exclusión Global y los Derechos Humanos. Coordenação deAntônio Augusto Cançado Trindade e César Oliveira de Barros Leal. **Revista do Instituto Brasileiro de Direitos Humanos**, Fortaleza, v.11, n.11, p.42, 2011.

> e da esperança representada pela fundação da ONU inauguram uma perspectiva de cooperação internacional, em que o Estado-Nação é superado por uma nova concepção de Estado, que Häberle denomina "Estado Constitucional Cooperativo". Nele, a consolidação desse novo paradigma estatal gera expectativas para o incremento da cidadania nos planos doméstico e internacional, mormente no que se refere a seus efeitos jurídicos. Nesse passo ainda, a "solidariedade estatal de cooperação" ou "cooperação para além das fronteiras", em que a assistência mútua entre Estados é encarada como corresponsabilidade, é um dos fundamentos do "Estado Constitucional Cooperativo", ao lado das normas universais de direitos humanos.[378]

Se outrora o Estado Constitucional Cooperativo se comportava apenas como nova teoria de modelo estatal, hoje é impreterível sua conformação para a proteção efetiva dos direitos humanos.[379]

Em contrapartida, como ponto positivo da nova sociedade que se desenha, verifica-se a aparição de novos atores[380] no plano internacional, tais como as Organizações Não-Governamentais (ONGs), contribuindo sobremaneira com a luta incessante pelo fim da violação dos direitos humanos. Remetendo às argumentações de Wagner Menezes:

[378] Mezzaroba, Orides; Silveira, Vladmir Oliveira da. O princípio da dignidade da pessoa humana: uma leitura da efetivação da cidadania e dos direitos humanos a partir dos desafios impostos pela globalização. In: Baez, Narciso Leandro Xavier; Cassel, Douglass. **A realização e a proteção internacional dos direitos humanos fundamentais**: desafios do século XXI. Joaçaba: Ed. UNOESC, 2011. p.455-456.

[379] Pode-se compreender, em suma, que o Estado Constitucional Cooperativo abarca, em si, uma visão transconstitucional dos direitos humanos quanto a sua tutela: "uma tutela dos direitos humanos, nesta perspectiva, para ser universalmente válida e eficaz, deve ser sobretudo 'transconstitucional'. Mas com um sentido muito claro: deve começar por ser 'metaconstitucional', quando tem como ponto de partida o próprio direito interno de cada Estado, no sentido de que o fundamento dos direitos humanos se encontra fora da Constituição, mas nela ganha valor normativo – isto quer dizer que a Constituição vem a ser indispensável na tutela dos direitos humanos; mas uma visão igualmente 'transconstitucional', quando o ângulo é o da transestadualidade, como deve ser o dos direitos humanos [...]." (Monte, Mário Ferreira. **Direitos humanos e sua efetivação na era da transnacionalidade**: debate luso-brasileiro. Curitiba: Juruá, 2012. p.75).

[380] Atores internacionais se diferem de sujeitos de Direito Internacional: apesar de atuarem de forma determinante no contexto internacional, os atores não podem, como os sujeitos, adquirirem direitos e obrigações no plano internacional- não podem firmar tratados.

As ONGs surgiram no âmbito da defesa dos direitos humanos, como um agente de pressão ou intervenção e concentração sobre regras internacionais assumidas e não cumpridas por seus governos, que representam um instrumento de cidadania mundial à medida que cada vez mais se ocupam de temas relativos ao futuro da humanidade, como o meio ambiente, direitos humanos, combate à violência de todas as formas, exploração econômica, miséria, epidemias, violação aos direitos humanitários, contra os efeitos da globalização, etc.[381]

Sem embargos, o que se observa é que os direitos humanos, em conjunto com o desenrolar societário, acabaram por demandar, cada vez mais, esforços cooperativos para sua consolidação e efetivação no âmbito interno dos Estados. Não mais dependem única e exclusivamente da ordem normativa interna, vindo a trilhar caminhos próprios no Direito Internacional para que seu processo de internalização se cumpra efetivamente.

3.3 A Necessária Proteção Internacional dos Direitos Humanos

Determina-se que a proteção internacional dos direitos humanos é o principal instrumento para transpor à realidade a própria internacionalização destes direitos, devendo, indispensavelmente, estruturar o respeito ao ser humano em todas as atividades que visem o desenvolvimento dos instrumentos da própria proteção.

Detecta-se, neste entrecho, a proteção internacional dos direitos humanos como o *conjunto de mecanismos internacionais que analisa a situação de direitos humanos em um determinado Estado*[382], visando constatar possíveis violações ali realizadas, além de prever, para estas, reparações materiais e/ou obrigacionais.

Assim sendo, precisa-se a materialização da proteção internacional dos direitos humanos por, essencialmente, três categorias: 1) sistema de petições (reclamações individuais ou de Estados às jurisdições internacionais); 2) sistema de relatórios (instrumento *ex officio*, inferindo numa

[381] Menezes, Wagner. **Ordem global e transnormatividade**. Ijuí: Editora Unijui, 2005. p.69-70.

[382] Ramos, André de Carvalho. **Processo internacional de direitos humanos**. 3.ed. São Paulo: Saraiva, 2013. p.34.

supervisão internacional em determinado Estado, instituído por intermédio de tratado); e 3) procedimentos de investigações (visitas *in loco*, objetivando a coleta de dados, em caráter permanente ou *ad hoc*).

Como fruto do processo de internacionalização da proteção dos direitos humanos, cabe impor aos Estados, a partir da aplicação do princípio de cooperação internacional, a observância no cumprimento e efetivação de tais não apenas em seu território, mas também em jurisdições alienígenas. Como não lhe cabe intervir no julgamento de estrangeiros e nem sequer a intromissão em outros governos, deverá reportar aos órgãos próprios de proteção internacional sobre possíveis violações.[383]

Despontam, na proteção internacional dos direitos humanos, três grandes categorias de ações, quais sejam: "promoção, controle e garantia".[384]

A *promoção* visa influenciar Estados que ainda não possuem um sistema normativo interno de tutela dos direitos humanos a desenvolvê-lo e, caso já o tenha, aperfeiçoar e incrementá-lo ainda mais. Quanto ao *controle*, cobra-se dos Estados a observância de suas obrigações. Finalmente, quanto à *garantia*, diz-se ser esta a verdadeira tutela internacional dos direitos humanos, compondo-se por uma nova forma, além da jurisdição interna, de garantia da proteção,

Julga-se que a responsabilidade primária, no quesito proteção dos direitos humanos é, sem sobra de dúvidas, dos Estados, tanto é que os próprios tratados acerca do tema referem-se aos órgãos estatais como executores primários da proteção em tela.[385]

Por consequência, os instrumentos internacionais de proteção possuem caráter complementar à proteção nacional, com a devida valoração indispensável à consolidação dos direitos humanos. Nos dizeres de Cançado Trindade:

[383] Neste sentido entendeu a Resolução 2.625 da XXV Assembleia Geral das Nações Unidas: "nenhum Estado ou grupo de Estados tem o direito de intervir direta ou indiretamente, seja qual for o motivo, nos assuntos internos ou externos de qualquer outro Estado. Para tanto, não somente a intervenção armada como também quaisquer outras formas de ingerência ou de ameaça atentatória da personalidade do Estado ou dos elementos políticos, econômicos e culturais que lhes constituem".

[384] Alves, José Augusto Lindgren. **Os direitos humanos como tema global**. 2.ed. São Paulo: Perspectiva, 2003. p.20.

[385] O sistema de proteção internacional dos direitos humanos é complementar e subsidiário em relação ao sistema de proteção nacional, o qual tem, de fato, a incumbência de proteger os direitos humanos de seus cidadãos.

> Os tratados e instrumentos de proteção se desenvolveram, em suma, como *respostas* a violações de direitos humanos de vários tipos. Com a multiplicidade dos instrumentos internacionais de proteção (tratados gerais, convenções "setoriais", procedimentos baseados em resoluções, em nível global e regional), reconheceu-se a complementaridade de tais instrumentos mediante um processo de interpretação reforçado posteriormente pela construção jurisprudencial convergente dos órgãos internacionais de supervisão. [...][386]

Ainda, substancial se constata a adequação dos ordenamentos jurídicos nacionais ao regime de proteção internacional dos direitos humanos. Mesmo que com entraves, é nítido o avanço, em seus planos de ação e de modificação das estruturas sociais, da proteção internacional dos direitos humanos, por intermédio da multiplicação de instrumentos, organismos e cortes internacionais. Há um incremento cada vez maior no número de organismos passíveis de se socorrer caso a proteção nacional não se demonstre eficaz, ou mais perigosamente, onde ainda não exista a referida proteção.[387]

Indica-se que a compatibilização entre a jurisdição nacional e a internacional é plenamente realizável, uma vez que se consagrou, na proteção internacional, o princípio do prévio esgotamento dos recursos de direito interno, trazendo à tona a responsabilidade primária estatal na proteção e, também, a subsidiariedade da jurisdição internacional.[388]

[386] CANÇADO TRINDADE, Antônio Augusto. Desafios e conquistas do direito internacional dos direitos humanos no início do século XXI. In: CACHAPUZ DE MEDEIROS, Antônio Paulo (Org.). **Desafios do direito internacional contemporâneo**. Brasília: FUNAG, 2007. p.416.

[387] Não se perde de vista que a multiplicação de organismos internacionais para com a proteção dos direitos humanos vem influenciando, sobremaneira, o policentrismo da produção do direito. Como bem alude Jacques Chevallier: "o policentrismo e a segmentação que atingem as 'estruturas estatais' têm, eles próprios, implicações sobre as condições de produção do direito: com efeito, eles implicam a diversificação das fontes do direito no seio do próprio Estado, com o risco de suscitar delicados problemas de ajustamento das competências de uns e de outros; cada uma das estruturas tende a tornar-se uma pequena ilha de direito, apta a produzir regras e tomar decisões dotadas de força obrigatória associada aos enunciados jurídicos, em função das necessidades próprias do setor que ela está encarregada de regular. [...]" (CHEVALLIER, Jacques. **O estado pós-moderno**. Tradução de Marçal Justen Filho. Belo Horizonte: Fórum, 2009. p.153).

[388] CANÇADO TRINDADE, Antônio Augusto. **A proteção internacional dos direitos humanos**: fundamentos jurídicos e instrumentos básicos. São Paulo: Saraiva, 1991.

A eficiente proteção dos direitos humanos, de fato, encontra-se em circunstância além da normatividade estatal. Consideram-se indispensáveis os diversos documentos internacionais acerca do tema[389], atentando à circunstância de sua maior disseminação ter ocorrido em momento posterior à criação da Organização das Nações Unidas.[390]

Ressalta-se que a proteção internacional dos direitos humanos vem abarcar organismos supranacionais e intergovernamentais, contando com três níveis de proteção: universal, regional e sub-regional. Obviamente, há ainda um quarto nível de proteção, sendo o essencial e intransponível neste sistema devidamente escalonado[391], qual seja, o nível nacional ou doméstico. Salienta-se:

> O desenvolvimento da proteção dos direitos humanos fez nascer a necessidade da coexitência entre os diversos procedimentos de responsabilização do Estado por violação de direitos humanos na esfera internacional.
>
> Com efeito, a internacionalização dos direitos humanos foi pautada pela diversidade de diplomas normativos internacionais no âmbito universal e regional, que criaram normas primárias com objeto semelhante ou idêntico. [...][392]

Especificando, brevemente, o sistema universal de proteção dos direitos humanos, infere-se ser este realizável por intermédio do sistema

[389] O signficado primordial de um sistema internacional justo para julgamento dos direitos humanos já fora reconhecido pelo próprio Programa de Ação de Viena (1993), quando prevê, em seu §92: "a Conferência Mundial sobre Direitos Humanos recomenda que a Comissão dos Direitos Humanos examine a possibilidade de fortalecer a aplicação dos instrumentos de direitos humanos existentes nos planos internacional e regional e encoraja a Comissão de Direito Internacional a continuar seus trabalhos visando ao estabelecimento de um Tribunal Penal Internacional". (Disponível em: <www.pge.sp.gov.br/centrodeestudos/bibliotecavirtual/instrumentos/viena.htm>. Acesso em: 10 maio 2015).

[390] Velten, Paulo. Introdução aos fundamentos dos direitos humanos nas cortes internacionais. **Revista Eletrônica da Faculdade de Direito de Campos**, Campos dos Goytacazes, RJ, v.3, n.3, out. 2008. Disponível em: <http://www.fdc.br/Arquivos/Revista/8/02.pdf>. Acesso em: 17 jun. 2015.

[391] A terminologia empregada visa à compreensão de que, para que seja possível a utilização dos sistemas de proteção internacional dos direitos humanos, há a necessidade de esgotamento dos recursos da jurisdição interna do Estado ou a provar de que estes não existem.

[392] Ramos, André de Carvalho. **Processo internacional de direitos humanos**. 3.ed. São Paulo: Saraiva, 2013. p.343.

ONU, contando com instrumentos, agências, fundos, programas, comitês, mecanismos e órgãos próprios. Os mecanismos universais podem se desenrolar em procedimentos convencionais, com base em tratados, ou não convencionais, por intermédio de resoluções dos órgãos da ONU. Preveem-se, nesta seara, critérios e procedimentos próprios para efetivação dos direitos ali consolidados.[393]

Concomitantemente ao sistema universal, observa-se o afloramento de sistemas regionais de proteção, sendo eles: europeu, interamericano e africano. Justifica-se a criação de sistemas regionais para o melhor atendimento das demandas locais, uma vez que um número reduzido de Estados, com características semelhantes, torna mais facilmente realizável o consenso político e a cooperação.[394]

No tocante aos sistemas sub-regionais, encontram-se pautados em finalidades econômicas, podendo, a depender das circunstâncias, operarem como sistemas de proteção dos direitos humanos, proporcionando, indiretamente, a sua mais fácil realização em certo entrecho – por exemplo, uma integração econômica pode facilitar o acesso a alimentos, com a diminuição dos tributos impostos a tais.

Um questionamento pertinente a se fazer, quando do estudo dos sistemas de proteção, repousa sobre a possibilidade de dualidade de processos sobre uma mesma violação de direitos humanos.

Assimila-se, primeiramente, a possibilidade de coexistência de todos estes sistemas, aplicando-se a norma mais favorável à vítima[395], pela

[393] Neste enfoque, relata-se: "as principais convenções de direitos humanos do sistema global, ao fixarem parâmetros protetivos mínimos, estabelecendo catálogo de deveres aos Estados e de direitos aos indivíduos, no campo do monitoramento internacional, preveem 'treaty-bodies' que, na qualidade de órgãos políticos, têm a competência de examinar relatórios, comunicações interestatais e petições individuais, acrescendo-se, por vezes, a competência para realizar investigações 'in loco'". (Piovesan, Flávia. **Direitos humanos e justiça internacional**: um estudo comparativo dos sistemas regionais europeu, interamericano e africano. 2.ed. São Paulo: Saraiva, 2011. p.76-77).

[394] Smith, Rhona K. M. **Textbook on International Human Rights**. Oxford: Oxford University Press, 2003.

[395] Para Cançado Trindade, "no domínio da proteção dos direitos humanos interagem o direito internacional e o direito interno movidos pelas mesmas necessidades de proteção, prevalecendo as normas que melhor protejam o ser humano". (Cançado Trindade, Antônio Augusto. **A evolução da proteção dos direitos humanos e o papel do Brasil**. Brasília: Instituto Interamericano de Derechos Humanos, 1992. p.34).

coordenação destes mecanismos.[396] Aponta-se, ainda, ao fato de que "o esgotamento de um mecanismo não exaure o direito da vítima de utilizar-se de outro mecanismo que garanta seus direitos violados".[397]

> Dada a possível interpretação concomitante de dispositivos correspondentes ou equivalentes (um servindo de orientação a outro) de distintos tratados sobre direitos humanos, tem havido espaço para a aplicação do critério da primazia da norma mais favorável às supostas vítimas, critério este que tem encontrado apoio expresso em determinados dispositivos de tratados sobre direitos humanos. A escolha ou primazia do dispositivo mais favorável às supostas vítimas tem relação direta com a questão da coexistência de procedimentos distintos de petições ou reclamações de proteção dos direitos humanos, pois significativamente pode reduzir ou minimizar as possibilidades de conflito normativo; encontra-se, com efeito, em clara consonância com a tendência hodierna a nível internacional de ampliar, ao invés de restringir, a proteção dos direitos humanos. Ademais, evidencia a natureza complementar – do ângulo das supostas vítimas dos mecanismos de proteção dos direitos humanos a níveis global e regional, fenômeno este que, por seu turno, reflete a especificidade do domínio da proteção internacional dos direitos humanos.[398]

Importa-se, a partir de agora, apresentar o panorama mais detalhado dos sistemas de proteção universal e regional dos direitos humanos. O enfoque final será de maior relevância, dada sua correlação direta com o tema central deste trabalho, qual seja: o sistema interamericano de proteção dos direitos humanos.

3.3.1 O sistema universal de proteção dos direitos humanos

Os direitos humanos, com base em seu processo de universalização e internacionalização, cobraram um incessante monitoramento e con-

[396] Em termos regionais, a Corte Interamericana de Direitos Humanos, no Parecer Consultivo sobre a filiação obrigatória de jornalistas, de 1985, entendeu que se a uma mesma situação são aplicáveis a Convenção Americana e outro tratado internacional, deve prevalecer a norma mais favorável à pessoa humana.

[397] Ramos, André de Carvalho. **Processo internacional de direitos humanos**. 3.ed. São Paulo: Saraiva, 2013. p.345.

[398] Cançado Trindade, Antônio Augusto. **A proteção internacional dos direitos humanos**: fundamentos jurídicos e instrumentos básicos. São Paulo: Saraiva, 1991. p.50.

trole de toda a comunidade internacional, denominado de *international accountability*.

Realiza-se o início da proteção internacional com o advento da Carta da ONU (1945) e após, com a estabilização de direitos e liberdades fundamentais do homem na Declaração Universal (1948). Entretanto, este último documento não contara, por si só, com força normativa vinculante, consagrando-se como um código de conduta para os ordenamentos jurídicos estatais.

Entretanto, indispensável se mostrou a consolidação jurídica de tais direitos por intermédio do Pacto Internacional dos Direitos Civis e Políticos e do Pacto Internacional dos Direitos Econômicos, Sociais e Culturais, ambos de 1966. A partir de então, ordenou-se o *International Bill of Rights* ou Carta Internacional dos Direitos Humanos, introduzindo o sistema global de proteção dos direitos humanos.

Hoje, a Carta em alusão fora ampliada, com o advento de inúmeros tratados acerca da temática, focados em garantir *o exercício de direitos e liberdades fundamentais aos indivíduos.*[399]

Em suma, a proteção universal dos direitos humanos operaciona-se na esfera da ONU[400], dividindo-se em dois grandes ramos[401]: a proteção pelos mecanismos convencionais, criados por convenções específicas, independentes, mas que se localizam no seio da Organização; e a proteção por mecanismos não convencionais, decorrentes de resoluções elaboradas por órgãos da própria ONU.

Para entender o sistema global de proteção, faz-se mister compreender a representatividade da Organização das Nações Unidas na atualidade. A ONU encontra papel basilar no Direito Internacional, sendo o organismo mais influente e com maior número de adesões já observadas. A Organização teve seu nascimento oficial em 24 de outubro de 1945, com a promulgação da Carta das Nações Unidas, reconhecendo,

[399] PIOVESAN, Flávia. **Direitos humanos e o direito constitucional internacional**. 8.ed. São Paulo: Saraiva, 2007. p.217.

[400] O sistema global não se limita, exclusivamente, ao sistema ONU, contando com outras organizações internacionais, tais como a Organização Mundial do Trabalho e a Organização Mundial da Saúde. Ocorre que, para este estudo, o sistema ONU de proteção dos direitos humanos é aquele que se faz relevante.

[401] ALSTON, Philip. **The United Nations and human rights**: a critical appraisal. Oxford: Clarendon, 1992.

desde seus primórdios, sua vocação universal, multilateral e seu caráter intergovernamental[402], objetivando a preservação da paz e o alcance da segurança internacional.

Como própositos, citam-se: o alcance da segurança internacional, o desenvolvimento de relações amistosas entre as nações, a busca pela cooperação internacional para a resolução de problemas econômicos, sociais, culturais e humanitários, a harmonização da ação das nações para a consecução de objetivos comuns, servindo como foro aberto para o debate entre os Estados.[403]

A proteção dos direitos humanos não é objetivo central da Organização, uma vez que sua Carta não faz referência à *proteção* ou *salvaguarda* direta dos direitos humanos. Entretanto, impensável se atesta a evolução da proteção dos direitos humanos sem a presença da Organização.[404]

A tutela dos direitos humanos, na estrutura da ONU, encontra respaldo em dois órgãos especializados – Conselho de Direitos Humanos e Alto Comissariado em Direitos Humanos –, agindo conjuntamente a três de seus principais órgãos, quais sejam: (I) Assembleia Geral; (II) Conselho Econômico e Social (ECOSOC); (III) Tribunal Internacional de Justiça. Não obstante, o sistema ONU regula-se, igualmente, por diversos outros órgãos, agências e fundos[405], cujos quais também englobam a proteção e efetivação dos direitos humanos.[406]

[402] Seu caráter intergovernamental apresenta-se por pautar suas decisões nas vontades estatais.

[403] ORGANIZAÇÃO DAS NAÇÕES UNIDAS NO BRASIL. Disponível em: <http://www.onu-brasil.org.br>. Acesso em: 02 fev. 2015.

[404] GARCIA, Emerson. **Proteção internacional dos direitos humanos**: breves reflexões sobre os sistemas convencional e não-convencional. Rio de Janeiro: Lumen Juris, 2005.

[405] Estima Husek que "os traços fundamentais do sistema das Nações Unidas são: a autonomia, a complementaridade e a coordenação: **Autonomia** – Cada organização da ONU tem origem num tratado específico e independente, podendo as instituições especializadas, por exemplo, ter membros que não pertençam a ONU. Tais instituições não estão, a ela, atreladas politicamente. **Complementaridade** – Consiste na reserva, para a instituição ou organismo, de uma esfera de atividade própria, privilegiando-se a especialização. **Coordenação** – Significa a possibilidade de a ONU estabelecer acordo com uma organização especializada, reconhecendo-se à Organização a coordenação, embora não imponha a sua vontade". (HUSEK, Carlos Roberto. **A nova (des)ordem Internacional ONU**: uma vocação para a paz. Tese (Doutorado em Direito) – Pontifícia Universidade Católica de São Paulo, São Paulo, 2004. p.326).

Concentrando a investigação nos mecanismos convencionais de proteção dos direitos humanos (*treaty-monitoring bodies*), apreende-se como aqueles previstos em convenções específicas e autônomas, localizadas no seio da Organização das Nações Unidas.

Estas convenções[407] possuem força vinculante aos Estados que lhes aderiram, contando, cada qual, com uma forma de proteção específica aos direitos que versam em seu interior e, quase sempre, preveem a existência de comitês[408], compostos por peritos independentes, "que atuam em sua responsabilidade individual, portanto, com independência em relação aos países dos quais são provenientes".[409]

A competência dos comitês[410] restringe-se às comunicações que se atrelam às violações dos direitos previstos em suas convenções. Estes "contam, para o desempenho de suas tarefas, com o apio administrativo

[406] São eles: (I) Escritório das Nações Unidas de Assistência Humanitária (OCHA); (II) Departamento de Assuntos Econômicos e Sociais (DESA) e sua Divisão para o Status da Mulher (DAW); (III) Alto omissariado das Nações Unidas para os Refugiados (UNHCR); (IV) Organização das Nações Unidas para a Educação, Ciência e a Cultura (UNESCO); (V) Organização das Nações Unidas para a Agricultura e Alimentação (FAO); (VI) Fundo das Nações Unidas para a Infância (UNICEF); (VII) Fundo de Desenvolvimento das Nações Unidas para a Mulher (UNIFEM); e (VIII) Fundo de População das Nações Unidas (UNFPA).

[407] Novamente, fala-se aqui em convenções por ser a terminologia específica dos tratados cujo conteúdo versa sobre direitos humanos.

[408] Há, no sistema ONU, a presença dos seguintes Comitês: Comitê de Direitos Humanos (CCPR); Comitê de Direitos Econômicos, Sociais e Culturais (CESCR); Comitê para a Eliminação de Discriminação Racial (CERD); Comitê para a Eliminação da Discriminação Contra a Mulher (CEDAW); Comitê Contra a Tortura e Outros Tratamentos Crueis, Desumanos ou Degradantes (CAT); Comitê dos Direitos das Crianças (CRC): Comitê sobre Trabalhadores Migrantes (CMW); Comitê sobre os Direitos dos Deficientes (CRPD).

[409] LIMA JR., Jayme Benvenuto. **Manual de direitos humanos internacionais**: acesso aos sistemas global e regional de proteção dos direitos humanos. Recife: GAJOP, 2002. p.31.

[410] Conforma-se este procedimento ao deduzido por Lívia Gaigher Bósio Campello: "Esse novo tipo de mecanismos se consubstancia em uma espécie de procedimento administrativo que serve para a gestão e aplicação do cumprimento das normas convencionais e das decisões adotadas pelas Conferências das Partes em seu desenvolvimento. Por meio desse trabalho de gestão, sem excluir a possibilidade de recurso ao mecanismo jurisdicional, o procedimento permite contorná-lo ao prevenir o surgimento de controvérsias, antecipando e dirimindo possíveis situações de não cumprimento no intuito de alcançar uma solução amistosa para o problema, tendo por base as disposições convencionais, a princípio pela adoção de medidas assistenciais e, a depender da evolução da situação, também de medidas sancionatórias." (CAMPELLO, Lívia Gaigher Bósio. **Mecanismos de controle e promoção do cumprimento dos tratados multilaterais ambientais no marco da solidariedade in-**

do Alto Comissariado das Nações Unidas para os Direitos Humanos, com sede em Genebra (Suíça)".[411]

Funcionando como órgãos autônomos do sistema ONU, cada comitê poderá: (a) receber petições individuais, relatórios[412] e comunicações interestatais; (b) proferir decisões a petições individuais, declarando a violação ou determinando que o Estado repare a violação configurada; (c) requerer informações aos Estados sobre a sua realidade no condizente aos direitos no documento assegurados.

Os comitês, em suma, pretendem assegurar mecanismos próprios para o melhor e maior cumprimento das convenções pelos Estados que lhes aderem. Estes mecanismos são realizáveis por intermédio de fases assim descritas:

> Na fase inicial, há o controle de informação, pelo qual o Estado deve informar não apenas as medidas adotadas para dar cumprimento ao Tratado, mas também os resultados obtidos mediante os meios empregados. Nesse sentido, a preocupação se volta para a coleta de informações sobre a conduta dos Estados. [...]
> A segunda etapa se concentra em facilitar o cumprimento. Nesse sentido, mecanismos de facilitação procuram canalizar a pressão política ou moral para persuadir um Estado inclinado a ignorar o compromisso assumido. [...]
> A terceira etapa está relacionada com o não cumprimento. [...] Os procedimentos de não cumprimento são principalmente destinados à investigação das causas e facilitação do cumprimento.[413]

ternacional. Tese (Doutorado em Direito) – Pontifícia Universidade Católica de São Paulo, São Paulo, 2013. p.161-162).

[411] Ramos, André de Carvalho. **Processo internacional de direitos humanos**. 3.ed. São Paulo: Saraiva, 2013. p.79.

[412] Ensina André de Carvalho Ramos: "o principal mecanismo não contencioso é o sistema de 'relatórios periódicos', pelo qual os Estados, ao ratificar tratados elaborados sob os auspícios da ONU, comprometem-se a enviar informes, nos quais devem constar as ações que realizaram para respeitar e garantir os direitos mencionados nesses tratados". (Ramos, André de Carvalho. **Processo internacional de direitos humanos**. 3.ed. São Paulo: Saraiva, 2013. p.78).

[413] Campello, Lívia Gaigher Bósio. **Mecanismos de controle e promoção do cumprimento dos tratados multilaterais ambientais no marco da solidariedade internacional**. Tese (Doutorado em Direito) – Pontifícia Universidade Católica de São Paulo, São Paulo, 2013. p.146-147

Destaque importante cabe, como mecanismo convencional judicial, à Corte Internacional de Justiça.[414] Instituída em 1945 pela Carta das Nações Unidas, alicerça o judiciário da ONU. Possui sua sede em Haia, Holanda, compondo-se por quinze magistrados independentes, eleitos pela Assembleia Geral e pelo Conselho de Segurança, com mandato de nove anos, passíveis de reeleição.

Em consonância com o art. 38 de seu estatuto constitutivo, abre-se a possibilidade jurisdicional[415] para a solução de controvérsias internacionais, havendo a previsão, em muitos tratados de direitos humanos, de outorga de competência à Corte, especificamente para a emissão de pareceres quando da ocorrência de controvérsias entre dois ou mais Estados sobre a interpretação e/ou aplicação de suas disposições.

A Corte pode, ainda, emitir pareceres consultivos sobre quaisquer questões jurídicas, incluídas questões relevantes de direitos humanos, quando então solicitada pela Assembleia Geral, pelo Conselho de Segurança ou por qualquer outro órgão da ONU.

Assimilados os mecanismos convencionais de proteção dos direitos humanos, abre-se o estudo aos mecanismos não convencionais (*charter-based system)* – ou extraconvencionais – do sistema ONU. Previstos por resoluções dos órgãos, no bojo da Carta das Nações Unidas, *consistem em procedimentos fundados em dispositivos genéricos referentes a 'direitos humanos' da Carta da Organização das Nações Unidas.*[416]

Contam com fundamentação decorrente da Declaração Universal de Direitos de 1948, cuja qual elencou, precisamente, quais seriam os direitos genericamente considerados na Carta da ONU: direitos e liberdades

[414] Já no art. 14 da extinta Liga das Nações (1919) previa-se um "projeto de Tribunal permanente de justiça internacional". (Disponível em: <http://www.direitoshumanos.usp.br/index.php/Corte-Internacional-de-Justi%C3%A7a/historico.html>. Acesso em: 26 maio 2015).

[415] Quanto ao meio utilizado pela Corte Internacional de Justiça, destaca-se: "[...] *se caracteriza pela real situação de violação do Tratado e as consequências legais que dela se derivam. Os meios adotados para esse fim são contenciosos ou quase judiciais, visando dirimir a questão com base em decisões juridicamente vinculantes.* [...]" (Campello, Lívia Gaigher Bósio. **Mecanismos de controle e promoção do cumprimento dos tratados multilaterais ambientais no marco da solidariedade internacional**. Tese (Doutorado em Direito) – Pontifícia Universidade Católica de São Paulo, São Paulo, 2013. p.147).

[416] Ramos, André de Carvalho. **Processo internacional de direitos humanos**. 3.ed. São Paulo: Saraiva, 2013. p.107.

pessoais; direitos do indivíduo e seu relacionamento com a sociedade que faz parte; liberdades pessoais e direitos políticos; e direitos econômicos, sociais e culturais.[417]

Diferentemente dos mecanismos convencionais, há uma vinculação obrigatória aos participantes da Organização das Nações Unidas, não havendo, de fato, convenções específicas para se aludir a proteção e a submissão do Estado. Como bem demonstra Flávia Piovesan:

> [...] a escolha de mecanismos não convencionais, ilustrativamente, poder-se-ia pautar na inexistêcia de Convenções específica sobre o direito violado, na ausência de ratifivação pelo Estado-violador de uma Convenção determinada ou na existência de forte opinião pública favorável à adoção de medidas de combate à violação. [...][418]

Os órgãos da ONU que compõem os mecanismos extrajudiciais são: a) Comissão de Direitos Humanos (CDH); b) Conselho de Direitos Humanos; d) Subcomissão para a Promoção e a Proteção dos Direitos Humanos; e) Comitê Consultivo de Direitos Humanos.

A já extinta Comissão de Direitos Humanos – hoje substituída pelo Conselho de Direitos Humanos – fora criada no ano de 1946, no interior do Conselho Econômico e Social, compondo-se por 46 Estados da África, 26 da Ásia, 18 da América Latina, 32 da Europa, mais Canadá, Nova Zelândia e Austrália.[419] Fora o principal órgão da ONU, com objetivos inaugurais específicos de promoção e proteção dos direitos humanos[420], vindo a elaborar um programa mínimo de obediência aos Estados.

A CDH[421] tinha sua base jurídica prevista nos artigos 55, alínea *c*, e 56 da Carta das Nações Unidas, comprometendo seus Estados-membros

[417] LAFER, Celso. **Declaração Universal de Direitos Humanos**. In: MAGNOLI, Demétrio. **A história da paz**. São Paulo: Contexto, 2008.

[418] PIOVESAN, Flávia. **Direitos humanos e o direito constitucional internacional**. 8.ed. São Paulo: Saraiva, 2007. p.294.

[419] *Ibid.*, p.295.

[420] Como bem trata Flávia Piovesan, *nos primeiros 20 anos de sua existência, concentrou-se na fixação de parâmetros mínimos para a proteção desses direitos, elaborando projetos para várias das Convenções internacionais* [...]. (PIOVESAN, *loc. cit.*).

[421] Desde seus primórdios, a CDH contou com o auxílio da Subcomissão de Promoção e Proteção aos Direitos Humanos, com a atuação de *experts*, representantes e relatores especiais.

à realização da cooperação internacional para a implementação da promoção e proteção dos direitos humanos.[422]

Os objetivos da CDH repousavam na elaboração de proposições ao Conselho Econômico e Social, em recomendações e relatórios sobre a proteção dos direitos humanos, por grupos de trabalho, em prestar assistência ao ECOSOC na coordenação das atividade de proteção dos direitos humanos (serviço de consultas por especialistas) e no exercício do direto de proteção aos direitos do homem, a partir de recebimento de declarações de vítimas ou de seus familiares.[423]

Não obstante sua importância, a CDH não contou com competência judicial e nem com capacidade de ação compensatória quando do recebimento de declarações individuais. Contava, apenas, com três métodos de trabalho: sistema de petições, sistema de relatórios e sistema de investigações.

Quanto ao sistema de petições[424], infere-se ao recursos de que se valiam as vítimas – ou seus familiares – para a comunicação de violações de um Estado à Comissão. Poderia valer, além do sistema individual pessoal, para os Estados denunciarem violações de outros.

O sistema de relatórios, a partir de 1956, tornou-se periódico, devendo os Estados-membros informar à Comissão seus progressos na implementação dos direitos humanos em seus territórios.

Adentrando ao sistema de investigações, alude-se às irregularidades apontadas pelo sistema de petições ou pela verificação dos relatórios apresentados pelos Estados. Em ambos os casos, poder-se-ia formar comissões *ad hoc* para a verificação das situações *in loco*.

A Comissão ainda poderia monitorar a implementação dos parâmetros previamente previstos, contando com procedimentos especiais e permanentes. Os procedimentos especiais eram caracterizados como missões de investigações, mecanismos temáticos e serviços consultivos, enquanto que seus procedimentos permanentes repousavam em seus procedimentos 1235 e 1503.

422 Alves, José Augusto Lindgren. **Os direitos humanos como tema global.** 2.ed. São Paulo: Perspectiva, 2003. p.74.

423 Godinho, Fabiana de Oliveira. **A proteção internacional dos direitos humanos.** Belo Horizonte: Del Rey, 2006. p.25.

424 O sistema de petições deveria obedecer ao previsto na Resolução n.º 728F, de 1959 (ONU).

Estabelecido pela Resolução n.º 1235, em 1967, o procedimento 1235 possibilitou a realização de debates públicos anuais, além de sua investigação e análise, sobre as graves e sistemáticas violações de direitos humanos.[425]

Mais tarde, em 27 de maio de 1970, fora aprovado, pelo ECOSOC, o procedimento 1503, intitulado como *Procedimento para lidar com comunicações relativas a violações de direitos humanos e liberdades fundamentais*, tendo ficado conhecido como "procedimento confidencial". Era, de fato, um procedimento confidencial, tomando-se cuidado para não infringir a soberania dos Estados, uma vez que não necessitava da anuência onde fosse atuar. Quanto à sua funcionalidade, elenca-se:

> No que concerce ao procedimento 1503, foi criado pela Resolução n. 1503 do Conselho Econômico e Social em 27 de maio de 1970, com o intuito de examinar comunicações relacionadas com violações sistemáticas a direitos humanos. Essa resolução autorizou a Subcomissão para a Promoção e para a Proteção de Direitos Humanos a indicar um grupo de trabalho composto por no máximo cinco membros, que seria responsável por considerar todas as comunicações encaminhadas por indivíduos, grupos de indivíduos ou organizações não governamentais. [...][426]

A primeira crítica ao procedimento 1503 repousara no fato da confidencialidade do procedimento; a segunda no fato de se analisarem, quase que exclusivamente, violações de direitos civis e políticos; e também a questão do procedimento tratar somente de violações sistemáticas.

Para sanar algumas das críticas mencionadas, ampliou-se o alcance do então procedimento 1235, prevendo a criação de Grupos *ad hoc*, a partir de 1975, para a investigação *in loco*[427], e o desenvolvimento

[425] Como esboça André de Carvalho Ramos: "por meio dessa resolução, o Conselho autorizou a Comissão de Direitos Humanos a debater em público as violações notórias e sistemáticas de direitos humanos e liberdades fundamentais em países em que existiam políticas oficiais de dominação colonial, discriminação racial e 'apartheid'". (Ramos, André de Carvalho. **Processo internacional de direitos humanos**. 3.ed. São Paulo: Saraiva, 2013.p.112).

[426] Piovesan, Flávia. **Direitos humanos e o direito constitucional internacional**. 8.ed. São Paulo: Saraiva, 2007. p.296.

[427] Verifica-se a necessidade do consentimento do Estado para as missões de investigações, contando com *expert* ou grupo de *experts* para fiscalizar a condição dos direitos humanos no Estado em questão.

de grupos especiais de trabalho[428], a partir da especificidade dos temas, em 1980.

Ainda assim, caso ambos os procedimentos não surtissem efeitos para por fim às violações, caberia a solicitação da CDH ao ECOSOC para aprovar uma resolução condenando os possíveis infratores – condenação pública, colocando em risco a reputação dos líderes dos Estados possivelmente condenados.

Apesar de seus inúmeros problemas, especialmente no condizente à excessiva politização e influências diplomáticas, fora indubitável a relevância da atuação da Comissão de Direitos Humanos na proteção dos direitos humanos, vindo a ser substituída, em 2006, pelo Conselho de Direitos Humanos.

Este, criado pela Assembleia Geral da ONU em 15 de maio de 2006 – em vigor desde 16 de junho de 2006 –, vem a ser um órgão intergovernamental que visa avanços na promoção e proteção dos direitos humanos já não mais possíveis pela antiga Comissão.

Já em 2007, o Conselho adotou o *Institution – building package*, guias elementares para a consecução de seus objetivos. Entre eles encontra-se o *Universal Periodic Review*[429], mecanismo que lhe proporcionara o acesso aos 192 Estados-membros da ONU para a observância da situação dos direitos humanos. Previu, ainda, a ferramenta do *Advisory Commitee*, composto por especialistas na temática dos direitos humanos. Conta, também, com o *Complaints Procedure*, mecanismo que permite a submissão de reclamações individuais ou organizacionais sobre possíveis violações ao Conselho.[430]

O Conselho continua a empregar os procedimentos especiais já outrora estabelecidos pela extinta CDH, podendo estes serem realizados por intermédio de especialistas (*special rapporteur* ou *independent expert*) ou grupos de trabalho, cada qual com cinco membros. Prevê a possibi-

[428] Este seria um mecanismo temático, composto por relatores e/ou grupos de trabalhos, que iriam investigar as violações de direitos humanos e suas consequências em âmbito global.

[429] O Conselho tentava acabar com a prática de "um peso, duas medidas" no que tange às violações de direitos humanos, fato que tanto viera a prejudicar a Comissão de Direitos Humanos.

[430] THE HUMAN RIGHTS COUNCIL. Disponível em: <http://www2.ohchr.org/english/bodies/ hrcouncil/index.htm>. Acesso em: 18 jun. 2015.

lidade de aplicação atualizada dos procedimentos 1235 e 1503 (procedimento de queixa[431]).

Ainda que imperfeito, o Conselho tem se mostrado um excelente instrumento na promoção e proteção dos direitos humanos, com o devido reconhecimento internacional, uma vez que a suspensão ou expulsão de um Estado do órgão consecute negativamente àquele, tendo em vista o amplo poder e reconhecimento da instituição mundo afora.

Avaliando a Subcomissão para a Promoção e Proteção dos Direitos Humanos[432], diz-se esta ter sido criada em 1947 como principal ógão da já extinta Comissão de Direitos Humanos.

Desde seus primordiós, a tarefa desempenhada pela Subcomissão seria, basicamente, a de prestar assistência à CDH, estabelecendo o desenvolvimento de estudos, a partir dos princípios da Declaração Universal dos Direitos Humanos e de seus dois pactos subsequentes. Propunha, ainda, recomendações à prevenção de quaisquer discriminações relativas aos direitos humanos e realizava trabalhos por solicitação de outros organismos da ONU.

Como ocorrera com a Comissão, a Subcomissão para a Promoção e Proteção dos Direitos Humanos também fora substituída pelo Comitê Consultivo de Direitos Humanos. A partir do surgimento do Conselho de Direitos Humanos, recomendou-se, de plano, a criação de um órgão que se atrelasse à sua estrutura, vindo, então, a formar-se, já em 2007, o Comitê Consultivo de Direitos Humanos.

O Comitê visa, em suma, prestar o aconselhamento especializado ao Conselho, sendo que sua principal atuação repousa na feitura de pareces a este órgão.

Destaca-se o fato de que a proteção internacional dos direitos humanos não apenas recai sobre o sistema de proteção universal, mas atrela-

[431] No exame de André de Ramos Carvalho: "em 2007, o Conselho de Direitos Humanos atualizou o trâmite do 'Procedimento 1503' por meio da Resolução n.5/1 [...]. A expressão 'procedimento 1503', apesar de mantida para fins doutrinários (homenageando a origem desse procedimento), foi substituída por procedimento de queixa. Foram estabelecidos dois grupos de trabalho: o Grupo de Trabalho sobre Comunicações e o Grupo de Trabalho sobre Situações. [...]". (Ramos, André de Carvalho. **Processo internacional de direitos humanos**. 3.ed. São Paulo: Saraiva, 2013. p.118).

[432] Viera, primeiramente, a ser chamada de Subcomissão para a Prevenção da Discriminação e Proteção às Minorias, tendo-se alterado sua denominação em 1999.

-se ao sistema regional de proteção dos direitos humanos, sendo este o foco do estudo seguinte.

3.3.2 A proteção regional dos direitos humanos

A partir de um cenário de catástrofe, fruto da Segunda Guerra Mundial, o Direito Internacional tratou de multiplicar as esferas de proteção internacional dos direitos humanos, contando com o aparecimento da proteção universal e de outros sistemas de proteção regionais, compatibilizando-os a partir do princípio da norma mais favorável à vítima.

Como já se argumentou, os sitemas de proteção universal e regional dos direitos humanos não pretendem prevalecer sobre a normativa nacional; muito pelo contrário: é justamente quando esta se demonstrar falha ou inapta a atingir a devida proteção é que a atuação dos referidos sistemas entra em cena.

A despeito dos sistemas regionais, apesar de, inicialmente, ter-se havido incerteza quanto à possibilidade de implementação, hoje é indiscutível seu valor na proteção dos direitos humanos, possibilitando maior atenção às particularidades culturais da região em que se encontram.[433]

Atualmente, constata-se a existência de três sistemas regionais de proteção dos direitos humanos: europeu; interamericano e africano.[434]

3.3.2.1 *O sistema europeu*

O sistema regional de proteção europeu é o mais antigo de todos os sistemas regionais, estruturando-se por intermédio da Convenção Europeia de Direitos Humanos, em vigência desde 1953.

A proteção dos direitos humanos neste continente fora demandada em razão das mazelas sofridas na Segunda Guerra Mundial, visando à reconstrução dos direitos, *caracterizados pela busca de integração e cooperação dos países da Europa ocidental, bem como de consolidação, fortalecimento e expansão de seus valores.*[435]

[433] HEYNS, Christof; PADILLA, David; PADILLA, Leo. Comparação esquemática dos sistemas regionais de direitos humanos: uma atualização. **Revista Internacional de Direitos Humanos**, São Paulo, v.3, n.4, p.162, 1.º sem. 2006.

[434] Alude-se ao fato da existência da Carta Árabe de Direitos Humanos que, ainda, não configura um novo sistema regional de proteção dos direitos humanos.

[435] PIOVESAN, Flávia. **Direitos humanos e justiça internacional**: um estudo comparativo dos sistemas regionais europeu, interamericano e africano. 2.ed. São Paulo: Saraiva, 2011. p.99.

Em consonância, o grau de integração regional da União Europeia serviu ao fortalecimento dos direitos humanos no continente. Sem embargos, a cooperação internacional entre os Estados europeus fora expressiva para o revigoramento da proteção dos direitos humanos e, inclusive, para a própria integração regional.

A promoção e proteção dos direitos humanos conta, ali, com certos órgãos, tais como a Convenção Europeia dos Direitos do Homem[436] (prevendo um catálogo de direitos), o Conselho Europeu e o Tribunal Europeu de Direitos Humanos (órgão jurisdicional do sistema). Constata-se a possibilidade de acesso direto de indivíduos ao Tribunal, não reclamando o crivo prévio de outros organismos do sistema.

Investigando a Convenção Europeia dos Direitos do Homem – em vigor desde setembro de 1953 –, trata-se do primeiro tratado multilateral de direitos humanos, uma vez que a Declaração Universal dos Direitos do Homem e do Cidadão de 1948 não contava, por si só, com coercitividade e obrigatoriedade.

Esquematicamente, a primeira seção da Convenção repousa sobre direitos humanos individuais e liberdades fundamentais, impedindo a opressão dos governos.[437] Quanto à estrutura jurisdicional da Convenção, observaram-se duas significativas mudanças estruturais: entre os anos 1953 e 1998 e, após, no ano 2000. [438]

Entre os anos de 1953 e 1998, a Comissão[439], prevista pela Convenção como obrigatória a todos os seus Estados signatários, poderia receber queixas de qualquer pessoa, organização não-governamental ou grupo

[436] CONVENÇÃO EUROPEIA DOS DIREITOS DO HOMEM. Disponível: <http://www.echr.coe.int/ Documents/Convention_POR.pdf. Acesso em: 22 jun. 2015.

[437] Protegem-se os seguintes direitos: direito à vida; proibição da tortura e tratamento desumano ou degradante; liberdade da escravidão ou servidão; direito à liberdade e à segurança; direito ao respeito à vida familiar e privada; liberdade de pensamento, consciência e religião; liberdade de expressão; direito à educação; liberdade da prisão por dívida; abolição da pena capital em tempos de paz; direito ao devido processo legal quando da expulsão do estrangeiro; igualdade de direitos e deveres dos cônjuges.

[438] Hart, James W. The European Human Rights System. **Law Library Journal**, Ohio, v.102, n.4, p.539, 2010.

[439] "A Comissão Europeia de Direitos humanos foi criada pela redação original da Convenção Europeia de Direitos Humanos e possuía o número de membros igual ao número de Estados contratantes da Convenção. Órgão imparcial e independente dos governos dos Estados, seus comissionários eram eleitos para um período de seis anos pelo Comitê de Ministros, com base em uma lista estabelecida pela Assembleia do próprio Conselho da

de indivíduos (art. 25). Além do mais, os Estados signatários deveriam redigir uma declaração de concordância com o sistema ali previsto. Havia, à disposição do Estado, segundo o art. 24, a possibilidade de demandas interestatais. Menciona-se:

> Eram duas espécies de demandas que poderiam ser analisadas pela antiga Comissão. A demanda interestatal era prevista pelo antigo artigo 24 e consistia em petição de um Estado acusando outro de violar os direitos protegidos em seu próprio território, consagrando, pela primeira vez no Direito Internacional, uma *actio popularis* de direitos humanos. Já o antigo artigo 25 da Convenção Europeia de Direitos Humanos estabeleceu o direito de petição individual, pelo qual o indivíduo possuía o direito de acionar diretamente um organismo internacional, no caso a Comissão Europeia. [...][440]

Se admitida a queixa[441], tentar-se-ia a conciliação e, caso fosse infrutífera, a Comissão elaboraria um relatório final sobre as questões ali elencadas, podendo, segundo o art. 31 da Convenção, responsabilizar internacionalmente o Estado que estava sob queixa. Era, de fato, uma decisão da Comissão sobre o caso concreto, mas faltava-lhe vinculação pertinente para efetivar seu cumprimento.

Assim, para garantir-lhe eficácia, encaminhar-se-ia ao Conselho de Ministros ou, se o Estado tivesse se submetido à jurisdição obrigatória do Tribunal Europeu, apresentar-se-ia a *decisão* da Comissão a esta última entidade. Se não fosse levado ao conhecimento do Tribunal, seria incumbência própria do Comitê de Ministros a decisão acerca da existência ou não de violação à Convenção.

Quanto ao Conselho da Europa (COE), criado em 5 de maio de 1949 como organização internacional intergovernamental, repousava seus obje-

Europa." (Ramos, André de Carvalho. **Processo internacional de direitos humanos**. 3.ed. São Paulo: Saraiva, 2013. p.161).

[440] Ramos, André de Carvalho. **Processo internacional de direitos humanos**. 3.ed. São Paulo: Saraiva, 2013. p.162.

[441] Segundo o art. 35, as queixas seriam inadmitidas nos seguintes casos: anônimas; atinentes a assuntos já examinados pela Comissão ou por qualquer outra corte e/ou organização internacional; temas não esgotados em instância interna e que tivessem sido arquivados por seis meses após a última decisão em âmbito nacional; e caso incompatíveis com os temas da Convenção.

tivos em renovar os esforços de manutenção de paz, cooperação entre os Estados, proteção e promoção dos direitos humanos e da democracia.[442]

É, de fato, em seu seio que se encontra o referencial do sistema de proteção de direitos humanos na Europa, afirmando, no preâmbulo de seu estatuto *a devoção a valores espirituais e morais que constituem o patrimônio comum dos seus povos e a verdadeira fonte da liberdade individual, da liberdade política e do Estado de direito são os princípios que baseiam a democracia.*[443]

O Conselho é regulado pelo Comitê de Ministros (ministros das Relações Exteriores dos Estados-partes), com autoridade para realizar acordos e recomendações aos governos e tomar decisões relativas à organização interna do COE. É, deveras, o próprio órgão executivo do sistema europeu de proteção dos direitos humanos.

Em conclusão, o Conselho da Europa atua em favor das mais diversas formas de liberdade, de igualdade e de proteção das minorias. Promove campanhas em favor da proteção das crianças, contra discursos de ódio e ajuda seus membros no combate à corrupção, terrorismo e das medidas necessárias às reformas judiciárias para tanto. Promove os direitos humanos por intermédio de convenções internacionais e monitora seus Estados-membros no progresso destes temas, fazendo recomendações após a análise de grupos independentes de *experts*.[444]

Concentrando-se no Tribunal Europeu de Direitos Humanos, infere-se à questão de que fora previsto no Título II da Convenção supracitada, iniciando seus trabalhos, de forma permanente, no ano de 1991, com sede na cidade de Estrasburgo, França, compondo-se por juízes dos Estados que lhe fazem parte.

Até novembro de 1998, em consonância com os artigos 25 e 46 da Convenção Europeia, a submissão de casos ao Tribunal indiretamente por indivíduos (a depender do crivo da Comissão) ou diretamente pela Comissão Europeia de Direitos Humanos seria cláusula facultativa aos

[442] Como alude André de Carvalho Ramos: "para entender a criação do Conselho da Europa é necessário relembrar o contexto histórico de sua criação, que se situa após a 2.ª Guerra Mundial e no início da Guerra Fria. Nesses primeiros anos pós-1945, os Estados europeus ocidentais buscaram reconstruir seu papel no mundo já evidentemente bipolar (EUA e antiga URSS, os grandes vencedores da 2.ª Grande Guerra)". (Ramos, *op. cit.*, p.157).

[443] Hart, James W. The European Human Rights System. **Law Library Journal**, Ohio, v.102, n.4, p.537, 2010.

[444] COUNCIL OF EUROPE. Disponível em: <http://www.coe.int/>. Acesso em: 23 jun. 2015.

Estados. Preceitua-se, assim, a observância obrigatória, pelos Estados, aos termos previstos na Convenção, mas a facultatividade da aceitação da jurisdição do Tribunal.

A Comissão, então, teria que analisar previamente as demandas para que estas pudessem chegar ao Tribunal. Com a implementação do Protocolo n.º 11[445], e com a consequente extinção da Comissão Europeia de Direitos Humanos, o Tribunal pôde começar a receber demandas de violações dos direitos humanos diretamente dos cidadãos de seus Estados-membros.

O Protocolo n.º 11 também viabilizou o reconhecimento obrigatório do Tribunal aos Estados-partes da Convenção: a cláusula outrora de reconhecimento facultativo da jurisdição do Tribunal tornou-se obrigatória.

Outra grande reforma, consecutindo no considerável aumento nas adesões ao Tribunal, se dera com o Protocolo n.º 14, no ano de 2010. Este introduziu novas formações judiciais para os casos mais simples, por intermédio de juízes singulares, e estabeleceu novos critérios de admissibilidade de petições. Nos ensinamentos de André de Carvalho Ramos:

> Há aqui duas inovações do Protocolo n.º 14 para dar maior eficiência ao mecanismo europeu. A primeira inovação é a introdução da figura do juiz singular, com poder de indeferir demandas. A segunda inovação são os novos fundamentos do indeferimento sumário, que pode ser adotado se a demanda for manifestamente infundada ou ainda não ter sido provado "prejuízo" ou "desvantagem" insignificante, sem que haja necessidade de discussão maior dos direitos previstos na Convenção (*de minimis non curat praetor*). [...][446]

[445] No entendimento de Delgado: *"Com la anterioridad a la vigência del Protocolo 11 la Comisión era el órgano ante el que debían presentarse las reclamaciones sobre presuntas violaciones de los derechos fundamentales reconocidos tanto en el convenio como em sus protocolos. [...] El Protocolo 11 viene a poner solución a estas diferencias en el convenio y lo hace mediante um sistema facultativo para los Estados, sino mediante na reforma del propio Convenio. [...] Podemos resumir las innovaciones en 1998 en el Convenio em dos grandes grupos. Por uma parte están las modificaciones puramente formales, como la rotulación de los artículos Pero lo más signficativo de la reforma es la reestructuración del mecanismo de protectión de los derechos. Aquí se encuentran la supresión de la Comisión, la reducción del papel del Comité de Ministros a la supervisión de la ejecución de las sentencias, y la capital a nuestro entender, que es la transformación del Tribunal."* (DELGADO, Lucrecio Rebollo. **El Derecho Fundamental a la Intimidad**. Madrid: DinkinsonTecnos, 2000. p.270).

[446] RAMOS, André de Carvalho. **Processo internacional de direitos humanos.** 3.ed. São Paulo: Saraiva, 2013. p.172.

Ainda, o Protocolo n.º 15, adotado em 2013, inseriu no preâmbulo da Convenção o princípio da subsidiariedade e a doutrina de margem de apreciação nacional.[447,448] Igualmente, reduziu de 6 para 4 meses o tempo de apresentação de uma petição ao Tribunal, após uma decisão jurisdicional nacional.

No mesmo ano, também fora adotado o Protocolo n.16, ainda opcional, cujo qual permitiu que as mais altas cortes e tribunais domésticos requeiram do Tribunal pareceres e opiniões acerca da interpretação ou aplicação dos direitos e liberdades definidos na Convenção Europeia.[449]

Aprofundando o estudo acerca da possibilidade de apresentação de petições diretamente ao Tribunal, infere-se a possibilidade de qualquer Estado contratante ou qualquer particular (seja pessoa singular, organização governamental ou até mesmo grupo de particulares) que se considere vítima de violação de um dos direitos previstos na Convenção, dirigir uma queixa, alegando que a violação se deu por intermédio de um ato ou inação de um Estado igualmente contratante. Quanto à legitimidade passiva, cabe ressaltar que esta será sempre de um Estado contratante. Em termos gerais, tem-se as seguintes constatações:

> Os indivíduos, grupos de indivíduos ou organizações não governamentais, sob a jurisdição dos Estados-membros são legitimados a propor ações de apuração de responsabilidade internacional por violações de direitos humanos de sua titularidade. Assim, não há – como no sistema

[447] Cabe, aqui, a ressalva feita por André de Cavalho Ramos: "esse uso da interpretação nacional dos direitos humanos internacionais consagra o que denomino 'internacionalização ambígua ou imperfeita dos direitos humanos': os Estados ratificam os tratados de direitos humanos, mas continuam a interpretá-los localmente. Verdadeira pseudointernacionalização, pois a interpretação final continua sendo 'nacional'". (*Ibid.*, p.176).

[448] A margem de apreciação nacional pode melhor ser entendida a partir do seguinte trecho: "a doutrina da margem nacional de apreciação está relacionada com os limites decisórios dos sistemas de justiça internacional, supranacional e regional em matéria de direitos humanos. Em verdade, por uma parte, a ideia de margem está associada à problemática da construção do 'comum' que, de outra, não rejeita, antes reconhece, a diversidade dos sistemas de direito e das culturas". (SALDANHA, Jânia Maria Lopes; BRUM, Márcio Morais. A margem nacional de apreciação e sua (in)aplicação pela Corte Interamericana de Direitos Humanos em matéria de anisita: uma figura hermenêutica a serviço do pluralismo ordenado? **Anuario Mexicano de Derecho Internacional**, México, v.15, n.1, p.203, 2015).

[449] EUROPEAN COURT OF HUMAN RIGHTS. Disponível em: <http://www.echr.coe.int>. Acesso em: 29 jun. 2015.

interamericano de direitos humanos – a possibilidade de uma organização não governamental processar um Estado por violação de direitos humanos de terceiros: só tem legitimidade ativa para propor ações que tutelem seus próprios direitos. Essa restrição atomiza as demandas perante a Corte, que possuem caráter *individual* e não coletivo.[450]

O Tribunal detém competência para conhecer de todas as questões atinentes à interpretação e aplicação da Convenção Europeia e de seus respectivos protocolos. A partir do princípio da subsidiariedade, só poderá ter competência para a causa caso ocorra o esgotamento dos recursos internos. Compete-lhe, também, a emissão de pareceres sobre questões jurídicas levantadas pelo Comitê de Ministros acerca da interpretação da Convenção e de seus protocolos.[451]

Avalia-se ter o Tribunal Europeu de Direitos Humanos avançado quando possibilitou a apresentação de petições diretamente do indivíduo, não passando por qualquer outro órgão para análise prévia de admissibilidade.

Entretanto, há um todo sombrio nesta conjuntura: a possibilidade de admissão de demandas individuais diretamente ao Tribunal prejudicou a eficácia e a celeridade das decisões. Por não haver um órgão prévio de controle de admissibilidade, os cidadãos demandam diretamente ao Tribunal sem nem ao menos refletirem se realmente existiu a violação de direitos previstos na Convenção ou se já esgotaram, de fato, todos os recursos da jurisdição interna. Assim, o aumento da demanda agravou a eficácia da reparação das reais violações de direitos humanos.

Em números, destaca-se que, em consonância com o Relatório Anual de 2012, a apresentação de 65.000 petições; em 2013, segundo o Rela-

450 Ramos, André de Carvalho. **Processo internacional de direitos humanos**. 3.ed. São Paulo: Saraiva, 2013. p.169.

451 Conclui Sidney Guerra: "A Corte também tem competência consultiva, isto é, pode opinar por meio de pareceres sobre questões jurídicas atinentes à Convenção, desde que não analisem questões relativas ao conteúdo ou à extensão dos direitos e liberdades definidos no título I da referida Convenção, bem como nos Protocolos e em outras questões em virtude de recurso previsto pela Convenção possam ser submetidos ao Tribunal ou Comitê de Ministros. Vale ressaltar que o Comitê de Ministros é que pode solicitar um parecer consultivo à Corte Europeia de Direitos Humanos." (Guerra, Sidney. **Direitos humanos**: na ordem jurídica internacional e reflexos na ordem constitucional brasileira. São Paulo: Atlas, 2014. p.104).

tório Anual de 2013, ocorreram 65.800 novas petições. Apesar de um decréscimo significativo, o número de 2014 continua elevado, contando com 56.250 novas demandas apresentadas ao Tribunal.[452] De fato, a alta demanda no Tribunal é, hoje, o grande desafio do sistema europeu de proteção de direitos humanos.

3.3.2.2 *O sistema africano*

O sistema regional de proteção dos direitos humanos africano é o mais recente dos sistemas, observando seu desenvolvimento somente a partir dos anos 80.

A proteção dos direitos humanos na África é marcada por circunstâncias históricas, influências das tradições locais e valores das civilizações que ali vieram a prosperar, com inúmeras diversidades culturais e marcas características do sofrimento do processo de descolonização e da luta pela autodeterminação de seus povos.

Deveras, no sistema africano prepondera o direito dos povos, tendo em vista que a própria civilização africana se desenvolvera de maneira tribal. Ocorre que, por conta das atrocidades da Primeira Guerra Mundial e dos abusos cometidos pelo colonialismo europeu, a África perdera muitas de suas características, buscando o sistema africano a proteção dos valores dos povos que ali ainda se encontram.

> Como se sabe, o continente africano também foi palco de grandes atrocidades em relação aos direitos humanos, e o desenvolvimento desse sistema de proteção é igualmente importante para promover melhores condições para os povos africanos. Entretanto, deve-se alertar que o texto produzido na África de distingue em seus traços gerais dos documentos produzidos na Europa e na América. Isso porque, ao invés de consagrar de forma preponderante os direitos civis, como os outros continentes, o aludido texto preconiza a proteção de direitos dos povos.[453]

[452] EUROPEAN COURT OF HUMAN RIGHTS. **Analysis of statistics 2014**. Disponível em: <http://www.echr.coe.int/Documents/Stats_analysis_2014_ENG.pdf>. Acesso em: 29 jun. 2015.

[453] GUERRA, Sidney. **Direitos humanos**: na ordem jurídica internacional e reflexos na ordem constitucional brasileira. São Paulo: Atlas, 2014. p.114.

Presenciam-se, ali, graves e sistemáticas violações dos direitos humanos, sendo indispensável um sistema regional que comporte mecanismos e órgãos para a plena eficácia dos direitos em pauta.

Assim, o sistema de proteção dos direitos humanos na África é composto pela União Africana (UA), cuja qual substituíra, em 2002, a Organização da Unidade Africana. Ainda, conta com a Carta Africana de Direitos Humanos e dos Povos, conhecida como *Carta de Banjul*, firmada em 1981 e em vigor desde 1986.

Quanto ao histórico deste sistema de proteção, desenrolaram-se diversas tentativas de consolidação da proteção dos direitos humanos no continente africano. Já em 1919, ao final da Primeira Guerra Mundial, fora realizado o primeiro Congresso Panafricano, no seio da Conferência de Paz de Versailles, reivindicando o fim do trabalho forçado, dos castigos físicos e o direito à preservação e continuidade do idioma e das culturas locais.[454]

Mais tarde, em 1958, na chamada *All African People's Conference*, realizada em Gana, é que se adotaram as seguintes resoluções: a) o estabelecimento de um prazo final para que as potências colonizatórias garantissem a independência de seus territórios africanos; b) a adoção de medidas imediatas para que o governo britânico dissolvesse a Federação da Rhodesia e Niassalândia; c) a criação de um fundo especial para ajuda na luta pela independência da África; d) a condenação de testes nucleares em solos africanos; e e) a recomendação de cautela dos Estados africanos na luta contra o neocolonialismo, objetivando o efetivo controle de firmas estrangeiras na África.[455]

No ano de 1963, iniciam-se os trabalhos do sistema regional africano, com a criação da Organização da Unidade Africana (OUA), na Etiópia. Entretanto, esta organização não se pautava especificamente na busca pela consolidação dos direitos humanos, mas na descolonização e no combate ao *apartheid*.

Todavia, os Estados da África, pela primeira vez, estavam a experimentar a soberania e, de tal forma, não aceitaram, de antemão, qualquer

[454] RAMOS, André de Carvalho. **Processo internacional de direitos humanos**. 3.ed. São Paulo: Saraiva, 2013.

[455] ALL-AFRICAN PEOPLES' CONFERENCE. **Africa and International Organization**, v.16, n.2, p.429-434, Spring 1962.

interferência externa, nem mesmo para a realização da proteção efetiva de direitos humanos. Desta forma, a OUA, em seu primeiro plano de ação, não previu a interferência nos assuntos internos dos Estados, nem mesmo na pauta atrelada aos direitos humanos.[456]

Deveras, apenas com a proclamação da Carta Africana dos Direitos Humanos e dos Povos (*Carta de Banjul*), em 26 de junho de 1981, é que o sistema africano realmente se consolidou. Resposta aos abusos acometidos ao povo africano na década de 1970, a Carta fora o primeiro documento internacional que previu o direitos dos povos à preservação do equilíbrio ecológico (art. 24). Trouxe à tona valores regionais e universais, prevendo, em seu preâmbulo, a influência direta das tradições e valores africanos. Ainda, este documento viera a preencher a lacuna de proteção dos direitos humanos no campo africano.[457]

Logo em 1998, a OUA estabeleceu o Protocolo à Carta Africana de Direitos Humanos e Direitos dos Povos, entrando em vigor no ano de 2003. Este viera a criar o Tribunal Africano de Direitos Humanos e Direitos dos Povos, que iniciara seus trabalhos em 2006.

Todavia, a OUA demonstrou-se insuficiente para a busca da consolidação dos direitos humanos em território africano, criando-se, neste ambiente, a União Africana – iniciando seus trabalhos já no ano de 2001.

Os contornos desta nova organização não foram apenas delimitados pela OUA, mas igualmente pelo Tratado para o Estabelecimento da Comunidade Econômica Africana (aberto a ratificações em 30 de junho de 1991), visando à aceleração no processo de integração do continente, além de possibilitar que os Estados africanos sejam *players* em iguais condições a outros atores da economia global.[458]

A visão da União Africana repousa, primordialmente, na "integração, prosperidade e paz africana, dirigindo-se por seus próprios cidadãos e representando uma força dinâmica na arena global"[459].

[456] Segundo o art. III da Carta da OUA, "Os Estados membros, na persecução dos propósitos dispostos no art. II, afirmam e declaram, solenemente, os seguintes princípios: 2. Não interferência nos assuntos internos de cada Estado".

[457] SILVEIRA, Vladmir Oliveira da; ROCASOLANO, Maria Mendez. **Direitos humanos**: conceitos, significados e funções. São Paulo: Saraiva, 2010.

[458] AFRICAN UNION. Disponível em: <http://www.au.int>. Acesso em: 29 jun. 2015.

[459] AFRICAN UNION. Disponível em: <http://www.au.int>. Acesso em: 29 jun. 2015.

Para busca dos objetivos[460] presentes no sistema africano, destaca-se a atuação dos seguintes órgãos: Comissão Africana de Direitos Humanos e Direitos dos Povos e Corte Africana de Direitos Humanos e Direitos dos Povos.

Aportando-se na Comissão Africana de Direitos Humanos e Direitos dos Povos, fora o único órgão criado pela *Carta de Banjul* (art. 30), atribuindo-lhe o dever de promoção e proteção dos direitos humanos e dos povos em terras africanas, elaborando pareceres e recomendações aos governos sobre a temática.

Iniciou seus trabalhos em 1987, sendo um órgão convencional e autônomo – não obstante a manutenção de um estreito vínculo com a Assembleia da União Africana.[461] Apesar de seu valor inestimável ao sistema africano, possui desafios para melhor desempenhar suas funções. O primeiro deles repousa na falta de independência de seus membros, uma vez que muitos deles mantêm ligação direta com seus governos. Outro grave problema é a falta de mecanismos que assegurem o fiel cumprimento das recomendações enviadas aos Estados-partes, não havendo, de fato, uma supervisão efetiva por parte da Comissão em seu cumprimento. Por fim, observam-se problemas pela falta de recursos financeiros para melhor implementação de sua estrutura.

[460] Em suma, a União Africana tem por objetivo: alcançar a unidade e a solidariedade entre os Estados e povos africanos; defender a soberania, a integridade territorial e a independência de seus membros; acelerar a integração política e socioeconômica do continente; promover e defender as posições africanos nos casos de interesses do continente e de seus povos; encorajar a cooperação internacional; promover a paz, a segurança e a estabilidade no continente; promover os princípios democráticos e suas instituições, a participação popular e a boa governança; promover e proteger os direitos humanos e dos povos, em consonância com a Carta Africana e outros instrumentos relevantes de proteção dos direitos humanos; estabelecer condições necessárias que possibilitem que o continente possa negociar em igualdade na economia global e nas negociações internacionais; promover o desenvolvimento sustentável econômico, social e cultural, assim como prever a integração das economias africanas; promover a cooperação em todos os campos da atividade humana, para elevar as condições de vida dos povos africanos; coordenar a harmonizar as políticas existentes com as futuras comunidades econômicas regionais; avançar no desenvolvimento do continente, por intermédio da promoção de pesquisas em todos os campos, especialmente na ciência e na tecnologia; trabalhar com relevantes parceiros internacionais na erradicação e na prevenção de doenças, assim como promover bons níveis de saúde no continente.

[461] A Assembleia é o órgão supremo da União Africana.

No que tange à Corte Africana de Direitos Humanos e Direitos dos Povos, postula-se o fato de esta não ter surgido com a *Carta de Banjul*, sendo fruto dos esforços de algumas ONGs, tais como a Anistia Internacional e a Comissão Internacional de Juristas, que compreenderam a imprescindibilidade de um órgão jurisdicional no sistema africano.

Em decorrência, em 1998, adotou-se o Protocolo à Carta Africana, objetivando, enfim, a criação da Corte Africana dos Direitos Humanos e dos Povos, com sede na Tanzânia. Entrou em efetiva atividade em julho de 2006.

A Corte detém competência consultiva e contenciosa. Quanto à sua competência consultiva, pode ser demandada sobre quaisquer questões atinentes aos direitos da Carta Africana ou de outros instrumentos de direitos humanos. A legitimidade para tanto recai sobre os Estados-membros da União Africana, sobre quaisquer dos órgãos da União Africana e sobre outra organização internacional que desenvolva seus trabalhos na África e que seja reconhecida pela UA.

Coordenando sua competência contenciosa, a jurisdição da Corte deverá ser expressamente aceita pelos Estados, com conexão à interpretação e aplicação da *Carta de Banjul*. São sujeitos passíveis de propositura de demandas na Corte:

> i) Comissão Africana de Direitos Humanos e dos Povos; b) Estado-parte que viera a acionar a Comissão ou que fora demandado nesta; c) Estado de nacionalidade da vítima que teve seu direito humano transgredido; d) qualquer organização internacional intergovernamental africana; e e) indivíduo ou organização não-governamental (a depender do crivo da Corte e da adesão do Estado).[462]

A Corte Africana trouxera uma contribuição valiosa para a efetivação do sistema africano e dos próprios direitos humanos na África, mas há muitos problemas a serem superados. O principal deles, talvez, seja o fato de que apenas 26 Estados africanos ratificaram o Protocolo constitutivo e, dentre eles, apenas seis reconhecem a possibilidade de petição de indivíduos ao organismo.

[462] Ramos, André de Carvalho. **Processo internacional de direitos humanos**. 3.ed. São Paulo: Saraiva, 2013.

Tal como a Comissão, a Corte conta com recursos financeiros escassos para a implementação de seus trabalhos, ficando extremamente dependente de contribuições externas. Ainda, há pouca divulgação e conhecimento sobre sua existência e contribuição para a proteção dos direitos humanos dos africanos.

Há de se reconhecer a importância vital do sistema africano de proteção de direitos humanos, mas sem nunca perder de vista que este está muito aquém das necessidades africanas.

De tal forma, os pontos centrais que merecem maiores destaques, objetivando a efetivação dos direitos humanos e um sistema de proteção coerente com sua realidade são: a superação dos entraves da divisão imposta pela descolonização; a superação da barreira política imposta aos direitos humanos (especialmente decorrente do princípio da não interferênca nos assuntos internos dos Estados, requícios de uma soberania já arcaica e não pautada na cooperação); e o efetivo desenvolvimento de mecanismos de proteção aos direitos humanos em nível primário, qual seja, em nível doméstico. Só então poder-se-á falar em uma África preparada e disposta a consolidadar um sistema regional de proteção dos direitos humanos.

3.3.2.3 *A proteção dos direitos humanos em outras regiões*

Há de se considerar, neste momento, a existência de documentos e organismos pautados nos direitos humanos em outras regiões do mundo, mas que ainda não conseguiram, efetivamente, consolidar um sistema de proteção dos direitos humanos.

Neste arranjo, aponta-se a proteção dos direitos humanos no Oriente Médio. Logo em 1945, surge a Liga dos Estados Árabes como organização voltada à aproximação de seus Estados, considerando seus negócios e interesses.

No que tange aos documentos regionais, constata-se a existência da Declaração Universal Islâmica de Direitos Humanos, de 1981, e da Carta Árabe de Direitos Humanos (1994). Entretanto, quanto a este último documento, são lhe depositadas algumas críticas, como bem alude Louise Arbour, Alta Comissária da ONU para os direitos humanos:

> Ao longo do desenvolvimento da Carta Árabe, meu escritório expressou preocupações aos elaboradores sobre incompatibilidade de algumas de suas disposições com normas e padrões internacionais. Essas preocupações

> incluíram a possibilidade de pena de morte para crianças e os direitos das mulheres e não cidadãos. Além disso, ao que concerne à equiparação do sionismo com o racismo, nós reiteramos que a Carta Árabe não está em conformidade com a Resolução da Assembléia Geral 46/86, que rejeita que o sionismo seja uma forma de racismo e de discriminação racial.[463]

Até o presente momento, não se observa a existência de qualquer órgão que atue exclusivamente na promoção, proteção e efetivação dos direitos humanos. Entretanto, há de se considerar a disposição expressa no art. 45 da Carta Árabe sobre a possibilidade de estabelecimento de um Comitê Árabe de Direitos Humanos.

Discorrer sobre a realização de um sistema árabe de proteção dos direitos humanos, em termos recentes, acaba por ser um grande desafio, dado o sombrio momento da região. Fato é que ditaduras, imposições abusivas religiosas e as atrocidades cometidas pelo Estado Islâmico fazem com que os direitos humanos não tenham caráter prioritário naquele local.

No que diz respeito à Ásia, o tema dos direitos humanos entrou na pauta de debates nos anos de 1990, quando então os governos da região buscaram formas de validar suas políticas. No entanto, até hoje, as maiores reivindicações asiáticas repousam nos direitos econômicos. Segundo a doutrina:

> O principal direito demandado por esses países é o econômico. Na Conferência de Viena, os países do leste asiático encabeçaram um movimento segundo o qual os direitos econômicos devem preceder todos os outros. Os direitos sociais, civis, políticos e culturais encontram poucos países adeptos na região.[464]

Demonstra-se, assim, que aludir a um sistema asiático de proteção dos direitos humanos está muito além da realidade daquela região. Fato é que, antes de se chegar a um sistema de proteção naquele local, indispensável se faz a prevalência dos direitos humanos em sua totalidade, e não dirimindo a consolidação de muitos em detrimento apenas dos direitos econômicos.

[463] OFFICE OF THE HIGH COMMISSIONER FOR HUMAN RIGHTS. Disponível em: <http://www.unhchr.ch/hurricane/hurricane.nsf/view01/6C211162E43235FAC12573E00056E19D?opendocument>. Acesso em: 30 jun. 2015.

[464] GODINHO, Fabiana de Oliveira. **A proteção internacional dos direitos humanos**. Belo Horizonte: Del Rey, 2006. p.151.

Capítulo 4
O Sistema Regional Interamericano: Análises e Buscas Cooperativas para Harmonizar o Cumprimento das Sentenças da Corte Interamericana de Direitos Humanos

4.1 A Realidade do Sistema Regional Interamericano

O sistema regional interamericano traduz-se de maneira peculiar, haja vista compor-se por normativas não atreladas apenas a um único documento e/ou a um único organismo internacional.

Pelo seu próprio contexto geopolítico, a região necessitou buscar formas e meios coerentes para a harmonização de seus ideais políticos, conjugando-os ao empenho pela consolidação e efetivação dos direitos humanos na região.

Em verdade, o desenvolvimento do sistema regional interamericano em muito fora dependente da superação de certas questões internas de seus Estados-partes – governos autoritários, falta de alinhamento e diálogo entre os Estados, guerras civis –, cujas quais obstruíram a proteção internacional dos direitos humanos no continente.

Outrossim, há de se considerar a participação dos países latino-americanos quando do surgimento da Declaração Universal dos Direitos Humanos no bojo da ONU: das 50 nações da América Latina, 21 delas se fizeram representar em tal documento. Interpreta-se este feito como uma vontade crescente dos países do continente cooperarem[465], arranjarem e estruturarem-se em prol de mecanismos internacionais de proteção dos direitos humanos.[466]

Neste encadeamento, precisam-se documentos primordiais para a criação do sistema regional interamericano, quais sejam: a Declaração Americana dos Direitos e Deveres do Homem, a Carta da Organização dos Estados Americanos, a Convenção Americana de Direitos do Homem e o Protocolo de São Salvador.

Claro deve ficar que tais documentos consolidaram definitivamente as tentativas anteriores de integração do povo americano para com a proteção internacional dos direitos humanos. Entretanto, esforços cooperativos foram anteriores à emergência destas normativas.

Cabe dizer que os documentos internacionais em referência desembocaram na criação do sistema de proteção interamericano, traduzindo-se, basicamente, nas estruturas da Organização dos Estados Americanos[467] (OEA), sendo esta quem possibilitara a disseminação, a proteção e a eficácia dos direitos humanos em âmbito interamericano.

[465] Não se descarta, neste momento, a ideia de solidariedade entre os países do continente americano. Estar-se-ia caindo na falácia de acreditar que solidariedade e cooperação não andam atreladas uma à outra, caso o entendimento fosse o contrário. Entretanto, não obstante a brilhante compreensão de Wagner Menezes sobre a solidariedade e a sua crescente importância em uma real comunidade internacional de Estados, optou-se, neste estudo, em pautar esforços no sentido de cooperação entre os Estados. Em seus ensinamentos: "De fato, à medida que a sociedade internacional se mundializa e se desenvolve a ideia de uma aldeia global, o senso de solidariedade como princípio se fortalece e permeia cada vez mais a ação de Estados, instituições e indivíduos, imprimindo novos temas na agenda global no sentido de combate à pobreza mundial, à fome, às epidemias, da necessária atenção ao desenvolvimento econômico dos povos, transformando-se em motivador para contraposição e derrogação de regras positivas do Direito do Comércio Internacional, como foi o caso recente da quebra de patentes dos remédios contra Aids em casos de epidemia." (MENEZES, Wagner. **Direito internacional na América Latina**. Curitiba: Juruá, 2007. p.261).

[466] Como bem precisa Mary Ann Glendon: "A contribuição latino-americana fora um dos principais fatores a evitar que o documento caísse nas armadilhas de um excessivo individualismo ou coletivismo. Nem o estilo norte-americano, nem um documento de estilo soviético poderia ter levado a um consenso na ONU, que inclui representantes de inúmeras culturas." (GLENDON, Mary Ann. **A World Made New**: Eleanor Roosevelt and the Universal Declaration of Human Rights: Origins, Drafting and Intent. Baltimore: The Johns Hopkins University Press, 2001. p.9).

[467] Mesmo que o sistema interamericano de proteção dos direitos humanos tenha surgido em um momento anterior ao da Organização dos Estados Americanos, fora esta última que

Já em seu artigo inaugural[468], a Carta da OEA de 1948 prevê esforços para obtenção, entre seus Estados-membros, de "uma ordem de paz e justiça, para promover sua solidariedade, intensificar sua colaboração e defender sua soberania, sua integridade territorial e sua independência".

Para a proteção dos direitos humanos, a Organização conta primordialmente com dois órgãos: a Comissão Interamericana de Direitos Humanos e a Corte Interamericana de Direitos Humanos.

Sucede que os primórdios do sistema interamericano de proteção dos direitos humanos retrocedem à criação da Organização dos Estados Americanos. Atrelado aos ideais de Simon Bolívar, que sonhava com uma América Latina unida e composta por uma única grande federação de países, o Congresso do Panamá de 1826 fora o entrecho central para a proposição de suas idealizações. Suas propostas resultaram em uma série de reuniões regionais, objetivando formas de materializar a cooperação entre os Estados americanos.[469]

Todavia, até o ano de 1890, as mencionadas reuniões foram convocadas apenas para solucionar problemas específicos. Fora após esta data que se institucionalizaram os encontros, objetivando a criação de um sistema compartilhado de normas e organismos. Entretanto, os movimentos pautaram-se na cooperação alinhada à Doutrina Monroe[470] – os Estados Unidos se colocavam como protetores necessários dos Estados recém-independentes da América Latina.

Logicamente, este não era o entrecho ideal para o desenvolvimento e robustecimento de um sistema que visava, de fato, à cooperação horizontal entre os Estados das Américas. Mas, independentemente da doutrina que se fizera presente, o movimento conhecido como Conferências

inaugurou a manifestação política do sistema regional, além de ter aberto a possibilidade de uma evolução consistente e segura.

[468] CARTA DA ORGANIZAÇÃO DOS ESTADOS AMERICANOS. Disponível em: <http://www.oas.org/juridico/portuguese/carta.htm>. Acesso em: 22 jul. 2015.

[469] BUERGENTHAL, Thomas. **La Proteccion Internacional de los Derechos Humanos en las Americas**. Costa Rica: Editorial Juricentro, 1983.

[470] Conforme entendimento de Sidney Guerra: "[...] Os Estados Unidos expressaram suas intenções com relação aos seus vizinhos por declarações unilaterais, como a 'Doutrina Monroe', por intervenções veladas ou abertas nos assuntos internos dos países latino-americanos e por políticas agressivas guiadas pelos princípios do 'Destino Manifesto'." (GUERRA, Sidney. **O sistema interamericano de proteção dos direitos humanos e o controle de convencionalidade**. São Paulo: Atlas, 2013. p.7).

Pan-Americanas – nove encontros ocorridos no século XIX – fora primordial para o sistema interamericano, facilitando a aproximação dos Estados daquele envolto geográfico, findando na criação da Organização dos Estados Americanos.

A primeira grande reunião, conhecida como Primeira Conferência Internacional Americana, contou com a presença de 18 Estados e veio a realizar-se em Washington D.C., entre os meses de outubro de 1889 e abril de 1890. Fora nesta que ocorrera o estabelecimento da União Internacional das Repúblicas Americanas, que, mais tarde, veio a transformar-se na União Pan-Americana e, devido à expansão de suas funções, transmutou-se na Secretaria Geral da Organização dos Estados Americanos.

Contudo, não fora apenas a União Pan-Americana que facilitou a cooperação entre os Estados Americanos. Muitas outras instituições colaboraram no desenvolvimento do sistema interamericano: Organização Pan-Americana da Saúde (1902); Comissão Jurídica Interamericana (1906); Instituto Interamericano da Criança (1927); Comissão Interamericana da Mulher (1928); Instituto Pan-Americano de Geografia e História (1928); Instituto Indigenista Interamericano (1940); Instituto Interamericano de Cooperação para a Agricultura (1942); e Junta Interamericana de Defesa (1942).

Independentemente de sua grandiosidade, nenhuma das oito primeiras Conferências trouxera, de fato, uma perspectiva ampla sobre a proteção regional dos direitos humanos. Fora apenas na Nona Conferência Internacional Americana, realizada em Bogotá e datada de 1948, que frisaram-se os valores atrelados aos direitos humanos e sua necessária representatividade em documentos e organismos interamericanos. De fato, fora neste cenário que se adotou a Carta da Organização dos Estados Americanos, o Tratado Americano sobre Soluções Pacíficas (*Pacto de Bogotá*) e a Declaração Americana dos Direitos e Deveres do Homem.

A partir de então, a chamada União Pan-americana reconfigura-se na Organização dos Estados Americanos – organização intergovernamental e com a possibilidade de qualquer Estado americano vir a integrar suas estruturas. Conta com normatividade e princípios próprios, quais sejam:

> Os princípios da OEA são apoiados em grande parte na doutrina latino-americana e nas discussões ocorridas a partir das conferências

interamericanas como: respeito ao primado do direito internacional; igualdade; respeito à autonomia soberana dos Estados; o *pacta sunt servanda*; a boa-fé, solidariedade e defesa conjunta; a cooperação econômica; solução pacífica de controvérsias; o repúdio à guerra; o respeito aos direitos fundamentais da pessoa humana, a autodeterminação dos povos e a não intervenção.[471]

Não obstante a importância dos outros, o substancial documento do sistema interamericano de proteção dos direitos humanos é a Declaração Americana dos Direitos e Deveres do Homem[472], anterior à própria Declaração Universal dos Direitos Humanos. Com seu projeto preparado pela Comissão Jurídica Interamericana, viera a possibilitar, mais tarde, a adoção (1969, entrando em vigor em 1978) da Convenção Americana de Direitos Humanos (*Pacto de São José da Costa Rica*).

A Declaração clamou a universalidade dos direitos humanos, apontando, já em seu Preâmbulo, a incidência de seus termos apenas pela condição de ser humano, independentemente de sua nacionalidade ou cidadania. A única peculiaridade que se nota é que, assim como a Declaração Universal, ambos os documentos são meras recomendações, com valores morais para os Estados, não contando com força normativa. Como bem explica André de Carvalho Ramos:

> Por isso, a fórmula para densificar o conceito de "direitos humanos" previsto como um dos objetivos da Organização foi de adotar, na própria Conferência de Bogotá em 1948, uma "Declaração" não vinculante e não um tratado internacional (que só seria adotado em 1969). Essa Declaração, denominada Declaração Americana de Direitos e Deveres do Homem, aprovada em maio de 1948 junto com a Carta da OEA, antecedeu a própria Declaração Universal de Direitos Humanos (aprovada em dezembro de 1948). [...][473]

[471] Menezes, Wagner. **Direito internacional na América Latina**. Curitiba: Juruá, 2007. p.138.

[472] A Declaração vem a proteger, especialmente, o direito à vida, à segurança, à liberdade, à integridade, à igualdade, ao sufrágio, à participação no Governo, à justiça, à proteção contra prisão arbitrária e a livre associação e reunião.

[473] Ramos, André de Carvalho. **Processo internacional de direitos humanos**. 3.ed. São Paulo: Saraiva, 2013. p.201.

Quanto à Carta da Organização dos Estados Americanos, fora resultado de um extenso processo de negociação, iniciado em 1945 e finalizado em 30 de abril de 1948, quando então ocorrera sua assinatura na 9.ª Conferência Internacional Americana, em Bogotá. Previram-se os objetivos e as bases jurídicas da nova Organização dos Estados Americanos, tais como o alcance da ordem de paz e justiça nos países da América, o fomento da solidariedade, a defesa da soberania, da integridade territorial e da independência[474]. Como objetivos centrais destacam-se: o fortalecimento da democracia e da governabilidade na região, a paz, a segurança e a busca pela consolidação dos direitos humanos.

Todavia, apesar dos esforços da Organização na promoção e proteção dos direitos humanos, estes não prosperaram durante longos anos, dados fatores especialmente atinentes ao fato dos Estados Unidos terem se mostrado favoráveis à diluição latino-americana: apoiavam ditaduras, golpes militares e guerras internas de cunho separatista, obstruindo a materialização da cooperação, da democracia e, em última análise, dos próprios direitos humanos na região.

Em 1959, por ocasião da 5.ª Reunião de Consultas de Ministros das Relações Exteriores, a OEA se viu na obrigação de criar um órgão exclusivo para o tema direitos humanos: surge, assim, a Comissão Interamericana de Direitos Humanos.

No ano de 1960, promulgou-se o estatuto da Comissão, dando-lhe o caráter de entidade autônoma da OEA, com a função precípua de promoção ao respeito dos direitos humanos previstos na Declaração Americana (art. 1.º do Estatuto). Momentos após, em 1965, por intermédio da II Conferência Interamericana Extraordinária, aprovaram-se alterações em seu estatuto, dando-lhe novas funções, especificamente quanto à vigilância das obrigações dos assuntos atinentes aos direitos humanos assumidas pelos Estados-partes da OEA. A partir de então, considerou-se a Comissão como órgão internacional de supervisão, dentro do sistema interamericano de proteção dos direitos humanos.

Ainda que com uma institucionalização já estabelecida, a OEA carecia de codificação, tendo em vista seu sistema ter sido articulado, basicamente, por declarações, resoluções e pronunciamentos, sem força

[474] Hitters, Juan Carlos; Fappiano, Oscar L. **Derecho internacional de los derechos humanos**. 2 ed. Buenos Aires, 2007.

vinculante prática. Neste cenário, em 1967, inciou-se a reforma da Carta da OEA, com a elaboração do Protocolo de Buenos Aires, vindo a efetivar-se em 1970, com a entrada em vigor deste último.[475] O Protocolo tratou, em seu art. 51, de qualificar a Comissão de Direitos Humanos como um dos órgãos principais da OEA, com suas funções precipuamente descritas em seu art. 112[476].

A Carta da OEA sofrera mais três modificações, mediante Protocolos de Reforma. O primeiro deles, Protocolo de Cartagena das Índias, de 1985, previa a responsabilidade dos Estados acerca do desenvolvimento, com a promoção de uma ordem econômica e social equânime que visasse ao pleno desenvolvimento do ser humano.

O Protocolo de Washington, de 1992, desenvolvera-se em ambiente peculiar: à exceção de Cuba, que se encontrava suspensa da Organização, todos os Estados partilhavam de regimes democráticos, introduzindo, assim, no art. 9.º, a chamada *cláusula democrática* na OEA, onde *um membro da OEA pode ser suspenso como sanção à ruptura do regime democrático.*[477]

Por fim, o Protocolo de Manágua, de 1993, complementou a estrutura da Organização, criando o Conselho Interamericano de Desenvolvimento Integral, objetivando o fomento da cooperação entre os Estados das Américas.

4.1.1 A Convenção Americana sobre Direitos Humanos (Pacto de São José da Costa Rica – CADH) e seu Protocolo Adicional (Protocolo de São Salvador)

Os Estados americanos, com a criação da Organização dos Estados Americanos, cooperaram entre si para solidificar um ambiente próspero voltado à propagação e consolidação dos direitos humanos. Neste enredo, constatou-se a exigência de um documento vinculativo que previsse

[475] PROTOCOLO DE BUENOS AIRES. Disponível em: <http://www.oas.org/dil/treaties_B-31_Protocol_of_Buenos_Aires.htm>. Acesso em: 23 jul. 2015.

[476] "Haverá uma Comissão Interamericana de Direitos Humanos que terá como função principal a de promover a observância e a defesa dos direitos humanos e servir como órgão consultivo da Organização nesta matéria. Uma convenção interamericana sobre direitos humanos determinará a estrutura, competência e procedimentos dessa Comissão, assim como a dos outros órgãos encarregados dessa matéria".

[477] RAMOS, André de Carvalho. **Processo internacional de direitos humanos.** 3.ed. São Paulo: Saraiva, 2013. p.203.

direitos passíveis de proteção no sistema interamericano. Assim, irrompe-se o documento mais importante do sistema interamericano de direitos humanos, a Convenção Americana sobre Direitos Humanos – também conhecida como Pacto de São José da Costa Rica.[478]

Fruto da Conferência Interamericana Especializada sobre Direitos Humanos – e tendo entrado em vigor em 18 de julho de 1978 –, tratou, primordialmente, sobre a observância e a proteção dos direitos humanos entre os Estados americanos.[479]

Segundo suas características, a Convenção vem a ser um tratado para a proteção regional dos direitos humanos, possibilitando que todos os Estados- membros da OEA sejam também partes da Convenção Americana. Por conseguinte, vale a ressalva: os Estados-membros da OEA não serão, necessariamente, parte da Convenção Americana de Direitos Humanos, tendo em vista ser esta documento autônomo.[480] Como bem se refere Vladmir Oliveira da Silveira:

> Para afirmar a responsabilização dos Estados que integram este sistema é preciso considerar que nem todos os Estados da OEA estão vinculados à Convenção Americana de Direitos Humanos. Os que aderiram apenas a OEA aceitaram a Carta dessa organização e a Declaração Americana de Direitos e Deveres do Homem, mas não se encontram obrigados pela Convenção.[481]

A partir de então, verifica-se função dúplice à Comissão Interamericana de Direitos Humanos: em primeiro plano, deverá examinar se o Estado é parte apenas da Carta da OEA, fiscalizando somente o cumprimento deste documento; uma segunda hipótese é o Estado ser membro da OEA e, igualmente, parte da Convenção Americana, podendo, então, analisar petições individuais e propor ações na Assembleia Geral da OEA ou na Corte Interamericana de Direitos Humanos (caso o Estado

[478] SILVEIRA, Vladmir Oliveira da; ROCASOLANO, Maria Mendez. **Direitos humanos**: conceitos, significados e funções. São Paulo: Saraiva, 2010. p.167.

[479] BUERGENTHAL, Thomas. **La Proteccion Internacional de los Derechos Humanos en las Americas**. Costa Rica: Editorial Juricentro, 1983. p.49.

[480] Ressalta-se que, em muitos casos, as obrigações advindas da Carta da OEA e da Convenção Americana são justapostas.

[481] SILVEIRA, Vladmir Oliveira da; ROCASOLANO, Maria Mendez. **Direitos humanos**: conceitos, significados e funções. São Paulo: Saraiva, 2010. p.167.

tenha, também, reconhecido a competência jurisdicional da Corte).[482] Constata-se dois subsistemas normativos em matéria de direitos humanos no âmbito do sistema interamericano de proteção, como elucida a passagem:

> Dada a diversidade de fontes jurídicas, no continente americano há dois subsistemas normativos em matéria de direitos humanos, que não são incompatíveis entre si, mas se reforçam mutuamente. O primeiro subsistema deriva-se da *Carta da OEA* e atinge todos os Estados Membros desta Organização. Tem a Comissão Interamericana de Direitos Humanos como órgão de implementação dos preceitos primários proclamados em seu bojo.
>
> O segundo advém da entrada em vigor da CADH e dos outros instrumentos a ela conexos. Através dela foi criado o segundo órgão supervisor do sistema interamericano de direitos humanos: a Corte Interamericana de Direitos Humanos. Ressalte-se que a CIDH faz parte, como órgão comum, de ambos os subsistemas.[483]

O propósito da Convenção já vem elencado em seu preâmbulo: consolidar, neste Continente, dentro do quadro das instituições democráticas, um regime de liberdade pessoal e de justiça social, fundado no respeito dos direitos essenciais do homem.

Concentrando-se em sua estrutura, está dividida em três partes, com onze capítulos, em um total de 82 artigos. Em sua Parte I estão os direitos e deveres impostos aos Estados, chamados de Deveres dos Estados e Direitos Protegidos. Já em sua Parte II encontram-se os mecanismos de proteção, prevendo a existência de órgãos para tanto, como a Comissão e a Corte Interamericana de Direitos Humanos. Na Parte III estão as disposições finais e transitórias, tratando sobre assinatura, ratificação, emenda, reserva, denúncia e protocolo. Sintetiza-se:

[482] Para André de Carvalho Ramos, "a Comissão Interamericana de Direitos Humanos tem, então, 'duplo tratamento normativo': o primeiro deles, já analisado, perante a Carta da OEA, e o segundo, perante a Convenção Americana de Direitos Humanos. Todavia, o órgão é o mesmo, variando apenas as atribuições 'quando age como órgão da OEA ou quando age como órgão da Convenção Americana de Direitos Humanos'." (Ramos, André de Carvalho. **Processo internacional de direitos humanos**. 3.ed. São Paulo: Saraiva, 2013. p.220).

[483] Santos, Janara Pereira César. Sistema interamericano de proteção dos direitos humanos: um sistema jurídico pouco conhecido. **Revista da Esmese**, Sergipe, n.9, p.192, 2006.

> A Convenção consagra duas partes, ou seja, a primeira que trata dos conceitos relativos aos direitos humanos, e a segunda que corresponde aos mecanismos de proteção, sendo considerado um documento importante por vários aspectos: (a) define de forma clara os direitos humanos protegidos no Sistema Interamericano; (b) cria obrigações para os Estados; e (c) compromete os Estados a adotarem disposições de direitos interno para promover os direitos humanos.[484]

Na elocução da Convenção Americana de Direitos Humanos verifica-se a influência do Pacto Internacional dos Direitos Civis e Políticos, de 1966, e da Convenção Europeia de Direitos Humanos, de 1950. Quanto ao primeiro deles, fica clara a preferência da Convenção Americana pela proteção dos direitos civis e políticos, deixando para a normativa interna dos Estados a adoção dos direitos.[485] Há, de fato, o estabelecimento de dispositivos voltados ao controle das obrigações estatais quanto aos direitos civis e políticos.

Ainda assim, a concepção dos direitos humanos em plano americano passa por um processo contínuo de evolução semântica, garantindo-lhe, pela interpretação, palco cada vez mais abrangente. Estrutura-se a afirmativa de serem "*practicas e medios discursivos, expresivos y normativos que pugnan por reinsertar a los seres humanos en el circuito de reproducción y mantenimiente de la vida, permitiendo abrir espacios de interpelación, de lucha y de reivindicación*"[486].

A influência da Convenção Europeia de Direitos Humanos repousa na adoção, pela Convenção Americana, do procedimento bifásico[487]: preveem-se dois órgãos com competência para verificar o cumprimento dos compromissos dos Estados na Convenção, sendo eles a Comissão Interamericana e a Corte Interamericana de Direitos Humanos.

[484] Guerra, Sidney. **O sistema interamericano de proteção dos direitos humanos e o controle de convencionalidade**. São Paulo: Atlas, 2013. p.41.

[485] Segundo os termos da própria Convenção, no que tange aos direitos econômicos, sociais e culturais, os Estados devem "adotar providências, tanto no âmbito interno como mediante cooperação internacional,especialmente econômicas, sociais e sobre educação, ciência e cultura, constantes da Carta da Organização dos Estados Americanos [...], na medida dos recursos disponíveis, por via legislativa ou por outros meios apropriados".

[486] Herrera Flores, Joaquín. **El Vuelo de Anteo**: Derechos Humanos y crítica de la razón liberal. Bilbao: Desclée de Brouwer, 2007.

[487] O sistema europeu, antes da adoção de seu Protocolo n. 11, previa, também, o procedimento bifásico.

A Convenção ainda reorganizou a Comissão Interamericana, garantindo-lhe novas funções, competências e procedimentos. Ademais, previu um novo estatuto à Comissão, dando-lhe maior capacidade de atuação ante denúncias[488], bem como a intercomunicação necessária e efetiva entre ela e a Corte Interamericana de Direitos Humanos[489]. Mede-se, a partir da Convenção, o robustecimento no papel da Comissão Interamericana assegurando-lhe autoridade e capacidade específica para proteger os direitos humanos.

Como outrora já se discorrera, a Convenção Americana não tratou, especificamente, dos direitos econômicos, sociais e culturais.[490] Assim, no 18.º Período Ordinário de Sessões, em novembro de 1988, a Assembleia Geral da OEA, baseando-se nos trabalhos da Comissão, adotou o Protocolo Adicional à Convenção Americana Sobre Direitos Humanos em Matéria de Direitos Econômicos, Sociais e Culturais, conhecido como Protocolo de São Salvador.[491]

Logo em seu preâmbulo, observa-se claramente a aproximação de diferentes grupos de direitos – direitos civis, políticos, econômicos, sociais e culturais –, quando narra que "porquanto as diferentes categorias de direitos constituem um todo indissolúvel que encontra sua base no reconhecimento da dignidade da pessoa humana, pelo qual exigem uma tutela e promoção permanente [...]"[492].

[488] Hodiernamente, há a necessidade de uma autorização específica para possibilitar investigações *in loco* e, ainda, possibilitar a Comissão de solicitar opiniões consultivas em relação à interpretação da Convenção.

[489] Buergenthal, Thomas. **La Proteccion Internacional de los Derechos Humanos en las Americas**. Costa Rica: Editorial Juricentro, 1983. p.57.

[490] Como bem infere Sidney Guerra: "quanto aos direitos sociais, econômicos ou culturais, a Convenção Americana não estabelece de forma clara a proteção para os referidos direitos, mas prevê que os Estados devem adotar medidas para que possam ser alcançados e efetivados no domínio interno, conforme acentua o art.26 do citado documento internacional". (Guerra, Sidney. **Direitos humanos**: na ordem jurídica internacional e reflexos na ordem constitucional brasileira. São Paulo: Atlas, 2014. p.107.

[491] Os direitos abordados no Protocolo de São Salvador podem, resumidamente, serem assim expressos: direitos ao trabalho, à seguridade social, a condições equitativas quanto ao trabalho, à associação sindical, proteção à família, à criança, ao idoso, à cultural, ao meio ambiente equilibrado, entre tantos outros.

[492] PROTOCOLO DE SAN SALVADOR. Disponível em: <http://www.cidh.org/Basicos/Portugues/ e.Protocolo_de_San_Salvador.htm>. Acesso em: 13 jun. 2015.

O Protocolo é composto por 22 artigos, sendo identificados os seguintes temas: (i) obrigações dos Estados (arts. 1.º a 3.º), (ii) restrições permitidas e proibidas e seu alcance (arts. 4.º e 5.º), (iii) direitos protegidos (arts. 6.º a 18), (iv) meios de proteção (art. 19), disposições finais (arts. 20 a 22).[493] Ainda, ao aderirem ao Protocolo, é dever dos Estados:

> [...] se comprometem a adotar as medidas necessárias até o máximo dos recursos disponíveis e levando em conta o seu grau de desenvolvimento, a fim de conseguir, progressivamente, e de acordo com a legislação interna, a plena efetividade dos direitos reconhecidos neste Protocolo.[494]

Destaca-se a presença de outros instrumentos normativos no sistema interamericano, a fim de proteger direitos em espécie, tais como: a) Convenção Interamericana para Prevenir e Punir a Tortura (1985); b) Protocolo Adicional à Convenção Americana de Direitos Humanos, relativo à Abolição da Pena de Morte (1990); c) Convenção Interamericana para Prevenir, Punir e Erradicar a Violência contra a Mulher (1994); d) Convenção Interamericana sobre Desaparecimento Forçado de Pessoas (1994); e) Convenção Interamericana sobre Prevenção, Punição e Erradicação da Violência Contra a Mulher (1995).

Quanto à natureza, concebe-se ao sistema americano as seguintes: *múltipla, jurídica convencional* ou *semi-jurídica,* a depender do grau de comprometimento dos Estados, como se prevê na seguinte doutrina:

> O sistema interamericano de proteção aos direitos humanos tem, em resumo, *natureza múltipla: jurídica e convencional,* para os Estados-partes do "Pacto de São José"; *semijurídica,* para os demais membros da OEA; *judicial,* para os que reconhecem a competência contenciosa da Corte Interamericana, e *política,* por sua capacidade de ação sobre situações nacionais que extrapolam casos individuais.[495]

[493] RAMOS, André de Carvalho. **Curso de direitos humanos**. 2.ed. São Paulo: Saraiva, 2015. p.264.

[494] Os direitos a que se refere são: direito às condições dignas de trabalho, à previdência social, à saúde, ao meio ambiente sadio, à alimentação, à educação, aos benefícios da cultura, à família e aos direitos das crianças, deficientes e idosos.

[495] ALVES, José Augusto Lindgren. **Os direitos humanos como tema global**. 2.ed. São Paulo: Perspectiva, 2003. p.83.

Em suma, deve-se reconhecer a existência de documentos, no âmbito do sistema interamericano, que garantam a proteção e efetividade dos direitos humanos. Ainda, deve-se guardar o devido respeito à Convenção Americana sobre os Direitos Humanos por ter simbolizado e garantido um novo caminho ao continente americano, a partir do respeito, via cooperação entre os Estados, de peculiaridades históricas e jurídicas.

4.1.2 A importância da organização dos Estados americanos e a responsabilidade de seus estados-membros em matéria de direitos humanos

A Organização dos Estados Americanos é, sem dúvidas, a principal organização regional no âmbito da defesa dos direitos humanos. Isto se deve ao fato da própria normativa inaugural do sistema interamericano de proteção dos direitos humanos advir da Carta constitutiva da OEA.

Para compreender a importância da OEA na temática dos direitos humanos, cabe correlacioná-la com o desenrolar da da própria região, como bem salienta Flávia Piovesan:

> Trata-se de uma região marcada por elevado grau de exclusão e desigualdade social ao qual se somam democracias em fase de consolidação. A região convive ainda com as reminiscências do legado dos regimes autoritários ditatoriais, com uma cultura de violência e de impunidade, com a baixa densidade dos Estados de Direitos e com a precária tradição de respeito aos direitos humanos no âmbito doméstico. [...][496]

Os pilares essencias da Organização repousam na democracia, nos direitos humanos, na segurança e no desenvolvimento[497], interligando-os a uma estrutura aberta ao diálogo político, à cooperação, aos instrumentos jurídicos de responsabilização de seus Estados-membros e aos mecanismos de acompanhamento que garantam a eficácia desta última.[498]

[496] Piovesan, Flávia. **Temas de direitos humanos**. 3.ed. São Paulo: Saraiva, 2009. p.42.

[497] Segundo os termos da própria Organização, utiliza-se esta, para o alcance de seus objetivos, de uma quádrupla estratégia, por intermédio de seus pilares essenciais, quais sejam: democracia, direitos humanos, segurança e desenvolvimento.

[498] ORGANIZAÇÃO DOS ESTADOS AMERICANOS. Disponível em: <http://www.oas.org/pt/sobre/ que_fazemos.asp>. Acesso em: 27 jul. 2015.

O diálogo político é garantido pela OEA se demonstrar como o principal foro neutro político das Américas, possibilitando que os Estados superem suas diferenças políticas para o alcance de metas comuns. É na OEA que se desenvolve, de fato, o diálogo multilateral das Américas.

O que a OEA pretende é disseminar a boa vizinhança, em um ambiente democrático passível de garantir as liberdades essenciais, a justiça social e os direitos humanos. Para tanto, a Organização enaltece a cooperação, propondo meios de apoio para o fortalecimento da capacidade institucional e humana dos Estados. Promove treinamentos e bolsas a funcionários do governo nas mais variadas áreas, fornecendo apoio nas eleições, nas negociações comerciais, entre outros projetos. Outra incumbência da OEA é o desenvolvimento de mecanismos de acompanhamento, visando à verificação e à avaliação do progresso dos Estados em diversos tópicos.[499]

Fora pelos esforços da OEA que muitos Estados das Américas adotaram tratados multilaterais, indispensáveis para consolidar e harmonizar legislações nacionais sobre temas diversos, tais como prevenção do tráfico ilegal de armas e direitos das pessoas com deficiência.

No que concerne à responsabilidade internacional[500], apreende-se como a interferência em campo que deveria ser protegido. No palco internacional, induz-se que "a invasão da esfera jurídica de um sujeito de direito por outra pessoa jurídica gera responsabilidade que reveste várias formas definidas por um sistema jurídico particular"[501]. No que

[499] Para tanto, a Organização criou alguns instrumentos próprios, entre eles: Mecanismo de Avaliação Multilateral (MEM); Mecanismo de Acompanhamento da Implementação da Convenção Interamericana Contra Corrupção (MESICIC); Mecanismo de Seguimento da Convenção de Belém do Pará (MESECVI); Grupo de Revisão da Implementação de Cúpulas (GRIC); e Sistema de Acompanhamento das Cúpulas das Américas (SISCA).

[500] Segundo André de Carvalho Ramos, "são três os elementos da responsabilidade internacional do Estado. O primeiro elemento é a 'existência de um fato internacionalmente ilícito'. O segundo elemento é o 'resultado lesivo'. O terceiro elemento é o 'nexo causal entre o fato e o resultado lesivo'." (Ramos, André de Carvalho. Direitos humanos e responsabilidade internacional. In: Direito, Carlos Alberto Menezes; Cançado Trindade, Antônio Augusto; Pereira, Antônio Celso Alves (Orgs.). **Novas perspectivas do direito internacional contemporâneo**: estudos em homenagem ao Professor Celso D. de Albuquerque Mello. Rio de Janeiro: Renovar, 2008. p.601).

[501] Brownlie, Ian. **Princípios de direito internacional público**. Lisboa: Fundação Calouste Gulbenkian, 1997. p.457.

importa sobre a responsabilidade dos Estados em campo internacional, salienta a seguinte doutrina:

> Atualmente, pode considerar-se a responsabilidade dos Estados como um princípio geral de Direito Internacional, concomitante às regras substantivas e ao pressuposto de que atos e omissões podem ser classificados como ilegais por referência a regras que estabelecem direitos e deveres. Resumindo, o direito da responsabilidade diz respeito à incidência e às consequências de atos ilegais e, particularmente, ao pagamento de uma indenização pelos danos sofridos.[502]

Caso o Estado infrinja um documento internacional que deveria obediência, cabe reparação mediante os meios previstos naquele. A responsabilização, na maior parte dos casos, reside em imposições de cunho pecuniário (pagamento de um certo montante, quantificando o ato ilegal praticado pelo Estado) e/ou de cunho satisfatório (prevendo-lhe, em suma, obrigações de fazer ou de não fazer).

Hodiernamente, as dúvidas não mais repousam quanto à possibilidade ou não de responsabilização internacional dos Estados quando violadores de direitos humanos – é pacífico o entendimento sobre a possibilidade. A problemática repousa quanto aos limites e as formas adequadas para a possível responsabilização do Estado. Nestes termos:

> Um dos aspectos mais instigantes do estudo do direito internacional dos direitos humanos parece ser a forma como vêm se desenvolvendo a doutrina e a jurisprudência sobre o alcance da responsabilidade internacional do Estado. Atualmente, já não se discute sobre a responsabilidade do Estado, o que pode ser considerado um avanço, contudo em relação aos limites e à forma mais adequada de implementação dos direitos humanos ainda temos grandes controvérsias.[503]

Ao que interessa neste estudo, as obrigações internacionais dos Estados-membros da OEA sobre direitos humanos se regem pela Carta das Nações Unidas e pela Carta da OEA. Caso sobrevenha algum conflito

[502] *Ibid.*, p.458.

[503] Correia, Theresa Rachel Couto. **Corte interamericana de direitos humanos**. Curitiba: Juruá, 2008. p.238.

entre as obrigações nelas dispostas, a Carta da ONU deverá prevalecer, como bem demonstra seu art. 103, concomitantemente ao art. 137 da Carta da OEA.[504]

Entretanto, o sistema interamericano não é composto apenas pela Carta da OEA; é, de fato, um plexo de normativas, abrindo caminho para novas formas de proteção dos direitos humanos, conjugando-se a possíveis novas configurações de responsabilização dos Estados.

Cabe, neste momento, investigar os principais órgãos que compõem o sistema interamericano de proteção dos direitos humanos.

4.1.3 Comissão Interamericana de Direitos Humanos (CIDH)

Com sua sede, hoje, em Washington D. C., Estados Unidos, a Comissão Interamericana de Direitos Humanos é o mais antigo órgão intergovernamental do sistema interamericano, criado para a promoção e proteção dos direitos humanos, além de servir como órgão consultivo na Organização dos Estados Americanos nestes temas.

Ainda que órgão autônomo da OEA, representa todos os membros desta última.[505] Coordena-se que seu mandato é previsto na *Carta de la OEA y de la Convención Americana sobre Derechos Humanos, y actúa em representación de todos los países miembros de la OEA, pero no representan específicamente a ningín país em particular.*[506]

Sua composição é de sete membros independentes, eleitos pela Assembleia Geral, com reconhecida autoridade moral e com notório saber jurídico nos assuntos atrelados aos direitos humanos. São eleitos por quatro anos, reeleitos uma única vez. Seus trababalhos desenvolvem-se em períodos ordinários de sessões – pelo menos duas vezes no ano – e em períodos extraordinários de sessões, em números variados, a depender da necessidade.

[504] Buergenthal, Thomas. **La Proteccion Internacional de los Derechos Humanos en las Americas**. Costa Rica: Editorial Juricentro, 1983. p.65.

[505] Logo no art. 106 da Carta da OEA, enalteceu-se o fato de que *"haverá uma Comissão Interamericana de Direitos Humanos que terá por principal função promover o respeito e a defesa dos direitos humanos e servir como órgão consultivo da Organização em tal matéria. Uma convenção interamericana sobre direitos humanos estabelecerá a estrutura, a competência e as normas de funcionamento da referida Comissão, bem como as dos outros órgãos encarregados de tal matéria"*.

[506] Santagati, Claudio Jesús. **Manual de derechos humanos**. Buenos Aires: Ediciones Jurídicas, 2009. p.117.

Quanto ao seu histórico, fora criada por resolução na Quinta Reunião de Consulta dos Ministros das Relações Exteriores, em Santiago, Chile, no ano de 1959. Fora formalmente instaurada em 1960, quando então o Conselho Interamericano – até então principal órgão para os direitos humanos – aprovou seu estatuto.

O surgimento da Comisão fora de extrema importância na edificação, dentro do sistema interamericano, de uma postura mais séria quanto à proteção dos direitos humanos, findando com a situação de falta de órgão próprio para a promoção e a proteção dos direitos humanos.

Seus trabalhos atrelam-se às visitas *in loco* aos Estados da OEA, visando à observância da situação geral dos direitos humanos naqueles territórios.[507] A partir destas, surgiram os relatórios especiais sobre a situação dos direitos humanos em cada Estado analisado. Até hoje, desenvolve trabalhos neste sentido, tendo já publicado 60 informes especiais.[508]

Em 1965, na II Conferência Interamericana Extraordinária, realizada no Rio de Janeiro, modificou o estatuto da Comissão, ampliando suas funções e faculdades, transformando-lhe em "verdadeiro órgão de controle, com autorização para receber e examinar petições individuais sobre alegadas violações de direitos humanos, dirigir-se aos Estados para solicitar informações e formular recomendações".[509]

[507] Na leitura de Sean O'Brien e Stefan Hayek. **O Sistema Interamericano de direitos humanos e o mecanismo de exame periódico universal: sinergias na teoria e na prática**, "embora a Comissão Interamericana tenha um interesse legal nos assuntos de direitos humanos de todos os Estados-membros da OEA, sua interação com cada Estado depende das suas especificidades em relação aos direitos humanos em seu território. Para os Estados menores, os quais tiveram pouca interação com o Sistema Interamericano, a Comissão apresento relatórios como parte interessada em dez dos últimos 12 Estados da OEA que tiveram suas práticas de direitos humanos revisadas [...]". (O'Brien, Sean; Hayek, Stefan. O Sistema Interamericano de direitos humanos e o mecanismo de exame periódico universal: sinergias na teoria e na prática. In: Baez, Narciso Leandro Xavier; Cassel, Douglass. **A realização e a proteção internacional dos direitos humanos fundamentais**: desafios do século XXI. Joaçaba: Ed. UNOESC, 2011. p.509).

[508] Segundo Sidney Guerra, "a competência da Comissão estava adstrita à promoção dos direitos humanos por meio de preparação de estudos e relatórios, bem como de recomendações aos governos dos Estados com vistas à adoção de medidas em prol dos direitos humanos no plano doméstico dos seus respectivos territórios". (Guerra, Sidney. **O sistema interamericano de proteção dos direitos humanos e o controle de convencionalidade**. São Paulo: Atlas, 2013. p.65).

[509] Brandão, Marco Antônio Diniz; Belli, Benoni. O sistema interamericano de proteção dos direitos humanos e seu aperfeiçoamento no limiar do século XXI. In: Guimarães,

Com a entrada em vigor da Convenção Americada de Direitos Humanos, em 1978, a Comissão acumulou duas funções: 1) atribuições unicamente políticas e diplomáticas para os Estados-membros da OEA que não se tornaram partes da Convenção; 2) atribuições políticas, diplomáticas e *quase judiciais* para os Estados-membros da OEA e que também ratificaram a Convenção.[510] Assim, funciona como órgão de supervisão no cumprimento da Convenção, além de todas as suas outras competências.

A Convenção ainda facilitou o desenvolvimento dos trabalhos da Comissão, fortalecendo sua posição de autoridade e capacidade na promoção e proteção dos direitos humanos.

Com a insurgência da Convenção Americana, averiguou-se, no sistema interamericano, diferentes tratos normativos: a Comissão atua de maneira diversa naqueles Estados-membros apenas da OEA – sendo, neste caso, órgão da referida Organização –, e com funções mais amplas quando o Estado, além de parte da Organização, integra a Convenção.

Quanto aos Estados ratificantes da Convenção, selecionam-se duas possibilidades: a primeira acerca das comunicações interestatais que englobam denúncias de violações dos direitos presentes na Convenção; a segunda quanto à possibilidade de recebimento de petições individuais e interestatais que aleguem violações de direitos humanos. Reafirmam-se tais considerações assim:

> Sem embargo, a Convenção Americana confere ampla competência processual para receber denúncias ou queixas de violação da própria Convenção por um Estado-parte, assim como para examinar a investigar.

Samuel Pinheiro; PINHEIRO, Paulo Sérgio (Orgs.). **Direitos humanos no século XXI**: parte I. Brasília: Instituto de Pesquisa de Relações Internacionais – Fundação Alexandre Gusmão, 2002. p 278.

[510] Até janeiro de 2012, 24 Estados da região já tinham ratificado a Convenção Americana sobre Direitos Humanos, sendo eles: Argentina, Barbados, Brasil, Bolívia, Chile, Colômbia, Costa Rica, Dominica, República Dominicana, Equador, El Salvador, Granada, Guatemala, Haiti, Honduras, Jamaica, México, Nicarágua, Panamá, Paraguai, Peru, Suriname, Uruguai e Venezuela. Ocorre que a Venezuela, em 10 de setembro de 2012, em comunicação dirigida ao Secretário-Geral da OEA, denunciou a Convenção Americana sobre Direitos Humanos, tendo ocorrido, definitivamente, sua saída 12 meses após o feito, em 10 de setembro de 2013. Segundo a Organização Conectas, "a denúncia do instrumento em si debilita o Sistema Interamericano como um todo, pois acontece em um momento de grande vulnerabilidade, quando o Sistema passa por uma série de reformas que podem ser prejudiciais ao seu funcionamento".

Essa possibilidade alcança somente os Estados-partes e a Comissão que têm direito de submeter casos à decisão da Corte.[511]

Valoriza-se o sistema de petições por ter garantido um grande avanço ao sistema interamericano, oportunizando às pessoas que sofreram violações (ou seus familiares) a utilização do instrumento. Enaltece-se a dupla análise da petição pela Comissão: o órgão deverá averiguar tantos os requisitos formais (possibilidade de ser interposta a demanda – requisitos de admissibilidade), como também o mérito da petição.

Primeiramente, para que uma petição venha a ser admitida pela Comissão, hão de ser preenchidas algumas condições preliminares, descritas na Convenção Americana sobre direitos humanos, sendo elas[512]: 1) exaustão das vias internas, a partir da demonstração da inexistência de meios de tutela na ordem interna, ou a ausência de permissão ao lesado na utilização dos meios existentes, ou ainda, a demora injustificada na solução do problema, privilegiando, sempre, o acesso do indivíduo ao sistema interamericano de proteção dos direitos humanos. Não poderá o Estado, nesta esfera, violar o princípio da *estoppel* – proibição de se comportar de modo inverso daquele que fora seu comportamento inicial[513]; 2) cumprimento do prazo decadencial de seis meses, iniciados na data em que o possível lesado for notificado da decisão definitiva interna; 3) inexistência de outro processo internacional, sobre a mesma violação, em andamento ou que já tenha sido findado – ausência de

[511] GUERRA, Sidney. **Direitos humanos**: na ordem jurídica internacional e reflexos na ordem constitucional brasileira. São Paulo: Atlas, 2014. p.108.

[512] GARCIA, Emerson. **Proteção internacional dos direitos humanos**: breves reflexões sobre os sistemas convencional e não-convencional. Rio de Janeiro: Lumen Juris, 2005. p.84.

[513] Quanto aos casos de dispensa do esgotamento dos recursos internos, cita-se André de Carvalho Ramos: "A Convenção ainda estipula expressamente casos de dispensa da necessidade de prévio esgotamento dos recursos internos, a saber: 1) não existir o devido processo legal para a proteção do direito violado; 2) não se houver permitido à vítima o acesso aos recursos da jurisdição interna, ou houver sido ele impedido de esgotá-los; e 3) houver demora injustificada na decisão sobre os mencionados recursos (artigo 46.2). A jurisprudência da Corte ainda agrega mais três hipóteses de dispensa do esgotamento dos recursos internos; 4) o recurso disponível for inidôneo; 5) o recurso for inútil (por exemplo, já há decisão da Suprema Corte local em sentido diverso) ou 6) faltam defensores ou há barreiras de acesso à justiça." (RAMOS, André de Carvalho. **Processo internacional de direitos humanos.** 3.ed. São Paulo: Saraiva, 2013. p.222).

litispendência internacional e de coisa julgada internacional –, em prol da segurança jurídica; 4) previsão de fundamentação pelo próprio peticionário.

Cumpridos estes requisitos, o interessado em apresentar a petição deverá, ainda, observar as exigências do art. 28 do Regulamento da Comissão, que prevê que devem constar na petição: a) nome, nacionalidade profissão, domicílio e assinatura do denunciante ou, no caso do peticionário ser uma entidade não-governamental, o nome e a assinatura de seu representante legal; b) se o peticionário deseja que sua identidade seja mantida em reserva frente ao Estado; c) o endereço para o recebimento de correspondência da Comissão; d) relação do fato ou situação denunciada, com especificação do lugar e data das violações alegadas; e) se possível, o nome da vítima, bem como de qualquer autoridade pública que tenha conhecimento do fato ou da situação denunciada; f) indicação do Estado que o peticionário considera responsável pela violação dos direitos consagrados na Convenção ou em outros instrumentos igualmente aplicáveis (ação ou omissão); g) cumprimento do prazo previsto no art. 32 do Regulamento; h) as providências tomadas para esgotar os recursos internos ou a impossibilidade de fazê-lo, em concomitância com o art. 31 do Regulamento; i) a indicação se a denúncia fora submetida a outro procedimento internacional de conciliação, de acordo com o art. 33 do Regulamento.

Após, passa-se à fase conciliatória: a Comissão tentará chegar à solução pacífica e amistosa para o litígio. Caso obtenha êxito, formulará um relatório, remetendo-o às partes e ao Secretário-Geral da OEA. Se não resultar em conciliação, passa-se à fase de instauração propriamente dita do processo, considerada como uma fase *quase judicial*.

No que tange a esta última, a Comissão solicitará informações ao Estado que está sendo demandado, podendo ainda realizar investigações, caso as alegações sejam graves e urgentes. Após, redigirá um relatório, elucidando os fatos, suas conclusões e recomendações, encaminhando-o aos Estados interessados.

O lapso temporal será de três meses para a solução da questão internamente, entre o Estado violador e a suposta vítima. Caso não se finde a questão, a Comissão poderá, por intermédio do voto da maioria absoluta de seus membros, determinar novo prazo para que o Estado adote as medidas necessárias para solucionar a questão definitivamente.

Se, novamente, o Estado não respeitar o prazo fixado, a Comissão declarará o descumprimento de suas obrigações internacionais e, caso o Estado tenha reconhecido a competência jurisdicional da Corte Interamericana de Direitos Humanos, poderá submeter a questão à apreciação da Corte.[514]

Resumidamente, o sistema de petições, perante a Comissão, comporta, essencialmente, três fase: apresentação da denúncia, admissibilidade e solução pela Comissão, definindo se o Estado é responsável ou não pelas violações alegadas e de que maneira o caso será solucionado – seja por intermédio de relatórios da própria Comissão, seja pela apresentação do caso à Corte Interamericana de Direitos Humanos.

Atualmente, além de ter plena competência para receber e analisar petições individuais sobre violações dos direitos humanos, e para investigar *in loco* um caso em particular ou a situação geral nos Estados (gerando relatórios sobre a situação dos direitos humanos naqueles locais), a Comissão poderá, ainda, desempenhar as seguintes atividades[515]:

1) estudar o cumprimento dos direitos humanos nos Estados-membros, dispondo de publicações sobre a situação de um Estado específico;
2) valorizar o desenvolvimento dos direitos humanos nos Estados, realizando estudos sobre determinados temas;
3) desenvolver e incentivar conferências e reuniões entre a população e os envolvidos na proteção dos direitos humanos, objetivando o aprimoramento de temas relacionados aos direitos humanos nas Américas;
4) propor a adoção de medidas cautelares aos Estados para evitar danos graves e irreparáveis aos direitos humanos, podendo, nesse caso, solicitar que a Corte Interamericana requeira "medidas provisionais" dos governos;
5) enviar os casos que julgar necessário à jurisdição da Corte Interamericana, podendo atuar em alguns litígios;

514 O sistema interamericano difere-se sobremaneira do sistema europeu nesse ponto: o indivíduo não tem acesso direto à Corte Interamericana de Direitos Humanos, sendo que esta só poderá analisar casos submetidos pela Comissão Interamericana de Direitos Humanos ou pelos Estados-partes que reconheceram sua competência para tanto.

515 SILVEIRA, Vladmir Oliveira da; ROCASOLANO, Maria Mendez. **Direitos humanos**: conceitos, significados e funções. São Paulo: Saraiva, 2010. p.165-166.

6) consultar a Corte Interamericana para que emita opinião acerca da interpretação da Convenção Americana.

Em termos finais, deve ser levada em consideração a mais recente reforma do regulamento da Comissão, aprovada em 18 de março de 2013. Fruto da crise entre Brasil e Comissão Interamericana de Direitos Humanos – por conta da medida cautelar interposta por esta última, embargando a construção da Usina de Belo Monte –, alguns artigos do Regulamento da Comissão foram drasticamente alterados.

O primeiro deles foi o artigo 25, atinente às medidas cautelares, devendo, de fato, observar uma situação verdadeira de violação de direitos humanos para que seja possível a concessão destas no âmbito do referido órgão.

Quanto ao sistema de petições, alterou-se para dar preferência à análise daquelas que envolvam vítimas crianças, idosos, pessoas com algum tipo de enfermidade terminal, processos que já tenham medidas cautelares ou pessoas já detidas em seus Estados.

Outras alterações realizadas recaem especificamente nas hipóteses de arquivamento de petições, na possibilidade de suspensão do prazo para envio do caso à Corte e nas situações em que a Comissão poderá solicitar medidas provisórias à Corte.

4.1.4 Corte Interamericana de Direitos Humanos

Igualmente prevista na Convenção Americana, a Corte Interamericana de Direitos Humanos é um órgão judicial internacional autônomo do sistema da OEA, criado e definido pelo art. 33 da Convenção[516]. Sua criação remete aos esforços da delegação brasileira na IX Conferência Interamericana, realizada em Bogotá, no ano de 1948.

Instalada e sediada, desde 1979, em São José, Costa Rica, tem como objetivo central a interpretação e a aplicação da Convenção Americana. Sendo um órgão judicial, encarrega-se do cumprimento dos direitos previstos naquele documento, combatendo, em suas sentenças, possíveis violações.

[516] Nos seus termos: são competentes para conhecer dos assuntos relacionados com o cumprimento dos compromissos assumidos pelos Estados-partes nesta Convenção: [...] a Corte Interamericana de Direitos Humanos".

Vale lembrar que a Corte não iniciara seus trabalhos até que o Pacto de São José da Costa Rica[517] efetivamente entrasse em vigor – fato este que só ocorrera no ano de 1978.

Logo em julho do mesmo ano, a Assembleia Geral da OEA recomendou a aprovação, pelo governo da Costa Rica, do estabelecimento da Corte em seu território. A decisão fora ratificada pelos Estados-membros da Comissão Interamericana de Direitos Humanos em novembro de 1978, quanto da Sexta Sessão Especial da Assembleia Geral da OEA. Em palavras doutrinárias:

> Porém, sua concretização demorou. A Convenção só entrou em vigor após a 11.ª ratificação, que ocorreu em 1978. Em seguida, em 1.º de julho de 1978, a Assembleia Geral da OEA aceitou a oferta de Costa Rica para que a sede da Corte fosse estabelecida na capital daquele país (San José da Costa Rica).[518]

Contudo, a Corte ainda carecia de pessoas capacitadas para o desempenho de suas funções. Assim sendo, os Estados elegeram, em 22 de maio de 1979, no VII Período Extraordinário de Sessões da Assembleia Geral da OEA, os primeiros juízes da Corte Interamericana de Direitos Humanos.[519]

Desde então, a Corte é composta por sete membros: um presidente, um vice-presidente e cinco juízes, atuantes a título pessoal, eleitos, segundo o art. 52 da Convenção, "entre juristas da mais alta autoridade moral, e reconhecida competência em matéria de direitos humanos que reúnam as condições requeridas para o exercício das mais elevadas funções judiciais, conforme a lei do país de qual são nacionais". São eleitos pelo prazo de seis anos, com reeleição uma única vez.[520] A Corte

[517] O Brasil aderiu ao referido Pacto em setembro de 1992, aceitando a jurisdição da Corte apenas no ano de 1998.

[518] Ramos, André de Carvalho. **Processo internacional de direitos humanos**. 3.ed. São Paulo: Saraiva, 2013. p.236.

[519] A título de curiosidade, os primeiro sete juízes foram: Thomas Buergenthal (Estados Unidos), Máximo Cisneros Sánchez (Peru), Huntley Eugene Munroe (Jamaica), César Ordóñez Quintero (Colômbia), Rodolfo Piza Escalante (Costa Rica), Carlos Roberto Reina (Honduras), M. Rafael Urquía (El Salvador).

[520] Para compor a Corte, cada Estado pode propor uma lista de até três candidatos nacionais de quaisquer Estados-partes da OEA.

pode contar com a figura de juízes *ad hoc*, segundo o art. 55 da Convenção Americana.

Logo após a primeira eleição de juízes, em 29 e 30 de junho de 1979, realizou-se sua primeira audiência, em Washington D.C., e já em 3 de setembro de 1979, instaurou-se a cerimônia de abertura da Corte em São José da Costa Rica.

No desenrolar da Nona Sessão Regular da Assembleia Geral da OEA, aprovou-se o Estatudo da Corte e, após, em agosto de 1980, suas regras procedimentais foram aprovadas.

Quanto ao seu Estatuto, ordena-se, logo em seu art. 1.º, que esta vem a ser uma instituição judicial e autônoma[521], com sede em São José da Costa Rica, com o propósito de aplicar e interpretar, além Convenção Interamericana sobre Direitos Humanos[522], todos os compromissos firmados por seus Estados-membros que versem sobre direitos humanos.[523]

Em setembro de 1981, o governo da Costa Rica, em conjunto com a Corte Interamericana, assinou um acordo prevendo privilégios e imunidades a esta última, aos seus juízes e às pessoas que ali desenvolveriam seus trabalhos. Por intermédio deste, facilitaram-se as atividades da Corte, garantindo proteção às pessoas intervenientes nos processos. Em 1993, o governo da Costa Rica doou a casa onde hoje se localiza a Corte.

No ano de 2001, a Corte aprovou seu novo regulamento, permitindo a participação de indivíduos e de seus representantes em suas fases processuais, conjuntamente à Comissão Interamericana e ao Estado demandado. Esta possibilidade facilitou a defesa e a argumentação daqueles que buscam, na Corte, a reparação de seus direitos tidos como violados.

Em consonância com seu histórico, há de se destacar a compatibilização de sua atuação com a soberania dos Estados que integram o sistema interamericano de proteção dos direitos humanos. Em respeito à sobe-

[521] Segundo Héctor Espiel, a denominação "autônoma" é pertinente, uma vez que a Corte exerce suas funções, contenciosa e consultiva, de maneira independente e autônoma. (Espiel, Héctor. El Procedimento Contencioso ante la Corte Interamericana de Derechos Humanos In: Nikken, Pedro (Org.). **La Corte Interamericana de Derechos Humanos**: estudios y documentos. 2.ed. San José, CR: Corte IDH, 1999).

[522] Buergenthal, Thomas. **La Proteccion Internacional de los Derechos Humanos en las Americas**. Costa Rica: Editorial Juricentro, 1983. p.59.

[523] No âmbito do sistema interamericano, há a existência de diversos tratados que versam sobre direitos humanos. Sua lista completa é possível de ser encontrada em: Ramos, André de Carvalho. **Direitos humanos em juízo**. São Paulo: Max Limonad, 2001. p.62.

rania dos Estados, para que estes possam ser julgados pela Corte, há de se observar o reconhecimento expresso da competência deste órgão. Nos termos do art. 62 da Convenção Americana, a competência deve ter sido reconhecida "como obrigatória de pleno direito e sem convenção especial para qualquer caso, sendo que tal reconhecimento pode ser incondicional ou sob condição de reciprocidade, por prazo determinado ou para casos específicos".

No tocante à sua competência, alude-se aos artigos 62 e 64 da Convenção: de um lado, prevê-se sua competência consultiva, possibilitando que dela se utilizem todos os membros da OEA, partes ou não da Convenção Americana; do outro, há a competência contenciosa, dependente dos Estados serem partes da Convenção e do reconhecimento expresso de seu caráter jurisdicional. Quanto às competências, vale destacar:

> A competência consultiva é ampla, permitindo a todos os membros da OEA – partes ou não do "Pacto de São José" – e a todos "os órgãos enumerados no Cap. 10 da Carta da Organização dos Estados Americanos, reformada pelo Protocolo de Buenos Aires" (a Assembleia Geral, o Conselho Permanente da CIDH etc.) consultá-la sobre a interpretação da Convenção Americana ou de outros tratados sobre a proteção dos direitos humanos nos Estados americanos, sobre a compatibilidade entre as leis nacionais e esses instrumentos jurídicos regionais. A competência contenciosa, para o julgamento de casos a ela submetidos, é, por sua vez, limitada aos Estados-partes da Convenção que a reconheçam expressamente. Nessas condições, a maior atividade da Corte tem se concentrado na jurisdição consultiva, sendo poucas as sentenças judiciais já proferidas.[524]

No que diz respeito à função consultiva da Corte, concebe-se ser esta missão primordial dos órgãos internacionais que tratam sobre direitos humanos, uma vez que é a partir dela que se delimita a configuração, o respaldo e o alcance dos direitos de um dado documento, em um determinado território.[525]

[524] Alves, José Augusto Lindgren. **Os direitos humanos como tema global**. 2.ed. São Paulo: Perspectiva, 2003. p.80.

[525] Como bem saliente Monica Pinto: "[...] a Corte tem emitido opiniões consultivas que têm permitido a compreensão de aspectos substanciais da Convenção, dentre eles: o alcance

A competência consultiva tem natureza dupla: de *"controle da interpretação das normas americanas de direitos humanos"* (fixando a orientação da Corte para operadores do direito interno) e de *"controle de leis ou projetos com relação às disposições da Convenção Americana de Direitos Humanos"*.[526]

Não obstante o papel crucial da interpretação no desenvolvimento dos direitos humanos em solos americanos, há barreiras a serem transpostas, especialmente quanto ao alcance das interpretações da Corte. Nesse sentido, determina Nádia de Araújo:

> A partir de sua criação, em 1979, a Corte Interamericana de Direitos Humanos tem se destacado no cenário internacional por suas decisões, especialmente aquelas referentes à sua função consultiva, quando promove a interpretação da Convenção Americana de Direitos Humanos, também conhecida como Pacto de San Jose.
>
> No entanto, suas decisões não têm o espectro desejável, porque dependem da aceitação de sua jurisdição por um maior número de Estados, já que esta deve ser expressa.[527]

Independentemente de seus problemas, a função consultiva da Corte é um importante instrumento na consolidação e eficácia do sistema interamericano, regularmente utilizada pela Comissão e pelos Estados-partes da Convenção. Em números, até o final do ano de 2014, a Corte emitiu 22 pareceres consultivos.[528]

de sua competência consultiva, o sistema de reservas, as restrições à adoção da pena de morte, os limites ao direito de associação, o sentido do termo 'leis' quando se trata de impor restrições ao exercício de determinados direitos, a exigibilidade do direito de retificação ou resposta, o 'habeas corpus' e as garantias judiciais nos estados de exceção, a interpretação da Declaração Americana, as exceções ao esgotamento prévio dos recursos e a compatibilidade de leis internas em face da Convenção". (PINTO, Monica. **El derecho internacional**: Vigencia y desafios en um escenario globalizado. México: Fondo de Cultura Económica, 2004. p.86).

[526] ARAÚJO, Nádia de. A influência das opiniões consultivas da Corte Interamericana de direitos humanos no ordenamento jurídico brasileiro. **Revista da Faculdade de Direito de Campos**, Campos dos Goytacazes, RJ, v.6, n.6, p.232, jun. 2005.

[527] ARAÚJO, Nádia de. A influência das opiniões consultivas da Corte Interamericana de direitos humanos no ordenamento jurídico brasileiro. **Revista da Faculdade de Direito de Campos**, Campos dos Goytacazes, RJ, v.6, n.6, p.228, jun. 2005.

[528] CORTE INTERAMERICANA DE DIREITOS HUMANOS. Disponível em: <http://www.corteidh.or.cr/>. Acesso em: 29 jul. 2015.

No que compete à competência contenciosa, esta é adstrita àqueles Estados que são partes da Convenção e que aceitaram expressamente a jurisdição da Corte, por intermédio de uma declaração unilateral.[529]

Dentre os 35 Estados-membros da OEA, 25 deles ratificaram a Convenção Americana sobre Direitos Humanos e, destes, apenas 20 reconhecem, hoje, expressamente a competência contenciosa da Corte.[530]

Em linhas gerais, na sua função contenciosa a Corte determina a responsabilidade internacional do Estado por violação dos direitos consagrados na Convenção Americana ou em outros tratados de direitos humanos aplicáveis no sistema interamericano. Ademais, a Corte possui poderes para realizar a supervisão do cumprimento de suas sentenças.[531]

Reitera-se que será apenas a Comissão Interamericana de Direitos Humanos e/ou os Estados que podem submeter um caso à apreciação da Corte.[532] No caso da Comissão, esta analisará, previamente, a demanda e, caso julgue necessário, encaminhará à Corte.[533]

Até o presente momento, todos os casos contenciosos apresentados à Corte vieram da Comissão. Deduz-se, assim, que os Estados ainda estimam maiores cuidados às suas relações diplomáticas – além do medo de prováveis retaliações – que às potenciais violações dos direitos humanos.

[529] Alude-se ao fato de que a atuação da Corte pressupõe o reconhecimento, por parte do Estado, de sua competência para conhecer de qualquer caso relativo à interpretação e à aplicação da Convenção. O referido conhecimento se faz por uma declaração, que pode ser "incondicionalmente ou sob condição de reciprocidade, por prazo determinado ou para casos específicos" (art. 62).

[530] São eles: Argentina, Barbados, Bolívia, Brasil, Chile, Colômbia, Costa Rica, Equador, El Salvador, Guatemala, Haiti, Honduras, México, Nicarágua, Panamá, Paraguai, Peru, República Dominicana, Suriname e Uruguai.

[531] CORTE INTERAMERICANA DE DIREITOS HUMANOS (CIDH). **ABC de la Corte Interamericana de Derechos Humanos**. San José: Corte IDH, 2014.

[532] O sistema interamericano de proteção dos direitos humanos não possibilita o direito de ação internacional da vítima. Diferentemente do sistema europeu, não há lugar para o acesso direto dos indivíduos à Corte Interamericana de Direitos Humanos.

[533] Como informa André de Carvalho Ramos: "a Comissão, após o não acatamento das conclusões do seu Primeiro Informe pelo Estado, pode acioná-lo perante a Corte Interamericana de Direitos Humanos, 'caso o Estado tenha reconhecido a jurisdição da Corte'. [...] Os outros Estados contratantes, que tenham também reconhecido a jurisdição da Corte, podem acionar um Estado, já que a garantia de direitos humanos é uma 'obrigação objetiva', de interesse de todos contratantes da Convenção Americana de Direitos Humanos". (RAMOS, André de Carvalho. **Processo internacional de direitos humanos**. 3.ed. São Paulo: Saraiva, 2013. p.239).

Deve-se deixar claro que, desde 2001, com a adoção do novo regulamento, muitas mudanças se fizeram presentes. Logo em 2009, a Corte impossibilitou a indicação de juiz *ad hoc* pelo Estado réu da ação, reinterpretando o art. 55 da Convenção, bem como não mais permite que juiz de nacionalidade do Estado que figure no polo passivo da ação participe do julgamento. Outra modificação substancial ocorrera em 2010, viabilizando a apresentação de petições iniciais, no processo internacional, pela vítima ou por seus representantes na própria Corte.

A competência contenciosa da Corte, de fato, ampliou as possibilidades de reparação pelas violações dos direitos humanos. Em momento anterior, esta se dava única e exclusivamente pelas Cortes Constitucionais nacionais. Hoje, caso estas não solucionem definitivamente ou em tempo hábil a reparação da violação, as supostas vítimas estão aptas a se socorrer em plano internacional, totalmente compatibilizado com as jurisdições nacionais – dada a indispensabilidade da exaustão das vias internas e do reconhecimento expresso da jurisdição da Corte. Quanto à compatibilização entre jurisdição interna e internacional, destaca Cançado Trindade:

> Os Tribunais internacionais de direitos humanos existentes – as Cortes Europeia e Interamericana de Direitos Humanos – não "substituem" os Tribunais internos, e tampouco operam como tribunais de recursos ou de cassação de decisões dos Tribunais internos. Não obstante, os atos internos dos Estados podem vir a ser objeto de exame por parte dos órgãos de supervisão internacionais, quando se trata de verificar a sua conformidade com as obrigações internacionais dos Estados em matéria de direitos humanos.[534]

Como fruto de sua competência contenciosa, depontam processos na Corte Interamericana de Direitos Humanos. Ao final deles, pode a Corte se pronunciar pela procedência ou improcedência – parcial ou total – da violação de direitos imputada ao Estado.

A decisão final da Corte é definitiva e inapelável (art. 67), sendo ela um tribunal de última instância. Apesar da impossibilidade de interpo-

534 Cançado Trindade, Antônio Augusto. **A incorporação das normas internacionais de proteção dos direitos humanos no direito brasileiro**. São José da Costa Rica: IIDH-CICV-ACNUR-Comissão Europeia, 1996. p.33.

sição de recurso à decisão da Corte[535], na hipótese de divergência sobre o sentido e/ou o alcance da sentença por alguma das partes, caberá recurso de interpretação (art. 67) no prazo de noventa dias. Decorrido o prazo, deverão os Estados executá-las em sua ordem interna.

Quanto ao mérito da decisão, julgada procedente a ação, a Corte determinará, como primeira forma de reparação, o pagamento de indenização justa[536,537]. Sua execução, em âmbito nacional, dar-se-á em consonância com o art. 68.2 da Convenção Americana: a indenização compensatória será executada de acordo com o *processo interno de execução de sentença contra o Estado*. Em outra dicção, a sentença, em sua parte pecuniária, será processada em conformidade com o direito processual de cada Estado.

Ocorre que, como sentença internacional, conta com uma multiplicidade de termos reparatórios de cumprimento obrigatório, não se resumindo apenas àqueles de caráter indenizatório. Constatam-se, ainda, imposições de fazer e não fazer para a efetiva reparação das violações.

[535] *"Atento a que una de las funciones primordiales de la soberania es la llamada jurisdiccional, que atiende a la solución o prevención de situaciones contenciosas entre indivíduos o entre individuo y Estado, y a que esa fundión tiene dos características: constituye um poder que proclama auténtica y definitivamente el Derecho; y lo impone com la plena fuerza y eficácia de autoridad soberana el hecho de que la Convención Americana de Derechos Humanos disponga que los fallos de la Corte Interamericana de Derechos Humanos son definitivos e inapelables para los Estados."* (Clément, Zlata Drnas de. **Corte Interamericana de Derechos Humanos**: Cuarta Instancia? Buenos Aires: La Ley, 2009. p.5).

[536] Acerca do instituto da *indenização* justa, aclara Francisco Rezek: "No caso das reparações de índole econômica, coloca-se em mesa o problema de sua extensão. A esse respeito a jurisprudência internacional oferece algum préstimo no sentido de fazer entender o que seja uma 'indenização justa': esta deve compreender, sobre o montante básico, o correspondente ao que no Brasil chamamos de 'juros moratórios', resultantes do tempo de espera, pela vítima, do efetivo recebimento do que lhe é devido. Hão de compensar-se, também, se for o caso, os 'lucros cessantes'. Não, porém, os chamados 'danos indiretos', mas só aqueles que tenham sido o resultado imediato do ato ilícito." (Rezek, Francisco. **Direito internacional público**: curso elementar. 10.ed. São Paulo: Saraiva, 2008. p.287).

[537] Nos apontamentos de Paul Sieghart: "a Corte Europeia de Direitos Humanos e a Corte Interamericana de Direitos Humanos contam com poder para proferir decisões jurídicas e vinculantes contra os Estados soberanos, condenando-os por conta de suas violações de direitos humanos e liberdades fundamentais, além de ordenar-lhes o pagamento de justa indenização, ou ainda, compensação ás vítimas". (Sieghart, Paul. **International human rights law**: some current problems. Oxford: Clarendon Press, 1983. p.35).

Neste tema, induz-se a uma análise comparativa com o sistema europeu de proteção dos direitos humanos. Como salienta a Convenção Europeia de Direitos Humanos, é o Estado quem avaliará os melhores meios para reparar a violação sentenciada pela Corte Europeia de Direitos Humanos. Assim, caso o Estado interprete que apenas o montante pecuniário é satisfatório à reparação da violação ou, ainda, não vislumbre possibilidade de retorno ao *status quo* por suas ações, não incorrerá em nova responsabilização internacional. Neste enfoque, admite-se o cumprimento não integral da decisão, sem acarretar em nova responsabilização.[538]

Em contrapartida, no sistema interamericano, o Estado tem o dever legal, já que consta no art. 68.1 da Convenção Americana, de cumprimento integral dos termos da sentença da Corte Interamericana, não lhe sendo possibilitado interpretações em como cumprí-la, aos moldes do sistema europeu. No sistema interamericano, caso o Estado não cumpra integralmente a sentença internacional, incidirá em nova responsabilização internacional. A decisão, neste sentido, é vinculante e obrigatória ao Estado, demandando-lhe seu imediato cumprimento.

Desponta o problema dos Estados, no sistema interamericano, não cumprirem integralmente suas condenações: efetivam o pagamento dos montantes indenizatórios, mas pouca atenção dispendem às obrigações de fazer e não fazer.

A Corte Interamericana dipõe de dois artifícios para impor o cumprimento de suas sentenças, caso os Estados não as cumpram voluntariamente e dentro do prazo estabelecido para tanto: a partir dos informes obrigatórios pelos Estados condenados acerca do cumprimento de sentença e por intermédio do art. 65 da Convenção Americana.

O art. 65 da Convenção oportuniza à Corte a inclusão das informações sobre em que condição se encontra o cumprimento de suas sentenças em seu relatório anual à Assembleia Geral da OEA. Todavia, este acaba por ser um meio político e moral de coerção aos Estados[539],

[538] "Admite-se que uma decisão internacional [...] não possa ser cumprida em sua integridade pelo Estado e 'isso não acarretará nova responsabilização internacional, mas apenas a outorga de uma indenização pecuniária à vítima." (Ramos, André de Carvalho. **Processo internacional de direitos humanos**. 3.ed. São Paulo: Saraiva, 2013. p.250).

[539] Notório se faz discorrer sobre os entendimentos de Theresa Correia: "No Brasil, alguns estudiosos – como Cançado Trindade, Celso Mello e Flávia Piovesan – acreditam que as

que, no palco interamericano, pouco tem propiciado à plena execução das sentenças.

Outro inconveniente repousa na limitada atenção dada pela Assembleia Geral da OEA quanto aos inadimplementos relatados pela Corte, não sendo, para parcela da doutrina, o órgão[540] "o foro para informar sobre o descumprimento das sentenças da Corte [...]".[541]

Para que as sentenças da Corte sejam fielmente cumpridas pelos Estados, este trabalho traz à tona um terceiro caminho: dadas as dificuldades muito semelhantes em matéria de direitos humanos nos Estados que reconheceram a competência contenciosa da Corte Interamericana, enaltece-se a cooperação entre eles, capaz de viabilizar a insurgência de novos instrumentos dentro do sistema interamericano de proteção dos direitos humanos, aptos a garantir o real e efetivo cumprimento das sentenças da Corte pela harmonização das legislações nacionais sobre o tema. Para tanto, deverá ser realizado um estudo mais apronfundado sobre a postura atual dos Estados no cumprimendo de suas sentenças condenatórias.

decisões da Corte têm força de título executivo no direito interno. Todavia, não há no sistema interamericano um mecanismo especial para verificar a execução das sentenças. Quando o Estado não cumpre a sentença, cabe à Corte informar o fato em seu informe anual dirigido à Assembleia Geral da OEA, onde se materializa uma sanção moral e política." (Correia, Theresa Rachel Couto. **Corte interamericana de direitos humanos**. Curitiba: Juruá, 2008. p.133).

540 Outra crítica pertinente a ser feita à OEA é a disposta nos dizeres de Celso de Abulquerque Mello: "A OEA, na prática, não tem sido o que parecem indicar os textos do continente americano. Ela é no fundo a organização de um único Estado: EUA. É, como já foi denominado, um 'vício de origem' (ela se iniciou como um serviço do Departamento de Estado), e os princípios e os direitos e deveres têm ficado, de um modo geral, apenas no papel. [...] De qualquer modo, há, nos dias de hoje, o sentimento de ineficácia da OEA, bastando lembrar que, na sua Assembleia Geral de 1973, já se começou a estudar uma nova reforma. Na verdade, não adiantam reformas na OEA enquanto não se alterarem as relações entre os EUA e a América Latina, isto é, enquanto os EUA não abandonarem o seu papel de 'tutor' e as elites da América Latina continuarem interessadas na manutenção da dependência econômica." (Mello, Celso de Albuquerque. **Direito internacional americano**: estudo sobre a contribuição de um direito regional para a integração econômica. Rio de Janeiro: Renovar, 1995. p.729).

541 Rescia, Victor Manuel Rodrigues. **La ejecución de sentencias de la Corte interamericana de derechos humanos**. San José: Editorial Investigaciones Jurídicas, 1997. p.53.

Recorda-se ser a aceitação da competência contenciosa da Corte facultativa. Mas, submetendo-se à sua jurisdição, o reconhecimento se traduz em cláusula pétrea, não assentindo limitações que não as previstas no art. 62 da Convenção. É a Corte que determinará o alcance de sua competência e jurisdição, cabendo aos Estados apenas o cumprimento de suas sentenças. Na lição de Fernando Jayme:

> Uma vez acionada a jurisdição da Corte, esta se torna intangível: não é – não pode ser – afetada de modo algum pela conduta ou pelas atuações posteriores das partes (em matéria contenciosa), ou do Estado ou órgão solicitante (em matéria consultiva), ou da Comissão como solicitante de medidas provisórias de proteção. [...] A Corte é, em quaisquer circunstâncias, maestra de *jurisdicción*: a Corte, como todo órgão possuidor de competências jurisdicionais, tem o poder inerente de determinar o alcance de sua própria competência – seja em matéria contenciosa, seja em relação a medidas provisórias de proteção.[542]

A problemática ainda abarca outro objeto: muitos Estados, pela dependência de um aceite expresso da jurisdição da Corte para sua atuação contenciosa, entendem que o cumprimento ou não da sentença é uma decisão interna, própria de soberania estatal. Ocorre que, uma vez reconhecida sua competência, os Estados estão obrigados a fazer valer suas condenações em ambiente interno.

Lembra-se que não se está diante de uma crise entre Estado e condenações interpostas por um ente internacional; inversamente, observa-se que são estas cortes internacionais de direitos humanos que proporcionaram a compatibilização da ação estatal frente à dignidade da pessoa humana.

> [...] essa ligação entre Estado, constituição e garantia dos direitos fundamentais é totalmente contingente e não reflete nenhuma necessidade do tipo teórico. O modelo garantista do Estado constitucional de direito, como sistema hierarquizado de normas inferiores à coerência com as normas superiores e com os princípios axiológicos nelas estabelecidos, pelo contrário, tem validade seja qual for o ordenamento. A crise dos

542 Jayme, Fernando G. **Direitos humanos e sua efetivação pela Corte Interamericana de Direitos Humanos**. Belo Horizonte: Del Rey, 2005. p.79.

> Estados pode ser, portanto, superada em sentido progressivo, mas somente se for aceita sua crescente despotencialização e o deslocamento (também) para o plano internacional das sedes do constitucionalismo tradicionalmente ligadas aos Estados.[543]

Prioriza-se, nesta esfera, o compartilhamento internacional/regional da soberania dos Estados em prol de uma justa e eficiente *justicialização* do sistema interamericano de direitos humanos. Novamente, aqui, alude-se a alguns mecanismos cabíveis.[544]

O primeiro deles abarca a adoção de legislações internas coerentes, eficazes e harmônicas que garantam a implementação integral das decisões da Corte. Segundo, poder-se-ia prever meios eficazes de sancionar o Estado que não cumpriu os termos de suas condenações, utilizando-se, para isto, dos meios já previstos em outros organismos internacionais, tais como as penas de suspensão ou expulsão do Estado dos órgãos que compõem o sistema interamericano.

Outro possível instrumento seria garantir a eficácia da Corte e da Comissão Interamericana de Direitos Humanos por intermédio de recursos técnicos, administrativos e financeiros que possibilitassem o desenvolvimento integral de seus trabalhos. Aqui, vale lembrar que o sistema interamericano não dispõe de aparato estrutural, financeiro e moral para fazer valer suas decisões de forma imperativa.

Não obstante, enaltece-se a singularidade da atuação do sistema interamericano. Sem ele, talvez, a América não teria sequer iniciado a proteção da pessoa humana em âmbito internacional. Seu contexto de colonização, lutas, ditaduras e violações foram sempre constantes, e se hoje a situação dos direitos humanos na região está muito além daquela que anteriormente se vislumbrava, é inquestionavelmente mérito de todo este aparato conhecido como sistema interamericano de proteção dos direitos humanos.

[543] Ferrajoli, Luigi. **A soberania no mundo moderno**. São Paulo: Livraria Martins Fontes, 2002. p.53.

[544] Aqui, utilizar-se-ão os ensinamentos de Flávia Piovesan. *Vide:* PIOVESAN, Flávia. A justicialização do sistema interamericano de proteção dos direitos humanos: impacto, desafios e perspectivas. **Boletim Científico da Escola Superior do Ministério Público da União**, Brasília, v.1, n.4, p.35,50, jul./set. 2002.

> Cabe realçar que o sistema interamericano tem assumido extraordinária relevância, como especial lócus para a proteção de direitos humanos. O sistema interamericano salbou e continua salvando muitas vidas; tem contribuído de forma decisiva para a consolidação do Estado de Direito e das democracias na região; tem combatido a impunidade; e tem assegurado às vítimas o direito à esperança de que a justiça seja feita e os direitos humanos sejam respeitados. O sistema americano tem revelado, sobretudo, dupla vocação: impedir retrocessos e fomentar avanços no regime de proteção dos direitos humanos, sob inspiração de uma ordem centrada no valor da absoluta prevalência da dignidade humana.[545]

O que se propõe neste estudo é um caminho de melhoria[546] dos meios internos dos Estados na implementação das decisões da Corte Interamericana a partir da cooperação internacional, visando, em última análise, ao alcance da dignidade da pessoa humana no palco – já tão sofrido – do continente americano.

4.2 Implementação das Decisões da Corte Interamericana de Direitos Humanos e a Questão da Margem de Apreciação Nacional

A Corte Interamericana de Direitos Humanos conta, hoje, com o reconhecimento expresso de sua competência contenciosa pelos seguintes Estados: Argentina, Barbados, Bolívia, Brasil, Chile, Colômbia, Costa Rica, Equador, El Salvador, Guatemala, Haiti, Honduras, México, Nica-

[545] PIOVESAN, Flávia. **O sistema interamericano de proteção dos direitos humanos e o direito brasileiro**. São Paulo: Revista dos Tribunais, 2000. p.274.

[546] Esta tese acompanha a lição de Jean Michel Arrighi, assim transcrita: *"Más recientemente nos hemos munido de normas para prevenir las crisis institucionales y asegurar entre todas las posibles formas de gobierno uma de ellas, la democracia representativa. Ya llevamos em ello más de veinte años. Poco tiempo em la historia del continente, de um continente sabedor de golpes de estado, de fraudes electorales, de caudillismos y autoritarismos. Sin embargo mucho se há progresado, y em ello no ha estado ausente el marco jurídico interamericano que sigue siendo um marco pionero. Por supuesto que la responsabilidad primera es del orden interno, de los ciudadanos, de las instancias nacionales. Pero el orden jurídico interamericano há comezado a establecer mecanismos que pueden ayudarlos. A ustedes, jóvenes profesionales, abogados, profesores, el deber de conocerlos y la obligación de fortalecerlos, porque este es el sistema al que pertenecemos hoy y perteneceremos mañana."* (ARRIGHI, Jean Michel. Normas y Casos: La Defensa de la Democracia em el Sistema Interamericano. In: CANÇADO TRINDADE, Antonio A.; PEREIRA, Antônio Celso Alves. **O direito internacional e o primado de justiça**. Rio de Janeiro: Renovar, 2014. p.121).

rágua, Panamá, Paraguai, Peru, República Dominicana[547], Suriname, Uruguai e Venezuela[548].

Cada um destes Estados é soberano em delimitar, no seu ordenamento jurídico, os modos de cumprimento integral de suas condenações internacionais. Ocorre que, até o presente momento, não se constataram esforços efetivos dos Estados para harmonizar os meios de implementação das sentenças internacionais, especialmente no que tange às obrigações de fazer e não fazer.

Para melhor compreensão acerca da execução das decisões da Corte nas jurisdições nacionais, deve-se apreender sobre a margem de apreciação nacional no cenário interamericano.

Preliminarmente, reporta-se à margem de apreciação (*margin of appreciation*) como um procedimento de interação entre o direito nacional e o direito internacional, capaz de preservar as peculiaridades nacionais ante os conceitos universais dos direitos humanos, resultando na compatibilização entre os ordenamentos jurídicos internos. Em apontamentos doutrinários:

> A margem nacional de apreciação, como método do processo de interação do direito, é o melhor meio de preservar as diferenças e prestigiar os direitos humanos. Ela permite uma proximação das práticas por intermédio de um reexame periódico das práticas nacional, observando-se a evolução da sociedade e da ciência. Preserva-se a diversidade das práticas nacionais determinadas por fatores religiosos e morais, sem perder de vista uma futura possibilidade de aproximação de distintos ordenamentos jurídicos.[549]

[547] Neste estudo, a República Dominicana não será objeto de análise, visto que em novembro de 2014, sob o argumento de *inconstitucionalidade*, o seu Tribunal Constitucional firmou o desligamento do Estado à Corte Interamericana.

[548] Quanto ao caso da Venezuela, o Estado abandonou em 10 de setembro de 2013, o sistema interamericano, não tendo mais, desde 10 de setembro de 2014, a Corte jurisdição sobre os casos de violação de direitos humanos ocorridos em solos venezuelanos. Portanto, o país não será objeto de estudo.

[549] Diniz, Geilza Fátima Cavalcanti. Soberania e margem nacional de apreciação. Itajaí: **Revista Eletrônica Direito e Política**, v.6, n.2, p.392-412, 2011. Disponível em: <www.univali.br/direitoepolitica>. Acesso em: 09 out. 2015.

O termo *margem de apreciação* fora a manobra utilizada pelo Tribunal Europeu de Direitos Humanos[550] para garantir o cumprimento de suas condenações pelas autoridades nacionais: dada a diversidade cultural e legal dos Estados atrelados ao Tribunal, inúmeras dificuldades foram observadas na tentativa de uniformização de parâmetros mínimos de direitos humanos. Assim, cedeu-se, aos Estados, o critério de promulgar e impor suas próprias normativas em temas específicos[551] dos casos submetidos ao Tribunal. Para melhor compreensão de sua definição:

> *The national margin of appreciation or discretion can be defined in the European Human Rights Convention context as the freedom to act; maneuvering, breathing or "elbow" room; or the latitude of deference or error which the Strasbourg organs will allow to national legislative, executive, administrative and judicial bodies before it is prepared to declare a national derogation from the Convention, or restriction or limitation upon a right guaranteed by the Convention, to constitute a violation of one of the Convention's substantive guarantees. It has been defined as the line at which international supervision should give way to a State Party's discretion in enacting or enforcing its laws.*[552]

[550] Se outrora não havia disposição expressa sobre o instituto no sistema europeu, a situação se revertera com o advento do Protocolo n. 15, em 2013: com este, a Convenção Europeia de Direitos Humanos passou a prever, expressamente em seu preâmbulo, a *margem de apreciação nacional*. Nos termos inseridos ao preâmbulo: *"Affirming that the High Contracting Parties, in accordance with the principle of subsidiarity, have the primary responsibility to secure the rights and freedoms defined in this Convention and the Protocols thereto, and in doing so they enjoy a margin of appreciation, subject to the supervisory jurisdiction of the European Court of Human Rights established by this Convention."*

[551] Discorre-se, neste ponto, sobre dois exemplos: o primeiro, conhecido como *Caso Handsyde*, fora o primeiro a utilizar do instituto da margem de apreciação, aludindo o Tribunal que "em virtude do contínuo e direto contato com as forças vitais de seus países, as autoridades estatais estão, a princípio, em melhor posição de que o juiz internacional, para avaliar as exigências morais de suas necessidades. Já no Caso James, deduziu que devido ao seu conhecimento direto de sua sociedade e de suas necessidades, as autoridades nacionais estão, a princípio, em melhor posição de que o juiz intrnacional para apreciar o que será o 'interesse público'. Consequentemente, as autoridades nacionais gozam de uma certa margem de apreciação".

[552] YOUROW, Howard Charles. **The Margin of Appeciation Doctrine in the Dynamics of European Human Rights Jurisprudence**. Netherlands: Kluwer Academic Publishers Group, 1996. p.13.

Em linhas gerais, o instituto visa "balancear a uniformidade e a diversidade dentro do sistema internacional de proteção dos direitos humanos"[553]. Ademais, seu surgimento responde aos interesses dos governos nacionais que apreciam algumas políticas e decisões internacionais como prejudiciais à sua segurança nacional, garantindo que as cortes internacionais de direitos humanos tenham, de fato, atuação subsidiária e moderada.

Todavia, há críticas intransponíveis à teoria. A primeira delas repousa no fato da margem de apreciação nacional retirar, em grande parte, a aplicação e a eficácia imediata dos direitos humanos, viabilizando a relativização destes pelas jurisdições nacionais. Ainda, se aplicada deliberadamente, tende a minar os esforços que visam à superação, pelas jurisdições internacionais dos direitos humanos, das políticas nacionais. Além disso, propende a confirmar variados parâmetros quando incorrerem diversas margens de apreciação em casos similares.

> *[...] Margin of appreciation, with its principled recognition of moral relativism, is at odds with the concept of the universality of human rights that overcomes national policies. If applied liberally, this doctrine can undermine seriously the promise of international enforcement of human rights that overcomes national policies. Moreover, its use may compromise the credibility of the applying international organ. Inconsistent applications in seemingly similar cases due to different margins allowed by the court might raise concerns about judicial double standards. [...]*[554]

Outra crítica substancial ao modelo da margem de apreciação nacional – e que importa ao sistema interamericano de proteção dos direitos humanos – infere-se no âmbito das minorias que tendem a se tornar vulneráveis com a aplicação do instituto: a partir da *nacionalização* da interpretação, os direitos humanos acabam por perder muito de seu universalismo, dado que as interpretações nacionais, em certos pontos, serão decisivas para a prolação das sentenças internacionais.

553 DINIZ, Geilza Fátima Cavalcanti. Soberania e margem nacional de apreciação. Itajaí: **Revista Eletrônica Direito e Política**, v.6, n.2, p.392-412, 2011. Disponível em: <www.univali.br/direitoepolitica>. Acesso em: 09 out. 2015.

554 BENVENISTI, Eyal. **Margin of appreciation, consensus and universal standards**. New York: NYUJ Int'l L. & Pol., 1998. p.844.

Por esta conjuntura é que muitos doutrinadores – cujos quais este estudo se filia –, como Cançado Trindade, Flávia Piovesan e André de Carvalho Ramos, não admitem a aplicação da teoria da margem de apreciação nacional nas decisões prolatadas pela Corte Interamericana de Direitos Humanos. Lembra-se: a margem de apreciação, para eles, não é proibida na Corte Interamericana, mas não é recomendável sua aplicação.

Outro ponto que induz na não aplicação do instituto em solos interamericanos aduz ao fato de seus Estados-membros contarem com uma realidade cultural muito semelhante, não justificando a aplicação do instituto com respaldo nas diversidades culturais.

Nota-se, ainda, que a Corte Interamericana não está a utilizar, tal como o Tribunal Europeu, a margem de apreciação nacional, tendo em vista a profundidade de suas sentenças: estas contam com um exame e um debate exaustivo sobre seus temas, não deixando margem para a interpretação nacional. Na lição de Jayme Benvenuto:

> Uma última observação sobre as sentenças das duas cortes – embora se trate, aqui, de um aspecto mais formal que de conteúdo – revela a maior profundidade das sentenças da Corte Interamericana de Direitos Humanos em relação às emitidas pela Corte Europeia, o que se pode constatar da quantidade de provas colhidas e examinadas (documentos, testemunhos, perícias), da capacidade de análise das situações e inclusive da quantidade de páginas utilizadas para prolatar as sentenças. [...][555]

Pontuadas estas questões, cabe, neste momento, um estudo específico das condenações e dos meios de implementação de suas obrigações nos Estados supracitados, propiciando a elaboração de uma tese, pautada na cooperação, para a harmonização de suas posturas ante as sentenças interamericanas.

4.2.1 O caso brasileiro

Em que pese o cenário brasileiro configurar diversos paradoxos, o Brasil atuou, como outrora já se discorrera, de forma determinante e enérgica

[555] Benvenuto, Jayme. Perspectiva comparada da proteção dos direitos humanos pelos sistemas europeu e interamericano via o princípio da indivisibilidade. In: Benvenuto, Jayme. **Direitos humanos internacionais**: perspectiva prática no novo cenário mundial. Recife: Bagaço, 2006. p.140.

para o pleno desenvolvimento do sistema interamericano de proteção dos direitos humanos. Contudo, assim como a Argentina, o Brasil exibe peculiaridades internas que acometem diretamente o sistema interamericano, tais como:

> a) ambos os países transitaram de regimes autoritários ditatoriais para regimes democráticos; b) adotaram um novo marco jurídico (no caso, a Constituição Brasileira de 1988 e a Constituição Argentina com a reforma de 1994); e c) conferem aos tratados de direitos humanos um *status* privilegiado na ordem jurídica. [...][556]

Contando com uma postura madura frente à edificação do Direito Internacional dos Direitos Humanos, o Brasil ratificou uma série de acordos de proteção dos direitos humanos, tais como: Convenção sobre Genocídio (1948); Convenções de Genebra e seus dois Protocolos Adicionais (1949); Convenção sobre Refugiados (1951); Pacto Internacional sobre Direitos Civis e Políticos e Pacto Internacional sobre os Direitos Econômicos, Sociais e Culturais (1966).[557] Participou, ainda, da I Convenção Mundial sobre Direitos Humanos de Teerã (1968) e da II Convenção Mundial sobre Direitos Humanos de Viena (1993).

No sistema interamericano, esforços brasileiros mostraram-se frutíferos quando na Nona Conferência Internacional Americana, em 1948, desenvolvera e adotara, juntamente com mais vinte países, a Carta da Organização dos Estados Americanos, que entrou em vigor em 13 de dezembro de 1951 e fora introduzida no ordenamento jurídico pátrio pelo Decreto n.º 30.544, de 14 de fevereiro de 1952.

No tocante ao Pacto de São José da Costa Rica, o Brasil aprovou-o pelo Decreto Legislativo n.º 27, de 25 de outubro de 1992, promulgando-o no mesmo ano, pelo Decreto n.º 678, de 06 de novembro. Também, o país aprovou o Protocolo de São Salvador pelo Decreto

[556] PIOVESAN, Flávia. Força integradora e catalisadora do sistema interamericano de protecção dos direitos humanos: desafios para a pavimentação de um constitucionalismo regional. In: SOUSA, Marcelo Rebelo de *et al.* **Estudos de Homenagem ao prof. doutor Jorge Miranda**. Coimbra: Coimbra Editora, 2012. p.475-476.

[557] Em âmbito regional, o Brasil ainda ratificou o Protocolo Relativo à Abolição da Pena de Morte, de 1986; a Convenção Interamericana para prevenir e sancionar a tortura, de 1987; e a Convenção Interamericana para prevenir, sancionar e erradicar a violência contra a mulher (Convenção de Belém do Pará), de 1985.

Legislativo n.º 56, de 19 de abril de 1995 e promulgou-o pelo Decreto n.º 3.321, de 30 de dezembro de 1999. A partir de então, o Brasil se submete à Comissão Interamericana de Direitos Humanos, devendo obediência aos seus princípios na busca pela promoção e defesa dos direitos humanos.

Ainda, o Estado brasileiro reconheceu, expressamente, a competência jurisdicial da Corte Interamericana pelo Decreto Legislativo n.º 89, de 1998, garantindo a proteção internacional dos direitos humanos a seus cidadãos quando as instâncias nacionais se mostrarem insuficientes ou falhas em sua proteção.[558]

Autoriza-se, desde o referido decreto, a propositura de demandas contra o Brasil na Corte Interamericana, não podendo se escusar de suas obrigações sob alegação de incompatibilidade da norma convencional com o direito interno, tendo em vista que o reconhecimento da jurisdição é cláusula pétrea e cabe ao direito interno ser adequado para o cumprimento da responsabilidade internacionalmente assumida pelo Estado. Existe, em realidade, um dever de cumprimento das decisões judiciais da Corte no ordenamento jurídico pátrio: uma vez condenado em palco internacional, o Brasil deverá garantir-lhe eficácia.[559]

Salienta-se o fato da sentença da Corte Interamericana ser uma sentença internacional, dado seu caráter de organismo internacional, não lhe sendo imposta, para eficácia em solos internos, o instituto da homologação. Diferentemente configura-se a sentença estrangeira, advinda de órgão público competente, em outra jurisdição, sob o auspício de outro ordenamento jurídico interno. É sobre esta última que repousa a homologação de sentença, não cabendo às sentenças internacionais, para sua execução, a necessidade de prévia homologação perante o Superior Tribunal de Justiça. Uma vez transitadas em julgado, as sentenças

558 O reconhecimento da jurisdição internacional dos direitos humanos, em solos nacionais, ocorrera por intermédio do art. 7.º do Ato das Disposições Constitucionais Transitórias.

559 Dada a magnitude da questão, mais uma vez, diz-se que "caso, por exemplo, o Brasil venha a descumprir o comando de uma sentença definitiva da Corte Interamericana de Direitos Humanos, em virtude de decisão do nosso Supremo Tribunal Federal, o Estado brasileiro será responsabilizado internacionalmente pela violação da obrigação de cumprir em boa-fé seus compromissos internos (no caso, o compromisso estabelecido no artigo 68.1 da Convenção Americana de Direitos Humanos de cumprir as sentenças da Corte)". (Ramos, André de Carvalho. **Processo internacional de direitos humanos**. 3.ed. São Paulo: Saraiva, 2013. p.372).

internacionais já estão plenamente aptas a serem executadas em ambiente interno. Na preciosa lição de Vladmir Oliveira da Silveira:

> Portanto, resta clara a distinção entre homologação de sentença estrangeira na qual o país não opinou, não julgou e não aplicou a lei, mas apenas e tão somente homologou a sentença por uma conveniência e uma sentença em que o país nem precisa homologar, pois já está de acordo com a decisão, antes mesmo de ser proferida, na medida em que o tribunal internacional possui jurisdição sobre o próprio Estado, obrigando-o perante a comunidade internacional a respeitar suas decisões, sob pena de responsabilidade internacional.[560]

Adentrando à execução das sentenças da Corte propriamente dita, no Brasil, vigem-se duas regras assim descritas:

> A primeira regra, tradicional em termos de execução de sentença internacional, estipula que a execução das sentenças da Corte *depende da normatividade interna*. Assim, cabe a cada Estado escolher a melhor forma, de acordo com seu Direito, de executar os comandos da Corte Interamericana de Direitos Humanos.
>
> A segunda regra firmada no artigo 68.2 da Convenção Americana de Direitos Humanos é *inovação* do sistema interamericano. Consiste na menção da utilização das regras internas de execução de sentenças nacionais contra o Estado para a execução da parte indenizatória da sentença da Corte.[561]

Sabe-se, como já fora indicado em momento anterior, que a condenação da Corte Interamericana abarca duas matérias: a indenização pecuniária e outras medidas – obrigações de fazer e de não fazer.

No Brasil, as obrigações pecuniárias são consideradas títulos executivos judiciais e pagas pela União, com previsão orçamentária expressa em lei para possíveis condenações na Corte. Em dicção doutrinária:

560 SILVEIRA, Vladmir Oliveira da. O Tribunal Penal Internacional e a garantia dos direitos humanos. **Revista Diálogo & Debates da Escola Paulista da Magistratura**, São Paulo, v.7, n.1, p.21, 2006.

561 RAMOS, André de Carvalho. A execução das sentenças da Corte Interamericana de Direitos Humanos no Brasil. In: SOARES, Guido Fernando Silva; CASELLA, Paulo Borba; CELLI JUNIOR, Umberto; MEIRELLES, Elizabeth de Almeida; Polido, Fabrício Bertini Pasquot Polido (Orgs.). **Direito internacional, humanismo e globalidade**. São Paulo: Atlas, 2008. p.459.

> Em primeiro lugar, já há previsão orçamentária para pagamentos eventualmente ordenados pela Corte e que serão realizados pelo Poder Executivo Federal, conforme consta da lei orçamentária pesquisada, no caso a Lei n.º 12.214/2010 e que repetiu o que já constava da lei orçamentária anterior. De fato, houve previsão de dotação específica para "pagamento de indenização a vítimas de violação das obrigações contraídas pela União por meio da adesão a tratados internacionais dos direitos humanos», dotação esta a cargo da Secretaria Especial de Direitos Humanos.[562]

Reputa-se indispensável a análise mais aprofundada deste ponto. Em primeiro lugar, considera-se válido e compatibilizado com a normativa interamericana o pagamento das obrigações pecuniárias por intermédio de títulos executivos judiciais. O art. 68.2 da Convenção Americana faz alusão à eficácia executiva destes termos da sentença, quando fala que "a parte da sentença que determinar indenização compensatória poderá ser executada no país pelo respectivo processo interno vigente para a execução de sentenças contra o Estado". Destaca-se:

> Deve-se reconhecer que as sentenças proferidas pela Corte são títulos executivos judiciais, porque exaradas por órgão judicial, cuja jurisdição a República Federativa do Brasil reconhece e se submete, bem como porque se destinam a reparar as consequências de medida ou de situação que configure a violação de direitos humanos e o pagamento de indenização justa à parte lesada, nos termos do art. 63 da Convenção.[563]

Quanto ao pagamento pela União, não obstante esta não se confundir com o Estado brasileiro, é ela quem representa o Estado em suas relações internacionais[564] e, assim sendo, faz-se plenamente pertinente o pagamento do título executivo ser de sua responsabilidade. Conse-

[562] RAMOS, André de Carvalho. **Processo internacional de direitos humanos**. 3.ed. São Paulo: Saraiva, 2013. p.376.

[563] RESENDE, Augusto César Leite de. A Executividade das Sentenças da Corte Interamericana de Direitos Humanos no Brasil. **Revista de Direito Internacional**, Brasília, v.10, n.2, p.235, 2013.

[564] É o entendimento que advém do art. 21, inc. I, da Constituição da República Federativa do Brasil de 1988. Segundo seu texto: Art. 21: "Compete à União: I – manter relações com Estados estrangeiros e participar de organizações internacionais; [...]".

quentemente, a competência para a execução será da Justiça Federal, haja vista processar-se contra o ente federativo União. Nos entendimentos de Adriano Enivaldo de Oliveira:

> [...] a responsabilidade perante as Cortes Internacionais, por violações aos direitos humanos, é do Brasil, independentemente do estado federado em que se tenha praticado a violação. A execução de eventual condenação seria feita na Justiça Federal, pois a União Federal seria a ré. [...][565]

No entanto, abre-se a oportunidade de litisconsórcio passivo[566] entre a União – figura indispensável em qualquer demanda que envolva condenações internacionais do Estado brasileiro – e o estado federativo, igualmente responsável pela violação, recaindo a execução da sentença internacional sobre ambos os entes. Como bem explica Marcela Harumi Takashi Pereira:

> No entanto, é possível o litisconsórcio passivo. A União não mantém relações internacionais em nome próprio, mas em representação do país, e, portanto, a execução poderá e deverá ser dirigida contra a *União* e o ente federado responsável por cumprir a sentença internacional, se diversos. Por exemplo, cabe aos municípios organizar o serviço público local de caráter essencial, incluindo o transporte coletivo (art. 30, inc. V., da CR). Se, por absurdo, em algum município brasileiro as companhias de ônibus discriminarem alguns passageiros, impedindo seu acesso ao serviço público, em razão de sua orientação sexual, e esse incidente, esgotados os recursos internos, motivar um julgamento e uma condenação pela Corte Interamericana de Direitos Humanos, nesse caso o município deverá também figurar no pólo passivo do processo executivo, pois a ele caberá fazer cessar a violação. A União, em todo caso, não poderá ser excluída, pois terá representado o país no processo internacional.[567]

565 Oliveira, Adriano Enivaldo de. A Justiça Federal e a reforma do Poder Judiciário. Pelotas: **Revista da Escola de Direito** (UCPEL), v. 5, n.1, p.223-224, 2004.

566 O litisconsórcio envolve a possibilidade e/ou obrigatoriedade (litisconsórcio facultativo e obrigatório, respectivamente) de partes em uma relação jurídica, sendo que, no caso do litisconsórcio passivo, esta pluralidade se dá no polo passivo da relação.

567 Pereira, Marcela Harumi Takahashi. **Cumprimento da sentença da Corte Interamericana de Direitos Humanos no âmbito interno**. Disponível em: <http://www.ambito-

Assim exposto, concebe-se como satisfatório o modo adotado pelo Brasil para o cumprimento das obrigações pecuniárias (indenizatórias) procedentes de sentenças internacionais. A dificuldade repousa na implementação, em solos nacionais, das obrigações de fazer e não fazer decorrentes das sentenças da Corte.

É justamente neste ponto que repousa a problemática desta tese: até hoje, após longos anos de reconhecimento da competência e jurisdição da Corte, não se determinou, de forma legal, clara e objetiva – não apenas no Brasil, mas em todos aqueles que reconheceram a competência contenciosa da Corte – como se desenvolverá o cumprimento efetivo das obrigações de fazer e não fazer previstas na sentença internacional.

Entretanto, alguns países como Colômbia e Peru adotaram as chamadas *enabling legislation* (legislações nacionais de meios de cumprimento interno das sentenças internacionais), contribuindo para que se consumem, ainda que parcialmente, os termos obrigacionais de suas condenações na Corte Interamericana. Como assenta André de Carvalho Ramos:

> Para facilitar o cumprimento interno das decisões da Corte, alguns países aprovaram as chamadas "*enabling legislations*" ou legislações nacionais de implementação das decisões de instâncias internacionais de proteção dos direitos humanos. Cita-se o caso colombiano, com a Lei n.º 288 de 1996. Na Colômbia, a Lei n.º 288/96 estabeleceu os instrumentos para a indenização de prejuízos às vítimas de violações de direitos humanos, após a constatação das violações por instâncias internacionais. No caso da Costa Rica, estabeleceu-se, já no tratado de sede entre o Governo daquele país e a Corte Interamericana de Direitos Humanos, que as decisões da Corte possuem a mesma força executiva das dos tribunais do país.[568]

Nota-se indiscutível a exigência de implementação do ordenamento jurídico interno para calcar uma legislação que garanta previsibilidade

juridico.com.br/site/ index.php?n_link=revista_artigos_leitura&artigo_id=6491>. Acesso em: 10 out. 2015.

[568] Ramos, André de Carvalho. A execução das sentenças da Corte Interamericana de Direitos Humanos no Brasil. In: Soares, Guido Fernando Silva; Casella, Paulo Borba; Celli Junior, Umberto; Meirelles, Elizabeth de Almeida; Polido, Fabrício Bertini Pasquot Polido (Orgs.). **Direito internacional, humanismo e globalidade**. São Paulo: Atlas, 2008. p.463.

e congruência no cumprimento das medidas condenatórias impostas, ao Brasil, pela Corte Interamericana. Não obstante a falta de concretização, existem projetos de lei em andamento – sobre os modos de internalização de sentenças internacionais – que merecem a análise.

O primeiro deles, o Projeto de lei n.º 3.214, de 2000, do Deputado Federal Marcos Rolim, prevê a possibilidade de propositura de ação regressiva contra quaisquer pessoas, física ou jurídica, responsáveis pelo ato lesivo que ensejou a condenação internacional. O problema é não haver nenhuma menção aos meios de implementação das obrigações de fazer ou de não fazer do Estado brasileiro, tendo sido logo arquivado.

Em 2004, o Deputado Federal José Eduardo Martins Cardozo apresentou o Projeto de Lei n.º 4.667 – alterado pelo Deputado Federal Orlando Fantazzini, em 2006 –, prevendo a criação de um órgão para acompanhar o cumprimento das decisões internacionais. Ainda, quanto às obrigações de fazer e de não fazer, solucionou parte da problemática, trazendo tais proposituras:

> [...] No caso de cumprimento de obrigação de fazer, o órgão de acompanhamento criado notificaria os entes competentes para que apresentassem, no prazo de vinte dias, plano de cumprimento com previsão das ações e identificação das autoridades responsáveis pela sua execução. Quando a decisão ou recomendação envolvesse medida policial, judicial ou do Ministério Público no âmbito do ordenamento jurídico brasileiro, o órgão de acompanhamento notificaria a autoridade competente para que apresentasse, também no prazo de vinte dias, relatório sobre a investigação ou apuração em curso.[569]

Ocorre que, no trâmite legislativo, suas alterações foram suprimidas, aprovando-se, em 2010, apenas o Projeto original n.º 4667/2004, que não garante clareza e nem os modos para o cumprimento imediato das obrigações de fazer e de não fazer presentes nas sentenças da Corte. Mais uma vez, estas obrigações encontram-se à mercê da vontade estatal em cumprí-las ou não.

Ao final desta investigação, vale a ressalva: para que os direitos humanos sejam plenamente consolidados e defendidos em solos nacionais,

[569] Ramos, André de Carvalho. **Processo internacional de direitos humanos**. 3.ed. São Paulo: Saraiva, 2013. p.376.

o Brasil deverá despender esforços cooperativos com os demais países para a previsão e harmonização das legislações internas quanto aos meios de cumprimento de todos os termos prolatados nas sentenças da Corte Interamericana.

4.2.1.1 *Breve desenrolar das condenações brasileiras*

O Brasil fora demandado em cinco ocasiões na Corte Interamericana de Direitos Humanos: i) Damião Ximenes Lopes (Caso 12.237); ii) Gilson Nogueira de Carvalho (Caso 12.058); iii) Arley José Escher e Outros (Caso 12.353); iv) Sétimo Garibaldi (Caso 12.478); e v) Julia Gomes Lund e Outros (Caso 11.552).

O primeiro deles, caso Damião Ximenes Lopes, de 2006, é considerado um marco na proteção dos direitos humanos em nível interamericano, uma vez que o Brasil fora condenado por violar direta e indiretamente os direitos humanos. Diret, por ter a vítima falecido devido à inobservância de seus direitos fundamentais, e indireta por conta da justiça brasileira não ter encontrado uma solução, em tempo hábil, para condenar e reparar os danos à família da vítima. Não obstante o reconhecimento de sua condenação, o Estado brasileiro, em 2010, cumpriu parcialmente a sentença da Corte.

O cumprimento da sentença iniciou-se em 17 de agosto de 2007, com o pagamento da indenização pela União à família da vítima. Um ano após, a Corte emitiu uma resolução sobre o cumprimento da sentença, alertando o país que o caso não se findava com o pagamento da indenização apenas, solicitando informações atualizadas e detalhadas sobre o estado da investigação penal e dos avanços no tratamento de doentes mentais em território nacional.

Em 27 de junho de 2008, prolatou-se, em jurisdição interna, sentença cível prevendo a devida reparação material e, em 29 de junho de 2009, sentença em âmbito penal, condenando os envolvidos na morte de Damião Ximenes Lopes pelo crime de maus-tratos que resultaram na morte da vítima.

Sem dúvidas, o reconhecimento da sentença internacional fora realizado de forma efetiva pelo Brasil, mas seu cumprimento integral e em prazo razoável não se verificou, uma vez que, até hoje, não foram desenvolvidos programas de capacitação dos agentes públicos que lidam com doentes mentais – termos obrigacionais previstos em sua condenação.

No caso Gilson Nogueira de Carvalho, o Brasil fora absolvido, assim entendendo a Corte:

> [...] a Corte lembra que compete aos tribunais do Estado o exame dos fatos e das provas apresentadas nas causas particulares. Não compete a este Tribunal substituir a jurisdição interna, estabelecendo as modalidades específicas de investigação e julgamento num caso concreto, para obter um resultado melhor ou mais eficaz, mas constatar se nos passos efetivamente dados no âmbito interno, foram ou não violadas obrigações internacionais do Estado, decorrentes dos artigos 8 e 25 da Convenção. Assim, entendeu que não se demonstrou que o Estado tenha violado os direitos à proteção e às garantias judiciais [...], com relação à Jaurídice Nogueira de Carvalho e Geraldo Cruz de Carvalho (pais da vítima).[570]

O Caso Arley José Escher e outros (Caso 12.353) chegou ao conhecimento da Corte em 20 de dezembro de 2007, condenando o Estado por violação dos direitos à vida privada, à honra, à reputação e à liberdade de associação, previstos nos artigos 11 e 16 da Convenção Americana.

Apesar da demora, o Estado brasileiro assumiu uma postura ativa no cumprimento da sentença, especialmente no pagamento das indenizações às vítimas. Sucede que o pagamento é apenas um dos pontos da condenação brasileira: juntamente ao caráter pecuniário da reparação, o Estado tem por obrigação procurar, processar e punir os culpados pelas violações, circunstância esta que não fora realizada de maneira satisfatória até os dias atuais.

O Caso 12.478, também conhecido como Caso Sétimo Garibaldi, fora fruto da violência na área rural brasileira. Após a devida investigação, a Corte declarou, por unanimidade, que o Estado havia incorrido na violação dos direitos às garantias judiciais e à proteção judicial, reconhecidos nos artigos 8.1 e 25.1 da Convenção Americana.

O Brasil, após um ano da prolação da sentença – datada de 23 de setembro de 2009 – iniciou seu cumprimento. Como de praxe, pagara as indenizações devidas, mas não cumprira as obrigações de investigar e punir os eventuais culpados pelo homicídio de Sétimo Garibaldi.

[570] Decisão do Caso Gilson Nogueira de Carvalho contra o Estado brasileiro (caso 12.058), da Corte Interamericana de Direitos Humanos.

Juntamente ao Caso Julia Gomes Lund e Outros (Guerrilha do Araguaia) – Caso 11.552 – vem à tona todos os feitos do período brasilero conhecido como Ditadura Militar, entre os anos de 1964 a 1985, quando a censura e a repressão de muitos direitos, tidos como fundamentais, tornou-se uma constante.

A sentença do caso em tela fora publicada em 14 de dezembro de 2010, condenando o Brasil pelo desaparecimento forçado de pessoas, além da violação direta de diversos direitos humanos previstos na Convenção Americana.

Apesar da demora, há de se enaltecer os esforços brasileiros para o cumprimento desta sentença, criando a chamada *Comissão da Verdade* para investigar, possibilitar evetuais punições e fazer valer a memória das vítimas do período. Não obstante, o cumprimento integral da sentença estão muito aquém do desejado.

A partir do exame dos casos supracitados, constata-se que o Brasil tem falhado na efetivação integral de suas condenações em solos nacionais. Para reverter esta situação, pressupõe-se indispensável a feitura de uma lei interna que garanta a implementação integral das decisões internacionais.

Em suma, deve-se pensar que o Estado brasileiro, quanto ao cumprimento integral de suas condenações internacionais, reclama por atenção especial, cabendo-lhe incrementar a cooperação para poder, em conjunto aos outros Estados, reverter esta situação, harmonizando suas normativas e garantindo efetivamente a eficácia que o sistema interamericano de proteção dos direitos humandos demanda.

4.2.2 O caso argentino

A Argentina ratificou a Convenção Americana sobre Direitos Humanos em 1984, tendo, desde esta data, reconhecido a jurisdição da Corte Interamericana.[571] Exalta-se o fato da Corte Suprema de Justiça argentina guiar-se pela interpretação advinda da própria jurisprudência da Corte Interamericana, no que tange aos direitos humanos previstos na Convenção Americana. Como entende Flávia Piovesan:

[571] Atenta-se ao fato de que a primeira sentença proferida pela Corte, em face à Argentina, fora prolatada em 1995.

> No entender do Ministro Eugenio Raúl Zaffaroni da Corte Suprema de Justiça Argentina, isto se deve sobretudo à reforma constitucional de 1994, que explicitamente conferiu hierarquia constitucional aos tratados de direitos humanos, nos termos do artigo 75, parágrafo 22. Em sua avaliação, o impacto de tal mudança foi extraordinário no sentido de fomentar a Corte Suprema a adotar, desde então (1994), a normatividade internacional e sua jurisprudência, o que irradiou amplo impacto em todo Poder Judiciário e na cultura jurídica argentina. Portanto, no caso argentino, desde 1994 há ma crescente abertura à ordem internacional e aos seus parâmetros protetivos. Observe-se, ademais, que a Argentina ratificou a Convenção Americana de Direitos Humanos e reconheceu a jurisdição da Corte Interamericana de 1984; a primeira sentença proferida pela Corte em face da Argentina foi em 1995.[572]

Desde o reconhecimento de sua competência, a Corte analisou, frente à Argentina, os seguintes casos: i) Caso Argülles y otros; ii) Caso Gutiérrez y Familia; iii) Caso Mémoli; iv) Caso Mendoza y otros; v) Caso Mohamed; vi) Caso Furlan y Familiares; vii) Caso Fornerón y hija; viii) Caso Fontevecchia y D'Amico; ix) Caso Grande; x) Caso Torres Millacura y otros; xi) Caso Bayarri; xii) Caso Kimel; xiii) Caso Buenos Alves; xiv) Caso Bulacio; xv) Caso Cantos; xvi) Caso Garrido y Baigorria; e xvii) Caso Maqueda.[573]

Como ocorre na grande maioria dos Estados-membros da Corte Interamericana, não existe, na Argentina, um procedimento específico para garantir o real e efetivo cumprimento de suas condenações. Percebe-se, segundo o exame de seus casos, que o Estado argentino tem reconhecido as sentenças internacionais e realizado o pagamento das indenizações; no entanto, não tende a cumprir as outras obrigações dispostas nas condenações, satisfazendo apenas parcialmente a eficácia destas últimas. Em outros dizeres:

[572] Piovesan, Flávia. Força integradora e catalisadora do sistema interamericano de proteção dos direitos humanos: desafios para a pavimentação de um constitucionalismo regional. In: Sousa, Marcelo Rebelo de *et al.* **Estudos de Homenagem ao prof. doutor Jorge Miranda**. Coimbra: Coimbra Editora, 2012. p.475-476.

[573] CORTE INTERAMERICANA DE DIREITOS HUMANOS. Disponível em: <http://www.corteidh.or.cr/>. Acesso em: 29 jul. 2015.

> De maneira oposta, o Estado não tem conseguido até o momento cumprir devidamente sua obrigação de julgar os responsáveis pelas violações de direitos humanos em nenhum dos casos que isto foi determinado. [...] No entanto, o descumprimento da obrigação de investigação judicial não se mostra inesperado em absoluto, dado que se apresenta como denominador comum do déficit de cumprimento das sentenças da Corte IDH por parte de todos os Estados-membros do SIDH. [...][574]

Em uma investigação mais detalhada dos casos Garrido y Baigorria, Cantos, Bulacio, Buenos Alves, Kimel e Bayarri, a postura da Argentina fora a seguinte:

I) Cumprimento integral no pagamento da indenização: Garrido y Baigorria, Bulacio, Kimel e Bayarri. Não pagamento no caso Buenos Alves.
II) Cumprimento integral no pagamento de custas e despesas: Garrido y Baigorra, Cantos, Bulacio, Kimel, Bayarri. Não cumprimento no caso Buenos Alves.
III) Cumprimento integral da publicidade: Bulacio, Kimel e Bayarri. Não cumprimento no caso Buenos Alves
IV) Cumprimento integral no reconhecimento: Kimel.
V) umprimento parcial do juízo: Bulacio, Buenos Alves e Kimel. Não cumprimento no caso Garrido y Baigorria.
VI) Cumprimento parcial de alteração legislativa: Bulacio.
VII) Cumprimento integral de alteração legislativa: Kimel.[575]

A Argentina, deveras, não tem atingido o cumprimento integral de suas condenações; especialmente, não tem implementado, em solos internos, as obrigações de fazer e/ou não fazer previstas nas sentenças da Corte.

Destaca-se, a partir deste entrecho, a importância da cooperação para que os meios internos de cumprimento de sentença internacional sejam desenvolvidos a ponto de garantir a eficácia e o real implemento das condenações advindas da Corte Interamericana de Direitos Humanos.

[574] González-Salzberg, Damián. A implementação das sentenças da Corte Interamericana de Direitos Humanos na Argentina: uma análise do vaivém jurisprudencial da Corte Suprema de Justiça da Nação. **Revista Internacional de Direitos Humanos**, São Paulo, v.8, n.15, p.41, 2011.

[575] González-Salzberg, *op. cit.*

4.2.3 O caso de Barbados

Barbados, localizado na América Central, ratificou a Convenção Interamericana em 05 de novembro de 1981, vindo a reconhecer a competência contenciosa da Corte no ano de 2000. Desde então, a Corte julgara dois casos envolvendo este Estado: Caso Dacosta Cadogan (24 de setembro de 2009) e Caso Boyce y otros (20 de novembro de 2007).

Segundo a ficha técnica do caso mais recente, Dacosta e Cadogan, a Corte entendeu que Barbados teria violado o direito à vida e a obrigação de respeitar os direitos. Assim, ordenara ao Estado a adoção de "medidas legislativas ou de outra índole para que a pena de morte não seja imposta em Barbados em caso de violação de direitos e liberdades garantidas na Convenção"[576].

A Corte ainda dispôs que a compensação pecuniária à vítima não se faria necessária, dado que as medidas apropriadas para a reparação das violações se dariam com o fim da pena de morte e a garantia de não repetição. Como reparação de custas e gastos, a Corte determinou o pagamento de U$ 18.000,00 (dezoito mil dólares) por parte de Barbados.

Segundo o relatório da Corte sobre o cumprimento da sentença, até o ano de 2012, Barbados não tinha adotado todas as medidas necessárias para o cumprimento integral de sua condenação: não adotou, dentro de um prazo razoável, as medidas legislativas requeridas (abolição da pena de morte e garantias judiciais) e nem realizou o pagamento do montante devido como reembolso das custas e gastos. Segundo a doutrina:

> Quanto ao parágrafo 4 do artigo 4, o Código Penal de Barbados estabelece a pena de morte por enforcamento para os crimes de homicídio e traição. O Governo examina cuidadosamente neste momento a questão da pena de morte, que só é imposta em raras ocasiões, mas deseja formular reserva sobre esse ponto, uma vez que em certas circunstâncias, a traição poderia ser considerada crime político e ser enquadrada nos termos do parágrafo 4 do artigo 4.[577]

O que se observa é que Barbados ainda nem conseguira compatibilizar seu ordenamento jurídico interno com os direitos protegidos

[576] CASO DA COSTA CADOGAN *VS.* BARBADOS. Disponível em: <www.corteidh.or.cr/docs/casos/ articulos/seriec_204_esp.pdf>. Acesso em: 04 ago. 2015.

[577] GUERRA, Sidney. **O sistema interamericano de proteção dos direitos humanos e o controle de convencionalidade**. São Paulo: Atlas, 2013. p.45.

convencionalmente no sistema interamericano, tendo em vista ainda adotar a pena de morte. Há, de fato, um longo caminho para que o Estado alcance a eficácia que as sentenças da Corte demandam.

Quanto ao Caso *Boyce y otros*, Barbados viera a violar os seguintes artigos da Convenção: 1 (obrigação de respeitar os direitos); 2 (dever de adotar disposições de direito interno); 4 (direito à vida); 5 (direito à integridade pessoal); e 25 (proteção judicial).

Resolutivamente, entendeu a Corte que o Estado deveria: i) comutar, formalmente, a pena de morte de Huggins; ii) adotar medidas legislativas de outra índole, indispensáveis para assegurar a não imposição de penas de morte; iii) adotar diferentes medidas legislativas para assegurar que a constituição e a legislação de Barbados se conformem à Convenção Americana; iv) adotar e implementar medidas indispensáveis para que as condições de dentenção cumpram com os requisitos impostos pela Convenção Americana; e v) reparar, no prazo de seis meses e no montante de U$ 27.000,00 (vinte e sete mil dólares), as custas e gastos das vítimas na Corte.[578]

Entretanto, até 2011, quando se dera o último relatório sobre a supervisão de cumprimento de sentença da Corte Interamericana, Barbados tinha cumprimento apenas parcialmente esta sentença, visto que não adotara medidas legislativas abolindo a pena de morte e nem compatibilizara seu ordenamento jurídico com a Convenção Americana.

Há, de fato, uma grave problemática na situação de Barbados no sistema interamericano. Em decorrência, entende-se que apenas a cooperação entre os Estados pode fazer com que o quadro se transmute naquele local e, assim, os direitos humanos – com o indispensável cumprimento integral de suas condenações na Corte – venham a prevalecer, possibilitando as devidas alterações legislativas indispensáveis à compatibilização do ordenamento jurídico interno para com a dignidade da pessoa humana.

4.2.4 O caso da Bolívia

A Bolívia ratificou a Convenção Americana sobre Direitos Humanos em 20 de junho de 1979. Entretando, só viera a reconhecer a competência

[578] CASO BOYCE Y OTROS *VS.* BARBADOS. Disponível em: <www.corteidh.or.cr/docs/casos/ articulos/seriec_204_esp.pdf>. Acesso em: 04 ago. 2015.

da Corte Interamericana em 27 de julho de 1993, tendo este órgão prolatado sentença envolvendo a Bolívia em quatro ocasiões: Caso Família Pacheco Tineo; Caso Ibsen Cárdenas e Ibsen Peña; Caso Ticona Estrada y otros; e Caso Trujillo Oroza.

Antes do exame detalhado dos casos, cabe destacar que a Comissão, em julho de 2015, apresentou um novo caso à Corte Interamericana de Direitos Humanos, envolvendo a imposição de esterilização forçada a uma mulher boliviana, abrindo-se a possibilidade para a Corte analisar, pela primeira vez, o alcance da responsabilidade internacional em caso de esterelização forçada.

Passando ao estudo dos casos já sentenciados, destaca-se o fato da Bolívia ter cumprido todas as medidas de reparação econômica e restitutiva impostas pela Corte. Entretanto, não se constatou o cumprimento de nenhuma providência para a reforma legal e nem para o fortalecimento institucional.[579]

Concentrando-se no primeiro deles, Caso Trujillo Oroza, a Bolívia fora responsabilizada internacionalmente pelo desaparecimento forçado de José Carlos Trujillo Oroza e pela falta de investigação e sanção de seus responsáveis. Condenou-a ao pagamento de U$ 398.00,00 (trezentos e noventa e oito mil dólares) por danos materiais e imateriais e, por custas e gastos, ao pagamento de U$ 9.400, 00 (nove mil e quatrocentos dólares). Requereu, ainda, que o Estado localizasse os restos mortais da vítima e investigasse os feitos que geraram as violações da Convenção Americana, punindo seus responsáveis.[580]

Segundo apontamentos da Corte, a Bolívia cumprira com suas obrigações pecuniárias, mas não se esforçara o suficiente para realizar as outras obrigações – obrigações de fazer, visando reparar a violação e precaver outras.

No Caso Ticona Estrada y otros, a Corte reconheceu parcialmente a responsabilidade internacional da Bolívia, imputando-lhe a violação

[579] BASCH, Fernando; FILIPPINI, Leonardo; IAYA, Ana; NINO, Mariana ROSSI, Felicitas; SCHREIBER, Bárbara. A eficácia do sistema interamericano de proteção de direitos humanos: uma abordagem quantitativa sobre seu funcionamento e sobre o cumprimento de suas decisões. **SUR – Revista Internacional de Direitos Humanos**, São Paulo, v.1, n.1, p.9-36, jan. 2004.

[580] CASO TRUJILLO OROZA *VS.* BOLIVIA. Disponível em: <www.corteidh.or.cr/docs/casos/ articulos/seriec_92_esp.pdf>. Acesso em: 04 ago. 2015.

dos direitos de liberdade pessoal, integridade pessoal, direito à vida, às garantias judiciais e à proteção judicial.

A Corte conclui que a Bolívia havia cumprido apenas parcialmente sua sentença, não realizando satisfatoriamente: i) a captura e o cumprimento da sentença condenatória interna das pessoas já condenadas pela violação ii) sancionar outros eventuais responsáveis; e iii) implementar a prestação de tratamento médico e psicológico requerido pela família da vítima.[581]

No Caso Ibsen Cárdenas e Ibsen Peña[582], a Corte impôs, à Bolívia, obrigações de reparação indenizatória e de custas às vítimas, conjugando-as à remoção de todos os obstáculos, de fato e de direito, que coadunam com a impunidade da tortura e das vedações que foram impostas às vítimas. O Estado deveria iniciar as investigações indispensáveis para determinar, em prazo razoável, todos os eventuais responsáveis.

Como medida futura (obrigação de fazer), a Corte determinou que a Bolívia deveria implementar, em prazo razoável, um programa sobre investigação e julgamento do desaparecimento forçado de pessoas, dirigido aos agentes de seu Ministério Público e juízes de seu Poder Judiciário, com competência para investigar e julgar o crime em alusão. Tal programa visaria oferecer elementos legais, técnicos e científicos indispensáveis para atuação nestes casos.

Como de praxe, a Bolívia cumprira integralmente as disposições de cunho financeiro da sentença por intermédio do Decreto Supremo n.º 0840.[583] No entanto, até o presente momento, não se tem notícia sobre o cumprimento integral da decisão, haja vista que as obrigações de fazer – especificamente quanto à questão do desenvolvimento de um programa aos agentes do Poder Judiciário e do Ministério Público da Bolívia – não foram satisfeitas e nem sequer se relatam intenções do governo em prol daquelas.

[581] CASO TICONA ESTRADA Y OTROS *VS.* BOLIVIA. Disponível em: <www.corteidh.or.cr/docs/ casos/articulos/seriec_199_esp.pdf>. Acesso em: 04 ago. 2015.

[582] CASO IBSEN CÁRDENAS E IBSEN PEÑA *VS.* BOLIVIA. Disponível em: <www.corteidh.or.cr/ docs/casos/articulos/seriec_217_espl.pdf>. Acesso em: 05 ago. 2015.

[583] Em consonância com seu Art. 1.º: *"El presente Decreto Supremo tiene por objeto establecer el mecanismo financiero de pago de las medidas indemnizatorias a los beneficiários señalados em la Sentencia de 1 de septiembre de 2010, Fondo, Reparaciones y Costas, emitida por la Corte Interamericana de Derechos Humanos em el caso "Ibsen Cárdenas e Ibsen Peña Vs. Bolivia."*

O Caso Familia Pacheco Tineo é o mais recente julgado contra a Bolívia na Corte, com sentença prolatada em 25 de novembro de 2013. Nesta, apontou-se a violação ao direito de buscar e receber asilo, à integridade psíquica e moral, à proteção das crianças e da família, ao princípio da não devolução e aos direitos às garantias judiciais e à proteção judicial, todos eles previstos na Convenção Americana.[584]

Por conseguinte, impôs-lhe a obrigação de implementar programas permanentes de capacitação dos funcionários da Direção Nacional de Migração e da Comissão Nacional de Refugiados, bem como de outros funcionários que, em razão de suas funções, tenham contato com migrantes ou solicitantes de asilo. Estabeleceu, ainda, a obrigação de indenizar as supostas vítimas por danos materiais e imateriais, assim como a reintegração dos valores desembolsados pelo *Fundo de Assistência Legal de Vítimas.*

Outra vez, o Estado da Bolívia, em março de 2014, aprovou, via Decreto, o desembolso e pagamento dos valores sentenciados, cumprindo apenas parcialmente sua sentença, visto que não realizara, efetivamente, os termos obrigacionais.

Constata-se que, não diferentemente dos outros Estados estudados até aqui, a Bolívia não consegue cumprir satisfatoriamente suas condenações, deixando a cargo da boa vontade dos governantes o desenvolvimento de programas e capacitações que deem o efetivo cumprimento dos termos obrigacionais de suas sentenças internacionais.

Ademais, o país conta com outro grave entrave na consolidação de suas condenações: desde o ano de 2000, a Sala Constitucional de seu Tribunal Supremo de Justiça extinguiu o efeito vinculante das sentenças da Corte Interamericana, a partir da realização de um controle de constitucionalidade prévio destas – em outros termos, a sentença internacional só terá eficácia em território boliviano se passar pelo prévio crivo de constitucionalidade.

Toda esta conjuntura comprova a indispensabilidade – para a garantia de cumprimento de suas condenações internacionais e mais, para prevalência dos direitos humanos em ambiente interno – da consolidação de vias cooperativas na Bolívia, capazes de compatibilizar as ações

[584] CASO FAMILIA PACHECO TINEO *VS*. BOLIVIA. Disponível em: <www.corteidh.or.cr/docs/casos/ articulos/seriec_272_esp.pdf>. Acesso em: 05 ago. 2015.

de seus poderes para com os valores do sistema interamericano de proteção dos direitos humanos.

4.2.5 O caso do Chile

O Chile, país da América Latina com o Índice de Desenvolvimento Humano mais alto da região[585], viera a ratificar a Convenção Americana sobre Direitos Humanos em agosto de 1990, aceitando a competência da Corte na mesma data.

A partir de então, sete casos envolvendo este Estado foram levados à Corte: i) Caso "La Última Tentación de Cristo" (Olmedo Bustos y Otros); ii) Caso Palamara Iribarne; iii) Caso Claude Reyes y otros; iv) Caso Almonacid Arellano y otros; v) Caso Atala Riffo y Niñas; vi) Caso García Lucero y otras; e vii) Caso Norín Catrimán y otros.

Quanto às condenações, o Chile cumpriu satisfatoriamente as reparações econômicas monetárias, econômicas não monetárias, simbólicas, restitutivas e medidas preventivas de conscientização; parcialmente (25% dos casos totais) as medidas preventivas de reformas legais e não cumprira, em nenhuma de suas condenações, as medidas preventivas de formação e de fortalecimento institucional.[586]

Averiguando o Caso Olmedo Bustos y Otros, de maneira precursora, o Chile, segundo entendimento da própria Corte Interamericana, cumprira integralmente as exigências lhe impostas, com a modificação de seu ordenamento jurídico interno[587], suprimindo a censura prévia e

[585] Segundo o Ranking IDH Global 2013, do Programa das Nações Unidas para o Desenvolvimento (PNDU), o Chile encontra-se na 41.ª colocação, com um IDH de 0,822.

[586] Basch, Fernando; Filippini, Leonardo; Iaya, Ana; Nino, Mariana Rossi, Felicitas; Schreiber, Bárbara. A eficácia do sistema interamericano de proteção de direitos humanos: uma abordagem quantitativa sobre seu funcionamento e sobre o cumprimento de suas decisões. **SUR – Revista Internacional de Direitos Humanos**, São Paulo, v.1, n.1, p.9-36, jan. 2004.

[587] Por não ter a Corte determinado, especificamente, como se daria a alteração de seu ordenamento jurídico interno, há aqueles que entendem, como Victór Bazan, que o órgão teria consentido com a margem de apreciação nacional neste ponto. Em termos doutrinários: "Nesse sentido, a Corte IDH, em sua Opinião Consultiva n.º OC-4/84, de 11 de janeiro de 1984, considerou que o termo 'leis internas, sem qualificar de forma alguma essa expressão ou afirmar que de seu contexto resulte um sentido mais restrito, 'diz com toda a legislação nacional e com todas as normas jurídicas de qualquer natureza, incluindo disposições constitucionais' (§ 14)." (Bazan, Victór. O controle de convencionalidade e a necessidade de

permitindo a exibição do filme "La Última Tentación de Cristo". Também pagara integralmente o montante determinado como reintegração de gastos.[588]

No Caso Palamara Iribarne, o Chile violara o direito à liberdade de expressão, bem como o direito à propriedade privada e às garantias judicias.[589] Fora condenado ao pagamento de indenização, além da restituição das custas e gastos. Ainda, a Corte determinou a compatibilização, dentro de um prazo razoável, das leis internas aos direitos de liberdade de expressão e da competência da jurisdição penal militar ficar adstrita ao conhecimento de delitos de função cometidos por militares em serviço, garantindo-lhes o devido processo legal e a proteção judicial.

O Estado, segundo relatório da Corte, pagara os termos pecuniários de sua condenação, mas não compatibilizou, ainda, seu ordenamento jurídico interno com as determinações da sentença. Todavia, o Parlamento chileno presencia esforços para a adequação de sua jurisdição militar à Convenção Americana, contando com mais de três projetos legislativos de reforma, como bem determina o trecho:

> *Durante el Gobierno de la Concertación (específicamente de la Presidenta Michelle Bachelet Jeria), se impulsaron diversas reformas, por iniciativa del Ejecutivo. La estrategia legislativa desarrollada separó las materias a tratar em tres proyectos de ley: 1) Proyecto de ley que modifica el Código de Justicia Militar alterando la competencia de los Tribunales Militares y suprimiendo la pena de muerte; 2) Proyecto de ley sobre delitos militares y sus penas, de octubre de 2009, que pretendía crear um nuevo catálogo de delitos militares de carácter extricto, cometidos sólo por militares y que afectaren bienes jurídicos militares; 3) Proyecto de ley sobre jurisdicción y competencia de los tribunales militares y procedimientos ante ellos. Este proyecto buscaba además derogar el delito de desacato del Código de Justicia Militar y adoptar para la jurisdicción castense el modelo procesal penal de la justicia ordinaria, de corte acusatorio, em vez del modelo inquisitivo.*[590]

intensificar um adequado diálogo jurisprudencial. **Revista Direito Público**, Brasília, v.8, n.41, p.226, set./out. 2011).

588 CASO "LA ÚLTIMA TENTACIÓN DE CRISTO" (OLMEDO BUSTOS Y OTROS) *VS.* CHILE. Disponível em: <www.corteidh.or.cr/docs/casos/articulos/seriec_73_esp.pdf>. Acesso em: 05 ago. 2015.

589 CASO PALAMARA IRIBARNE *VS.* CHILE. Disponível em: <www.corteidh.or.cr/docs/casos/ articulos/seriec_135_esp.pdf>. Acesso em: 05 ago. 2015.

590 Boudeguer, Bárbara Ivanschitz. Um estúdio sobre el cumplimiento y ejecución de las sentencias de la Corte Interamericana de Derechos Humanos por el Estado de Chile.

Ainda assim, a Corte concluira que os esforços chilenos estão aquém do requerido pela sentença, não tendo o Estado cumprido integralmente com sua condenação.

Verificando o Caso Claude Reyes y otros, o Chile fora condenado por violar os direitos à liberdade de expressão e às garantias judiciais. Como meio de reparação, fora lhe imposto a adoção de medidas que garantam, em ordenamento jurídico interno, o direito de acesso à informação, bem como a realização, em prazo razoável, da capacitação dos órgãos, autoridades e agentes públicos encarregados de atender às solicitações de informação. Fixou a Corte, ainda, a reintegração das custas e gastos.[591]

Servindo de exemplo a todos os outros Estados, o Chile, consoante relatório da Corte, cumpriu integralmente os termos de sua condenação: quanto ao direito de acesso à informação, promulgou a Lei n.º 20.285, de 20 de agosto de 2008 – Lei sobre a Transparência da Função Pública e do Acesso à Informação da Administração do Estado –; quanto à capacitação dos órgãos, autoridades e agentes, realizou diversos seminários, adotou o Manual para a Transparência e Probidade da Administração do Estado e iniciou um Plano Quinquenal de Capacitação em Probidade e Transparência. Por fim, destacou, de maneira exemplar, o exponencial valor da sentença para a consolidação e o progresso dos direitos humanos em solos chilenos:

> *En la audiencia de supervisión de cumplimiento ante la CIDH, el Estado de Chile destaco: "la extraordinária contribución que significo para el acceso de información pública, para el fortalecimiento de la libertad de expresión" la Sentencia dictada por la Corte em el presente caso; señaló que la sentencia fue "objeto también de um reconocimiento de parte de muchos de los análisis y de los artículos que Dio lugar la promulgación de esta ley de transparência y probidad" y refirió opiniones em el sentido de que el nuevo texto de la ley es "más completo em gran medida debido a la influencia de la condena del Estado de Chile que hiciera la Corte Interamericana".*[592]

Estudios Constitucionales, Talca, v.11, n.1, p.299-300, 2013.

591 CASO CLAUDE REYES *VS.* CHILE. Disponível em: <www.corteidh.or.cr/docs/casos/articulos/ seriec_151_esp.pdf>. Acesso em: 05 ago. 2015.

592 Boudeguer, Bárbara Ivanschitz. Um estúdio sobre el cumplimiento y ejecución de las sentencias de la Corte Interamericana de Derechos Humanos por el Estado de Chile. **Estudios Constitucionales**, Talca, v.11, n.1, p.294, 2013.

No Caso Almonacid Arellano y otros, a Corte ordenou ao Chile a revisão de seu Decreto Lei n.º 2.191 (Lei de Anistia), de 1978, cujo qual não deveria se apresentar como obstáculo à investigação, ajuizamento e sanção dos possíveis responsáveis por violações de direitos humanos durante o período da ditadura militar chilena, haja vista ser totalmente incompatível com os valores do sistema interamericano[593]. Ainda, obrigou o Estado a reintegrar custas e gastos.[594]

Já no primeiro relatório de supervisão de cumprimento da sentença, a Corte concluiu que o Estado reintegrou, de forma integral, custas e gastos, mas ainda não deu solução definitiva sobre a aplicação de sua Lei de Anistia[595] e alertou que os responsáveis pelas violações continuavam impunes – até hoje a situação perdura, uma vez que o recurso interposto pelos responsáveis continua pendente de julgamento na Corte Suprema de Justiça chilena.

Adentrando ao Caso Atala Riffo y Niñas, a Corte imputou ao Estado a violação dos direitos à igualdade, à vida privada, a ser ouvido e à garantia de imparcialidade, fixando o dever do Chile em oferecer atenção médica e psicológica, de forma gratuita e imediata, por suas instituições públicas, às vítimas, além do dever de continuar implementando programas e cursos permanentes de educação e capacitação de funcionários públicos, em nível regional e nacional. Determinaram-se, ainda, montantes indenizatórios e de reintegração de custas.[596]

O Chile pagara todos os valores devidos e, apesar da Comissão Interamericana não ter se dado por satisfeita, é inegável o seu destaque

[593] A Lei de Anistia chilena fora promulgada pelo governo de Pinochet, em um contexto de ditadura militar. Em 2014, a atual presidente, Michelle Bachelet, anunciou a pretensão do governo em anular a referida Lei. Não obstante o fato não ter ocorrido até o momento, os tribunais chilenos já iniciaram as investigações atreladas aos crimes ocorridos durante o período de 1973 a 1975.

[594] CASO ALMONACID ARELLANO Y OTROS *VS*. CHILE. Disponível em: <www.corteidh.or.cr/docs/ casos/articulos/seriec_154_esp.pdf>. Acesso em: 05 ago. 2015.

[595] Outro ponto que ainda não fora devidamente solucionado é quanto à aplicação do Decreto Lei. Como norma ainda vigente em solos chilenos, o Decreto Lei n.º 2.191 pode valer em alguns casos, abrindo-se brecha para que este siga como um impedimento legal para as investigações e consequentes sanções dos responsáveis por graves violações a direitos humanos.

[596] CASO ATALA RIFFO Y NIÑAS *VS*. CHILE. Disponível em: <www.corteidh.or.cr/docs/casos/ articulos/seriec_254_esp.pdf>. Acesso em: 05 ago. 2015.

no cumprimento da sentença com a aprovação da Lei n.º 20.609, em 24 de julho de 2012, cuja qual estabelecera medidas contra a discriminação, e com a adoção de uma série de políticas públicas contra a discriminação, com intuito de promover a integração social de pessoas e grupos vulneráveis.

Apreciando o Caso García Lucero y otras, o Chile violara os direitos às garantias judiciais e à proteção judicial. Em sua condenação, fora lhe imposto o dever de continuar e concluir, em prazo razoável, a investigação dos fatos ocorridos à vítima entre 1973 e 1975, não permitindo que a Lei de Anistia (Decreto Lei n.º 2.191) seja um obstáculo para tanto. Fixou, ainda, um valor indenizatório por dano imaterial.[597]

O Chile pagou integramente a indenização, mas tal como as considerações acerca do Caso Almonacid Arellano y otros, a Lei de Anistia continua a valer no ordenamento jurídico chileno, não tendo, por conseguinte, o Estado em questão cumprido integralmente os termos de ambas as condenações.

Finalmente, quanto ao Caso Norín Catrimán y otros, a Corte firmou sentença no sentido do Chile deixar sem efeito as condenações penais internas impostas às vítimas, garantindo-lhes, ainda, atenção médica e psicológica, bem como a concessão de bolsas de estudos aos seus filhos. Firmou ainda a necessidade do Chile em adequar seu ordenamento jurídico para regular, com clareza e segurança, as medidas processuais de proteção às testemunhas, reservando suas identidades. Igualmente, obrigou o Estado no pagamento de indenizações compensatórias por danos materiais e imateriais, assim como a reparação por custas e gastos.[598]

Até o presente momento, não se tem notícia sobre o cumprimento desta última condenação em terras chilenas; entretanto, sabe-se que as violações aos direitos humanos continuam a ocorrer, como alude a seguinte passagem:

> *Durante 2014 há persistido la vulneración de los derechos colectivos de los pueblos andinos del norte de Chile (aymara, quéchua, lickanantay, colla y diaguita) a causa del impacto de proyectos extractivos de recursos naturales vinculados a la gran minería. El marco legal vigente permite a los titulares de proyectos*

[597] CASO GARCÍA LUCERO Y OTRAS *VS.* CHILE. Disponível em: <www.corteidh.or.cr/docs/ casos/articulos/seriec_267_esp.pdf>. Acesso em: 05 ago. 2015.

[598] CASO NORÍN CATRIMÁN Y OTROS *VS.* CHILE. Disponível em: <www.corteidh.or.cr/docs/casos/ articulos/seriec_279_esp.pdf>. Acesso em: 05 ago. 2015.

> *mineros definir la vocación productiva del territorio y sustrae del control de las comunidades los recursos naturales necesarios para su subsistencia econômica y cultural. Uma situación especialmente problemática es el água, dado la escasez hídrica de la zona.*[599]

O que se depreende, a partir da experiência chilena na Corte Interamericana, é que o Estado já está, ao menos, conscientizado de suas obrigações em promover, proteger e garantir os direitos humanos em ambiente interno. Especificamente quanto às suas condenações de cunho reparatório (pecuniário), realizou-as satisfatoriamente; no entanto, as medidas atreladas às reformas legais não foram ainda tão bem implantadas, havendo muitos entraves políticos para consolidá-las.

Assim sendo, sem desconsiderar a contribuição do Chile na observância das sentenças da Corte Interamericana, ainda há muito que se aprimorar no cumprimento destas – e este progresso se vê intrinsecamente atrelado ao próprio desenvolvimento de meios cooperativos que ensejam maior valorização dos direitos humanos ante sua realidade política.

4.2.6 O caso da Colômbia

Não obstante o histórico colombiano contar com graves violações aos direitos humanos, o Estado enriquecera o sistema interamericano por buscar vias de cumprimento integral de suas sentenças condenatórias na Corte Interamericana – as chamadas *enabling legislations.*

Tendo ratificado a Convenção Americana sobre Direitos Humanos em agosto de 1973 e aderido à competência da Corte em 21 de junho de 1985, a Colômbia fora condenada neste órgão, até o ano de 2014, em quinze ocasiões: a) Caso Caballero Delgado y Santana; b) Caso Las Palmeras; c) Caso de los Comerciantes 19; d) Caso de la "Masacre de Mapiripán"; e) Caso Gutiérrez Soler; f) Caso de la Masacre de Pueblo Bello; g) Caso de las Masacres de Ituango; h) Caso de la Masacre de la Rochela; i) Caso Escué Zapata; j) Caso Valle Jaramillo y otros; k) Caso Manuel Cepeda Vargas; l) Caso Vélez Restrepo y Familiares; m) Caso Masacre de Santo Domingo; n) Caso de las Comunidades Afrodescendientes

[599] INTERNATIONAL WORK GROUP FOR INDIGENOUS AFFAIRS. Disponível em: <www.iwgia.org/images/stories/sections-esp/regiones/latin-america/docs/MI2015/Chile_MI201>. Acesso em: 05 ago. 2015.

Desplazadas de la Cuenca del Río Cacarica (Operación Génesis); o) Caso Rodríguez Vera y otros.

Apesar dos esforços da Colômbia no sistema interamericano, nota-se uma dupla violação aos direitos humanos, tendo em vista não ter o Estado cumprido, na grande maioria dos casos apresentados à Corte, sequer as medidas de cunho pecuniário previstas em sentença.

Ainda assim, exalta-se sua Lei n.º 288[600], cuja qual prevê o princípio geral da obrigação do governo nacional pagar, após a realização do trâmite ali previsto, as indenizações por violações aos direitos humanos sentenciadas em órgãos internacionais, tal como a Corte Interamericana. Para tanto, é indispensável o parecer favorável de um Comitê, constituído pelos seguintes agentes públicos nacionais: i) Ministro do Interior; ii) Ministro das Relações Exteriores; iii) Ministro da Justiça e do Direito; e iv) Ministro da Defesa Nacional.[601]

Evitando repetições e dado o alto número de casos colombianos, será realizado um aporte geral destes na Corte. Suas duas primeiras condenações resumiram-se no pagamento de indenizações; a partir da terceira é que se cominaram, aos termos pecuniários, as obrigações de fazer e de não fazer ao Estado, tais como a construção de monumentos em memória dos desaparecidos, medidas de não repetição, desculpas públicas, difusão de normativas de direitos humanos, entre outras.[602]

Na grande maioria dos casos, a Colômbia fora condenada por massacres de pessoas em seu território; em outras situações, aplicara indevidamente a competência da jurisdição militar, obstruindo a eficácia de direitos previstos na Convenção Americana, contribuindo para o agravamento da condição dos direitos humanos nos Estados da América Latina – dado o fato de muitos deles terem passado por terríveis períodos de ditaduras militares.

[600] Em sua dicção literal: *"Por médio de la cual se establecen instrumentos para la indemnización de perjuicios a las víctimas de violaciones de derechos humanos, em virtud de lo dispuesto por determinados órganos internacionales de Derechos Humanos."*

[601] Corao, Carlos M. Ayala. La Ejecución de Sentencias de la Corte Interamericana de Derechos Humanos. **Estudios Constitucionales**, Chile, v.5, n.1, p.127-201, 2007.

[602] Madrid, Julio César Cuastumal. **Casos Colombianos Fallados por la Corte Interamericana de Derechos Humanos**: estúdio a través de la teoria del derecho procesal. Disponível em: <http://aprendeenlinea.udea.edu.co/revistas/index.php/red/article/viewFile/20015/>. Acesso em: 06 ago. 2015.

O problema com a aplicação extensiva da jurisdição militar a casos em que civis estão envolvidos como sujeitos ativos ou passivos é que ela viola mais de um desses princípios de acordo com os casos e a jurisprudência regional citados, além de causar impacto na qualidade da democracia do Estado que a aplica. A jurisdição militar completa o círculo da violência do Estado, na qual o interesse jurídico dos civis é excluído ao se violar o direito ao processo perante um juiz competente, independente, objetivo e imparcial, consagrado pelo Direito Internacional dos Direitos Humanos.[603]

Em números, a Colômbia cumpriu integralmente 33% de suas obrigações reparatórias econômicas, 27% das reparações simbólicas, 67% das medidas de formação e 25% das investigações (sem reforma legal). Entretanto, não cumprira com as reparações não monetárias, restitutivas e nem sequer com as medidas de fortalecimento institucional, de reformas legais e de programas de proteção às vítimas e testemunhas[604]. Todavia, o Estado reconhecera a responsabilidade de seu Ministério das Relações Exteriores no cumprimento das determinações da Corte Interamericana. Sua Corte Constitucional, em algumas oportunidades, assim declarou:

> *Dicho Ministerio, de conformidad com el Decreto 110 de 2004, es una instancia gubernamental de la coordinación entre las diversas autoridades públicas internas encargadas de ejecutar directamente el contenido de las medidas cautelares y las decisiones judiciales provenientes de la Corte Interamericana de Derechos Humanos, y es el interlocutor válido entre el Estado colombiano y los organismos internacionales de protección de los derechos humanos.*[605]

[603] Contreras, Juan Carlos Gutiérrez; Martínez, Silvano Cantú. A restrição à jurisdição militar nos sistemas internacionais de proteção dos direitos humanos. **Revista Internacional de Direitos Humanos**, São Paulo, v.7, n.13, p.94, dez. 2010.

[604] Basch, Fernando; Filippini, Leonardo; Iaya, Ana; Nino, Mariana Rossi, Felicitas; Schreiber, Bárbara. A eficácia do sistema interamericano de proteção de direitos humanos: uma abordagem quantitativa sobre seu funcionamento e sobre o cumprimento de suas decisões. **SUR – Revista Internacional de Direitos Humanos**, São Paulo, v.1, n.1, p.9-36, jan. 2004.

[605] CORTE CONSTITUCIONAL DA COLÔMBIA. **Sentencia T-653/12**. Disponível em: <www.corteconstitucional.gov.co/relatoria/2012/T-653-12.htm>. Acesso em: 06 ago. 2015.

O Estado colombiano tentara desenvolver órgãos próprios para o cumprimento de suas condenações internacionais: um exemplo é a chamada *Estrategia de acceso diferencial para beneficiários de las sentencias de la Corte Interamericana de Derechos Humanos*, desenvolvido pelo Ministério da Saúde e Proteção Social da Colômbia[606]. Definiram-se três equipes de trabalho para atender às demandas de saúde previstas nas sentenças da Corte: 1) Equipe Técnica Nacional de Apoio e Seguimento; 2) Equipes de Gestão Territorial; e 3) Equipes de Contato Primário.[607]

O programa trouxe avanços no processo de implementação, em âmbito interno, das condenações interamericanas, promovendo capacitação de pessoas, consolidação de leis protetivas dos direitos humanos, recomendações ao governo colombiano, delineamento de rotas internas de ação para seu Ministério da Saúde e Proteção Social, entre outras contribuições.

Contudo, a situação dos direitos humanos na Colômbia ainda não é a ideal, agravando-se com o não fiel cumprimento de suas condenações na Corte. Com isso, mostra-se transparente a demanda por instrumentos de cooperação, visando ao alcance dos direitos humanos a todos os seus cidadãos, garantindo o fim das violações tão condenadas pela comunidade internacional – como o caso de suas guerrilhas armadas, narcotráfico, massacre de populações indígenas, entre outras. Concomitantemente, será lhe possibilitado fazer valer, não apenas na retórica legislativa, mas em sua prática, as condenações advindas da Corte Interamericana.

4.2.7 O caso da Costa Rica

A Costa Rica, país sede da Corte Interamericana de Direitos Humanos, concluiu sua adesão à Convenção Americana em março de 1970, tendo reconhecido a competência da Corte Interamericana em 2 de julho de 1980. Desde então, tivera dois casos contenciosos levados a julgamento na Corte.

606 O Ministério aludido é o responsável pelo cumprimento das seguintes medidas emitidas pela Corte: tratamento gratuito médico, psicológico e/ou psiquiátrico; tratamento em âmbito individual, familiar ou coletivo; tratamento imediato e preferencial; tratamento voluntário e sob consentimento dos beneficiários.

607 ESTRATEGIA DE ACCESO DIFERENCIAL PARA BENEFICIARIOS DE LAS SENTENCIAS DE LA CORTE INTERAMERICANA DE DERECHOS HUMANOS. Disponível em: <www.minsalud.gov.co/proteccionsocial/Paginas/Victimas-CorteIDH-EstrategiaDiferencial.aspx>. Acesso em: 06 ago. 2015.

No que tange ao seu ordenamento jurídico interno, a reforma parcial de sua constituição, em 1989, garantiu, expressamente, valor constitucional aos documentos de direitos humanos ratificados pelo país. Configuram-se, desde então, parâmetros ao controle de constitucionalidade, sua constituição e os instrumentos internacionais de direitos humanos que o Estado ratificou e internalizou. Nas palavras de sua Sala Constitucional – Corte Suprema de Justiça:

> *[...] Derecho de la Constitución como un todo, el cual comprende no sólo las normas, sino también, y principalmente si se quiere, los principios y valores de la Constitución y del Derecho Internacional y Comunitario aplicables, particularmente del Derecho de los Derechos Humanos, lo cual obliga a mirar más allá de los textos, em busca de su sentido, de su armonía contextual, de la racionalidad y razonabilidad del proprio Derecho de la Constitución [...] todos los cuales son parámetros de constitucionalidad [...].*[608]

O primeiro caso levado à Corte Interamericana fora o Caso Herrera Ulloa. Neste, o Estado violara os direitos à liberdade de expressão e às garantias judiciais. A Corte ordenou a adequação de seu ordenamento jurídico à Convenção Americana e o pagamento de indenizações e custas à vítima, além de retirar os efeitos da sentença condenatória da vítima, em âmbito interno.[609]

O relatório de supervisão de cumprimento de sentença emitido pela Corte, em 2010, louvou a postura da Costa Rica: cumprira integralmente sua condenação, garantindo o devido à vítima e adequando seu ordenamento jurídico interno aos termos sentenciados. De tal forma, conclui e arquivou-se o caso.

No caso subsequente, Caso Artavia Murillo y otros[610], com sentença prolatada em 28 de setembro de 2012, a Corte impôs o dever ao Estado

608 SALA CONSTITUCIONAL DE LA CORTE SUPREMA DE JUSTICIA. Disponível em: <sítios.poder-judicial.go.cr/salaconstitucional/>. Acesso em: 06 ago. 2015.

609 CASO HERRERA ULLOA *VS.* COSTA RICA. Disponível em: <www.corteidh.or.cr/docs/casos/ articulos/seriec_107_esp.pdf>. Acesso em: 06 ago. 2015.

610 Nesta situação, há quem argumente que a Corte tenha se utilizado da margem de apreciação para decidi-lo. Todavia, o instituto não fora utilizado aos moldes europeus – dado que o Estado tendeu a restrigir os direitos previstos na Convenção Americana – e, mais, os juízes da Corte entenderam que não se daria, no caso, a aplicação da margem de apreciação nacional, mas sim uma interpretação alternativa da Convenção. Em dicção doutrinária: *"A*

em adotar medidas para cessar os efeitos da proibição de fertilização *in vitro*, assim como regular a prática no país. Igualmente, ordenou a inclusão da fertilização *in vitro* em seus programas e tratamentos de infertilidade, em conformidade com o direito de não discriminação, capacitando seus agentes por intermédio de programas e cursos permanentes de educação em direitos humanos, direitos reprodutivos e não discriminação. Para as vítimas, a Corte previu-lhes atendimento psicológico gratuito e imediato prestado pelo Estado, por até quatro anos, além do pagamento de indenização e reintegração de custas e gastos.

Infelizmente, a sentença não fora integralmente implementada, tendo em vista a Costa Rica não ter garantido e nem sequer aprovado uma lei que regulamente a fertilização *in vitro*. Apenas em 22 de julho de 2015, quase três anos após a prolação da sentença da Corte, é que o Presidente do país, Luis Guillermo Solís, anunciou a possibilidade de um Decreto vir a regulamentar a fertilização *in vitro*. Apesar de abrir caminho para o cumprimento integral da sentença, algumas questões emergem: quando, finalmente, este Decreto será incorporado ao ordenamento jurídico; o cumprimento tardio da sentença poderia acarretar em nova violação aos direitos humanos; e os programas de capacitação, capazes de garantir o fiel cumprimento de uma normativa futura sobre o assunto, ainda não estão previstos nas ações governamentais.

Estes problemas ainda carecem de respostas e fazem com que a Costa Rica demande instrumentos cooperativos eficientes para o fiel cumprimento de suas condenações, especialmente quanto aos seus termos não pecuniário.

este respecto, la tesis del margen de apreciación fue explícitamente invocada en el caso 'Artavia' por el Estado de Costa Rica. Como se lee en la sentencia, el Estado argumentó que 'i) no 'existe consenso en relación con el estatuto jurídico del embrión'; ii) 'no existe consenso sobre el inicio de la vida humana, [por tanto] debe también otorgarse margen de apreciación sobre la regulación de la técnica› de la FIV, y iii) no es válido el argumento de que 'como existen otros Estados que, por omisión legislativa, permiten la práctica de la [FIV], Costa Rica ha perdido su margen de apreciación'. [...]El razonamiento de este juez discurre, por una parte, sobre una interpretación alternativa del alcance normativo del artículo 4 de la Convención y, por la otra, en una crítica a la tesis de la mayoría y la metodología que emplearon. [...]". (Chía, Eduardo A.; Contreras, Pablo. Análisis de la sentencia Artavia Murillo y Otros ("Fecundación *In Vitro*") Vs. Costa Rica de la Corte Interamericana de Derechos Humanos. **Estudios Constitucionales**, Santiago, v.12, n.1, p.570, 2014).

4.2.8 O caso do Equador

A República do Equador faz parte da Convenção Americana sobre Direitos Humanos desde dezembro de 1977, tendo aceitado a competência da Corte Interamericana de Direitos Humanos em 24 de julho de 1984.

A partir de então, viera a ser condenado, no referido órgão, nas sequentes situações: i) Caso Suárez Rosero (1997); ii) Caso Consuelo Benavides Cevallos (1998); iii) Caso Tibi (2004); iv) Caso Acosta Calderón (2005); v) Zambrono Vélez y otros (2007); vi) Caso Chaparro Álvarez y Lapo Íñiguez (2007); vii) Caso Albán Cornejo y otros (2007); viii) Caso Salvador Chiriboga; ix) Caso Vera Vera y otra (2011); x) Caso Mejía Idrovo; xi) Caso Pueblo Indígena Kichwa de Sarayaku; xii) Caso Suárez Peralta (2013); xiii) Caso de la Corte Suprema de Justicia (Quintana Coello y otros – 2013); e xiv) Caso del Tribunal Constitucional (Camba Campos y otros – 2013).

Como se observa, o Equador é um Estados com o maior número de casos no sistema interamericano de proteção dos direitos humanos, tendo sua Procuradoria Geral, a partir deste quadro, especializado-se na obtenção de fundos para o cumprimento das reparações pecuniárias. Não obstante, o país não conta com um aparato apto a cumprir com as obrigações de prevenção, investigação e sanção das violações de direitos humanos[611] – fato este que, por si só, já não garante o cumprimento integral de suas condenações.

Na primeira delas, Caso Suárez Rosero, a Corte sentenciou o Equador por ter violado o art. 8 da Convenção, em referência ao excessivo tempo que permanecera a vítima em prisão preventiva, além de ter violado a proibição de tratamento cruel, desumano e degradante. Outro ponto levantado fora o art. 114 de seu Código Penal, cujo qual não estaria alinhado ao art. 2 da Convenção. Excluía, este artigo, os acusados de narcotráfico do benefício da caducidade da prisão preventiva.

Assim sendo, a Corte dispôs ao Estado o depósito dos valores de cunho indenizatório, além da reabertura das investigações e adoção de todas as medidas necessárias para o efetivo cumprimento da sentença.

[611] FUNDACIÓN REGIONAL DE ASESORÍA EM DERECHOS HUMANOS (INREDH). **Boletín n. 5**: El Ecuador ante la Corte Interamericana de Derechos Humanos. Disponível em: <www.inredh.org.index.php?option=com_content&view=article&id=53:boletin-no-5-el-ecuador-ante-la-corte-interamericana-de-derechos-humanos&catid=29:boletines&ltem id=29>. Acesso em: 10 ago. 2015.

Segundo apreensão da Corte, o Equador só cumprira com o pagamento pecuniário, deixando pendente a investigação e a sanção dos responsáveis pelas violações dos direitos humanos ali expressos.

Quanto ao Caso Consuelo Benavides Cevallos, taxou a Corte ter o Equador incorrido nas violações dos direitos previstos nos artigos 3, 4, 5, 7, 8 e 25 da Convenção Americana, sentenciando-o a indenizar a vítima e a continuar com as investigações para sancionar todos os responsáveis de violações aos direitos.

A Corte requereu informações ao Equador acerca do cumprimento de sua sentença, tendo o Estado declarado o pagamento integral das indenizações, mas prescritas as violações previstas em sentença. Até hoje, não se cumpriram integralmente os termos de sua condenação.[612]

Investigando o Caso Tibi, o Equador fora julgado pelos seguintes direitos violados: direito da pessoa detida em ser julgada, dentro de um prazo razoável, ou ser colocada em liberdade, sem prejuízo da continuação do processo; direito de recursos rápidos e efetivos para revisão da legalidade da detenção; direito à integridade pessoal, especialmente quanto à tortura e condições carcerárias; presunção de inocência, julgamento em prazo razoável e comunicação da vítima com seu advogado; direito à informação prévia e de não ser obrigado a fazer prova contrária a si; e direito à propriedade. Assim, a Corte designou, como pena, o pagamento de indenizações e a elaboração de um programa de formação e capacitação dos agentes judiciários, penitenciários e do Ministério Público.

Novamente, o Equador reconheceu, formalmente, sua responsabilidade internacional, aceitando sua condenação e pagando as indenizações que lhe foram impostas. Infelizmente, ainda carece de cumprimento efetivo os termos atinentes à responsabilização dos acusados, bem como a implementação do programa de capacitação.[613]

O Caso Acosta Calderón elenca violações do Equadro aos direitos à liberdade pessoal da vítima, à legalidade de sua detenção, às garantias

[612] FUNDACIÓN REGIONAL DE ASESORÍA EM DERECHOS HUMANOS (INREDH). **Boletín n. 5**: El Ecuador ante la Corte Interamericana de Derechos Humanos. Disponível em: <www.inredh.org.index.php?option=com_content&view=article&id=53:boletin-no-5-el-ecuador-ante-la-corte-interamericana-de-derechos-humanos&catid=29:boletines&ltem id=29>. Acesso em: 10 ago. 2015.

[613] CASO TIBI *VS*. ECUADOR. Disponível em: <www.corteidh.or.cr/docs/casos/articulos/seriec_ 114_esp.pdf>. Acesso em: 10 ago. 2015.

judiciais, assim como aos princípios de inocência e da comunicação prévia do acusado. Mais uma vez, a Corte pontuou a afronta de seu Código Penal à Convenção Americana, trazendo a possibilidade de tratamento distinto aos acusados de narcotráfico. Impôs como pena o pagamento de indenização à vítima e a eliminação de seus antecedentes penais.

Cumpre destacar que, no relatório de supervisão de cumprimento de sentença, a Corte declarou o cumprimento integral da sentença por parte do Equador, arquivando o presente caso.[614]

Quanto ao Caso Zambrano Vélez y otros, traçou a Corte que, para reparar as violações ali previstas, deveria o Equador pagar indenização às famílias das vítimas, bem como investigar, identificar, julgar e sancionar os responsáveis pelas execuções extrajudiciais ali descritas. Deveria, ainda, reformar as disposições legais sobre o estado de emergência, em particular a Lei de Segurança Nacional – que não se coaduna com os direitos protegidos pela Convenção Americana. Por fim, determinou a implementação, pelo Estado, de programas de capacitação – em direitos humanos, uso legítimo da força e estado de emergência – aos membros de suas forças armadas, em consonância com os padrões internacionais sobre as matérias.[615] Em seu relatório sobre o cumprimento da sentença, a Corte avaliou seu cumprimento parcial, tendo o Equador realizado o pagamento das indenizações, mas não cumprira com as outras diligências da sentença.

Nos casos seguintes – Chaparro Álvarez y Lapo Íñiguez, Alban Cornejo y otros, Salvador Chiriboga e Vera Vera y outra –, a República do Equador executara suas condenações pecuniárias, mas, infelizmente, não cumprira com as obrigações de fazer e não fazer presentes nas sentenças.

Nos casos Mejía Idrovo e Suárez Peralta[616], a Corte declarou ter o país cumprido integralmente os termos de suas condenações, encerrando os casos.

[614] CASO ACOSTA CALDERÓN *VS.* ECUADOR. Disponível em: <www.corteidh.or.cr/docs/casos/ articulos/seriec_129_esp1.pdf>. Acesso em: 10 ago. 2015.

[615] FUNDACIÓN REGIONAL DE ASESORÍA EM DERECHOS HUMANOS (INREDH). **Boletín n. 5**: El Ecuador ante la Corte Interamericana de Derechos Humanos. Disponível em: <www.inredh.org.index.php?option=com_content&view=article&id=53:boletin-no-5-el-ecuador-ante-la-corte-interamericana-de-derechos-humanos&catid=29:boletines&ltem id=29>. Acesso em: 10 ago. 2015.

[616] MINISTERIO DE JUSTICIA, DERECHOS HUMANOS Y CULTOS. **Se cumplió com la sentencia de la CorteIDH em el caso Suárez Peralta**. Disponível em: <www.justicia.gob.

Avaliando o Caso Pueblo Indígena Kichwa de Sarayaku, a Corte apontou a responsabilidade do Estado pela violação aos direitos à consulta, à propriedade coletiva indígena, à identidade cultural, à vida, à integridade pessoal, à garantia judicial e proteção judicial. Condenou o Equador em reparações pecuniárias, na adoção de medidas legislativas, administrativas e de outra índole que garantam o direito à consulta prévia aos povos indígenas e na implementação de programas e cursos obrigatórios que contemplem padrões nacionais e internacionais dos direitos humanos dos povos e comunidade indígenas.

Outra vez, o Equador cumprira integralmente as determinações pecuniárias, mas não efetivara, em âmbito interno, os outros temas de sua condenação.

No Caso Quintana Coello y otros, a Corte indicou a violação dos direitos ao julgamento por um órgão competente e ao recurso judicial efetivo. Dispôs que o Estado deveria pagar às vítimas as quantidades estabelecidas como indenização e compensação. Não obstante sua pena, a sentença da Corte reconhecera os avanços da constituição equatoriana em matéria de direitos humanos, prevendo instituições independentes com capacidades para garantir os direitos humanos naquela região.

Por fim, discute-se o Caso Campos y otros, tendo sido o Equador condenado por violar as garantias judiciais, a independência judicial e a garantia de imparcialidade, além de impossibilitar o acesso ao recurso judicial efetivo. A Corte autuou o Equador no pagamento de indenizações às vítimas e na garantia de conformação de suas instâncias judiciais à Convenção Americana. Avalia-se que desde suas reformas institucionais de 2008, o Equador tem se esforçado em garantir a independência de seu judiciário, vindo também a pagar as indenizações lhe determinadas neste caso.

Não obstante o cumprimento parcial de suas condenações, o Equador precisa, urgentemente, rever seu ordenamento jurídico, prevendo uma normativa atinente ao real e efetivo cumprimento de suas sentenças na Corte Interamericana. Esforços apenas internos não estão se mostrando suficientes, necessitando, para tanto, de instrumentos de cooperação internacional garantia do efetivo cumprimento, em ambiente interno, de suas sentenças internacionais.

ec/se-cumplio-con-la-sentencia-de-la-corteidh-en-el-caso-suarez-peralta/>. Acesso em: 10 ago. 2015.

4.2.9 O caso de El Salvador

O Estado de El Salvador compõe o sistema interamericano de proteção dos direitos humanos desde junho de 1978, quando ratificara a Convenção Americana sobre Direitos Humanos. Quanto ao reconhecimento da competência da Corte, esta se dera mais tardiamente, em 6 de junho de 1995, sendo que, a partir desta data, El Salvador fora condenado em cinco ocasiões neste organismo.

Antes de adentrar ao estudo específico de seus casos, cabe destacar as considerações da Corte sobre a situação dos direitos humanos naquele país, em ocasião do 152.º Período Extraordinário de Sessão da Comissão Interamericana de Direitos Humanos, realizado na Cidade do México, entre os dias 11 e 15 de agosto de 2014.[617]

O primeiro ponto abordado fora quanto às políticas públicas e reformas penais em matéra de segurança ao cidadão: apesar dos esforços de El Salvador, estas não foram acompanhadas de um adequado fortalecimento institucional da justiça, persistindo sérias deficiências estruturais em sua polícia, fiscalização e organismos judiciais. Quanto ao setor da justiça, previu-se a necessidade de adoção de um marco legal que garanta a seleção de magistrados para as altas cortes do país pautado em parâmetros internacionais. No atinente aos direitos das minorias, especificamente do grupo LGTB (lésbicas, gays, bissexuais e transgêneros), denunciou-se a permanência de graves violações, com discriminações e obstrução do uso dos serviços de saúde pública à classe. Debateu-se, ainda, acerca da questão da criminalização absoluta do aborto e sobre o direito de liberdade de expressão naquele país.

Em resposta, El Salvador reafirmou seus compromissos em matéria de direitos humanos, indicando iniciativas tomadas pelo país quanto aos direitos das minorias, vindo a se comprometer a dialogar com os ramos da sociedade que defendem a descriminalização do aborto.

Outro ponto relevante diz respeito à atual crise humanitária que El Salvador enfrenta, servindo de rota de migração de diversas crianças da América Central – inclusive de crianças nacionais – aos Estados Unidos. Para a situação em tela, exigiu-se o exame dos fatores que levam estas

[617] TRANSPARENCIA ACTIVA. **Corte Interamericana de Derechos Humanos presenta informe sobre país**. Disponível em: <www.transparenciaactiva.gob.sv/corte-interamericana-de-derechos-humanos-presenta-informe-sobre-pais/>. Acesso em: 10 ago. 2015.

crianças a migraram, procurando soluções em conjunto a outros Estados. Adicionalmente, mencionou-se a necessidade de implementação de políticas públicas destinadas à assistência das crianças que retornam deportadas a El Salvador.

Em suma, presume-se a situação dos direitos humanos em El Salvador estar muito aquém da desejada pelo sistema interamericano, decorrendo condenações do Estado na Corte do referido sistema.

Quanto às condenações de cunho pecuniário e de conscientização, El Salvador lhes cumprira integralmente. Infelizmente, as medidas de fortalecimento institucional, de investigação e de reforma legal não foram dotadas de eficácia em âmbito interno.

No Caso Hermanas Serrano Cruz, El Salvador fora condenado por descumprir os direitos às garantias judiciais, à proteção judicial e à integridade pessoal. Instituiu-se ao Estado a investigação efetiva dos feitos denunciados, com a identificação e sancionamento dos responsáveis. Determinou-se, ainda, a criação de uma comissão nacional de busca de jovens que desapareceram quando crianças durante o conflito interno, contando com a participação da sociedade civil, bem como a criação de um sistema de informação genética que permitisse obter e cruzar estes dados, a fim de esclarecer a filiação de crianças desaparecidas. Ainda, impôs a promoção de tratamento médico e psicológico aos familiares das vítimas, a criação de uma página virtual para a busca dos desaparecidos e o pagamento de indenização às famílias das vítimas. A condenação carece de efetivo cumprimento, especialmente quanto às obrigações que não de cunho pecuniário, dado a não eficácia das medidas em solos internos.

O segundo caso a ser analisado, Caso García Prieto y outro, obrigou El Salvador no pagamento de indenização aos familiares da vítima, na conclusão da investigação do homicídio relatado no caso e no fornecimento de assistência médica e psicológica às pessoas ali descritas.[618]

No primeiro informe de supervisão de cumprimento de sentença, a Corte estabeleceu que El Salvador não concluíra as investigações para punir os eventuais responsáveis e nem sequer fornecera assistência médica e psicológica devida, tendo cumprido apenas com suas obrigações pecuniárias.

[618] CASO GARCÍA PRIETO Y OTRO *VS.* EL SALVADOR. Disponível em: <www.corteidh.or.cr/docs/ casos/articulos/seriec_168_esp.pdf>. Acesso em: 10 ago. 2015.

O Caso Contreras y otros imputou a responsabilidade internacional a El Salvador pela violação dos seguintes artigos da Convenção Americana: 1.1, 3, 4.1, 5.1, 5.2, 7, 8.1, 11.2, 17.1 e 25.1. Como forma de reparação, a Corte taxou ao Estado a necessidade de continuar com as investigações já abertas, bem como proceder em novas que se demonstrem necessárias; efetuar, mais brevemente possível, as buscas para determinar o paradeiro das vítimas ali elencadas; acionar mecanismos diplomáticos disponíveis para coordenar a cooperação com Guatemala, visando facilitar a correção da identidade de uma das vítimas; oferecer tratamento médico e psicológico às vítimas que o requeiram; desenvolver um documento audiovisual sobre a desaparição forçada de crianças durante seu conflito armado, assim como designar três escolas com os nomes das supostas vitimas; e, finalmente, pagar indenização e reparação do montante fixado. Neste caso, El Salvador realizara o pagamento de todos os termos pecuniários, mas não dera cumprimento às outras medidas sentenciadas.

Quanto ao Caso Masacres de El Mozote y Lugares Aledaños, condenou-se El Salvador pela violação dos direitos à vida, à integridade pessoal, à propriedade privada, à liberdade pessoal, à proibição da tortura e de outros tratamentos cruéis, desumanos e degradantes, à vida privada e domicílio, à circulação e residência, além das garantias judiciais e de proteção judicial. Como forma de reparação, previu-se o pagamento de indenização e compensação às vítimas, o andamento das investigações, a implementação de políticas públicas e programas voltados ao fim das violações e, por fim, obtenção de dados.[619]

O Estado de El Salvador, por intermédio de seu Ministério das Relações Exteriores, reconheceu expressamente sua condenação, mas, infelizmente – não obstante o pagamento das indenizações –, não cumprira, ainda, com todas as suas obrigações: não garantiu suporte institucional e nem legal às obrigações de fazer de não fazer de sua condenação.

Por fim, observa-se o Caso Rochac Hernández y otros, de 14 de outubro de 2014. Ali, El Salvador fora condenado desrespeitar os seguintes direitos: liberdade pessoal, integridade pessoal, vida, reconhecimento da personalidade jurídica, vida familiar e proteção da família, garantias judiciais e proteção judicial.

[619] CASO MASACRE DE EL MOZOTE Y LUGARES ALEDAÑOS *VS.* EL SALVADOR. Disponível em: <www.corteidh.or.cr/docs/casos/articulos/seriec_252_esp.pdf>. Acesso em: 10 ago. 2015.

Como meio de reparação, a Corte ordenou: o dever do Estado em continuar investigando, a fim de identificar, julgar e sancionar todos os responsáveis pelas violações; efetuar uma busca para saber o paradeiro de algumas das vítimas; adotar medidas pertinentes e adequadas para garantir que os operadores da justiça, assim como a sociedade civil, tenham acesso técnico e sistematizado aos arquivos com informações relevantes às investigações; oferecer tratamento médico e psicológico às vítimas; construir um jardim museu em memória às crianças desaparecidas durante seu conflito armado; e pagar integralmente os montantes pecuniários.[620]

Até meados de 2015, não se observara o cumprimento desta condenação por El Salvador. Todavia, pela prática exposta, infelizmente, supõe-se que o país pagará os montantes pecuniários, mas pecará no cumprimento das outras obrigações.

Enfim, cabe a El Salvador analisar a eficácia dos direitos humanos em seu território, traçando como meio de melhor implementação destes direitos e de suas condenações em âmbito interamericano, os caminhos cooperativos.

4.2.10 O caso da Guatemala

A Guatemala, Estado da América Central, é marcada por históricas violações aos direitos humanos, sucedendo-se, em seu território, longas guerras civis que acarretaram em um panorama obscuro para a consolidação e efetivação destes direitos.

Não obstante esforços recentes para a melhoria dos direitos humanos no país, especialmente pela instituição de uma Procuradoria para os Direitos Humanos[621] – Comissão especial do Congresso para a defesa dos direitos humanos estabelecidos na constituição, nos tratados e declarações de direitos humanos que se submete a Guatemala –, o Estado conta com um grande número de condenações na Corte Interamericana, provando a necessidade de implementação de direitos que até hoje não foram ali consolidados.

[620] CASO ROCHAC HERNÁNDEZ Y OTROS *VS.* EL SALVADOR. Disponível em: <www.corteidh.or.cr/docs/casos/articulos/seriec_285_esp.pdf>. Acesso em: 10 ago. 2015.

[621] PROCURADOR DE LOS DERECHOS HUMANOS. Disponível em: <www.pdh.org.gt>. Acesso em: 11 ago. 2015.

Tendo ratificado a Convenção Americana em abril de 1978 e reconhecido a competência da Corte em março de 1987, a Guatemala fora demandada em dezenove ocasiões na Corte: i) Caso de la "Panel Blanca" (Paniagua Morales y otros); ii) Caso de los "Niños de la Calle" (Villagrán Morales y otros); iii) Caso Blake; iv) Caso "Panel Blanca" (Paniagua Morales y otros); v) Caso Bácama Belásquez; vi) Caso Myrna Mack Chang; vii) Caso Maritza Urrutia; viii) Caso Masacre Plan de Sánchez; ix) Caso Molina Theissen; x) Caso Carpio Nicolle y otros; xi) Caso Fermín Ramírez; xii) Caso Raxcacó Reyes; xiii) Caso Tiu Tojín; xiv) Caso Masacre de las Dos Erres; xv) Caso Chitay Nech y outro; xvi) Caso Masacres de Río Negro; xvii) Caso Gudiel Álvarez; xvii) Caso García y Familiares; xviii) Caso Veliz Franco y otros; e xix) Caso Defensor de Derechos Humanos y otros.

Dado o alto número de casos, não será realizada uma análise detalhada de cada um deles, mas sim de seus termos gerais. Desde logo, alude-se ao fato de nenhuma das sentenças ter sido cumprida integralmente pela Guatemala, dado que a maioria de suas medidas de cunho não indenizatório não são dotadas de eficácia pelo Estado.

Em termos gerais, observam-se os seguintes dados: em 77% dos casos ocorrera a reparação econômica monetária; em 23%, a reparação econômica não monetária; em 73%, a reparação simbólica; em 67%, a reparação restitutiva; em 50%, a consolidação de medidas preventivas de formação, de investigação com reforma legal e de proteção de vítimas e testemunhas; e em 8%, a investigação sem reforma legal. Em nenhum dos casos houvera a consolidação de medidas preventivas, nem de conscientização e de reformas legais. No total, a Guatemala cumprira 43% das medidas impostas pela Corte.[622]

O problema que se vislumbra é que, em muitos casos, a Guatemala sequer reconheceu a competência da Corte para ditar parâmetros sobre a situação dos direitos humanos em seu território – postura de embate para com o reconhecimento prévio, realizado pela Guatemala, da competência da Corte. Esta atitude fora verificada no Caso Gudiel Álvarez y

[622] Fernando; Filippini, Leonardo; Iaya, Ana; Nino, Mariana Rossi, Felicitas; Schreiber, Bárbara. A eficácia do sistema interamericano de proteção de direitos humanos: uma abordagem quantitativa sobre seu funcionamento e sobre o cumprimento de suas decisões. **SUR – Revista Internacional de Direitos Humanos**, São Paulo, v.1, n.1, p.9-36, jan. 2004.

otros, de 20 de novembro de 2012: quando da prolação da sentença pela Corte, a Guatemala viera, expressamente, a desconhecer de sua competência para o julgamento da questão, não garantindo, em seu território, o cumprimento de tal condenação.

Posteriormente, em maio de 2014, quando da convocação de uma audiência privada pela Corte para a análise do cumprimento das sentenças dos casos Blanke, Maritza Urrutia, Masacre Plan de Sánchez, Carpio Nicolle, Tiu Tojin, Chitay Nech, Mack Chang, Villagran Morales y otros, Bácama Velázquez, Molina Theissen e Masacre de as Dos Erres, a Guatemala, novamente, pautando-se na decisão de seu Congresso – que expressamente desconheceu os compromissos internacionais assumidos pelo Estado[623] – posicionou-se contrária ao cumprimento de suas condenações, não garantindo eficácia a tais instrumentos, em ambiente interno, imediatamente e nem sequer em um futuro próximo.[624]

Neste momento, a Comissão Interamericana determinou que as obrigações internacionais da Guatemala no sistema interamericano consistem em observar, de maneira obrigatória, a jurisprudência da Corte quanto ao dever de investigar, julgar e sancionar aqueles que cometeram violações à Convenção Americana sobre Direitos Humanos e a outros tratados que compõem o sistema aludido.

No entanto, a condição dos direitos humanos naquele país é ponto alarmante ao sistema interamericano. Impõem-se, ali, leis incompatíveis com a própria Convenção Americana, tais como: anistia, indulto, prescrição e medidas excludentes de responsabilidade. A Guatemala, inclusive, negou expressamente sua obrigação de garantia de justiça e verdade.

Os direitos humanos neste Estado demandam muitas mudanças, a começar pela competência obrigatória da Corte Interamericana ao país: não há mais que se falar, dado o seu aceite expresso à competência da Corte, em não reconhecimento de suas condenações por conta de sua independência judiciária. Deve-se lembrar que o sistema interamericano de proteção dos direitos humanos e a jurisdição da Corte Intera-

[623] O Ponto Resolutivo 3/2014, do Congresso da Guatemala, além de negar os compromissos em alusão, nega o genocídio, interfere indevidamente na independência do Poder Judiciário e anuncia uma reforma que poderá implicar na anistia de casos vinculados ao conflito armado que o Estado passara.

[624] CENTRO POR LA JUSTICIA Y EL DERECHO INTERNACIONAL. Disponível em: <http://cejil.org>. Acesso em: 11 ago. 2015.

mericana são plenamente compatíveis com os ordenamentos jurídicos internos, dado seu caráter complementar e subsidiário.

Ainda, cabe a aplicação da cooperação em território guatemalense para o real cumprimento de suas condenações na Corte Interamericana. Sabe-se que a Guatemala deve, anteriormente, consolidar o próprio Direito Internacional dos Direitos Humanos para então se demonstrar possível o alcance de um cenário pautado na cooperação internacional. Tarefa árdua, observada sua condição interna, mas não impossível.

4.2.11 O caso do Haiti

O Haiti, Estado com o mais baixo IDH[625] das Américas, passara, ao longo de sua história, por incontáveis violações aos direitos humanos, posto que suas ações governamentais, frente às guerras civis ali desenroladas e aos desastres da natureza sofridos pelo país, não corresponderam às demandas dos direitos humanos.

No entanto, o Haiti integra o sistema interamericano de proteção dos direitos humanos desde setembro de 1977, quando então ratificara a Convenção Americana, e aceitara a competência da Corte Interamericana em março de 1998. A partir de então, o Haiti fora condenado em duas situações, com sentença em 2008 e 2011.

No primeiro caso levado a conhecimento da Corte, Caso Yvon Neptune, decretou-se as violações dos seguintes direitos pelo Haiti: de acessar e ser ouvido por um tribunal competente; a um recurso efetivo; liberdade pessoal da vítima; e à integridade pessoal da vítima. Valorizando a relevância do caso no contexto político haitiano, traça-se parcela de seu histórico:

> [...] O caso Yvon Neptune se insere no contexto da grave crise política sofrida pelo Haiti com início em 2000, quando, após incontáveis denúncias de fraudes eleitorais, Jean-Bertrand Aristide assumiu o poder como presidente. Entre os anos de 2003 e 2004, formaram-se milícias armadas antigovernamentais que desencadearam uma guerra civil no país. Várias barbaridades foram cometidas neste período de instabilidade que veio cessar apenas com as eleições de 2006 e com a intervenção da Missão de Estabilização das Nações Unidas no Haiti, encabeçada pelas

[625] Em consonância com o Ranking IDH Global 2013, publicado pelo PNDU, o Haiti possuía, naquele ano, um IDH igual a 0,471, considerado como *baixo desenvolvimento humano*.

> Forças Armadas brasileiras. Neste contexto, o Primeiro Ministro à época, Yvon Neptune, foi acusado de ordenar e participar do massacre à população do vilarejo La Scierie e de um incêndio a várias casas da localidade em fevereiro de 2004, sendo condenado por uma Juíza de Instrução do Tribunal de Primeira Instância de Saint-Marc. Após sua condenação, o réu permaneceu preso por mais de dois anos e não teve seu recurso aceito pela Corte de Apelações de Gonaïves, uma vez que essa se considerou incompetente *ratione personae*. Cargo político que o condenado ocupava lhe submetia, conforme a Constituição de 1987, à competência de uma Alta Corte de Justiça. Entretanto, desde a promulgação do texto constitucional há mais de 23 anos, tal corte suprema nunca houvera sido implementada.[626]

Como forma de reparação, determinou-se a adoção, pelo Haiti, de medidas judiciais e de outra índole aptas a definir e reverter o processo penal em aberto contra a vítima. Ademais, impôs-se a adoção de medidas legislativas para definir as competências, as normas processuais e as garantias mínimas do devido processo legal em sua Alta Corte de Justiça, bem como para a melhoria das condições carcerárias haitianas, adequando-as às normas internacionais de direitos humanos. Por último, previu-se o pagamento de indenização e reintegração de custas e gastos à vítima[627]. Não obstante a grande relevância da condenação, o Haiti ainda não dispensou a atenção devida à sentença, refletindo no seu total descumprimento até o momento.

Na condenação subsequente, Caso Fleury y otros, o Haiti transgrediu o direito à liberdade e integridade pessoal, às garantias e proteção judicial, à circulação e residência, e à liberdade de associação. Para repará-los, ordenou a Corte o início e a conclusão das investigações e processos necessários para estabelecer a verdade dos feitos, assim como determinar e sancionar todos os responsáveis pelos ocorridos às vítimas; a implementação de um programa ou curso obrigatório e permanente

[626] Souza, Rafael Barreto. Direito ao Duplo Grau de Jurisdição na América Latina: Caso Herrera Ullhoa VS. Costa Rica da Corte Interamericana de Direitos Humanos. In: Silveira, Vladmir Oliveira da; Dias, Jefferson Aparecido; Lopes, Ana Maria D'ávila Lopes (Coords.). **Direito internacional e direitos humanos**. Florianópolis: Conpedi, 2014. p.248-275.

[627] CASO YVON NEPTUNE *VS*. HAITI. Disponível em: <www.corteidh.or.cr/docs/casos/articulos/ seriec_180_esp1.pdf>. Acesso em: 12 ago. 2015.

de direitos humanos aos funcionários de todos os níveis hierárquicos da Polícia Nacional do Haiti e operadores judiciais; o pagamento das quantidades fixadas como meio de reparação por dano material, não material e reintegração de custas e gastos às vítimas[628]. Novamente, o Haiti não cumprira com a condenação, incorrendo em total descumprimento de sua obrigação internacional.

Como bem se avalia a partir da análise dos casos supracitados, o Haiti sequer dera cumprimento às medidas de cunho pecuniário das sentenças da Corte Interamericana. Transparece, nitidamente, a necessidade de alteração de seu ordenamento jurídico e de seus meios judiciais de implementação das condenações internacionais. Para tanto, estabelece-se, como marco inicial para estas modificações, a adoção de instrumentos cooperativos de harmonização do cumprimento das sentenças da Corte Interamericana.

4.2.12 O caso de Honduras

Honduras representa hoje uma grande preocupação ao estabelecimento dos direitos humanos no continente americano, tendo em vista ter ali se desenrolado o primeiro golpe de Estado do século XXI, em 28 de junho de 2009.

A contar desta data, foram assassinados, em circunstâncias não esclarecidas, 6 juízes da Associação Judicial de Juízes e, desde 2010, 72 fiscais, advogados e defensores de direitos humanos, considerando alarmante a situação no país.[629]

Ademais, Honduras encabeça o número de homicídios no mundo, com uma taxa de 85 mortes violentas para cada 100.000 habitantes. Este elevado número acaba por ser fruto dos altíssimos níveis de desemprego, da inexistência de um sistema de proteção social efetivo, de ser o Estado o corredor do tráfico de drogas entre América do Sul e do Norte, de sua inseguranca econômica e de seu problemático Poder Judiciário – mais que uma instância de controle, é um instrumento do poder político.[630]

[628] CASO FLEURY Y OTROS *VS.* HAITI. Disponível em: <www.corteidh.or.cr/docs/casos/articulos/ seriec_236_esp.pdf>. Acesso em: 12 ago. 2015.

[629] ORTIZ, José Luis Ramírez. **La Corte Interamericana de Derechos Humanos ante um reto histórico**. Disponível em: <www.eldiario.es/agendapublica/nueva-politica/Corte-Interamericana-Derechos-Humanos-historico_0_351715192.html>. Acesso em: 12 ago. 2015.

[630] ORTIZ, *loc. cit.*

Outra circunstância alarmante, enaltecida pela Comissão Interamericana de Direitos Humanos, é a falta de interligação entre a democracia, o Estado de Direito e a vigência dos direitos humanos em Honduras: em um Estado onde ocorrera, em pleno século XXI, um golpe de Estado, vislumbra-se praticamente impossível a consolidação e efetivação dos direitos humanos em seu território, uma vez que a proteção dos direitos em alusão só se constituiu a partir da vigência da democracia e de um Estado de Direito legitimamente estabelecido.

Sublinha-se que, em consonância aos princípios do sistema interamericano de proteção dos direitos humanos, Honduras viera a ser suspensa da Organização dos Estados Americanos em 5 de julho de 2009, sendo readmitida apenas em 1 de julho de 2011. Apesar deste breve período suspensa, Honduras integra a Convenção Americana de Direitos Humanos desde o ano de 1977, reconhecendo a competência da Corte Interamericana em setembro de 1981.

No ano de 2015, os esforços para se fazer presente e ativa no sistema interamericano trouxeram resultados frutíferos: a Corte Interamericana de Direitos Humanos, no mês de agosto, viera a celebrar audiências em Tegucigalpa, Honduras, atendendo ao convite de seu governo.[631]

Quanto aos casos levados à Corte, logo em 1988, prolatou-se a primeira sentença envolvendo Honduras, no emblemático Caso Velásquez Rodríguez, condenando-lhe em mais oito ocasiões: i) Caso Godínez Cruz (1989); ii) Caso Fairén Garbi y Solís Corrales (1989); iii) Caso Juan Humberto Sánchez (2003); iv) Caso López Álvarez (2006); v) Caso Servellón García y otros (2006); vi) Caso Kawas Fernádez (2009); vii) Caso Pacheco Teruel (2012); e viii) Caso Luna López (2013).

Descartados os casuísmos no exame das condenações de Honduras, far-se-á, em dados estatísticos, um aporte geral acerca do cumprimento das medidas prolatadas pela Corte: cumprira 100% das reparações econômicas monetárias e simbólicas, mas não foram cumpridas quaisquer medidas preventivas de formação e nem sequer de fortalecimento insti-

[631] EL ECONOMISTA. **Corte Interamericana de Derechos Humanos celebrará sesiones em Honduras**. Disponível em: <www.eleconomista.es/legislacion/noticias/6896340/07/15/Corte-Interamericana-de-Derechos-Humanos-celebra-sesiones-en-Honduras.html#.Kku87i1hVJLKW1s>. Acesso em: 12 ago. 2015.

tucional[632], provando ser Honduras mais um Estado que cumpre apenas as medidas de cunho pecuniário, não garantindo eficácia, dentro do seu território, às outras obrigações.

É inquestionável a necessidade de garantia de eficácia aos direitos humanos em solos hondurenhos, haja vista seu histórico recente de violações, conjugando-a à urgência na consolidação de suas condenações na Corte. Para tanto, a conjuntura política, institucional e legal hondurenha demanda esforços além de suas fronteiras, pautados em meios cooperativos internacionais.

4.2.13 O caso do México

O México ratificou a Convenção Americana sobre Direitos Humanos no ano de 1981, aceitando a competência da Corte em 1998. No entanto, o Estado guarda grandes desafios para garantir a eficácia dos direitos humanos em seu território[633], bem como para o cumprimento integralmente de suas condenações internacionais.

Marcado por grandes paradigmas, o México encontra-se, hoje, em um entrecho de crise dos direitos humanos, tendo em vista a ausência de poderio estatal frente algumas situações: a população sofre tanto com os abusos do crime organizado, bem como da força pública (policiais e militares). De fato, a relação entre políticas públicas e direitos humanos, em solos mexicanos, encontra-se em ruínas.

O Estado ainda se caracteriza pela impunidade e insegurança, inviabilizando a efetivação dos direitos humanos. Ademais, senadores mexicanos, recentemente, apresentaram projetos de lei para restringir a aplicação de instrumentos internacionais acerca dos direitos humanos.[634]

[632] Basch, Fernando; Filippini, Leonardo; Iaya, Ana; Nino, Mariana Rossi, Felicitas; Schreiber, Bárbara. A eficácia do sistema interamericano de proteção de direitos humanos: uma abordagem quantitativa sobre seu funcionamento e sobre o cumprimento de suas decisões. **SUR – Revista Internacional de Direitos Humanos**, São Paulo, v.1, n.1, p.9-36, jan. 2004.

[633] Como prova desta situação, aponta-se ao fato de que, em 2012, o México foi o país que tivera a maior quantidade de denúncias ante à Comissão Interamericana de Direitos Humanos.

[634] Malo, Miguel Concha. **México ante la Corte Interamericana de Derechos Humanos.** Disponível: <www.contralinea.info/archivo-revista/index.php/2013/04/01/mexico-ante-la-corte-interamericana-de-derechos-humanos>. Acesso em: 13 ago. 2015.

Neste quesito, a lei mexicana sobre celebração de tratados, de 1992[635], agrava ainda mais a situação: aceita-se, para o não reconhecimento da sentença internacional, as justificativas de segurança de Estado, ordem pública e interesse nacional, sobrepondo estes valores às condenações mexicanas em foro interamericano.

Não obstante, o México conta com algumas condenações em ambiente interamericano: a primeira delas ocorrera em 2008, quanto do julgamento do Caso Castañeda Gutman. Neste, o México violara o direito à proteção judicial da vítima e, como meio de reparação, a Corte determinara a adequação do direito interno mexicano à Convenção Americana, garantindo, ainda, o alinhamento de sua legislação atinente à proteção judicial dos direitos dos cidadãos à reforma constitucional de 2007. Mais ainda, ordenou o pagamento à vítima das custas e gastos.[636] O México findara com suas obrigações pecuniárias, mas não cumprira, ante o entendimento da Corte, as medidas de adequação de seu ordenamento jurídico previstas em sentença.

O Caso González y otras guarda grande destaque no sistema interamericano, tendo sido a primeira oportunidade da Corte se pronunciar acerca do dever de não discriminação, da obrigação de atuar com diligência para prevenir, investigar e sancionar a violência contra a mulher, além da necessidade de inclusão de normas para busca de tais fins.

Em linhas gerais, colocou-se ao Estado os seguintes deveres: remoção dos obstáculos que impeçam a investigação dos feitos, usando, para tanto, de todos os meios disponíveis para que as investigações e os processos judiciais sejam finalizados, evitando novas violações; investigação com a inclusão da perspectiva de gênero; assegurar que os órgãos que participam da investigação e do processo judicial contêm com recursos humanos e materiais indispensáveis para o desempenho das tarefas de

[635] Nos termos de seu art. 11: *"las sentencias, laudos arbitrales y demás resoluciones jurisdiccionales derivados de la aplicación de los mecanismos internacionales para la solución de controversias a que se refiere el artículo 81 (sobre los lineamentos que debe contener cualquier tratado o acuerdo interinstitucional que establezcan mecanismos internacionales para la solución de controversas legales en que son parte, por um lado, la Federación, o personas físicas o morales extranjeras u orgazanizaciones internacionales), tendrán eficacia y serán reconocidos em la República, y podrán utilizarse como prueba em los casos de nacionales que se encuentren en la misma situación jurídica, de conformidad com el Código Federal de Procedimientos Civiles y los tratados aplicables."*

[636] CASO CASTAÑEDA GUTMAN *VS*. MÉXICO. Disponível em: <www.corteidh.or.cr/docs/casos/articulos/seriec_184_esp.pdf>. Acesso em: 13 ago. 2015.

maneira adequada, independente e imparcial, com a participação segura de pessoas. Ademais, deverá o Estado investigar, por suas instituições públicas, os funcionários acusados de irregularidades, aplicando-lhes sanções administrativas, disciplinares e/ou penais. Após um ano da data de prolação da sentença, deveria realizar um ato público de reconhecimento de sua responsabilidade internacional, assim como construir um monumento em memória das mulheres vítimas de homicídio, por razões de gênero, na cidade de Juárez.[637]

Dada a relevância da questão, a Corte reconheceu, ainda, o dever do Estado mexicano em adequar sua legislação ao Protocolo Alba[638], bem como criar uma página eletrônica com informações pessoais acerca de todas as mulheres que desapareçam e não foram até então encontradas, em Chihuahua, desde 1993. Taxou-se, também, a necessidade de continuar implementando programas e cursos permanentes de educação e capacitação em direitos humanos e de gênero, além de um programa de educação destinado à população do estado de Chihuahua. Por fim, ordenou-se o pagamento de indenização e de custas e gastos às vítimas.

Em 2011, fora realizado o pagamento das indenizações e, segundo boletim emitido pela Secretaria de Governo, criou-se, dentro do Registro Nacional de Pessoas Desaparecidas, uma página exclusiva para mulheres e meninas desaparecidas.[639] No mesmo comunicado, indicou-se a existência de três ordens do governo para construção do Memorial das Mulheres Vítimas da Violência de Gênero.[640] Ainda, a legislação fora adequada ao Protocolo Alba, implementando um programa governamental para a busca e localização das mulheres e crianças desaparecidas em território mexicano. Sem embargos de tais esforços, falta muito para que a sentença seja integralmente dada por cumprida.

[637] CASO GONZÁLEZ Y OTRAS *VS.* MÉXICO. Disponível em: <www.corteidh.or.cr/docs/casos/ articulos/seriec_205_esp.pdf>. Acesso em: 13 ago. 2015.

[638] O Protocolo Alba serve como mecanismo de coordenação imediata para a busca e localização de mulheres e meninas desaparecidas no território mexicano.

[639] PROGRAMA DE MUJERES Y NIÑAS DESAPARECIDAS "DAR CONTIGO". Disponível em: <www.ssp.gov.mx/extraviadosWeb/portais/extraviados.portal>. Acesso em: 13 ago. 2015.

[640] HERNÁNDEZ, Laura Rangel. Sentencias condenatórias al Estado mexicano dictadas por la Corte Interamericana de Derechos Humanos y sus implicaciones em el orden jurídico nacional. **Revista IUS**, Puebla, v.5. n.28, dez. 2010. Disponível em: <www.scielo.org.mx/scielo.php?script=sci_ arttext&pid=S1870-147201100020008&Ing=es&nrm=iso>. Acesso em: 13 ago. 2015.

Na subsequente condenação, Caso Radilla Pacheco, o Estado transgrediu os direitos à liberdade pessoal, integridade pessoal, à vida, ao reconhecimento da personalidade jurídica, às garantias judiciais e à proteção judicial. Como reparação, imputou-se o dever do México em conduzir eficazmente e em prazo razoável a investigação dos processos penais em trâmite, relacionados à detenção e posterior desaparição forçada da vítima; continuar com a busca e localização da vítima ou de seus restos mortais; adotar reformas legislativas que compatibilizem o art. 215-A de seu Código Penal com os patamares internacionais sobre a matéria e com a Convenção Interamericana sobre Desaparecimento Forçado de Pessoas; implementar programas ou cursos permanentes relativos à análise da jurisprudência do sistema interamericano, especialmente sobre os limites da jurisdição penal militar, assim como um programa de formação sobre a investigação e julgamento do desaparecimento forçado de pessoas; conceder atendimento psicológico e/ou psiquiátrico, gratuito e imediato, às vítimas previstas na sentença; pagar as quantidades fixadas por danos materiais, não materiais e reintegração de custas e gastos.[641]

Em maio de 2011, a Corte emitiu resolução de supervisão de cumprimento de sentença, pontuando o fato do Estado ter apenas publicado a sentença, não tendo cumprido nenhum de seus termos. Entretanto, enaltecem-se alguns esforços mexicanos para o cumprimento: em agosto de 2011, a Secretaria do Governo reconheceu a responsabilidade internacional do México, comprometendo-se a dar cumprimento à sentença. Ainda, promoveu diligências de jurisdição voluntária para oferecer e consignar o pagamento integral das indenizações, custas e gastos. Ainda, o então Presidente mexicano, Felipe Calderón, apresentou uma iniciativa de reforma do Código de Justiça Militar e do Código Penal.[642] Esforços relevantes, mas não suficientes para findar com esta obrigação internacional imposta ao México.

[641] CASO RADILLA PACHECO *VS*. MÉXICO. Disponível em: <www.corteidh.or.cr/docs/casos/ articulos/seriec_209_esp.pdf>. Acesso em: 13 ago. 2015.

[642] Hernández, Laura Rangel. Sentencias condenatórias al Estado mexicano dictadas por la Corte Interamericana de Derechos Humanos y sus implicaciones em el orden jurídico nacional. **Revista IUS**, Puebla, v.5. n.28, dez. 2010. Disponível em: <www.scielo.org.mx/scielo.php?script=sci_ arttext&pid=S1870-147201100020008&Ing=es&nrm=iso>. Acesso em: 13 ago. 2015.

Os casos Fernández Ortega y otros e Rosendo Cantú guardam grandes semelhanças: em ambos, o México fora responsabilizado pela violação dos direitos à integridade pessoal, à dignidade, à vida privada, a não ser objeto de ingerências arbitrárias ou abusivas no domicílio, às garantias judiciais e à proteção judicial. Fora condenado à reparação nos seguintes termos: conduzir, em foro ordinário, a investigação e o processo penal que tramitam em relação à violação sexual sofrida por uma das vítimas; examinar a conduta do agente do Ministério Público que dificultara a recepção da denúncia apresentada pela vítima; adotar reformas legislativas para compatibilizar o art. 57 do Código de Justiça Militar com a Convenção Americana; adotar as reformas que garantam recurso de impugnação à competência do foro militar; oferecer tratamento médico e psicológico ás vítimas; protocolar, em âmbito federal, as investigações das violações sexuais, tendo como parâmetro o Protocolo de Istambul e as diretrizes da Organização Mundial da Saúde; implementar programas ou cursos permanentes de capacitação sobre investigação em casos de violência sexual contra mulheres, incluindo a perspectiva de gênero; implementar um programa ou curso permanente e obrigatório de capacitação e formação em direitos humanos aos membros das Forças Armadas; disponibilizar os recursos à comunidade indígena de Barranca Tecoani, para que esta venha a estabelecer um centro comunitário (centro da mulher), com atividades educativas acerca dos direitos humanos e direitos da mulher, bem como possibilitar que as meninas da comunidade estudem na cidade de Ayutla de los Libres; assegurar que os serviços públicos mexicanos de atenção às mulheres vítimas de violência sexual contem com recursos materiais e pessoas capacitadas; pagamento das indenizações e das custas e gastos.[643]

Infelizmente, o Estado mexicano, em ambas as condenações, não viera a garantir eficácia em ambiente interno. Tanto é que uma das vítimas, Valentina Rosendo, em 2011, iniciou uma expedição em solos europeus com a finalidade de fazer público o descumprimento do Estado mexicano destas sentenças.[644] O único avanço fora a instalação de mesas de

[643] CASO FERNÁNDEZ ORTEGA Y OTROS *VS.* MÉXICO. Disponível em: <www.corteidh.or.cr/docs/ casos/articulos/seriec_215_esp.pdf>. Acesso em: 13 ago. 2015.

[644] CENTRO DE DERECHOS HUMANOS MIGUEL AGUSTÍN PRO JUÁREZ A. C. Disponível em: <www.centroprodh.org.mx>. Acesso em: 13 ago. 2015.

trabalho para delinear ações específicas para o cumprimento, mas ainda sem qualquer ação concreta.

Na demanda conhecida como Caso Cabrera García y Montiel Flores, a Corte responsabilizou o Estado pela violação do direito à liberdade pessoal, à integridade pessoal, à obrigação de investigar os atos de tortura, à garantia judicial e à proteção judicial, bem como em estender ilegalmente a competência do foro militar a delitos que não lhe guardam competência.

Como meio de reparação, previu: a condução eficaz da investigação penal dos feitos apresentados, em particular dos atos de tortura, a fim de determinar eventuais responsáveis e aplicar-lhes as sanções previstas no ordenamento jurídico; a adoção de reformas legislativas, visando compatibilizar o art. 57 de seu Código de Justiça Militar com a Convenção Americana, assim como a adoção de reformas legislativas para possibilitar a utilização de recurso para impugnar a competência do foro militar; a adesão de medidas complementares para fortalecer o funcionamento do registro de detenção; garantir a continuidade dos programas e cursos permanentes de capacitação sobre investigação dos casos de tratamentos cruéis, desumanos ou degradantes e tortura, assim como fortalecer a capacidade institucional do Estado por intermédio da capacitação dos funcionários das Forças Armadas; o pagamento do montante determinado.[645]

De forma alarmante, justamente para se desvincular irreguarmente de sua obrigação internacional, o governo do México declarou que o cumprimento desta sentença estaria dentro de sua voluntariedade.[646] Assim, os únicos esforços observados – mas sem produção de efeitos concretos – foram as instalações de mesas de trabalho para os temas da justiça, capacitação e registro de detenções.

O último caso, Caso García Cruz y Sánchez Silvestre, trouxera, como termo final, um acordo de solução amistosa e reconhecimento da responsabilidade internacional do Estado, subscrito pelas vítimas, seus representantes e o Estado Mexicano. A postura do México fora enalte-

[645] CASO CABRERA GARCÍA Y MONTIEL FLORES *VS.* MÉXICO. Disponível em: <www.corteidh.or.cr/docs/casos/articulos/seriec_220_esp.pdf>. Acesso em: 13 ago. 2015.

[646] Manifestou-se, assim, a Secretaria do Governo, em seu Boletim 637, de 20 de dezembro de 2010.

cida pela Corte, dado que o Estado esforçou-se em encontrar uma solução pacífica e contemplativa dos direitos das vítimas neste ocorrido.

Entretanto, não se pode perder de vista o fato do México não se importar suficientemente com suas condenações internacionais – atreladas aos direitos humanos. Da tricotomia tradicional dos poderes do Estado, apenas o Poder Judiciário mexicano está, ainda que pouco, preocupado em levar a questão a cabo, buscando capacitar seus integrantes e tomando algumas medidas de respeito às condenações.[647]

Sem dúvidas, a transformação da situação dos direitos humanos em território mexicano deve contar com os esforços de todos: organizações civis, governo, autoridades, pessoas físicas, jurídicas e Estados integrantes do sistema interamericano de proteção dos direitos humanos. Entretanto, estes esforços precisam estar alinhados, visando ao alcance, por um único caminho, dos valores dos direitos humanos – e o caminho mais eficaz, sem dúvidas, repousa, mais uma vez, na via da cooperação internacional.

4.2.14 O caso da Nicarágua

A Nicaraguá, país da América Central, é marcada, em sua trajetória, pela presença de governos constitucionais e, em outros momentos, por regimes de exceção, com notável influência norte-americana no decorrer de sua história.[648]

Conta, ainda, com longos embates entre governo e oposição, cujos quais resultaram na radicalização política e no deterioramento dos direitos humanos. Tal situação só fora pacificada a partir de 1990, quando a

[647] BARRIGUETE, Cuauhtécmon Manuel de Dienheim. El Estado Mexicano ante la Corte Interamericana de Derechos Humanos. **Revista Jurídica IUS**. Disponível em: <www.unla/iusunia/opinion/EI%20Estado%20Mexicano%20ante%20la%20Corte%20Interamericana%20de%20Derechos%20Humanos.htm>. Acesso em: 13 ago. 2015.

[648] A presença norte-americana tornou-se constante em território nicaraguense ao longo do século XX: em sua guerra civil de 1925, os norte-americanos fizeram-se presentes para pôr fim ao conflito – que ocorrera em 1927. Mais tarde, entre os anos de 1928 e 1932, os Estados Unidos vieram a supervisionar as eleições presidenciais do país. Esta situação de participação constantes dos Estados Unidos nos assuntos da Nicarágua só se deu por encerrada na década de 1980, quando então os Estados Unidos findaram a ajuda econômica ao país, tendo-lhe acusado de recebimento de ajuda de Cuba e da União Soviética. Dados disponíveis em: CONSULADO DA NICARÁGUA EM SÃO PAULO. Disponível em: <www.nicaragua.org.br>. Acesso em: 15 ago. 2015.

coalização internacional supervisionou as eleições presidenciais, além do surgimento de acordos de desarmamento e cessar-fogo, da nova lei de imprensa e do reconhecimento da Corte Interamericana de Direitos Humanos, em fevereiro de 1991.[649]

Desde então, o Estado viera a ser condenado na Corte em três ocasiões: a primeira sentença fora prolatada em 29 de janeiro de 1997, no Caso Genie Lacayo.[650] Declarou-se que o Estado incorrera na violação dos artigos 1.1 e 8.1 da Convenção Americana – direito à não discriminação e direito de ser ouvido, com as devidas garantias e dentro de um prazo razoável, por jurisdição competente, independente e imparcial. Como meio de reparação, fixou-se o montante de U$ 20.000,00 (vinte mil dólares) à vítima.

A Corte Suprema de Justiça da Nicarágua reconheceu e cumpriu a sentença internacional, realizando o pagamento integral do montante devido. Entretanto, cabe o alerta: a sociedade civil não se satisfez com a sentença da Corte, uma vez que esperava uma condenação que imputasse maiores obrigações ao Estado.

No caso subsequente, Caso de la Comunidad Mayagna (Sumo) Awas Tigni, com sentença de 31 de agosto de 2001, a Nicarágua violou os direitos de proteção judicial e de propriedade sobre as terras tradicionais dos membros da Comunidade Mayagna (Sumo) Awas Tingni.[651] Como forma de reparação, ordenou-se que a adoção, em seu direito interno, em conformidade com a Convenção Americana, de medidas legisla-

[649] Atenta-se ao fato da Nicarágua já integrar o sistema interamericano de direitos humanos anteriormente a esta data: em 1979, já havia ratificado a Convenção Americana sobre Direitos Humanos.

[650] CASO GENIE LACAYO *VS.* NICARÁGUA. Disponível em: <www.corteidh.or.cr/docs/casos/ articulos/seriec_30_esp.pdf>. Acesso em: 15 ago. 2015.

[651] Esclarece-se a situação: a comunidade Awas Tigni é uma comunidade indígena situada na costa atlântica da Nicarágua. Nos anos 90, o governo nicaraguense concedeu à companhia sul-coreana SOLCARSA direitos de exploração madeireira sobre os territórios da comunidade, apesar do reconhecimento, por parte de sua Constituição e de outras leis posteriores, do direito dos povos indígenas em desfrutar de suas terras tradicionais. A comunidade socorreu-se, sem êxito, às instâncias judiciais, locais e nacionais, para revogar a dita concessão. Disponível em: THE AGE OF HUMAN RIGHTS JOURNAL. **El Caso de la comunidad indígena Awas Tingni contra Nicaragua**: derechos humanos entre lo local y lo global. Disponível em: <www.tiempodelosderechos.es/component/content/article/9-proyectos0132-el-caso-de-la-counidad-indigena-awas-tigni-contra-nicaragua-derechos-humanos-entre-lo-local-y-lo-global.html>. Acesso em: 15 ago. 2015.

tivas, administrativas e de qualquer outro caráter que fossem necessárias à criação de um mecanismo efetivo de delimitação, demarcação e titulação das propriedades das comunidades indígenas; delimitação, demarcação e garantia de titularidade das terras da Comunidade Mayagna (Sumo) Awas Tingni; e reintegração de custas e gastos.[652]

A resolução da Corte sobre o cumprimento da sentença encerrou o caso, entendendo que o Estado cumprira integralmente com suas obrigações. Conduta nicaraguense digna de louvor e de exemplo aos outros Estados que integram a Corte.

No último caso, Caso Yatama, com sentença de 23 de junho de 2005, avaliou-se ter o Estado violado os direitos às garantias judiciais, em prejuízo dos candidatos propostos por Yatama para participarem das eleições municipais de 2000; o direito à sua proteção, bem como seus direitos políticos e à igualdade.

Ordenou-se, então, que o Estado deveria adotar, em prazo razoável, as medidas legislativas necessárias para estabelecer um recurso judicial que controle as decisões do Conselho Supremo Eleitoral, cujas quais venham a afetar diretamente os direitos humanos, derrogando, por consequência, as normas que impeçam a interposição deste recurso. Ainda, impôs ao Estado a necessidade de reforma da Lei Eleitoral n.º 331/2000, de maneira que regule com objetividade as consequências do não cumprimento dos requisitos de participação eleitoral, além dos procedimentos que devem ser observados pelo Conselho Supremo Eleitoral, bem como a reforma da mesma lei naquilo que se demonstrar contrária à Convenção Americana. Por fim, deveria adotar todas as medidas necessárias à participação, em processos eleitorais, dos membros de comunidades indígenas e étnicas, bem como pagar o devido como indenização e reintegração de custas e gastos.[653]

A Corte anunciou, em resolução de 20 de junho de 2011, o não cumprimento da sentença, asseverando que a Nicarágua, até então, não havia adotado – e nem sequer apresentara um plano de ação governamental – as medidas efetivas e necessárias para o seu cumprimento,

[652] CASO DE LA COMUNIDAD MAYAGNA (SUMO) AWAS TINGNI *VS.* NICARÁGUA. Disponível em: <www.corteidh.or.cr/docs/casos/articulos/seriec_79_esp.pdf>. Acesso em: 15 ago. 2015.

[653] CASO YATAMA *VS.* NICARÁGUA. Disponível em: <www.corteidh.or.cr/docs/casos/articulos/ seriec_127_esp.pdf>. Acesso em: 15 ago. 2015.

especialmente quanto às alterações legislativas e às medidas indispensáveis para garantia dos direitos humanos violados em seu território.

Não obstante, em audiência privada no sistema interamericano em maio de 2010, fora questionado à Nicarágua acerca do não cumprimento das reformas eleitorais. Nesta oportunidade, os agentes públicos discorreram sobre a problemática composição da Assembleia Nacional, não se encontrando, ali, uma maioria absoluta, obstruindo assim as alterações legislativas necessárias. Nesta ocasião, a Nicarágua se comprometeu em criar um cronograma detalhado e completo sobre as ações destinadas ao cumprimento desta sentença. Infelizmente, até o ano de 2015, nada fora concretamente realizado.[654]

Ocorre que, em 23 de maio de 2012, a Assembleia Nacional da Nicarágua realizou a reforma eleitoral, mas nenhum dos pontos previstos na sentença de Yatama – especificamente quanto aos direitos políticos indígenas e de outras etnias – fora abordado, não garantindo o cumprimento integral desta sentença.

Lamentavelmente, a Nicarágua está muito aquém da postura reclamada de respeito às sentenças internacionais do sistema interamericano. De tal forma, esquematiza-se, como solução ao implemento dos direitos humanos neste Estado, a junção de esforços a partir de vias cooperativas que melhor se adequem à sua realidade.

4.2.15 O caso do Panamá

O Panamá reconhecera expressamente a importância dos tratados, garantindo-lhes efeito vinculante por intermédio do disposto no art. 4.º de sua Constituição. Por decorrência, impõe-se ao Estado panamenho a obrigação de cumprir com seus compromissos internacionais desde o momento de sua assinatura.[655]

[654] CENTRO NICARAGÜENSE DE DERECHOS HUMANOS (CENIDH). **El Cumplimiento de la Sentencia de la Corte Interamericana de Derechos Humanos CIDH, en el caso de YATAMA facorecería a todos los nicaragüenses.** Disponível em: <http://cenidh.org/noticias/461/>. Acesso em: 15 ago. 2015.

[655] SOLÍS, Félix Wing. Algunos parámetros para la incorporación de los estándares del sistema interamericano de protección de los derechos humanos en la tutela constitucional, legal y judicial del derecho a um ambiente sano en Panamá. **Revista de Direito Econômico e Socioambiental**, Curitiba, v.1, n.1, p.149-182, jan./jun. 2010.

O país participa do sistema interamericano de proteção dos direitos humanos desde 1978, quando então ratificou a Convenção Americana, aceitando a competência da Corte em maio de 1990, tendo sido condenado em cinco situações.

O primeiro caso julgado pela Corte fora o Caso Baena Ricardo y otros[656], alegando ter o Panamá violado os princípios da legalidade e irretroatividade, os direitos às garantias judiciais, à proteção judicial e à liberdade de associação. Como meio de reparação, a Corte imputou-lhe o dever de pagar às vítimas os montantes devidos como salários e indenizações, assim como reintegrá-los a seus cargos e, caso não fosse possível, dar-lhes alternativas de empregos que respeitassem as condições, salários e remunerações que teriam no momento em que foram indevidamente despedidos. Se ainda não fosse viável, a Corte possibilitou ao Panamá o pagamento do montante correspondente à finalização das relações de trabalho, em conformidade com o direito do trabalho interno[657], além das custas e gastos.

Para melhor garantir a eficácia da sentença, o Panamá parcelou o pagamento dos montantes devidos, estimando a Corte, em resolução de 5 de fevereiro de 2013, a devida execução, até então, pelo Panamá do cronograma de cumprimento da sentença previamente estabelecido. Não se satisfez a obrigação, neste ponto por ainda faltarem algumas parcelas ao pagamento integral dos valores. Quanto às outras obrigações, a Corte requereu, na mesma resolução, que o Estado adotasse, dentro de seu ordenamento jurídico e com possibilidade de recurso às autoridades competentes, as medidas próprias para dar efeito definitivo a todas as reparações previstas em sentença.

Outra condenação adveio pelo Caso Heliodoro Portugal[658], responsabilizando o Panamá por violar os direitos à liberdade e integridade pessoal, por não tipificar os delitos de desaparição forçada e de tortura –

[656] CASO BAENA RICARDO Y OTROS *VS.* PANAMÁ. Disponível em: <www.corteidh.or.cr/docs/ casos/articulos/seriec_127_esp.pdf>. Acesso em: 16 ago. 2015.

[657] Apesar deste trabalho defender que a margem de apreciação nacional não vem sendo utilizada pela Corte Interamericana em suas sentenças, há casos excepcionais de sua aplicação. Neste, para não infringir a normativa interna, a Corte deixou que a legislação panamenha do trabalho ditasse o *quantum* indenizatório aos trabalhadores.

[658] CASO HELIODORO PORTUGAL *VS.* PANAMÁ. Disponível em: <www.corteidh.or.cr/docs/casos/ articulos/seriec_186_esp.pdf>. Acesso em: 16 ago. 2015.

determinados pela Condenação Interamericana para Prevenir e Sancionar a Tortura – e por infringir a Convenção Interamericana sobre Desaparição Forçada de Pessoas. Quanto aos relatos do caso, diz-se ter sido a vítima, Heliodoro Portugal, líder sindical, uma das pessoas desaparecidas durante a ditadura militar panamenha, durante os anos de 1970. As violações aos direitos humanos, naquele período, foram constantes: dados oficiais aludem a mais de 140 casos de pessoas desaparecidas, ficando, em sua grande maioria, impunes.

Nesta situação, a Corte sentenciou o Panamá ao pagamento das quantias fixadas por indenização e reintegração de custas e gastos. Previu, também, o dever de investigar os feitos que acarretaram as violações, bem como identificar, julgar e sancionar os responsáveis, garantindo o tratamento médico e psicológico, gratuito e imediato por suas instituições de saúde. Por fim, impôs a obrigatoriedade de tipificar, em seu ordenamento jurídico, os delitos de desaparição forçada de pessoas e de tortura, em prazo razoável.

Em resolução de 19 de junho de 2012, a Corte considerou ter o Panamá cumprido integralmente os seguintes pontos da sentença: i) tipificação do delito de tortura; ii) pagamento dos montantes devidos; e, parcialmente: i) tipificação do delito de desaparecimento forçado de pessoas. No entanto, manteve-se em aberto o procedimento, haja vista o não cumprimento efetivo das medidas de investigação dos feitos, de identificação, julgamento e sanção dos responsáveis; de oferecimento gratuito e imediato de tratamento médico e psicológico; e de tipificação do crime de desaparecimento forçado de pessoas. Observa-se que, mais de cinco anos após sua condenação, o Panamá ainda permanece inerte em seu cumprimento integral.

Segundo informe do Centro por la Justicia y el Derecho Internacional (CEJIL)[659], o Segundo Tribunal Superior do Primeiro Distrito Judicial do Panamá chamara a juízo oito ex-militares, supostos responsáveis pela desaparição forçada de Heliodoro Portugal, visando identificar, processar e sancionar todos os responsáveis pelo seu desaparecimento.

659 CENTRO POR LA JUSTICIA Y EL DERECHO INTERNACIONAL (CEJIL). **Implicados en la desaparición de Heliodoro Portugal son llamados a juicio en Panamá**. Disponível em: <https://cejil.org/comunicados/implicados-en-la-desaparicion-de-heliodoro-portugal-son-llamados-a-juicio-en-panama>. Acesso em: 16 ago. 2015.

Enaltece-se esta postura, considerando-a um avanço no cumprimento da obrigação internacional.

Entretanto, o julgamento do ex-ditador panamenho, Manuel Antonio Noriega, ainda não ocorrera: a audiência, que estava prevista para 21 de maio de 2015, fora suspensa pelo seguinte pedido motivado de seu advogado: o Panamá se comprometeu com a França, país que o extraditou em 2011, a não abrir processos diferentes aos que deram origem à sua extradição, cujos quais repousam no cumprimento de sua condenação por desaparecimento e morte de seu opositor, Hugo Spadafora, e do militar Moisés Giroldi, em 1985.[660]

No julgamento do Caso Tristán Donoso[661], o Panamá infringiu o direito à vida privada, à honra e à reputação, à liberdade de expressão e às garantias judiciais, não tendo adequado seu ordenamento jurídico interno à Convenção Americana na regulamentação dos delitos contra a honra. Como forma de reparação, previu-se o pagamento de indenização à vítima e de reintegração de custas e gastos, bem como o dever de deixar sem efeito a condenação – e todas as suas consequências – da vítima em jurisdição nacional. Segundo o informe de 1.º de setembro de 2010, a Corte entendeu ter o Estado cumprido integralmente a sentença.

Outra ocorrência levada à jurisdição da Corte fora o Caso Vélez Loor[662], incorrendo violações aos direitos de liberdade pessoal, integridade pessoal – especificamente por não ter respeitado a obrigação de investigar os atos de tortura em prejuízo da vítima –, garantias judiciais, ao princípio da legalidade e à obrigação de garantir, sem discriminação, o direito de acesso à justiça.

Como meio de ressarcimento, o Panamá fora condenado ao pagamento do montante devido ao tratamento médico e psicológico especializado, aos medicamentos, à indenização e reintegração de custas e gastos. Deveria ainda continuar a investigação dos feitos denunciados pela vítima, visando determinar as responsabilidades e sancioná-las devida-

660 EL SIGLO. **Suspenden audiencia de Noriega por desaparición de Portugal.** Disponível em: <http://elsiglo.com/panama/suspenden-audiencia-noriega-desaparicion-portugal/23867126>. Acesso em: 16 ago. 2015.

661 CASO TRISTÁN DONOSO *VS.* PANAMÁ. Disponível em: <www.corteidh.or.cr/docs/casos/articulos/seriec_193_esp.pdf>. Acesso em: 16 ago. 2015.

662 CASO VÉLEZ LOOR *VS.* PANAMÁ. Disponível em: <www.corteidh.or.cr/docs/casos/articulos/ seriec_218_esp2.pdf>. Acesso em: 16 ago. 2015.

mente. Previu-se também: i) a criação de estabelecimentos para alojar pessoas advindas de fluxos migratórios, oferecendo condições materiais e pessoas devidamente qualificadas; ii) a implementação de um programa de formação e capacitação para o pessoal do Serviço Nacional de Migração e Naturalização, assim como para outros funcionários que lidem com a migração, observados os padrões internacionais relativos aos direitos humanos dos migrantes, garantindo-lhes o devido processo e a assistência consular; iii) a implementação de programas de capacitação sobre a obrigação de investigar de ofício os atos de tortura ocorridos em sua jurisdição, destinados aos integrantes do Ministério Público, do Poder Judiciário, da Polícia Nacional e às pessoas do setor da saúde com competência para estes casos.

O Panamá reconhecera esta condenação apenas em fevereiro de 2015, em audiência na Corte Interamericana, manifestando a voluntariedade em estabelecer um plano de trabalho para o cumprimento de suas obrigações.[663] Ocorre que, até o momento, não se realizou uma investigação efetiva sobre os atos de tortura contra a vítima em jurisdição interna e nem fora implementado um programa de capacitação aos agentes públicos.

No último caso, até então, apresentado à Corte, Caso de los Pueblos Indígenas Kuna de Madungandí y Emberá de Bayano y sus Miembros[664], o Panamá fora responsabilizado, em 14 de outubro de 2014, por violar o direito à propriedade coletiva, por não delimitar, demarcar e dar titularidade das terras ao povo Kuna e das comunidades Ipetí e Piriatí do povo Emberá e, também, por outorgar título de propriedade individual sobreposto à propriedade da comunidade Piriatí de Emberá, limitando o gozo efetivo de seu direito de propriedade. Determinou-se, ainda, que o Panamá havia violado as garantias judiciais e de proteção judicial, uma vez que não dera resposta adequada aos recursos interpostos por estes povos em prazo razoável.

663 LA ESTRELLA DE PANAMÁ. **Panamá acatará fallo del caso Veléz Loor**. Disponível em: <http://laestrella.com.pa/panama/nacional/panama-acatara-fallo-caso-velez-loor/2384 2158>. Acesso em: 16 ago. 2015.

664 CASO DE LOS PUEBLOS INDÍGENAS KUNA DE MADUNGANDÍ Y EMBERÁ DE BAYANO Y SUS MIEMBROS *VS.* PANAMÁ. Disponível em: <www.corteidh.or.cr/docs/casos/articulos/seriec_ 284_esp.pdf>. Acesso em: 17 ago. 2015.

Para melhor compreensão, discorre-se brevemente sobre o caso: por consequência da autorização concedida pelo Panamá para a construção de uma represa hidroelétrica na zona do Alto Bayano, em 1972, os territórios dos povos Kuna de Madungandí e Emberá de Bayano foram inundados. Entre os anos de 1973 e 1975, estes povos foram realocados pelo Estado em terras alternativas, mediante Decreto do Poder Executivo.[665] Não obstante, desde 1971, o Panamá se comprometera, em diversas oportunidades, em indenizar os povos indígenas afetados por esta obra. Ademais, a do ano de 1990, a presença de terceiros não indígenas nos territórios criou conflitos nestas terras alternativas previstas às comunidades indígenas.

A Corte condenara o Panamá nos seguintes termos: i) demarcação das terras que correspondem às Comunidades Ipetí e Piriatí Emberá, devendo titularizar as terras de Ipetí como propriedade coletiva da comunidade; ii) deixar sem efeito o título de propriedade privada outorgado à pessoa ali descrita, localizada dentro do território da Comunidade Emberá de Piriatí; e iii) pagamento das quantias fixadas na sentença, por danos materiais, não materiais e reintegração de custas e gastos.

O governo do Panamá reconhecera esta sentença internacional apenas em 11 de agosto de 2015, quando então, por intermédio de um Decreto Executivo, designou-se o Ministério da Economia e Finanças como a entidade encarregada, em nome da República do Panamá, de executar o trâmite para o pagamento das obrigações pecuniárias impostas pela Corte.[666] Entretanto, o país ainda não apresentou um plano de ação para o cumprimento das outras medidas.

Lamentavelmente, o Panamá integra o grupo de Estados americanos que ainda não conseguiu cumprir integralmente com suas condenações internacionais. Observa-se uma dupla violação aos direitos humanos: primeiro, tem-se a violação em plano nacional, cabendo se socorrer aos órgãos interamericanos; após, dado o não cumprimento integral de

[665] ELGUERA ALVAREZ, Carlos. Caso de pueblos indígenas Kuna de Madungandí y Emberá de Bayano VS. Panamá ante la Corte IDH: Aportes y Retos. **Revista Alertanet**, Lima, 06 fev. 2015.

[666] GOBIERNO DE LA REPÚBLICA DE PANAMÁ. **Gabinete reconoce obligaciones del Estado com pueblos indígenas Kuna de Madugandí y Emerá de Baya**. Disponível em: <https://www.presidencia.gob.pa/Noticias/Gabinete-reconoce-obligaciones-del-Estado-con-pueblos-indigenas-Kuna-de-Madugandi-y-Embera-de-Baya>. Acesso em: 17 ago. 2015.

suas condenações internacionais, há uma nova violação, que requer não apenas uma postura ativa da Corte e da própria OEA, mas sim uma ação conjunta, por meios cooperativos, de todos aqueles Estados que se veem na mesma situação, objetivando a garantia de eficácia, em ambiente interno, de suas sentenças internacionais.

4.2.16 O caso do Paraguai

O Paraguai adentrou ao sistema interamericano com a ratificação da Convenção Americana sobre Direitos Humanos, em agosto de 1989. Mais tarde, em 1993, manifestou sua adesão voluntária à competência contenciosa da Corte Interamericana de Direitos Humanos.

Não obstante tal postura, o Estado ainda sofre com a não consolidação dos direitos humanos em seu território e com a consequente falta de efetividade da dignidade da pessoa humana.[667]

Dado o cenário, a sociedade civil paraguaia criou a Coordenadoria de Direitos Humanos no Paraguai[668]: contando com membros da sociedade

[667] A Anistia Internacional, em 2013, elaborou um relatório prevendo noves questões ainda sem soluções internas quanto aos direitos humanos: 1) quanto ao direito dos direitos dos povos indígenas: o Paraguai vem a ser o único Estado da OEA com três condenações na Corte Interamericana por violação dos direitos coletivos às terras indígenas; 2) quanto ao direito de exigir o cumprimento dos direitos econômicos, sociais e culturais: um dos grandes desafios paraguaios reside no fim da exclusão social e na luta pelo acesso igualitário e de qualidade aos direitos de saúde, educação, vivência digna, água, entre outros; 3) graves questões acerca dos direitos humanos, no Paraguai, repousam sobre o tema da distribuição de terras; 4) quanto à impunidade histórica: o Paraguai tem uma dívida importante com as vítimas de seu regime militar, ocorrido entre os anos de 1954 e 1989. Não fora alcançado um processo judicial que abarcara, de forma completa, todas as violações aos direitos humanos ali ocorridas; 5) quanto à ausência de mecanismos eficientes para combater a discriminação: o Paraguai não desenvolvera, até o momento, uma Lei Contra Toda Forma de Discriminação; 6) quanto ao direito das mulheres a uma vida sem violência: o Estado paraguaio soma, dia após dia, diversas formas de discriminação de gênero, expressando-se, com maior frequência, na violência contra a mulher (ao menos uma em cada três mulheres paraguaias sofreram, em algum momento de sua vida, algum tipo de violência); 7) quanto aos direitos sexuais e reprodutivos: a educação sexual e o acesso a meios contraceptivos, no Paraguai, apresentam-se deficientes, com a criminalização do aborto em quaisquer de suas formas; 8) quanto ao Tribunal Penal Internacional: segue pendente, no Paraguai, a aprovação de uma legislação interna que implemente o Estatuto de Roma; e 9) quanto ao Tratado de Comércio de Armas: não fora ratificado pelo Paraguai.

[668] COORDINADORA DE DERECHOS HUMANOS DEL PARAGUAY. Disponível em: <www.codehupy.org>. Acesso em: 19 ago. 2015.

e do governo, é um instrumento para o desenvolvimento e fortalecimento de uma cultura de paz, tolerância, respeito e gozo íntegro dos direitos humanos, baseando-se, para tanto, em uma democracia participativa, sem exclusões ou discriminações de qualquer tipo, objetivando o alcance de uma vida digna para todos os paraguaios e cidadãos do continente americano.

Todavia, o Paraguai apresenta um grande número de processos apresentados à Corte Interamericana: 1) Caso Ricardo Canese (2004); 2) Caso "Instituto de Reeducación del Menor" (2004); 3) Caso Comunidad Indígena Yakye Axa (2005); 4) Caso Comunidad Indígena Sawhoyamaxa (2006); 5) Caso Goiburú y otros; 6) Caso Vargas Areco; e 7) Caso Comunidad Indígena Xákmok Kásek.

No Caso Ricardo Canese[669], o Paraguai fora responsabilizado pela violação dos diretos de liberdade de expressão, de circulação, de presunção de inocência e de defesa, bem como pelo descumprimento ao princípio da retroatividade da norma penal mais favorável à vítima. Fora lhe ordenado, como forma de reparação, o pagamento de indenização e reintegração por custas e gastos. Logo no primeiro relatório da Corte sobre o cumprimento da sentença, determinou-se seu cumprimento integral pelo Paraguai, encerrando o caso.

No Caso "Instituto de Reeducación del Menor"[670], o país desrespeitara os direitos à vida, à integridade pessoal e à proteção judicial. Como meio de reparação, estabeleceu a Corte que o Paraguai deveria oferecer tratamento psicológico, médico e assistência vocacional a todas as vítimas, bem como lhes desenvolver um programa de educação especial; oferecer-lhes proteção adequada, a fim de garantir a vida, a integridade e a segurança das vítimas; e pagar-lhes o montante fixado como indenização e custas e gastos. Até o último informe da Corte, em 2009, sobre o cumprimento da sentença, encontravam-se pendentes de realização os pontos: oferecimento de assistência médica e psicológica e o pagamento integral da pena pecuniária.

Nas ocorrências atreladas aos grupos indígenas – Casos Comunidad Indígena Yakye Axa, Comunidad Indígena Sawhoyamaxa e Comunidad

[669] CASO RICARDO CANESE *VS.* PARAGUAY. Disponível em: <www.corteidh.or.cr/docs/casos/ articulos/seriec_111_esp.pdf. Acesso em: 19 ago. 2015.

[670] CASO "INSTITUTO DE REEDUCACIÓN DEL MENOR" *VS.* PARAGUAY. Disponível em: <www.corteidh.or.cr/docs/casos/articulos/seriec_112_esp.pdf>. Acesso em: 19 ago. 2015.

Indígena Xákmok Kásek –, a Corte reconheceu o descumprimento dos direitos à vida, à propriedade e do acesso à justiça. As situações, que contam com grandes semelhanças, acarretaram na obrigação do governo paraguaio em reconhecer as terras destas comunidades, tal como adotar medidas jurídicas que se demonstrem necessárias para a criação de mecanismos eficazes para a demanda por terras indígenas e que garantam seu registro e sua consequente documentação. Ainda, em todas as condenações foram previstas indenizações e reintegração de custas e gastos.

Ocorre que os termos sentenciados não foram cumpridos integralmente; em realidade, sequer as condenações de cunho pecuniário foram pagas em sua totalidade. A situação das comunidades indígenas no Paraguai, ainda que com estas três condenações, continua muito precária. Não há medicamentos, postos de saúde e nem qualquer amparo governamental em locais próximos a estas comunidades. Não obstante esforços do governo de Fernando Lugo para desapropriar o território e devolver as terras às comunidades – contando com um projeto de lei sobre expropriação em favor das comunidades, mas pendente de discussão no Congresso Nacional[671] –, há uma falta de alinhamento entre o Poder Executivo e Legislativo para cumprimento efetivo das condenações da Corte.

A conjuntura é tão alarmante que, em 2013, os membros da comunidade Sawhoyamaxa, cansados de esperar pela eficácia de seus direitos prolatados internacionalmente, decidiram retornar a suas terras, indispondo de qualquer segurança para tanto. Quanto à comunidade Yakye, apesar de haver um acordo entre o governo e seus membros, não conseguem efetivamente retornar a suas terras ante a falta de acesso a estas.

Quanto ao Caso Goiburú y otros, constatou-se a detenção ilegal e arbitrária, além da tortura e desaparecimento forçado das vítimas Agustín Goiburú Giménez, Carlos José Mancuello Bareiro, Rodolfo Feliciano e Benjamín de Jesús Ramírez Villalba, supostamente realizados por agentes oficiais paraguaios, entre os anos de 1974 e 1977, na chamada Operação Condor.[672] Ademais, os responsáveis não foram punidos, em solos paraguaios, pelas ditas violações.

[671] CARTA MAIOR. **Anistia Internacional cobra do Paraguai direitos indígenas**. Disponível em: <http://www.cartamaior.com.br/?/Editoria/Direitos-Humanos/Anistia-Internacional-cobra-do-Paraguai-direitos-indigenas%0D%0A/5/14832>. Acesso em: 19 ago. 2015.

[672] Segundo entendimento da Comissão Nacional da Verdade brasileira, *"a Operação Condor, formalizada em reunião secreta realizada em Santiago do Chile no final de outubro de 1975, é o nome*

Como meio de reparação, a Corte condenou o Paraguai a ressarcir economicamente os familiares das vítimas, a desenvolver mecanismos legais para tratar do desaparecimento forçado de pessoas, a buscar e localizar as pessoas supracitadas – devendo entregar os restos mortais a seus familiares, prestando, a estes últimos, os serviços de saúde que estes venham a necessitar. Por fim, deveria o Paraguai construir um monumento em memória das vítimas, além de implementar programas permanentes de educação em direitos humanos dentro de suas forças policiais, em todos os níveis hierárquicos.[673]

Em novembro de 2009, a Corte expediu uma resolução sobre o cumprimento da sentença: segundo seus entendimentos, o Paraguai incorrera, novamente, no não cumprimento integral de sua condenação, tendo apenas implementado programas permanentes de educação em direitos humanos e cumprido com o pagamento das quantias fixadas como reintegração de custas e gastos. Lamentavelmente, quanto às outras determinações, não ocorrera, ainda, nenhum esforço por parte de seu governo para o fiel cumprimento.

Finalmente, quanto ao Caso Vargas Areco, fora a vítima, menor de idade, morta em 1989, por um oficial do exército paraguaio, quando tentara escapar de uma punição militar por ter se atrasado em seu retorno às Forças Armadas paraguaias após passar o Natal com sua família. Em cortes nacionais, o responsável pela violação fora condenado por um ano de prisão, mas a pena não fora cumprida, dado que, segundo alegação de defesa, já havia sido efetuada na corte militar.

Na Corte Interamericana, o Paraguai fora condenado pelos fatos descritos, ordenando-se, como forma de reparação, o pagamento de compensação à família da vítima, o oferecimento de desculpas públicas, o dever de identificar, julgar e sancionar todos os responsáveis, efetivamente, pelo feito, o treinamento dos membros militares em programas de direitos humanos e a reforma das leis nacionais para o indispensável

que foi dado à aliança entre as ditaduras instaladas nos países do Cone Sul na década de 1970 – Argentina, Bolívia, Brasil, Chile, Paraguai e Uruguai – para a realização de atividades coordenadas, de forma clandestina e à margem da lei, com o objetivo de vigiar, sequestrar, torturar, assassinar e fazer desaparecer militantes políticos que faziam oposição, armada ou não, aos regimes militares da região". (COMISSÃO NACIONAL DA VERDADE. Disponível em: <www.cnv.gov.br>. Acesso em: 19 ago. 2015).

673 CASO GOIBURÚ Y OTROS *VS.* PARAGUAY. Disponível em: <www.corteidh.or.cr/docs/casos/articulos/seriec_153_esp.pdf>. Acesso em: 19 ago. 2015.

alinhamento com as normativas internacionais contra o recrutamento de crianças para as Forças Armadas. Lastimavelmente, o Paraguai, até o ano de 2012, quando se dera o último informe da Corte acerca do cumprimento da sentença, só havia implementado programas de formação e cursos regulares sobre direitos humanos em suas Forças Armadas, não garantindo eficácia a todos os outros termos de sua condenação.

Infelizmente, o Estado paraguaio continua a violar os direitos humanos cotidianamente – haja vista as prisões arbitrárias e demissões de funcionários públicos, bem como a grande euforia midiática acerca da menina de 11 anos, vítima de estupro, tendo lhe sido negado o abortar –, não dispondo de programas governamentais efetivos para a melhoria da situação.

A partir dos dados analisados quanto ao Paraguai no sistema interamericano, entende-se que há, de fato, um longo caminho a ser trilhado para que a consolidação dos direitos humanos se torne uma realidade: por meios cooperativos, os Estados podem implementar ações conjuntas ao Paraguai que garantam um alinhamento de posições e comprometimento com suas sentenças internacionais, resultando, inquestionavelmente, em um acréscimo significativo na qualidade de vida em todo o continente americano.

4.2.17 O caso do Peru

O Peru é o país que mais acumulou, até agora, sentenças na Corte Interamericana de Direitos Humanos, totalizando trinta e uma condenações neste órgao. Adentrou ao sistema interamericano no ano de 1978, quando ratificou a Convenção Americana, aceitando a competência da Corte em 1981. Cabe destacar que o Estado fora o primeiro da região a a se utilizar da competência consultiva da Corte, manifestando-se a Opinião Consultiva n.º 1.

A interação do Peru com o sistema interamericano de proteção dos direitos humanos alcancou um ponto crítico em meados de 1999: por ocasião de um Projeto de Resolução Legislativa, o então Presidente Alberto Fujimori tentou apatar-se da competência contenciosa da Corte. O Congresso, naquele momento, aprovou a iniciativa pela Resolução n.º 27.152, de 1999. Como resposta, a Corte reteve sua competência e jurisdição, impossibilitando a saída imediata do Peru, dado o Caso

Ivcher encontrar-se em vias de julgamento.[674] Com o reestabelecimento da democracia, o Estado peruano, por intermédio da Resolução Legislativa n.º 27.401, retirou o efeito da Resolução que previa a denúncia da competência da Corte.

Para melhor explicar o alto número de demandas contra o Estado peruano no órgão, investigam-se algumas situações.[675] A primeira delas repousa na presença, durante um longo período, de um governo autoritário, não garantindo o fácil acesso à justiça por seus cidadãos. Havia, ainda, a possibilidade de aplicação da Lei de Anistia (vigente desde 1995) – fato este que, por si só, já propicia diversas violações aos direitos humanos por parte de seu governo. Em segundo lugar, considera-se o fato da defesa do Estado peruano, por muito tempo, ter sido deficiente, considerando partidarismos dentro de sua esfera judiciária – decorrendo a não condenação de certos agentes estatais. Por fim, sua própria história é marcada por períodos de violência exacerbada, além de inúmeros problemas próprios do entrecho latino, tais como conflitos sociais, direitos dos povos indígenas, direito dos trabalhadores, entre outros temas.

Nos casos peruanos na Corte Interamericana, os direitos mais violados, em ordem descrescente, foram: proteção judicial, garantias judiciais, integridade pessoal, liberdade física, direito à vida, legalidade e retroatividade da lei penal. Foram ainda violados os direitos à propriedade privada, de associação, direito das crianças, liberdade de expressão, nacionalidade, reconhecimento da personalidade jurídica, honra e dignidade.[676]

Há de se ater ao ponto positivo do seu alto número de condenações: o Peru e a Colômbia são os únicos países do continente que contam com uma lei – no caso peruano, a Lei n.º 27.775, de 2002 – para regular o procedimento de execução das sentenças emitidas por tribunais internacionais de direitos humanos – as chamadas *enabling legislations*.

Quanto ao seu processamento, as sentenças internacionais devem ser encaminhadas ao Ministério das Relações Exteriores e ao Presidente

[674] Bazán Chacón, Iván Arturo. El Impacto de la Jurisprudencia de la Corte Interamericana de Derechos Humanos en el Perú. Uma Evaluación Preliminar. **Ars Bonis et Aequi**, Santiago, v.7, n.2, p.283-317, 2011.

[675] Godoy, Jose Alejandro. **El Peru y La Corte Interamericana de Derechos Humanos.** Disponível em: <http://www.desdeeltercerpiso.com/2015/03/el-peru-y-la-corte-interamericana-de-derechos-humanos/>. Acesso em: 31 ago. 2015.

[676] Bazán Chacón, *op. cit.*

da Corte Suprema, que as enviará às chamádas "seções" que esgotaram a jurisdição interna, determinando que estas executem a sentença internacional. Na lacuna de processo prévio, observar-se-ão as regras processuais internas, especificamente quanto ao juízo competente para executá-las. Aqui, cabe a ressalva: a lei prevê procedimento próprio para medidas de cunho não indenizatórios e outro para valores indenizatórios, assim esquematizado:

> Em se tratando de condenação internacional a pagar dinheiro, o juiz da execução notificará o Ministério da Justiça para que o faça em dez dias. Se necessário, a lei prevê procedimentos pra a liquidação da sentença internacional (art. 2.º). Exemplificando: se a Corte Interamericana de Direitos Humanos condenasse o Peru a indenizar o dano moral causado a uma pessoa que fosse preterida em um concurso público por sua religião, o juiz da execução expediria uma notificação para que o Ministério da Justiça pagasse o valor devido em dez dias.
>
> Já as sentenças internacionais que impõem medidas não indenizatórias ensejam a emissão de uma ordem do juiz da execução, determinando que os órgãos e instituições estatais envolvidos, sejam quais forem, cessem a situação que tenha dado azo à sentença internacional, e indicando as medidas cabíveis (art. 4.º).[677]

A lei peruana prevê precisamente a diferenciação entre sentença nacional, estrangeira e internacional, possibilitando, a esta última, diminutos requisitos para sua internalização. Além disso, abre caminho para a harmonização da comunicação entre a Corte Interamericana e seu Poder Judiciário, a partir de preceitos cooperacionais garantidores do cumprimento e da efetividade dos direitos ali consagrados.

Ademais, o Peru instituiu Decretos de Urgência – normativa própria de seu Poder Executivo, com força de lei, para matéria econômica e financeira – para o pagamento dos montantes pecuniários de suas condenações. Aprovara, em 2001, o Regulamento do Conselho Nacional de Direitos Humanos. Em 2003, implementou a Comissão da Verdade e

[677] Takahashi Pereira, Marcela Harumi. **Cumprimento da sentença da Corte Interamericana de Direitos Humanos no âmbito interno**. Disponível em: <http://www.ambito-juridico.com.br/ site/index.php?n_link=revista_artigos_leitura&artigo_id=6491>. Acesso em: 31 ago. 2015.

Reconciliação, visando à análise das condições políticas, sociais e culturais, e do comportamento da sociedade e das instituições peruanas que contribuem para a propagação da violência em seu território. Em 2005, o Peru, em atenção a um compromisso assumido na Conferência Mundial de Direitos Humanos, adotou o Plano Nacional de Direitos Humanos, buscando o reforço dos mecanismos nacionais para promover e proteger os direitos humanos e garantir a conformidade de sua legislação e práticas nacionais com as obrigações internacionais do Estado.

Sem dúvidas, a jurisprudência da Corte Interamericana fora de relevância extrema no desenvolvimento do trato, pelo Peru, de suas obrigações internacionais. Outrossim, apesar do Peru não ter conseguido dar cumprimento efetivo a todas as suas condenações internacionais, é nítida a contribuição de seu ordenamento jurídico e de suas ações para com todo o sistema interamericano. A lei peruana n.º 27.775, de 2002, pode servir de parâmetro e exemplo para a realização das sentenças da Corte pelos outros Estados, tendo em vista ter se demonstrado vantajosa na efetivação das condenações em solos peruanos.

De fato, o desenvolvimento e a harmonização das legislações internas sobre cumprimento de sentenças internacionais seria de grande valia, mas estas posturas atrelam-se aos esforços cooperacionais de todos os Estados que compõem a Corte Internamericana de Direitos Humanos.

4.2.18 O caso do Suriname

A República do Suriname, Estado localizado ao norte da América do Sul, fora classificado, segundo o Ranking IDH Global 2013 do PNDU, com um IDH de 0,705, considerado como alto desenvolvimento humano.

Não obstante esta qualificação, o Suriname conta com problemas atinentes à efetivação dos direitos humanos em seu território, especificamente quanto aos seus povos indígenas que, segundo o Censo de 2012, totalizavam 3,8% de sua população (20.344 pessoas).[678]

O país, desde 1987, o país integra o sistema interamericano de proteção dos direitos humanos, tendo, em novembro de 1987, aderido à Convenção Interamericana sobre Direitos Humanos e, também, à com-

[678] Mikkelsen, Cæcilie. **El Mundo Indígena 2012**. Lima: Tarea Asociación Gráfica Educativa, 2012.

petência contenciosa da Corte Interamericana. Desde então, fora condenado em cinco ocasisões neste último órgão.

Em sua primeira condenação, Caso Aloeboetoe y otros, 20 homens da etnia Saramaka, em 1987, foram interceptados e detidos por grupos militares, sob a suspeita de integrarem uma milícia. Ao serem informados que eram apenas civis, os militares liberaram 13 deles, mas mantiveram detidos os outros 7, entre eles um menor de 15 anos de idade. Todos estes últimos foram torturados, tendo um escapado e os outros assassinados. Em 1990, a Comissão Interamericana de Direitos Humanos apresentou a demanda à Corte. Fora condenado pela Corte em 10 de setembro de 1993, cabendo-lhe, como pena, o pagamento de indenização, a abertura de uma escola na cidade de Gujaba, a capacitação de seus agentes e a construção de postos de saúde. Felizmente, logo em 1997, a Corte entendeu que o Suriname tinha cumprido satisfatoriamente a sentença e arquivou o caso.[679]

No Caso Gangaram Panday, os membros da Polícia Militar do Suriname prenderam a vítima ilegal e arbitrariamente, violando seu direito de julgamento por um juiz legalmente capacitado para o exercício das funções. Assim, determinara a Corte que o país havia incorrido na violação do direito à liberdade, fixando, como reparação, o pagamento de indenização e reintegração de custas e gastos.[680]

Segundo informe de 15 de abril de 1997, da Missão Permanente da República do Suriname na Organização dos Estados Americanos, o país acatou a decisão, tendo depositado judicialmente, em favor da família da vítima, o valor de sua condenação. Novamente, observa-se o cumprimento integral da sentença internacional.

A terceira e quarta condenações – Caso de la Comunidad Moiwana e Caso del Pueblo Saramaka – atrelam-se aos direitos dos povos indígenas do Suriname, não tendo o Estado cumprido integralmente nenhuma delas. Alude-se ao fato de não haver, até o momento, qualquer intenção governamental em garantir os direitos dos povos indígenas previstos nestas sentenças.

[679] CASO ALOEBOETOE Y OTROS *VS.* SURINAM. Disponível em: <www.corteidh.or.cr/docs/casos/ articulos/seriec_11_esp.pdf>. Acesso em: 24 ago. 2015.

[680] CASO GANGARAM PANDAY *VS.* SURINAM. Disponível em: <www.corteidh.or.cr/docs/casos/ articulos/seriec_16_esp.pdf>. Acesso em: 24 ago. 2015.

Quanto ao Caso de la Comunidade Moiwana, o Suriname violara os direitos à integridade pessoal, à circulação e residência, propriedade, garantias e proteção judicial da comunidade. Os termos da condenação repousaram na investigação, identificação e julgamento dos responsáveis, na localização dos restos mortais daqueles que foram assassinados, na adoção de medidas indispensáveis para assegurar a todos os membros indígenas o direito de propriedade sobre seus territórios tradicionais, na criação de mecanismos para delimitar, demarcar e titularizar suas terras, no dever de garantir a segurança dos membros da comunidade que decidam regressar à aldeia, na criação de um fundo de desenvolvimento comunitário, na construção de um monumento em lugar público apropriado e no pagamento das quantias fixadas em sentença.[681]

Lastimavelmente, o Suriname cumpriu apenas com a construção do memorial, tendo a Corte lhe imposto, em relatório sobre a supervisão do cumprimento da sentença, a necessidade de implementação interna dos outros termos de sua condenação, haja vista a falta de explicação razoável para a demora nos provimentos pelo Estado.

No Caso Pueblo Saramaka, a Corte previu a violação dos seguintes direitos: propriedade, reconhecimento da personalidade jurídica e proteção judicial. Para repará-los, ordenou a necessidade de delimitação, demarcação e outorga de título coletivo do território aos seus membros; o reconhecimento legal de sua capacidade jurídica coletiva, com o propósito de garantir-lhes o exercício e gozo do seu direito de propriedade coletiva; a eliminação ou modificação das disposições legais que lhes impedem a proteção de seu direito de propriedade; a adoção de medidas legislativas, administrativas ou de outra índole para que o povo venha a ser efetivamente consultado nas ações que afetem seu território; a realização de estudos de impacto ambiental e social por entidades tecnicamente capacitadas e independentes; a tradução da sentença ao holandês; e, finalmente, o pagamento das quantias sentenciadas, como forma de financiamento, indenizações e reintegração por custas e gastos.[682] Mediante relatório de supervisão de cumprimento de sentença, a Corte

681 CASO COMUNIDAD MOIWANA *VS.* SURINAM. Disponível em: <www.corteidh.or.cr/docs/casos/ articulos/seriec_145_esp.pdf>. Acesso em: 24 ago. 2015.

682 CASO DEL PUEBLO SARAMAKA *VS.* SURINAM. Disponível em: <www.corteidh.or.cr/docs/ casos/articulos/seriec_172_esp.pdf>. Acesso em: 24 ago. 2015.

previu que o Estado só cumprira com a tradução da sentença ao holandês e com o pagamento dos montantes determinados, não tendo realizado, efetivamente, as outras medidas em solos nacionais.

A Relatoria Especial da ONU para os Direitos dos Povos Indígenas visitou o Suriname em 2011 justamente para lhe prover assistência técnica no desenvolvimento de medidas legislativas e administrativas necessárias para assegurar os direitos de suas comunidades indígenas. Infelizmente, o Suriname não implementou, até o momento, quaisquer das recomendações propostas por aquela entidade. Pior ainda: viera a questionar, em foros internacionais, como compatibilizaria as medidas assecuratórias dos direitos dos povos indígenas com o desenvolvimento nacional e de outros grupos étnicos do país.[683]

A última circunstância levada a conhecimento da Corte até o momento fora o Caso Liakat Ali Alibux. O caso trata sobre o senhor que ocupara, entre os anos de 1996 e 2000, o cargo de Ministro das Finanças e Ministro dos Recursos Naturais: fora ele investigado, em jurisdição interna, pela compra de um imóvel realizada em julho de 2000, quanto então se encontrava no posto de ministro. Submeteu-se a um procedimento ante à Assembleia Nacional e julgamento na Alta Corte de Justiça do Suriname, em única instância. Em 3 de janeiro de 2003, sua saída do país para viagem pessoal fora impedida e, em 4 de novembro do mesmo ano, fora sentenciado e condenado pela Comissão de Delito e Falsificação a um ano de detenção e três anos de inabilitação para exercício do cargo de ministro.[684]

A Corte condenara o Suriname por violação do direito de recorrer a um juiz ou tribunal superior e de circulação e residência. Como forma de reparação, ordenou-se a adoção de medidas reparatórias, sendo que,

[683] A REPORT ON THE SITUATION OF INDIGENOUS AND TRIBAL PEOPLES IN SURINAME AND COMMENTS ON SURINAME'S 13TH -15TH PERIODIR REPORTS. Disponível em: <www.forestpeoples.org/sites/fpp/files/publication/2015/07/suriname-shadow-2015-final.pdf>. Acesso em: 24 ago. 2015.

[684] OBSERVATÓRIO DE RELAÇÕES INTERNACIONAIS. **Sentencia Sobre el Alcance del Principio de Legalidad y de Retroactividad y el derecho a Recurrir el Fallo para Altas Autoridades em Suriname**. Disponível em: <https://neccint.wordpress.com/2014/06/05/cidh-comunicado-de-prensa-sentencia-sobre-el-alcance-del-principio-de-legalidad-y-de-retroactividad-y-el-derecho-a-recurrir-el-fallo-para-altas-autoridades-en-suriname/>. Acesso em: 24 ago. 2015.

até o presente momento, não se tem notícias sobre o devido cumprimento em âmbito interno.

Em suma, o Suriname não desenvolvera, até então, nenhuma lei prevendo e garantindo o cumprimento integral de suas obrigações internacionais. Assim sendo, mais uma vez, tem-se a cooperação internacional como um caminho apto a preservar a eficácia dos termos de suas condenações internacionais aos seus cidadãos, assegurando, em última análise, a efetividade plena dos direitos humanos em seu território.

4.2.19 O caso do Uruguai

O Uruguai adentrou ao sistema interamericano de proteção dos direitos humanos no ano de 1985, quando então depositara a Convenção Interamericana sobre Direitos Humanos e, igualmente, aceitara a competência contenciosa da Corte Interamericana.

Apesar de ter convivido com um governo ditatorial durante um longo período (mais especificamente entre os anos de 1973 a 1985), o Uruguai, hoje, conta com numerosos esforços para consolidar e efetivar os direitos humanos em seu território. Prova disso vem a ser o fato de que, no ano de 2008, criara, por intermédio da Lei n.º 18.446, na esfera de seu Poder Legislativo, a Instituição Nacional de Direitos Humanos e Defensoria do Povo[685], visando à consolidação de uma sociedade solidária, inclusiva e pautada na democracia.

O empenho uruguaio na consolidação dos direitos humanos fora relevante e trouxera resultados positivos, tendo em vista contar o Estado apenas com duas condenações na Corte Interamericana. Entretanto, o Uruguai ainda encontra-se na dependência de elaboração de mecanismos que garantam o cumprimento integral de suas sentenças internacionais.

O primeiro caso de responsabilização uruguaia no sistema interamericano fora o Caso Gelman[686] pelo desaparecimento forçado de Juan e María Claudia de Gelman, com a violação do direito de reconhecimento da personalidade jurídica, à vida, à integridade, à liberdade pessoal e proteção judicial, bem como a supressão de identidade. Por fim, enalteceu-se a não adequação de seu direito interno à Convenção Americana

[685] INSTITUCIÓN NACIONAL DE DERECHOS HUMANOS Y DEFENSORÍA DEL PUEBLO. Disponível em: <inddhh.gub.uy>. Acesso em: 31 ago. 2015.

[686] CASO GELMAN *VS.* URUGUAY. Disponível em: <www.corteidh.or.cr/docs/casos/articulos/ seriec_221_esp.pdf>. Acesso em: 31 ago. 2015.

sobre Direitos Humanos, especificamente quanto à interpretação da Lei de Caducidade da Pretensão Punitiva do Estado, em respeito a graves violações de direitos humanos.

Como forma de reparação, fora lhe ordenado o dever de conduzir e terminar, eficazmente, as investigações dos feitos, esclarecendo e determinando as responsabilidades penais e administrativas. Ainda, proclamou-se: i) o dever de continuar e acelerar a busca e localização da vítima ou de seus restos mortais; ii) a compatibilização de seu ordenamento jurídico com a Convenção Interamericana; iii) a instalação de uma placa com inscrição do nome das vítimas e de todas as pessoas que estiveram detidas ilegalmente no edifício onde se localiza o Sistema de Informação de Defesa; iv) o desenvolvimento de um programa permanente de direitos humanos aos agentes de seu Ministério Público e juízes de seu Poder Judiciário; v) a adoção, no prazo de dois anos, de medidas que garantam o acesso técnico e sistematizado às informações, sob poder estatal, acerca das graves violações de direitos humanos ocorridas durante a ditadura militar; e vi) o pagamento das quantias prolatadas.

Em 20 de março de 2013, a Corte emitiu uma resolução afirmando que o Estado realizara o integral pagamento das quantias fixadas, mas que ainda não adotara as medidas para garantir o acesso técnico e sistematizado de informações sobre as graves violações de direitos humanos durante a ditadura – não obstante a proposta estatal de criação da Comissão Interministerial para impulsionar as investigações –, nem implementou um programa permanente de capacitação em direitos humanos e nem localizou a vítima ou seus restos mortais. Por fim, ainda que sua Suprema Corte de Justiça tenha declarado inconstitucional a Lei Interpretativa sobre a Lei de Caducidade, a decisão fora encarada pela Corte como mais um obstáculo para o pleno cumprimento da sua condenação, uma vez que não ocorrera, de fato, a adequação do ordenamento jurídico uruguaio à Convenção Americana – neste caso, o Uruguai deveria ter declarado inconstitucional a lei em si, e não sua lei interpretativa.

A última ocorrência na Corte até o presente momento fora o Caso Barbani Duarte e otros[687], responsabilizando o Estado pela violação do direito de ser ouvido, de um tratamento sem discriminação, da garantia processual a uma motivação e, finalmente, à proteção judicial em pre-

[687] CASO BARBANI DUARTE Y OTROS *VS*. URUGUAY. Disponível em: <www.corteidh.or.cr/docs/ casos/articulos/seriec_234_esp.pdf>. Acesso em: 31 ago. 2015.

juízo das vítimas. Como meio de reparação, previu-se a possibilidade de apresentação de novas petições pelas vítimas, bem como o pagamento de indenização e reintegração.

Ainda que a Corte não tenha, até o presente momento, arquivado e dado por encerrado o caso, observa-se o cumprimento integral da sentença pelo Uruguai: por intermédio de sua Lei n.º 19.085, de 2013, autorizou-se a criação de uma comissão, no âmbito do Poder Executivo, para o recebimento e instrução das petições das vítimas. Além disso, ocorrera o pagamento integral do montante fixado.

Por fim, afirma-se ter o Uruguai, em um entrecho latino-americano, um bom desenvolvimento econômico, cultural e jurídico, possibilitando a prevalência e consolidação dos direitos humanos em seu interior. Entretanto, ainda há pontos que merecem a atenção para a melhor efetivação dos direitos humanos em seu território, sendo que a experiência dos outros Estados pode lhe ser útil, assim como a sua própria pode contribuir àqueles. Este caminho de coordenação em prol dos direitos humanos se demonstra apto pelas vias cooperativas.

4.3 Propostas de Harmonização no Cumprimento das Medidas de Cunho não Pecuniário da Corte Interamericana de Direitos Humanos

A partir do diagnóstico do cumprimento das sentenças da Corte Interamericana pelos países que reconheceram sua competência contenciosa, demonstra-se evidente o fato de sua resolução definitiva estar em níveis muito inferiores ao demandado pela efetivação dos direitos humanos em solos nacionais.

Contempla-se a inexistência ou existência insatisfatória de leis que prevejam o cumprimento integral, no âmbito jurídico nacional, das condenações internacionais: apenas Colômbia e Peru desenvolveram as chamadas *enabling legislations* e, ainda assim, não conseguiram alcançar a coordenação necessária para a fiel execução de todos os termos de suas condenações.

Ressalta-se que o ordenamento jurídico dos Estados, como meio sistêmico de garantia dos direitos humanos[688], já deveria estar plenamente

[688] Como debate Luigi Ferrajoli, a crise da capacidade regulativa do direito chegou a um ponto que se manifesta já em um vazio dos direitos humanos, devendo, de fato (entendi-

apto a garantir, ao menos em tese, a prevalência e a execução das sentenças internacionais. Ainda, em foro interamericano, o disposto no art. 2.º da Convenção Americana[689] elenca, taxativamente, a necessidade de compatibilização do direito interno para com o exercício de direitos e liberdades ali previstos.

Ademais, a indispensabilidade de adequação do ordenamento jurídico interno é tanta que o próprio art. 68 da Convenção Americana já articula providência própria para a parte indenizatória da sentença: esta será executada em consonância com o processo interno de execução de sentenças contra o Estado. Entende-se que, ao menos em sua parte pecuniária, o sistema interamericano de proteção dos direitos humanos tratou de sistematizar o modo de cumprimento de suas sentenças. Agora, quanto aos seus termos não pecuniários é que reside o problema majoritário.

O sistema interamericano, como um todo – a partir da inspeção de seus instrumentos normativos –, baseou-se na voluntariedade do Estado em escolher os meios de cumprimento adequado, em âmbito interno, de suas condenações. Todavia, a Corte dispõe de um método próprio, chamado de Supervisão de Cumprimento de Sentença, para avaliar a efetivação de seus termos em solos nacionais. Apesar de seu inestimável valor, esta prática – como bem se observou ante o extenso debate presente neste trabalho – não garante a real eficácia de suas disposições, mas apenas uma visibilidade mais acurada do respeito ou não dos países para com a competência contenciosa da Corte.

Planeja-se, de tal modo, a essencial atitude dos Estados em arranjarem-se, estruturados no ideal da dignidade da pessoa humana, para

mento nosso), recuperar sua credibilidade para, ao menos, garantir a prevalência do valor mais essencial na sociedade que hoje se observa: a dignidade da pessoa humana. Em suas palavras: *"la crisis de la capacidad regulativa del derecho está manifestándose sobre todo em el plano internacional. A esta escala la globalización se há resuelto em um vacío de derecho público todavia más grave, es decir, em um vacío de reglas, limites y vínculos em garantia de los derechos humanos frente a los nuevos poderes transnacionales, sustraídos a la función de gobierno y control de los viejos poderes estatales"*. (Ferrajoli, Luigi. **La democracia a través de los derechos**. Madrid: Editorial Trotta, 2014. p.162).

[689] Art. 2.º Dever de adotar disposições de direito interno: Se o exercício dos direitos e liberdades mencionados no art. 1.º ainda não estiver garantido por disposições legislativas, ou de outra natureza, os Estados-partes comprometem-se a adotar, de acordo com as suas normas constitucionais e com as disposições desta Convenção, as medidas legislativas ou de outra natureza que forem necessárias para tornar efetivos tais direitos e liberdades.

alcançarem o fiel cumprimento de suas sentenças internacionais. Logo, se o sistema interamericano possibilita aos Estados o cumprimento dos termos sentenciados como melhor entenderem, e se, sozinhos, não conseguiram até então resultados frutíferos – dada a alta margem de descumprimento das medidas impostas pela Corte Interamericana –, leva-se a crer que a concatenação dos países em prol de uma legislação harmônica que estabeleça termos reais de efetivação das sentenças internacionais em solos internos seja o mais prudente a se fazer.

Para tanto, imprescindível se insere a investigação de alguns aspectos da realidade conjuntural dos Estados latino-americanos. A América Latina comporta grandes paradoxos: apesar de seu alto potencial ao desenvolvimento, marca-se por graves desigualdades nos mais diversos âmbitos. Seguindo à regra, os direitos humanos também sofrem influência desta inconstância latino-americana.

Como já se reconhecera, existe uma conexão indispensável entre a democracia e os direitos humanos. Neste ponto, especificamente, a América Latina consolida-se como a única região em desenvolvimento que conta, em sua totalidade, com regimes democráticos. Não obstante, a democracia é afetada pelas características de sua sociedade heterônoma: a pobreza e a desigualdade põem, cotidianamente, à prova a estabilidade democrática e, também, a consolidação dos direitos humanos, dado o ataque direito ao direito à igualdade de seus cidadãos.

Apesar das expectativas depositadas em regimes democráticos para a efetivação dos direitos humanos, muitas delas encontram-se frustradas pelo fato das representações políticas e instituições públicas não cumprirem com seu papel. Por isso mesmo, em locais tão desiguais como a América Latina, o descrédito neste tipo de regime vem a ser uma constante.[690]

Outro ponto importante atrela-se à sua fragilidade jurídica: a reivindicação por reformas neste campo é constante, dado que as ondas globalizatórias e o desenvolvimento econômico dos Estados não foram acompanhados de uma sistematização adequada do direito, inviabilizando a efetivação de muitos considerados cruciais ao desenvolvimento humano. Ainda, a afirmação de hierarquia privilegiada aos tratados de

[690] PROGRAMA DE LAS NACIONES UNIDAS PARA EL DESARROLLO. **La democracia em América Latina**: hacia uma democracia de ciudadanas y ciudadanos. 2.ed. Buenos Aires: Aguilar, Altea, Taurus, Alfaguara, 2004.

direitos humanos, na pirâmide jurídica, ainda não fora consolidada em muitos locais.

Esta mesma precariedade jurídica infere-se ao campo jurisdicional: a responsabilidade do Poder Judiciário deve ser majorada para a realização de parâmetros protetivos dos direitos humanos, garantindo-lhes maior densidade normativa e prática. Objetivamente, é dever da América Latina garantir a prevalência dos direitos e garantias fundamentais em todas as suas esferas. A partir de um breve aporte histórico, explica-se:

> A história da proteção judicial dos direitos humanos na América Latina é marcada por várias rupturas com o Estado de Direito. Na maioria dos países latino-americanos, foram reconhecidas garantias fundamentais como o habeas corpus e adotado o controle difuso de constitucionalidade das leis, além de um conjunto de procedimentos céleres para a tutela dos direitos humanos, conhecidos genericamente como "direito de amparo". No entanto, o longo período de autoritarismo implica obstáculos à consolidação dessas garantias.[691]

Indica-se a falta de fortalecimento, nos países deste entrecho, de uma cultura voltada aos direitos humanos: não há a quantidade de cadeiras necessárias, para tanto, em universidades, na maioria dos concursos públicos, não se observam provas acerca deste tema e, alarmantemente, não se encontram, facilmente, programas voltados à capacitação dos agentes públicos em direitos humanos – aspecto tão enaltecido pela Corte em suas condenações.

Cabe aos países deste cenário se reorganizarem a partir dos valores atrelados ao Estado de Direito, à democracia e aos direitos humanos: é por estes três pilares estruturais que a sociedade conseguirá atingir a dignidade da pessoa humana, perfazendo-se em um centro equânime, justo e com plenas condições ao desenvolvimento em todas as suas esferas. Nas palavras de Flávia Piovesan:

> Emergencial também é o fortalecimento do regime doméstico de proteção dos direitos humanos, a partir da consolidação de uma cultura de

[691] WEYL, Paulo. América Latina: entre a afirmação e a permanência da violação de direitos humanos. **Hendu – Revista Latino-Americana de Direitos Humanos**, Pará, v.1, n.1, p.86, jul. 2010.

> direitos humanos. O desafio é aumentar o comprometimento dos Estados para com a causa dos direitos humanos, ainda vista, no contexto latino-americano, como uma agenda contra o Estado. Há de se endossar a ideia da indissociabilidade entre direitos humanos, democracia e Estado de Direito. Há de se reforçar a concepção de que o respeito aos direitos humanos é condição essencial para a sustentabilidade democrática e para a capilaridade do Estado de Direito na região.[692]

Os Estados têm como incumbência possibilitar a multiplicação das cortes internacionais, garantir o acesso a seus cidadãos e, igualmente, aprofundar o diálogo, vertical e horizontal[693], entre as previsões jurídicas e jurisdicionais que estabelecem parâmetros protetivos aos direitos humanos. Quanto ao diálogo horizontal – ponto crucial desta tese –, abrem-se caminhos para que o sistemas jurídicos latino-americanos projetem-se além de suas fronteiras, cambiando experiências constitucionais e fertilizando terreno para a harmonização de suas legislações atreladas ao cumprimento das sentenças, por intermédio de instrumentos cooperacionais que estabeleçam novas previsões normativas nesta matéria. Respalda-se, doutrinariamente, o conteúdo defendido:

> Neste contexto, importa avançar e aprofundar o diálogo entre a ordem local e regional, potencializando o impacto entre elas, a fim de assegurar a maior efetividade possível aos direitos humanos. Além de avançar no diálogo horizontal de jurisdições, no intuito de que os sistemas sul-americanos possam mutuamente enriquecer-se, com empréstimos constitucionais e com o intercâmbio de experiências, argumentos, conceitos e princípios emancipatórios.[694]

Naturalmente, este diálogo deve observar a pluralidade social e jurídica que compõe a América Latina. Apesar dos Estados da região abar-

[692] Piovesan, Flávia. Força integradora e catalisadora do sistema interamericano de protecção dos direitos humanos: desafios para a pavimentação de um constitucionalismo regional. In: Sousa, Marcelo Rebelo de *et al.* **Estudos de Homenagem ao prof. doutor Jorge Miranda**. Coimbra: Coimbra Editora, 2012. p.481.

[693] Entende-se, para tanto, como diálogo horizontal de jurisdições, a troca de experiências das cortes nacionais, enquanto que o diálogo vertical enseja a mutualidade entre jurisdições nacionais e internacionais.

[694] Piovesan, *op. cit.*, p.480.

carem realidades muito semelhantes – especialmente por terem sido frutos da colonização, de regimes autoritários em tempos recentes e por contarem com grandes problemas estruturais, econômicos e sociais –, ainda assim, cada qual guarda, dentro de seu território, aspectos que garantem sua individualidade.[695] Por isso mesmo, a busca por uma harmonização no cumprimento das sentenças internacionais deve ser pautada em um consenso cooperacional.

No que diz respeito notadamente à cooperação, esta não é novidade no sistema interamericano[696]: fora ela que, como marco, estabeleceu o respeito aos princípios de igualdade jurídica dos Estados e da não intervenção em seus assuntos internos, garantindo a legitimidade do sistema pela aplicação do princípio da subsidiariedade.

Cabe agora expandir e desobstruir os caminhos da cooperação, estruturando-lhe como cerne de uma proposta de harmonização das legislações internas de cumprimento das sentenças internacionais dos Estados que reconheceram a competência contenciosa da Corte Interamericana. Esquematiza-se, em conexão, a necessidade de fortalecimento de um senso ético comum sobre os direitos humanos, facilitando a promoção de instrumentos e medidas que garantam a robustez do sistema interamericano. Registra-se, neste sentido:

> Esse contexto, marcado por conflitos entre as mudanças institucionais e violações reais de direitos humanos, demanda o fortalecimento da cultura de direitos e a criação de um novo senso comum teórico de direitos, favorável à realização material dos direitos humanos. Pensamos que um processo nessa direção deve observar particularidades históricas

[695] Nesta linha: "Cumpre relevar que consectário lógico da concepção plurinacional dos Estados e, portanto, multidimensional da sociedade, é a pluralidade de problemas e respostas que envolvem qualquer pretensão crítica. Se muitas são as realidades, muitas alternativas se apresentam às dificuldades. [...]". (Novais, Melissa Mendes. Um novo paradigma constitucional: o árduo caminho da desconolonização. In: Wolkmer, Antonio Carlos; Correas, Oscar. **Crítica jurídica na América Latina**. Aguascalientes: CENEJUS, 2013. p.110).

[696] Na elocução de Jean Michel Arrighi: *"Las fallas, y fueron muchas, de nuestros sistemas internos las hemos ido enfrentando em el marco de la cooperación interamericana. Celosos, com justa razón, de cuidar por el respecto de los principios de igualdad jurídica de los estados y de no intervención, fuimos tejiendo normas comunes e instancias conjuntas para consolidar el respeto a los derechos humanos."* (Arrighi, Jean Michel. Normas y Casos: La Defensa de la Democracia em el Sistema Interamericano. In: Cançado Trindade, Antonio A.; Pereira, Antônio Celso Alves. **O direito internacional e o primado de justiça**. Rio de Janeiro: Renovar, 2014. p.121).

> e culturais. Longe de uma postura regionalista, a observação da história e da cultura pode evitar a mera e perigosa recepção dos discursos dominantes e, sem dúvida, facilitar o diálogo, com a legitimação de novos autores e de novos lugares da fala.[697]

Os Estados da América Latina devem se insurgir em Estados Constitucionais Cooperativos[698], atrelados à cooperação, à integração e à prevalência dos direitos humanos. Em outra dicção, não mais se comporta, nesta região, o clássico Estado Constitucional Nacional, focado em conceitos arcaicos de soberania, impossibilitando os diálogos multilaterais e as proveitosas trocas entre os atores de Direito Internacional. O que se pretende, partindo da premissa de que os direitos humanos, imperiosamente, tendem a nortear toda a sua estrutura societária, é harmonizar as legislações internas a esta realidade.

> O conceito Estado Constitucional Cooperativo melhor situa as posições do direito constitucional e do direito internacional em face da cooperação internacional para os direitos humanos. Se os argumentos de que os direitos humanos são uma espécie de supra-direito, que eles vinculam as ordens jurídicas nacionais, são válidos, é também certo que nas estruturas constitucionais nacionais se localizam os controles democráticos do poder, ou seja, o exercício da cidadania. [...] Essa situação intermediária, em que a organização política supranacional não se afirmou ainda plenamente sob o ponto de vista democrático e a estrutura nacional apresenta-se inconsistente, mostra claramente que o direito constitucional precisa fortalecer a compreensão do sentido da expressão Estado Constitucional Cooperativo e quais as implicações jurídico-constitucionais

[697] WEYL, Paulo. América Latina: entre a afirmação e a permanência da violação de direitos humanos. **Hendu – Revista Latino-Americana de Direitos Humanos**, Pará, v.1, n.1, p.88, jul. 2010.

[698] Na conjuntura brasileira, o Supremo Tribunal Federal (STF) tem sinalizado para a concretização deste Estado em solos internos. No Recurso Extraordinário 466.343-1, o Ministro Gilmar Mendes deixa isto claro, quando assim dispõe: "não se pode perde de vista que, hoje, vivemos em um 'Estado Constitucional Cooperativo', identificado pelo Professor Peter Häberle como aquele que não mais se apresente como um Estado Constitucional voltado para si mesmo, mas que se disponibiliza como referência para os outros Estados Constitucionais membros de uma comunidade, e no qual ganha relevo o papel dos direitos humanos e fundamentais".

> que dela decorrem. Trata-se de uma visão "realista" do direito constitucional, centrada na assimilação das limitações do Estado Constitucional em face da comunidade internacional e da necessidade da existência harmoniosa entre os Estados, pautada em regras jurídicas garantidoras dos direitos humanos.[699]

É salutar que esta cooperação seja desenvolvida em uma linha horizontal, em um contexto de coordenação dos meios suscetíveis de serem consolidados, abolindo quaisquer formas de dominação de um ordenamento jurídico sobre o outro. Não há, deveras, cabimento, no enredo latino-americano, para que uma cultura jurídica venha a prevalecer sobre a outra: os Estados comportam históricos muitos semelhantes quanto aos direitos humanos, devendo, todos eles, partirem da premissa de horizontalidade para a sua possível conexão.

O que se conjectura é justamente o alcance de um direito comum, pautado na cooperação, intentando o progresso dos direitos humanos no continente. Objetivam-se programas e normativas harmônicas neste campo, a partir de políticas nacionais coerentes, conectadas pelos valores do sistema interamericano. É sabido que nem sempre a previsão de uma condenação internacional traz a efetivação daquele direito em foro nacional. Nesta linha:

> Ocorre que muitas vezes o desafio para a efetivação de direitos não está na existência de um contencioso internacional, mas, vem ao contrário, está na falta de coordenação entre políticas nacionais. Não raro, os obstáculos para a efetivação de direitos são de ordem transnacional, o que exige esforço concertado de diversos países. Por vezes, trata-se de um direito que o Estado, por seus próprios meios, não consegue prover ao povo por meio de políticas eficazes. Em outras ocasiões, a decisão de uma corte internacional não é capaz de efetivar o direito violado. [...][700]

[699] MALISKA, Marcos Augusto. **A cooperação internacional para os direitos humanos**: entre o desafio constitucional e o direito internacional. Desafios ao estado constitucional cooperativo. Disponível em: <www.conpedi.org.br/manaus/arquivos/anais/bh/marcos_augusto_maliska.pdf>. Acesso em: 04 set. 2015. p.7029.

[700] TORRONTEGUY, Marco Aurélio Antas. O papel da cooperação internacional para a efetivação de direitos humanos: o Brasil, os Países Africanos de Língua Oficial Portuguesa e o direito à saúde. **Revista Eletrônica de Comunicação, Informação e Inovação em Saúde**, Rio de Janeiro, v.4, n.1, p.59, mar. 2010.

Destarte, insurge o questionamento: se os Estados da América Latina tendem a firmar, em seus territórios, os valores e as estruturas do Estado Constitucional Cooperativo, por que não se utilizar de seus recursos logo na consolidação dos valores mais indispensáveis a uma sociedade justa, quais sejam, aqueles atrelados aos direitos humanos?

Vale ressalvar que, neste estudo, abomina-se a cooperação como meio de dominação: cobiça-se uma recomposição dos ordenamentos jurídicos dos Estados, pautando-se, para tanto, na horizontalidade. Não se nega, neste ponto, a posição central da constituição de cada um dos Estados e nem está se negando a existência da soberania, mas sim lhes adequando à diversidade dos valores do Estado Constitucional Cooperativo. Quer-se firmar o compartilhamento das soberanias em prol dos direitos humanos, mediante acordos internacionais de cooperação. Desse modo, o ordenamento jurídico – mais especificamente, a constituição – deve garantir a abertura jurídica[701] para a realização da cooperação internacional[702] como procedimento indispensável à consumação de direitos.

Na esfera do sistema interamericano de proteção dos direitos humanos, abrem-se, taxativamente, possibilidades de produção normativa cooperativa para o cumprimento das condenações da Corte Interamericana, alinhando-se, assim, à proposta, deste estudo[703]: conveniente-

[701] Em verdade, diz-se que "a cooperação internacional no âmbito normativo relativiza o princípio da supremacia da Constituição, não o subordinando as normas internacionais, mas o compreendendo como uma estrutura aberta. Isso implica dizer, sob o pondo de vista do controle de constitucionalidade, que se faz necessário demonstrar as condições de abertura do texto constitucional à cooperação internacional, em especial nas hipóteses de possível incompatibilidade entre o texto da Constituição e a redação de um ato normativo internacional. Essa abertura, segundo a Constituição, se dá, em especial e, talvez, exclusivamente, mas essa seria uma outra discussão, pelos Direitos Humanos". (Maliska, Marcos Augusto. **A cooperação internacional para os direitos humanos**: entre o desafio constitucional e o direito internacional. Desafios ao estado constitucional cooperativo. Disponível em: <www.conpedi.org.br/manaus/arquivos/anais/bh/marcos_augusto_maliska.pdf>. Acesso em: 04 set. 2015. p.7026).

[702] No caso do direito brasileiro, a Constituição de 1988 já entendera e internalizara os valores em referência, quando então, em seu art. 4.º, inciso IX, dispõe: "Art. 4.º A República Federativa do Brasil rege-se nas suas relações internacionais pelos seguintes princípios: [...]IX – cooperação entre os povos para o progresso da humanidade; [...]."

[703] Em transcrição doutrinária: "parece de crucial importância que os Estados estabeleçam um espaço de coordenação entre os diferentes poderes, a fim de aumentar as possibilidades

mente, a OEA intenta o diálogo multilateral nas Américas, difundindo o sentimento de solidariedade e preconizando a cooperação para o fortalecimento institucional dos Estados que a compõe. Fora por intermédio de seus impulsos que se adotaram tratados multilaterais para a harmonização das legislações latino-americanas sobre os direitos humanos.

É a partir de então que se atenta ao assentamento e à utilização da cooperação internacional naqueles Estados que detêm condenações na Corte Interamericana ainda em vias de cumprimento integral, dado que apenas os esforços de seus governos não trouxeram os resultados idealizados.

> Então, o direito escrito, mas ainda inefetivo, deve ser lido não como um *dever-ser* abstrato que satisfaz a racionalidade formal, mas como um direito ausente, inaceitavelmente alheio à própria realidade a que se dirige. Portanto, devem ser pensadas maneiras de realizar o discurso dos direitos humanos. A cooperação internacional, muito embora seja sede de importantes contradições, pode ser percebida como um instrumento, ainda em construção, para a efetivação de direitos e diminuição de desigualdades globais. [...][704]

Sabe-se que a realização da cooperação nos Estados que reconheceram a competência contenciosa da Corte Interamericana não é tarefa fácil. Não obstante, há instrumentos já assentados em solos latino-americanos que podem vir a garantir uma base, ao menos estrutural, para um acordo de cooperação que vise harmonizar as legislações internas quanto ao cumprimento das sentenças daquele órgão.

Para isso, parte-se à análise de alguns instrumentos cooperacionais concebidos no bojo dos Estados que aceitaram a competência da Corte.

de cumprimento efetivo e oportuno". (Basch, Fernando; Filippini, Leonardo; Iaya, Ana; Nino, Mariana Rossi, Felicitas; Schreiber, Bárbara. A eficácia do sistema interamericano de proteção de direitos humanos: uma abordagem quantitativa sobre seu funcionamento e sobre o cumprimento de suas decisões. **SUR – Revista Internacional de Direitos Humanos**, São Paulo, v.1, n.1, p.30, jan. 2004).

704 Torronteguy, Marco Aurélio Antas. O papel da cooperação internacional para a efetivação de direitos humanos: o Brasil, os Países Africanos de Língua Oficial Portuguesa e o direito à saúde. **Revista Eletrônica de Comunicação, Informação e Inovação em Saúde**, Rio de Janeiro, v.4, n.1, p.62-63, mar. 2010.

Iniciar-se-á o exame dos instrumentos brasileiros[705] e, após, serão apresentadas as propostas de harmonização das legislações.

Já no início dos anos 90, por intermédio da Secretaria de Direitos Humanos[706], o governo do Brasil tem implementado programas de cooperação entre os países do Sul. Há, deveras, três grandes iniciativas já consolidadas e com resultados proveitosos para os países que da cooperação se valeram. O primeiro projeto fora idealizado entre Brasil e Colômbia, intitulado "Fortalecimento institucional para a implementação de políticas públicas destinadas à garantia dos Direitos Humanos de lésbicas, gays, bissexuais e transgêneros". Seu alvo foram ações destinadas a garantir a plena eficácia dos direitos destas pessoas, pautando-se, para tanto, em um diálogo permanente entre toda a sociedade e o fortalecimento institucional dos países.

O segundo projeto baseia-se na cooperação entre Brasil e El Salvador, chamado de "Enfrentamento da violência sexual contra crianças e adolescentes", visando desenvolver bases para melhorar a qualidade de vida das crianças e adolescentes daqueles lugares. O projeto atenta-se à "transferência de metodologias e boas práticas no âmbito do enfrentamento da violência sexual contra crianças e adolescentes no Brasil"[707], pautando-se na cooperação para o fortalecimento das políticas e instituições de El Salvador. Utiliza-se dos seguintes modelos brasileiros: Plano de Ações Integradas e Referenciais de Enfrentamento à Violência Sexual Infanto-Juvenil no Território Brasileiro (PAIR) e Serviço de Disque Denúncia Nacional ("Disque 100").

O terceiro projeto realizou-se entre Brasil e Haiti, denominado de "Fortalecimento da capacidade institucional de agentes governamentais e não-governamentais do Haiti para promoção e defesa dos direitos das pessoas com deficiência". Este se desenvolve sob os auspícios da "capaci-

[705] Alude-se ao fato de que os instrumentos nacionais são os de maior familiaridade para este estudo, sendo de maior valia a análise aprofundada de tais para a feição de uma proposta de legislação harmônica na temática deste trabalho.

[706] SECRETARIA DE DIREITOS HUMANOS – PRESIDÊNCIA DA REPÚBLICA. Disponível em: <www.sdh.gov.br>. Acesso em: 07 set. 2015.

[707] SECRETARIA DE DIREITOS HUMANOS – PRESIDÊNCIA DA REPÚBLICA. **Atuação internacional**. Disponível em: <www.sdh.gov.br/atuacao-internacional/programas/cooperacao-sul-sul>. Acesso em: 09 set. 2015.

tação e mobilização dos agentes governamentais e não-governamentais, além de comunicadores e redes de políticas públicas, para a estruturação de políticas [...] para as pessoas com deficiência"[708].

Apesar do Brasil ter implementado estes projetos cooperacionais, traçam-se inúmeros paradoxos internos ainda não superados: falta de transparência, informação e descoordenação de suas ações; limitação fática de seus projetos cooperacionais; não observância dos preceitos necessários ao desenvolvimento sustentável; reprodução das discrepâncias nacionais; entre outros.[709]

Diante deste cenário, indispensável se induz a busca e a consolidação de propostas que garantam a robustez de uma política cooperacional, pautada no desenvolvimento e nos direitos humanos. Tarefa árdua, mas plenamente realizável a partir da observância de três pilares: a) formulação de um conceito de cooperação além de preceitos nacionais; b) institucionalização plenamente apta – com recursos técnicos, financeiros, humanos e qualquer outro tipo demandado – à promoção da cooperação, visando, como marco, os próprios direitos humanos; e c) participação de toda a sociedade civil, monitorando e avaliando os instrumentos cooperacionais. Em outros termos, alude-se:

> Mas, por ser algo novo, a tarefa é desafiante e instigante, uma vez que tudo está por ser construído. No nosso entendimento é preciso investir em três dimensões: uma inserção internacional pautada na coerência, daí a importância de definir um conceito de cooperação que expressa a forma como o Brasil articula sua intervenção nos espaços bilaterais, plurilaterais e multilaterais; uma institucionalidade empoderada e flexível, isto é que conte com recursos adequados (humanos, financeiros, administrativos, entre outros) e que seja capaz de promover as múltiplas e inovadoras estratégias de cooperação existentes no Brasil; e uma política de cooperação para o desenvolvimento internacional transparente e participativa, ancorada no marco dos direitos humanos e contando com

[708] SECRETARIA DE DIREITOS HUMANOS – PRESIDÊNCIA DA REPÚBLICA, *loc. cit.*

[709] BEGHIN, Nathalie. O Brasil e a cooperação para o desenvolvimento. **Carta Capital**, São Paulo, 02 abr. 2015. Disponível em: <http://www.cartacapital.com.br/blogs/blog-do-grri/o-brasil-e-a-cooperacao-para-o-desenvolvimento-6155.html>. Acesso em: 09 set. 2015.

a ativa participação de organizações e movimentos da sociedade civil, tanto no desenho como no monitoramento e avaliação.[710]

Vinculando a cooperação aos direitos humanos, enaltecem-se os esforços cooperacionais entre as nações do hemisfério sul e o Hati. Estado devastado pela pobreza, pela falta de recursos e por catástrofes naturais, o Haiti fora beneficiado pela cooperação da Argentina, Bolívia, Brasil, Chile, Equador, Guatemala, Paraguai, Peru e Uruguai, que enviaram ajuda humanitária e tropas para missão naquele país. Esta cooperação, no entrecho Sul-Sul (CSS), fora de extrema relevância tanto para o Haiti, quanto para os Estados que dela participaram: transformou, em termos estruturais, a coordenação entre estes, redimensionando e ampliando a cooperação.

> *[...] Además, luego del terremoto del 2010, la CSS de la región se amplia y redimensiona no solo em términos del volumen de fondos hacia Haití, sino también em términos de los desafios de coordinación que impone la presencia latinoamericana em dicho país.*[711]

Lamentavelmente, não obstante o valor inestimável de todo este contexto cooperacional, apenas 4% de toda a cooperação regional pauta-se em projetos atrelados aos direitos humanos. Em outros termos, projetos que visem a melhoria do marco institucional e jurídico de prevalência dos direitos humanos – exemplificativamente, a existência de leis internas que prevejam o fiel cumprimento das condenações internacionais –, bem como aqueles que norteiam a instituição de programas de ação para a proteção e promoção dos direitos na região ainda não são prioridades cooperacionais entre aqueles países. Especifica-se:

> *[...] observamos que solo el 4% de la CSS regional corresponde a proyectos de DDHH en sentido estricto. Se tratan de acciones orientadas a la mejora del marco*

[710] Beghin, Nathalie. O Brasil e a cooperação para o desenvolvimento. **Carta Capital**, São Paulo, 02 abr. 2015. Disponível em: <http://www.cartacapital.com.br/blogs/blog-do-grri/o-brasil-e-a-cooperacao-para-o-desenvolvimento-6155.html>. Acesso em: 09 set. 2015.

[711] Patrinós, Paula Rodriguez. **Mercosur, Unasur y Haití**: Cooperación regional em derechos humanos. Buenos Aires: Instituto de Políticas Públicas del MERCOSUR (IPPDH), 2014. p.20.

> *institucional y jurídico que debe garantizar los DDHH o bien de iniciativas cuyos cooperantes, contrapartes y/o destinatarios son instituciones nacionales/locales de DDHH u organizaciones de la sociedad civil (OSC) de DDHH. También se incluyen proyectos concebidos desde su planificación para la protección y promoción de los DDHH.*[712]

Talvez o maior impulso dado à cooperação, atrelado-a à efetivação dos direitos humanos na América Latina, tenha se desenvolvido pelo Consórcio Latino Americano de Pós-Graduação em Direitos Humanos. Fundado pela Universidade Católica do Peru, Universidade Iberoamericana do México, Universidade de Buenos Aires, Universidade de La Plata, Universidade Diego Portales do Chile, Universidade Externado da Colômbia, Universidade Federal da Paraíba, Universidade de Brasília, Universidade Federal do Pará, Universidade Austral do Chile e pela Universidade do Vale do Rio Sinos, o Consórcio propõe uma maior aproximação no diálogo, entre a América Latina, de consolidação dos direitos humanos, fortalecendo sua cultura a partir da troca de experiências, com a criação de um espaço comum para o diálogo, propondo normativas a partir de suas peculiaridades.

> O consórcio latino-americano de pós-graduação em direitos humanos visava, pois aproximar o diálogo entre experiências da investigação acerca da atualidade e da efetivação dos direitos humanos na América Latina. Com isso, fortalecer a cultura dos direitos nos países da região, visando ao aperfeiçoamento de seus mecanismos de proteção e promoção, a replicar as experiências inovadoras, a troca de experiências, ao desenvolvimento de investigações comuns, enfim, a criar um espaço regional do diálogo.
>
> O Consórcio contribuirá para a formação de um pensamento latino-americano de direitos humanos, por meio de um esforço de compreensão da condição histórica da América Latina, de suas identidades e diferenças, visando ao desenvolvimento de conceitos e de configurações normativas próprias a essa condição.[713]

[712] Patrinós, Paula Rodriguez. **Mercosur, Unasur y Haití**: Cooperación regional em derechos humanos. Buenos Aires: Instituto de Políticas Públicas del MERCOSUR (IPPDH), 2014. p.24.

[713] Weyl, Paulo. América Latina: entre a afirmação e a permanência da violação de direitos humanos. **Hendu – Revista Latino-Americana de Direitos Humanos**, Pará, v.1, n.1, p.92, jul. 2010.

Assim, como proposta de harmonização das legislações acerca dos termos da sentença de cunho não pecuniário da Corte Interamericana, traçam-se, como estratégias a estes Estados, a utilização da cooperação, analogamente atrelada a programas e projetos desenvolvidos em solos latino-americanos, justamente para se ter um aporte estrutural já consolidado e reconhecido por estes Estados.

Previamente às propostas de harmonização, oportuno se faz traçar a indispensabilidade dos Estados capacitarem seus agentes que atuam na Comissão e na Corte Interamericana de Direitos Humanos: esquematiza-se imprescindível a comunicação entre os agentes que atuam nas cortes internacionais e os oficiais nacionais que desenvolvam políticas, a nível doméstico, de implementação das decisões internacionais. Também, a troca de experiências de políticas públicas entre os governos destes Estados acaba por ser fundamental. Só a partir de tais diálogos é que se torna possível o efetivo cumprimento das decisões internacionais.

> *[...] Los agentes del Estado que actúan ante organismos regionales e internacionales a menudo representan al ministério de política exterior, que normalmente hace parte de la rama ejecutiva. Estos agentes tienen poco contacto o comunicación com las agencias responsables de las políticas públicas nacionales, que son responsables por las violaciones al derecho internacional de los derechos humanos. Por tanto, cuando la CIDH o la Corte IDH le ordenan al Estado cambiar políticas nacionales, los agentes que actúan ante estos órganos frecuentemente tinene poça capacidad para aplicar estos cambios. Es importante que los Estados cuenten con mecanismos para vincular oficiales que representan al Estado ante cortes regionales o internacionales, y oficiales nacionales que tengan la capacidade de hacer los cambios de políticas públicas necesarios a nivel doméstico para implementar las decisiones. [...]*[714]

[714] Garavito, César Rodríguez; Kauffman, Celeste. De las ordenes a la práctica: análisis y estrategias para el cumplimiento de las decisiones del sistema interamericano de derechos humanos. *IN:* Barretto Maia, Camila; Cárdenas, Edurne; Cerqueira, Daniel; Cetra, Raísa; Chilier, Gastón; Armijo, Mariana González; Kauffman, Celeste; Kletzel, Gabriela; Cerón, Laura Lyons; Nascimento, Jefferson; Jiménez, Miguel Pulido; Cervantes, Silvia Ruíz; Garavito, César Rodríguez; Andujo, Jaqueline Sáenz; Salazar, Katya; Tagle, María Sánchez de; Sánchez, Nelson Camilo; Timo, Pétalla. **Desafíos del Sistema Interamericano de Derechos Humanos. Nuevos tiempos, viejos retos**. Bogotá: Centro de Estudios de Derecho, Justicia y Sociedade, Dejusticia, 2015. p.307.

Ademais, as instituições governamentais de direitos humanos contribuem sobremaneira para a execução das sentenças internacionais: por desempenharem um influente papel, podem pressionar agências de outros governos para que os procedimentos de execução realmente venham a ocorrer.

Ainda, a própria sociedade civil pode contribuir para a estabilização das medidas sentenciadas internacionalmente. Em um primeiro aspecto, as Organizações Não-Governamentais multiplicam as ações para a difusão do conhecimento dos direitos humanos, objetivando pressionar os governantes para o cumprimento de suas obrigações internacionais.

Outro papel crucial repousa na instrução da sociedade civil quanto ao acesso e cumprimento das determinações dos órgãos internacionais de proteção dos direitos humanos. Os indivíduos podem se tornar verdadeiros *experts* em cortes internacionais, capazes de monitorar plenamente as ações dos Estados em prol dos direitos humanos. Demonstra-se assim sua importância:

> *Este tipo de apoyo há mostrado su eficacia em varias jurisdicciones. Por ejemplo, em Colombia grupos de acadêmicos y defensores de derechos humanos han sido fundamentales para monitorear el cumplimiento de las sentencias más ambiciosas de la Corte Constitucional relativas a los derechos de los desplazados internos y el sistema de salud. Entre tanto, la Corte Suprema de India se ha valido de uma innovación institucional – la figura del Comisionado de la Corte – a fin de nombrar expertos para que operen como uma especie de relatores especiales de casos importantes. Así, por ejemplo, los dos comisionados del fallo de la Corte sobre derecho a la alimentación han sido muy activos em promover su implementación mediante peticiones de información, mediciones de avances y discusiones públicas sobre los retos pendientes para garantizar dicho derecho.*[715]

[715] Garavito, César Rodríguez; Kauffman, Celeste. De las ordenes a la práctica: análisis y estrategias para el cumplimiento de las decisiones del sistema interamericano de derechos humanos. In: Barretto Maia, Camila; Cárdenas, Edurne; Cerqueira, Daniel; Cetra, Raísa; Chilier, Gastón; Armijo, Mariana González; Kauffman, Celeste; Kletzel, Gabriela; Cerón, Laura Lyons; Nascimento, Jefferson; Jiménez, Miguel Pulido; Cervantes, Silvia Ruíz; Garavito, César Rodríguez; Andujo, Jaqueline Sáenz; Salazar, Katya; Tagle, María Sánchez de; Sánchez, Nelson Camilo; Timo, Pétalla. **Desafíos del Sistema Interamericano de Derechos Humanos**: Nuevos tiempos, viejos retos. Bogotá: Centro de Estudios de Derecho, Justicia y Sociedade, Dejusticia, 2015. p.311.

Sem embargo de tais previsões, prudente se coloca dizer que este trabalho encontra seu clímax neste momento: acredita-se que os termos cooperacionais, para uma proposta de harmonização, assentam-se, mais especificamente – e não unicamente[716] – em termos legais, pautando-se em modos obrigacionais previstos em acordos internacionais. Assim sendo, urge a dúvida: como compatibilizar a estrutura dos ordenamentos jurídicos para com uma legislação coordenada de fiel cumprimento das disposições não pecuniárias das sentenças da Corte Interamericana?

A resposta supõe duas vias: a primeira delas se daria a partir das legislações de cumprimento de sentenças internacionais já existentes em ambiente interamericano – caso da Colômbia e do Peru.[717] Neste espectro, dever-se-ia, então, ter os ordenamentos jurídicos colombianos e peruanos como provedores da cooperação técnica jurídica, garantindo, aos outros Estados, o provento de estruturas, ao menos de base, para o implemento de suas legislações internas.

[716] Reconhece-se, no entrecho interamericano, a existência de mecanismos interinstitucionais de implementação das sentenças. Estes Estados – como é o caso da Guatemala e do Paraguai – não dispõem de uma normativa legal para o cumprimento das decisões da Corte, mas contam com decretos do Poder Executivo, que estabelecem comissões ou mecanismos para o desempenho desta tarefa. O presente estudo compreende que, sem embargo de sua serventia pontual, estas ações estatais encontram-se aquém da realidade demandada pelas condenações destes Estados. Explica-se: os decretos em alusão são deficientes quanto à imposição de obrigação aos governantes, uma vez que sua eficácia acaba por depender da voluntariedade do próprio governo, tendo um caráter muito mais político que normativo. Assim sendo, novamente, recai-se sobre a vontade de cumprimento ou não, primariamente, deste decreto, que prevê meios de implementação de sentença e, em último ponto, da própria condenação internacional do Estado.

[717] Como alude a doutrina: *"las normas y los mecanismos internos de implementación más integrales han sido establecidos por Colombia y Perú, y em ambos casos han tenido um papel importante em la implementación de las decisiones de la Corte interamericana y de la Comisión".* (Garavito, César Rodríguez; Kauffman, Celeste. De las ordenes a la práctica: análisis y estrategias para el cumplimiento de las decisiones del sistema interamericano de derechos humanos. In: Barretto Maia, Camila; Cárdenas, Edurne; Cerqueira, Daniel; Cetra, Raísa; Chilier, Gastón; Armijo, Mariana González; Kauffman, Celeste; Kletzel, Gabriela; Cerón, Laura Lyons; Nascimento, Jefferson; Jiménez, Miguel Pulido; Cervantes, Silvia Ruíz; Garavito, César Rodríguez; Andujo, Jaqueline Sáenz; Salazar, Katya; Tagle, María Sánchez de; Sánchez, Nelson Camilo; Timo, Pétalla. **Desafíos del Sistema Interamericano de Derechos Humanos**: Nuevos tiempos, viejos retos. Bogotá: Centro de Estudios de Derecho, Justicia y Sociedade, Dejusticia, 2015. p.298).

Logicamente, esta possível legislação, pelo princípio da voluntariedade previsto taxativamente no sistema interamericano, dar-se-ia pelo múnus de um acordo internacional no âmbito da Organização dos Estados Americanos.

Pela verificação dos tratados multilaterais adotados no marco da OEA, abre-se ampla possibilidade para que este acordo se dê em seu próprio foro: há, de fato, inúmeras matérias ali tratadas[718]. Ora, se um dos objetivos centrais da Organização é a prevalência dos direitos humanos, conclui-se que o desenrolar de um acordo para o fiel cumprimento das sentenças da Corte Interamericana estaria totalmente alinhado aos seus propósitos.

Então, como marco para garantir a eficácia dos direitos humanos em foro nacional e dar resposta definitiva às condenações internacionais, assegurando sua implementação em solos internos, tem-se, como primeira tentativa de harmonização, a proposta aqui humildemente intitulada de *Projeto de Cooperação para a Harmonização Legislativa no Cumprimento dos Termos Não Pecuniários das Condenações da Corte Interamericana, a partir das Legislações Colombiana e Peruana*, com previsão no âmbito da OEA.

Os Estados que ainda não detêm quaisquer legislações para o fiel cumprimento daqueles termos lograriam com a experiência colombiana e peruana, ao menos como ponto inicial. Já Peru e Colômbia enrique-

[718] A partir da matéria dos Tratados Multilaterais Interamericanos, adotados no marco da OEA, observam-se as seguintes temáticas: agricultura, arbitragem, armas, arte, arqueologia, asilo, assistência, Banco Interamericano de Desenvolvimento, ruas, trocas globais, Canal do Panamá, capacidade jurídica, cartas rogatórias, estradas, ciências agrícolas, cheques, competência, comunicações, condenações penais, contratação, cooperação para a agricultura, corrupção, cooperação agrícola, cooperação judicial, cultura, desenvolvimento, desenvolvimento econômico, desastres, direito autoral, direitos humanos, direito internacional privado, desaparecimento, incapacidade, domicílio, eficácia extraterritorial, Estados, precatórias, faturas, família, história, imunidade, institutos, laudos arbitrais, letras de câmbio, lutas civis, medidas cautelares, menores, mercadoria, mulheres, navegação, neutralidade, crianças, normativas gerais, patrimônio histórico, artístico e arqueológico, pena de morte, permissão, personalidade, pessoas físicas, poderes, privilégios, propriedade intelectual, provas, racismo, relações culturais, relações diplomáticas, relações econômicas, recepção de provas, saúde pública, segurança do hemisfério, sentenças, sistema institucional regional, sociedades mercantis, solução de controvérsia, tráfico internacional, trânsito e transporte internacional, terrorismo, títulos de crédito, tortura e veículos.

ceriam o debate multilateral trazendo à tona as dificuldades que já encontraram na execução de suas legislações.

Certamente, o debate para a conclusão do acordo seria muito mais profundo e complexo daquele exposto: a tese aqui apresentada exterioriza apenas uma diretriz inicial aos Estados, incumbindo aos seus próprios agentes e sociedade civil organizada pontuar aspectos fáticos não compreendidos somente na teoria.

Como segundo sugestão, desconsiderar-se-ia a legislação colombiana e peruana, atinando-se a novos termos obrigacionais a todos aqueles Estados que reconheceram a competência contenciosa da Corte. Então, neste panorama, ter-se-ia um novo arranjo legal para o cumprimento das condenações da Corte Interamericana.

Este novidade poder-se-ia pautar, inicialmente na experiência do Reino Unido para com a implementação de suas condenações advindas da Corte Europeia de Direitos Humanos: ali, adotou-se uma aproximação coordenada entre ramos do governo para melhor e maior consolidação dos direitos humanos em seu território. O Ministério da Justiça desempenharia o papel de liderança na execução das sentenças, estando encarregado de coordenar a informação entre os departamentos e ministérios relevantes, transmitindo posteriormente informações à Oficina de Relações Exteriores e da *Commonwealth*, bem como aos delegados estatais no Conselho da Europa. Entretanto, nesta situação não há a previsão de uma normativa imposta à atuação, sendo o caso assim minuciosamente descrito:

> *El Reino Unido adoptó uma aproximación coordinada de la implementación de decisiones de la Corte Europea. Esta aproximación involucra las tres ramas del Gobierno. El Ministerio de Justicia tiene um papel de liderazgo en la información entre los departamentos relevantes, de transmitir posteriormente esta información a la Oficina de Relaciones Exteriores y de la Commonwealth y a los delegados estatales ante el Consejo de Europa. Como parte de esta aproximación coordinada, el Reino Unido ha desarrollado un formato de implementación para asesorar a los departamentos involucrados en la manera em que se debe desarrollar el plan de acción. Este formato permite también asegurar que el COM y la Oficina de Relaciones Exteriores y de la Commonwealth tengan la información necesaria. El formato también contiene información sobre la forma de comunicación con el Ministerio de Justicia y otros ministerios relevantes.*

El formato exige la identificación de um departamento principal, ministro principal, abogado principal del departamento y oficial público principal.[719]

Sugere-se que esta segunda via também se desenrole no bojo da OEA, a partir de um Projeto de Cooperação para a Harmonização Legislativa no Cumprimento dos Termos Não Pecuniários das Condenações da Corte Interamericana. Este, então, teria como base os preceitos previstos na prática do Reino Unido – mesmo que este não participe como fornecedor dos meios –, alinhando-os à realidade demandada pelos Estados do sistema interamericano.

Outro ponto diferenciador seria seu caráter obrigatório: no Reino Unido, não há uma imposição normativa naquela coordenação; já para o acordo aqui exposto, ter-se-iam termos impositivos aos Estados que lhe viessem a aderir.

Novamente, remete-se ao fato de que, quanto ao desenvolvimento do acordo, a realidade dos Estados demandaria disposições muito mais heterogêneas que aquelas aqui brevemente reportadas. Quer-se, apenas, contribuir doutrinariamente com vias cooperacionais de possibilidades aos Estados que reconheceram a competência contenciosa da Corte Interamericana para que cumpram integralmente com os termos de suas condenações, alinhando suas posturas em um ideal harmônico, pautado, sempre, na prevalência da dignidade da pessoa humana – postulado finalístico dos direitos humanos.

Esta dupla proposta de harmonização faz com que os interesses regionais sejam respeitados e prevaleça a coordenação em detrimento da subordinação: para os Estados acordarem, indispensável se verifica

[719] Como alude a doutrina: *"las normas y los mecanismos internos de implementación más integrales han sido establecidos por Colombia y Perú, y em ambos casos han tenido um papel importante em la implementación de las decisiones de la Corte interamericana y de la Comisión".* (Garavito, César Rodríguez; Kauffman, Celeste. De las ordenes a la práctica: análisis y estrategias para el cumplimiento de las decisiones del sistema interamericano de derechos humanos. In: Barretto Maia, Camila; Cárdenas, Edurne; Cerqueira, Daniel; Cetra, Raísa; Chilier, Gastón; Armijo, Mariana González; Kauffman, Celeste; Kletzel, Gabriela; Cerón, Laura Lyons; Nascimento, Jefferson; Jiménez, Miguel Pulido; Cervantes, Silvia Ruíz; Garavito, César Rodríguez; Andujo, Jaqueline Sáenz; Salazar, Katya; Tagle, María Sánchez de; Sánchez, Nelson Camilo; Timo, Pétalla. **Desafíos del Sistema Interamericano de Derechos Humanos**: Nuevos tiempos, viejos retos. Bogotá: Centro de Estudios de Derecho, Justicia y Sociedade, Dejusticia, 2015. p.308-309).

sua voluntariedade para, a partir daí, estarem incumbidos impositivamente no seu cumprimento.

Não está se prevendo a prevalência de um ordenamento jurídico sobre o outro – justamente por este motivo que se atrelou o estudo em disposições cooperacionais – e nem se quer que as normativas internas sejam dominadas e domesticadas por terceiras. O que se buscou, exaustivamente, fora o alinhamento dos Estados que compõem o sistema interamericano à demanda atual da sociedade, prevendo, como valor fundamental, o reconhecimento, a efetivação e a consolidação dos direitos humanos. Só assim será exequível a conformação do ambiente latino-americano à realidade tão sonhada por seus povos, com o fim das violações e da ineficácia dos direitos humanos. Afinal, o importante não é justificar o erro, mas impedir que ele se repita.[720]

[720] Ernesto Guevara de la Serna.

CONCLUSÃO

Esta obra objetivou a elaboração de propostas passíveis de harmonizar o cumprimento dos termos não pecuniários das sentenças da Corte Interamericana. Alcançaram-se, assim, duas orientações: uma com base nas *enabling legislations* já existentes, caso do Peru e da Colômbia, e outra pautada na prática do Reino Unido, incorporando-a à realidade interamericana.

As soluções se perfizeram pela investigação pontual dos Estados que detêm condenações na Corte Interamericana, partindo da análise de suas normativas internas, políticas públicas de direitos humanos, bem como de dados sistemáticos sobre o cumprimento de suas sentenças internacionais e a previsibilidade de ações estatais para tanto.

Notou-se indispensável o exame de institutos que sustentaram o desenrolar desta tese, estruturando-os a partir de três grandes enfoques: Estado, cooperação internacional e direitos humanos. Fora por intermédio da intersecção destes pontos que se ensejou a elaboração da tese.

A partir daí, diversas conclusões despontaram ao longo do trabalho, condensadas da seguinte forma:

1. Os primeiros delineamentos estatais, ainda que não juridicamente organizados, surgiram com a formação dos primeiros clãs pautados na vontade humana e nos mesmos ideais quanto à ordem e justiça.
2. Nem todos os seres com objetivos comuns se compõem em sociedades: para que um grupo humano venha a sê-la, deve coordenar sua atuação por uma ordem preconcebida, buscando suas finalidades pelo poder.

3. Em decorrência do aparecimento de diversas sociedades, balizou-se a sociedade estatal como aquela ligada a valores políticos – sociedade política. A partir de então, o Estado só conseguiu alcançar os anseios sociais pela regência de um poder político soberano.
4. Em tempos mais recentes, o poder soberano, acima de qualquer ordem ou valor, não mais se coaduna com as pretensões societárias: esta se encontra pautada no princípio democrático e a política, atribuição estatal, deve estar alinhada aos direitos humanos e buscar formas de protegê-los.
5. O Estado, fruto da inteligência humana, sustenta-se, hodiernamente, pela reunião dos elementos território, povo, poder e soberania. Assim, nem todas as formações societárias se configuram em instituições estatais.
6. A soberania do Estado, sem dúvidas, viera a se transformar em consonância com as pretensões da nova ordem internacional: não mais se comporta, nesta realidade, a soberania como poder de império e dominação do Estado, flexibilizando-lhe para atender ao *jus cogens*. Para tanto, desenvolveu-se sobremaneira o instituto da cooperação. Assim, a soberania, hoje, garante a independência e a não-ingerência dos Estados em ambiente internacional, bem como o respeito aos direitos humanos e ao axioma da paz.
7. A partir desta nova realidade e com o advento da globalização, despontou a interligação entre os Estados, requerendo esforços cooperativos para que a igualdade entre eles opere de maneira efetiva. Ademais, esta interconexão resultou no surgimento das organizações internacionais, capazes de estabelecer definitivamente o *jus cogens*.
8. A participação dos Estados em uma organização internacional é voluntária, compartilhando suas soberanias em plano internacional em prol de objetivos comuns. Desta forma, as organizações internacionais tendem a funcionar como legisladores globais, imputando direitos e deveres aos Estados que as integram. De fato, a organização, por intermédio de seu órgão jurisdicional, poderá responsabilizar internacionalmente o Estado. Se o Estado não cumprir com sua obrigação internacional, a organização poderá suspendê-lo do próprio organismo e, caso a decisão

verse sobre direitos humanos, poderá lhe responsabilizar internacionalmente por duas vezes.

9. Não obstante, o Estado continua sendo o protetor primário dos direitos humanos, mas, em uma realidade de interdependência e de aparecimento das organizações internacionais, viu-se na obrigação de se conformar a esses novos moldes, expandindo, assim, a cooperação internacional.
10. O instituto da cooperação assiste à construção de uma normativa harmônica baseada em valores comuns à sociedade internacional, consagrando, nas ordens jurídicas nacionais, o respeito ao *jus cogens*.
11. A cooperação sofrera a influência de inúmeros acontecimentos históricos, vindo, muitas vezes, a ser considerada como meio de dominação. Ocorre que, para esta tese, fora enaltecido seu papel de instrumento garantidor do desenvolvimento, da paz e dos direitos humanos.
12. Contando com princípios específicos, a cooperação internacional se submete à voluntariedade estatal. Observa-se que a cooperação é utilizada, de fato, quando o Estado constata a existência de interesses comuns com outros sujeitos, alinhando seu comportamento em prol de sua persecução conjunta, aproximando e consolidando suas relações. Os meios mais corriqueiros de sua utilização se dão pela ratificação de tratados e pelo intercâmbio de experiências proveitosas em diversas matérias.
13. A cooperação internacional se destaca por transformar a própria instituição estatal, fazendo eclodir o chamado Estado Constitucional Cooperativo, cujo qual diluiu fronteiras e conectou sociedades em prol da realização dos direitos humanos. Em última análise, a cooperação possibilitou a atualização do Estado frente às novas demandas da sociedade, efetivando o compartilhamento de suas soberanias.
14. A postura brasileira corrobora com a otimização da cooperação e, especialmente quanto aos direitos humanos, incrementou sua utilização para a consolidação de um sistema regional.
15. Os direitos humanos, como valores fundamentais de uma sociedade, encontram-se em constante mudança, guardando características essenciais para identificá-los e para garantir sua supre-

macia no ordenamento jurídico nacional. Impreterivelmente, sua conceituação deve apreciar a dignidade da pessoa humana, asseverando sua unidade e permanência. Ademais, a melhor forma de compreendê-los é avaliar seu desenrolar histórico, assimilando suas características e gerações, cujas quais acompanham os reclames sociais.

16. Diante da mutação do conceito clássico de soberania estatal e do repúdio às atrocidades da Segunda Guerra Mundial, o processo de internacionalização dos direitos humanos alterou o próprio Direito Internacional, incumbindo-lhe na supervisão da postura estatal frente a sua proteção, dado que, primariamente, a proteção dos direitos humanos repousa na atuação do Estado. Surge então, como disciplina autônoma, o Direito Internacional dos Direitos Humanos.
17. O marco na proteção e efetivação dos direitos humanos, em termos recentes, fora o advento da Declaração Universal dos Direitos Humanos, de 1948, no âmbito da ONU. Materializou os direitos já conquistados e, apesar do caráter exclusivamente moral, seus valores serviram de base às novas constituições estatais. Dotou, definitivamente, os direitos humanos de um caráter universal, indivisível e interdependente.
18. Por não ser a Declaração um documento vinculante, substancial fora o surgimento de dois Pactos – Pacto Internacional dos Direitos Civis e Políticos e Pacto Internacional dos Direitos Econômicos, Sociais e Culturais – enunciativos e juridicamente vinculantes, capazes de imputar responsabilidade aos Estados contratantes.
19. Com base na crescente interdependência entre as sociedades, na eclosão do Estado Constitucional Cooperativo e na aparição de novos atores em plano internacional, os direitos humanos requisitaram uma proteção ainda maior, resultando na efetivação da proteção internacional dos direitos humanos.
20. Não restam dúvidas de que, a partir da aplicação do princípio da subsidiariedade, esta proteção encontra-se plenamente compatibilizada à proteção estatal. Consequentemente, para que a demanda internacional esteja autorizada, há a necessidade de prévio esgotamento dos recursos internos. Além disso, a efetivi-

dade da proteção internacional depende da submissão estatal aos documentos que lhe compõem.

21. O sistema universal de proteção dos direitos humanos realiza-se na Organização das Nações Unidas, segundo mecanismos convencionais e não-convencionais. Os primeiros relacionam-se aos documentos específicos e autônomos situados no bojo da Organização, sendo obrigatórios apenas aos Estados que os ratificam. Já os mecanismos não-convencionais são os decorrentes da Carta da ONU e de determinações de seus órgãos, obrigatórios a todos os Estados que integram a Organização.
22. Já a proteção regional dos direitos humanos assenta-se em três sistemas: europeu, africano e interamericano. Constata-se que o sistema europeu, o mais antigo de todos, abarca a Convenção Europeia de Direitos Humanos, o Conselho Europeu e o Tribunal Europeu de Direitos Humanos. Como particularidade, este Tribunal pode receber, diretamente dos cidadãos, as demandas relacionadas às violações dos direitos previstos na Convenção. Entretanto, esta postura não fora tão benéfica como outrora se imaginou, prejudicando a eficácia e a celeridade de suas decisões justamente pelo aumento desenfreado do número de petições apresentadas. Por fim, conclui-se que o Tribunal Europeu, em seus julgamentos, abarca a possibilidade e a corriqueira utilização da margem de apreciação nacional em suas sentenças.
23. O sistema africano é composto pela Carta Africana de Direitos Humanos e dos Povos e seu Protocolo, pela União Africana, pela Comissão e pela Corte Africana de Direitos Humanos e Direitos dos Povos. A África é um continente cujas violações aos direitos humanos são notórias e, não obstante os válidos esforços ali constatados, o sistema ainda não conseguiu responder satisfatoriamente à efetivação dos direitos naquele local.
24. O sistema interamericano fora estabelecido por intermédio dos esforços dos Estados da região: ainda que suas questões internas configurassem diversos paradoxos à efetivação dos direitos humanos, os países cooperaram e coordenaram-se para a criação da Organização dos Estados Americanos. Esta, para a fiel proteção dos direitos, conta com dois órgãos: Comissão e Corte Interamericana de Direitos Humanos.

25. Além de proteger e de efetivar os direitos na região, o sistema interamericano contribuiu exaustivamente para a consolidação da democracia e da cooperação neste entrecho, dado que seus próprios pilares estruturais se baseiam nestes institutos. O respaldo à proteção dos direitos humanos é determinado pela Convenção Americana sobre Direitos Humanos e seu Protocolo Adicional, cujos quais podem ser ratificados pelos Estados-membros da OEA. Sua fiscalização de cumprimento é atribuída à Comissão e à Corte Interamericana – caso o Estado consinta em se submeter a este último órgão.
26. A Comissão Interamericana é qualificada como o primeiro órgão do sistema interamericano atrelado à promoção e proteção dos direitos humanos. Percebe-se que seus trabalhos são de extrema valia: por intermédio de suas visitas *in loco* e de seus relatórios especiais, sabe-se acerca da real condição dos direitos no interior de cada Estado que ratificou a Convenção. Também, com a possibilidade de recebimento de petições individuais e interestatais sobre eventuais violações, realiza o significativo crivo prévio (quanto aos aspectos formais e ao mérito da petição) sobre a apresentação ou não dos casos à Corte. Conclui-se, a partir deste fato, que o indivíduo não possui, no sistema interamericano, o acesso direito ao órgão jurisdicional.
27. A Corte Interamericana, por sua vez, tem o propósito de harmonizar a interpretação da Convenção Interamericana, a partir de sua competência consultiva, e, igualmente, julgar os casos de violações aos direitos humanos acometidos pelos Estados. Para esta última atuação, é indispensável a aceitação expressa de sua competência contenciosa. Quanto às suas sentenças, conclui-se que, diferentemente do sistema europeu, a margem de apreciação nacional não vem sendo corriqueiramente utilizada, dada a abundância teórica de suas exposições, bem como a maior similaridade sociocultural de seus Estados-partes.
28. Como fruto de sua competência jurisdicional, a Corte emite uma sentença internacional, condenando o Estado. Conclui-se que esta sentença possui livre trânsito no ordenamento jurídico do país que fora condenado, devendo este garantir seu cumprimento de imediato. Quanto à condenação, abriga ela duas

esferas: uma de cunho pecuniário e outra de cunho não pecuniário. Não obstante a previsão do art. 68.2 da Convenção Americana, os Estados que foram condenados pela Corte ainda não atingiram níveis satisfatórios de cumprimento das suas condenações pecuniárias; consequentemente, quanto às outras previsões, de liberalidade total quanto ao modo execução pelos Estados, o descumprimento acaba por ser, infelizmente, a regra. Lamentavelmente, a grande maioria dos ordenamentos jurídicos nacionais sequer faz alusão aos meios de realização interna da responsabilidade internacional do Estado.

29. A Corte prevê dois métodos de exigir o cumprimento de suas sentenças: informes obrigatórios pelos Estados e previsão no relatório anual da Assembleia Geral da OEA. Todavia, tais artifícios não estão garantindo a eficácia de suas prolações e muito menos a efetividade dos direitos humanos em solos nacionais, tornando-se explícita a necessidade de se consolidarem vias alternativas para tanto. Deduz esta tese que o caminho mais plausível repousa na cooperação entre os Estados que aceitaram a competência contenciosa da Corte, justamente por possibilitar que o compartilhamento de soberanias esteja atrelado à consolidação dos direitos humanos e, igualmente, que as particularidades locais sejam respeitadas. A cooperação internacional, neste sentido, coaduna-se com a liberalidade dos Estados, com os valores do sistema interamericano e com a possibilidade de implementação dos ordenamentos jurídicos internos em prol da efetivação dos direitos humanos.

30. Sem embargo de seus contrassensos internos, a atuação brasileira no estabelecimento do Direito Internacional dos Direitos Humanos em ambiente interamericano fora decisiva. Submeteu-se à jurisdição da Corte em 1998, compatibilizando seu ordenamento jurídico com esta jurisdição internacional (subsidiária à nacional). A condenação da Corte, em solos internos, não depende de processo de homologação, devendo ser cumprida de imediato. Ocorre que o Brasil[721] só possui normativa pró-

[721] O Brasil fora demandado em cinco ocasiões na Corte Interamericana de Direitos Humanos, sendo que em quatro delas fora condenado (Damião Ximenes Lopes; Arley José Escher e

pria acerca do cumprimento dos termos pecuniários da sentença (considerados como títulos executivos judiciais e pagos pela União), não havendo qualquer lei vigente – apenas alguns projetos e não tão eficientes – sobre os meios de cumprimento das obrigações não pecuniárias. Dada a falta de norte, o cumprimento integral das condenações brasileiras nem sempre se dera de forma satisfatória, provando-se indispensável o aperfeiçoamento de seu ordenamento jurídico interno.

31. Depreende-se, do estudo particular das condenações da Corte Interamericana, as seguintes constatações: (a) nenhum dos Estados examinados realizara o cumprimento integral de todas as suas condenações; (b) há países que sequer garantiram o pagamento dos termos pecuniários de suas sanções às vítimas, como é o caso do Haiti e do Paraguai; (c) observara-se que certos Estados, tal como Argentina, Barbados, Brasil, Chile, Equador, El Salvador, Haiti, México, Nicarágua, Panamá, Paraguai, Peru, Suriname e Uruguai ainda não alinharam adequadamente seus ordenamentos jurídicos à Convenção Americana; (d) a elaboração de políticas públicas voltadas à consolidação dos direitos humanos é um grave entrave ao sistema interamericano: Argentina, Brasil, Barbados, Bolívia, Colômbia, Equador, El Salvador, Guatemala, Haiti, Honduras, México, Nicarágua, Panamá, Paraguai, Peru, Suriname e Uruguai carecem de ações efetivas de seus governos para o estabelecimento, em ambiente interno, de suas disposições condenatórias; (e) Bolívia, Guatemala e México retrocederam suas previsões de proteção aos direitos humanos quando, respectivamente: retiraram os efeitos vinculantes das sentenças da Corte, desconheceram informalmente sua competência e declararam que o seu cumprimento estaria dentro de sua discricionariedade; (f) nota-se que nas disposições normativas da Argentina, do Brasil, do Chile, do Paraguai, do Peru e do Uruguai persistem resquícios de seus antigos governos dita-

Outros; Sétimo Garibaldi; e Julia Gomes Lund e Outros) a apenas em uma absolvido (Gilson Nogueira de Carvalho). Infelizmente, o que se observa nas condenações é quase que uma postura padrão do Brasil, onde cumpre as determinações pecuniárias dispostas nas sentenças, prevendo dotação orçamentária para tal, mas não cumpre as outras condenações, que versam em obrigações de fazer e não fazer.

toriais, incompatibilizando seus ordenamentos jurídicos aos valores do sistema interamericano; (g) em que pese a relevância do tema na América Latina, os direitos humanos dos povos indígenas continuam sendo objetos de graves violações: prova disso são as condenações, nesta temática, do Equador, Nicarágua, Panamá, Paraguai e Suriname.

32. Ainda que não garantam o cumprimento integral de suas condenações, são notórios os esforços do Peru e Colômbia no desenvolvimento dos modos de cumprimento das sentenças internacionais – as chamadas *enabling legislations*. A partir destas – e considerando eventuais impasses em sua aplicação naqueles Estados – é que se elaborou a primeira tese de harmonização das legislações dos Estados que integram a jurisdição da Corte. Nesse ponto, deduz-se que, a partir da cooperação, Peru e Colômbia concederiam sua técnica jurídica para a elaboração da lei, ao passo que os outros Estados apresentariam propostas para a melhoria daquelas legislações previamente existentes, consolidando uma proposta harmônica e passível de incrementar o cumprimento das sentenças da Corte Interamericana internamente, chamada de *Projeto de Cooperação para a Harmonização Legislativa no Cumprimento dos Termos Não Pecuniários das Condenações da Corte Interamericana, a partir das Legislações Colombiana e Peruana*.

33. Como via alternativa, elaborou-se uma segunda proposta de harmonização: pautada na experiência do Reino Unido, abriu-se a possibilidade aos Estados do entrecho interamericano, por intermédio da cooperação, aproximarem suas ações estatais, visando uma melhoria na efetivação dos termos condenatórios não pecuniários. Todavia, diferentemente daquele modelo, o projeto aqui apresentado se daria em bases normativas, consolidando entendimentos comuns pela cooperação. Esta, então, fora intitulada de *Projeto de Cooperação para a Harmonização Legislativa no Cumprimento dos Termos Não Pecuniários das Condenações da Corte Interamericana*.

Finalmente, depreende-se que a eficácia dos direitos humanos notadamente naqueles países que reconheceram a competência contenciosa da Corte Interamericana, tem um árduo caminho a percorrer até que se atinjam níveis satisfatórios em sua implementação interna. O sistema interamericano, de fato, trouxera avanços na proteção e consolidação destes direitos; não obstante, os valores atrelados à dignidade da pessoa humana impõem aos Estados – cuja liberalidade em participar do sistema e de seu órgão jurisdicional é reconhecida – a exigência de consumar o compartilhamento de suas soberanias por intermédio de instrumentos cooperativos, visando, em última análise, a fiel execução de todos os termos prolatados pela Corte. Pressupõe-se que a harmonização das legislações – considerando suas peculiaridades locais e os anseios de suas sociedades –, especialmente quanto à aplicação dos pontos não pecuniários de suas condenações, venha a ser a melhor via para que se conformem à nova realidade de concretização do *jus cogens*, especialmente de sua medida atrelada aos direitos humanos. Irrompem-se, assim, as propostas apresentadas nesta tese de harmonização do cumprimento dos termos não pecuniários das sentenças da Corte Interamericana, propiciando a conformação dos países em reais Estados Constitucionais Cooperativos, a estabilização do sistema interamericano e a efetiva proteção dos direitos humanos de seus cidadãos.

REFERÊNCIAS

ABDENUR, Adriana Erthal; SOUZA NETO, Danilo Marcondes. Cooperação brasileira para o desenvolvimento na África: qual o papel da democracia e dos direitos humanos? **Revista Internacional de Direitos Humanos**, São Paulo, v.10, n.19, p.18-38, dez. 2013.

ADOLFO, Luiz Gonzaga Silva. **Globalização e estado contemporâneo**. São Paulo: Memória Jurídica, 2001.

AGÊNCIA BRASILEIRA DE COOPERAÇÃO. **Histórico**. Disponível em: <www.abc.gov.br/SobreAbc/Historico>. Acesso em: 26 maio 2015.

ALANNE, Vieno Severi. **Fundamentals of Consumer Cooperation**. 8.ed. Wisconsin: Cooperative Publishing Association, 1946.

ALEXY, Robert. **Teoria de los derechos fundamentales**. Tradução de Ernesto Garzón Valdés. Madrid: Centro de Estudios Constitucionales, 1997.

ALL-AFRICAN PEOPLES' CONFERENCE. **Africa and International Organization**, v.16, n.2, p.429-434, Spring 1962.

ALMEIDA, Fábio Portela Lopes de. As origens evolutivas da cooperação humana e suas implicações para a teoria do direito. **Revista Direito GV**, São Paulo, v.9, n.1, p.243-268, jan./jun. 2003.

ALSTON, Philip. **The United Nations and human rights**: a critical appraisal. Oxford: Clarendon, 1992.

ALVES, José Augusto Lindgren. **Relações internacionais e temas sociais**: a década das conferências. Brasília: IBRI, 2001.

_____. **Os direitos humanos como tema global**. 2.ed. São Paulo: Perspectiva, 2003.

AMARAL JR., Alberto do. **Introdução ao direito internacional público**. São Paulo: Atlas, 2010.

_____. **Curso de direito internacional público**. 4.ed. São Paulo: Atlas, 2013.

Amaral Jr., Alberto do; Jubilut, Liliana Lyra. **O STF e o direito internacional dos direitos humanos**. São Paulo: Quartier Latin, 2009.

Amorim, Celso Luiz Nunes. Perspectivas da cooperação internacional. In: Marcovitch, Jacques. **Cooperação internacional**: estratégia e gestão. São Paulo: Editora da Universidade de São Paulo, 1994. p.149-164.

Araújo, Nádia de. A influência das opiniões consultivas da Corte Interamericana de direitos humanos no ordenamento jurídico brasileiro. **Revista da Faculdade de Direito de Campos**, Campos dos Goytacazes, RJ, v.6, n.6, p.227-244, jun. 2005.

Ariosi, Mariângela F. Direito Internacional e soberania nacional. **Revista Jus Navigandi**, Teresina, v.9, n.498, 17 nov. 2004. Disponível em: <http://jus.com.br/artigos/5942>. Acesso em: 22 set. 2015.

Aristóteles. **A política**. São Paulo: Edipro, 2011.

Aron, Raymond. **Estudos políticos**. Tradução de Sérgio Bath. 2.ed. Brasília: UnB, 1986.

Arrighi, Jean Michel. Normas y Casos: La Defensa de la Democracia em el Sistema Interamericano. In: Cançado Trindade, Antonio A.; Pereira, Antônio Celso Alves. **O direito internacional e o primado de justiça**. Rio de Janeiro: Renovar, 2014. p.109-122.

Axelrod, Robert; Keohane, Robert. O. Achieving Cooperation Under Anarchy: Strategies and Institutions. **World Politics**, Baltimore, v.38, n.1, p.226-254, 1985.

Azambuja, Darcy. **Teoria geral do estado**. Rio da Janeiro: Globo, 1996.

Baez, Narciso Leandro Xavier; Cassel, Douglass. **A realização e a proteção internacional dos direitos humanos fundamentais**: desafios do século XXI. Joaçaba: Ed. UNOESC, 2011.

Bailey, Jack. **The British Cooperative Movement**. Londres: Hutchinson's University Library, 1955.

Barretto Maia, Camila; Cárdenas, Edurne; Cerqueira, Daniel; Cetra, Raísa; Chilier, Gastón; Armijo, Mariana González; Kauffman, Celeste; Kletzel, Gabriela; Cerón, Laura Lyons; Nascimento, Jefferson; Jiménez, Miguel Pulido; Cervantes, Silvia Ruíz; Garavito, César Rodríguez; Andujo, Jaqueline Sáenz; Salazar, Katya; tagle, María Sánchez de; Sánchez, Nelson Camilo; Timo, Pétalla. **Desafíos del Sistema Interamericano de Derechos Humanos**: Nuevos tiempos, viejos retos. Bogotá: Centro de Estudios de Derecho, Justicia y Sociedade, Dejusticia, 2015.

Barriguete, Cuauhtécmon Manuel de Dienheim. El Estado Mexicano ante la Corte Interamericana de Derechos Humanos. **Revista Jurídica IUS**. Disponível em: <www.unla/iusunia/opinion/EI%20Estado%20Mexicano%20ante%20la%20Corte%20Interamericana%20de%20Derechos%20Humanos.htm>. Acesso em: 13 ago. 2015.

Barroso, Luís Roberto. **A reconstrução democrática do direito público no Brasil**. Rio de Janeiro Renovar, 2007.

Basch, Fernando; Filippini, Leonardo; Iaya, Ana; Nino, Mariana Rossi, Felicitas; Schreiber, Bárbara. A eficácia do sistema interamericano de proteção de direitos humanos: uma abordagem quantitativa sobre seu funcionamento e sobre o cumprimento de suas decisões. **SUR – Revista Internacional de Direitos Humanos**, São Paulo, v.1, n.1, p.9-36, jan. 2004.

Bazán Chacón, Iván Arturo. El Impacto de la Jurisprudencia de la Corte Interamericana de Derechos Humanos en el Perú. Uma Evaluación Preliminar. **Ars Bonis et Aequi**, Santiago, v.7, n.2, p.283-317, 2011.

Bazan, Victór. O controle de convencionalidade e a necessidade de intensificar um adequado diálogo jurisprudencial. **Revista Direito Público**, Brasília, v.8, n.41, p.218-235, set./out. 2011.

Becker, Howard. **Uma teoria da ação coletiva**. Rio de Janeiro, Zahar, 1977.

Beghin, Nathalie. O Brasil e a cooperação para o desenvolvimento. **Carta Capital**, São Paulo, 02 abr. 2015. Disponível em: <http://www.cartacapital.com.br/blogs/blog-do-grri/o-brasil-e-a-cooperacao-para-o-desenvolvimento-6155.html>. Acesso em: 09 set. 2015.

Benevides, Maria Victoria de Mesquita; Bercovici, Gilberto; Melo, Claudinei de. **Direitos humanos, democracia e República**: homenagem a Fábio Konder Comparato. São Paulo: Quartier Latin, 2009.

Bennett, Alvin Leroy. **International Organizations**: principles and issues. 6th ed. New Jersey: Prentice Hall, 1995.

Benvenisti, Eyal. **Margin of appreciation, consensus and universal standards**. New York: NYUJ Int'l L. & Pol., 1998.

Benvenuto, Jayme. **Direitos humanos internacionais**: perspectiva prática no novo cenário mundial. Recife: Bagaço, 2006.

_____. Perspectiva comparada da proteção dos direitos humanos pelos sistemas europeu e interamericano via o princípio da indivisibilidade. In:

BENVENUTO, Jayme. **Direitos humanos internacionais**: perspectiva prática no novo cenário mundial. Recife: Bagaço, 2006. p.129-172.

BERRO, Mariano; BARREIRO, Fernando; CRUZ, Anabel. **América Latina y la Cooperación Internacional**. Uruguai: Rosgal, 1997.

BOBBIO, Norberto. **A era dos direitos**. Tradução de Carlos Nelson Coutinho. Rio de Janeiro: Campus, 1992.

_____. **Teoria geral da política**: a filosofia política e as lições dos clássicos. Rio da Janeiro: Elsevier, 2000.

BODENHEIMER, Edgar. **Teoria General de los Derechos Humanos**. México: Fondo de Cultura México, 1942.

BODIN, Jean. **Les Six Livres de La République**. Paris: l'édition de Paris, 1583.

BOGARDUS, Emory. **Princípios de cooperação**. Tradução de Jacy Monteiro. Rio de Janeiro: Lidador, 1960.

BONAVIDES, Paulo. **Ciência política**. 10.ed. São Paulo: Malheiros, 2004.

BOUCAULT, Carlos Eduardo de Abreu; ARAUJO, Nadia de. **Os direitos humanos e o direito internacional**. Rio de Janeiro: Renovar, 1999.

BOUDEGUER, Bárbara Ivanschitz. Um estúdio sobre el cumplimiento y ejecución de las sentencias de la Corte Interamericana de Derechos Humanos por el Estado de Chile. **Estudios Constitucionales**, Talca, v.11, n.1, p.275-332, 2013.

BRANDÃO, Carlos. Evolução do "Estado" no mundo globalizado. In: MARTINS, Ives Granda da Silva. **O Estado do futuro**. São Paulo: Pioneira, 1998. p.13-28.

BRANDÃO, Marco Antônio Diniz; BELLI, Benoni. O sistema interamericano de proteção dos direitos humanos e seu aperfeiçoamento no limiar do século XXI. In: GUIMARÃES, Samuel Pinheiro; PINHEIRO, Paulo Sérgio (Orgs.). **Direitos humanos no século XXI**: parte I. Brasília: Instituto de Pesquisa de Relações Internacionais – Fundação Alexandre Gusmão, 2002. p.295-304.

BRASIL. Constituição da República Federativa do Brasil de 1988. Disponível em: <http://www.planalto.gov.br/ccivil_03/Constituicao/Constituicao.htm>. Acesso em: 12 mar. 2015.

_____. Secretaria Nacional de Justiça. Departamento de Recuperação de Ativos e Cooperação Jurídica Internacional (DRCI). **Manual de cooperação jurídica internacional e recuperação de ativos**: cooperação em matéria civil. Brasília: Ministério da Justiça, 2012.

BROWNLIE, Ian. **Princípios de direito internacional público**. Lisboa: Fundação Calouste Gulbenkian, 1997.

BUERGENTHAL, Thomas. **La Proteccion Internacional de los Derechos Humanos en las Americas**. Costa Rica: Editorial Juricentro, 1983.

_____. **International Human Rights**. Minnesota: West Publishing, 1988.

BULL, Hedley. **A sociedade anárquica**: um estudo da ordem na política mundial. Tradução de Sérgio Bath. São Paulo: Editora UnB, 2002.

BULOS, Uadi Lâmmego. **Curso de direito constitucional**. São Paulo: Saraiva, 2007.

BURDEAU, Georges. **O estado**. São Paulo: Martins Fontes, 2005.

CACHAPUZ DE MEDEIROS, Antônio Paulo. As organizações internacionais e a cooperação técnica. In: MARCOVITCH, Jacques. **Cooperação internacional**: estratégia e gestão. São Paulo: Editora da Universidade de São Paulo, 1994. p.273 – 319.

_____ (Org.). **Desafios do direito internacional contemporâneo**. Brasília: FUNAG, 2007.

CAMÕES, Luís de. **Os Lusíadas**. Lisboa: Escriptorio da Bibliotheca Portugueza, 1852.

CAMPELLO, Lívia Gaigher Bósio. **Mecanismos de controle e promoção do cumprimento dos tratados multilaterais ambientais no marco da solidariedade internacional**. Tese (Doutorado em Direito) – Pontifícia Universidade Católica de São Paulo, São Paulo, 2013.

CAMPOS, João Mota de. **Organizações internacionais**. Lisboa: Fundação Calouste Gulbenkian, 1999.

CANÇADO TRINDADE, Antônio Augusto. **A proteção internacional dos direitos humanos**: fundamentos jurídicos e instrumentos básicos. São Paulo: Saraiva, 1991.

_____. **A evolução da proteção dos direitos humanos e o papel do Brasil**. Brasília: Instituto Interamericano de Derechos Humanos, 1992.

_____. **A incorporação das normas internacionais de proteção dos direitos humanos no direito brasileiro**. São José da Costa Rica: IIDH-CICV-ACNUR-Comissão Europeia, 1996.

_____. **Tratado de direito internacional de direitos humanos**. Porto Alegre: Sergio Antonio Fabris, 1997.

_____. **O direito internacional em um mundo em transformação**. Rio de Janeiro: Renovar, 2002.

_____. **Tratado de direito internacional de direitos humanos**. 2.ed. Porto Alegre: Sergio Antonio Fabris, 2003.

_____. Desafios e conquistas do direito internacional dos direitos humanos no início do século XXI. In: CACHAPUZ DE MEDEIROS, Antônio Paulo (Org.). **Desafios do direito internacional contemporâneo**. Brasília: FUNAG, 2007. p.207-322.

_____. **Direito das organizações internacionais**. 4.ed. Belo Horizonte: Del Rey, 2009.

CANÇADO TRINDADE, Antonio A.; PEREIRA, Antônio Celso Alves. **O direito internacional e o primado de justiça**. Rio de Janeiro: Renovar, 2014.

CANOTILHO, José Joaquim Gomes. **Direito constitucional**. 6.ed. Coimbra: Livraria Almedina, 1999.

CARTA MAIOR. **Anistia Internacional cobra do Paraguai direitos indígenas**. Disponível em: <http://www.cartamaior.com.br/?/Editoria/Direitos-Humanos/Anistia-Internacional-cobra-do-Paraguai-direitos-indigenas%0D%0A/5/14832>. Acesso em: 19 ago. 2015.

CASELLA, Paulo Borba. Integração nas Américas: uma visão de conjunto. In: **Mercosul**: integração regional e globalização. Rio de Janeiro: Renovar, 2000.

_____. **Manual de direito internacional público**. 20.ed. São Paulo: Saraiva, 2012.

CASSESSE, Antonio. **Human Rights in a Changing World**. Philadelphia: Temple University Press, 1990.

CASSIER, Ernst. **O mito do estado**. São Paulo: Códex, 2003.

CENTRO DE ESTUDOS DO PENSAMENTO POLÍTICO. **Animal político**. Disponível em: <http://www.iscsp.utl.pt/~cepp/indexfro1.php3?http://www.iscsp.utl.pt/~cepp/ conceitos_politicos/animal_politico.htm>. Acesso em: 07 mar. 2015.

CENTRO NICARAGÜENSE DE DERECHOS HUMANOS (CENIDH). **El Cumplimiento de la Sentencia de la Corte Interamericana de Derechos Humanos CIDH, en el caso de YATAMA facorecería a todos los nicaragüenses**. Disponível em: <http://cenidh.org/noticias/461/>. Acesso em: 15 ago. 2015.

CENTRO POR LA JUSTICIA Y EL DERECHO INTERNACIONAL (CEJIL). **Implicados en la desaparición de Heliodoro Portugal son llamados a juicio en Panamá**. Disponível em: <https://cejil.org/comunicados/implicados-en-la-desaparicion-de-heliodoro-portugal-son-llamados-a-juicio-en-panama>. Acesso em: 16 ago. 2015.

CHEVALLIER, Jacques. **O estado pós-moderno**. Tradução de Marçal Justen Filho. Belo Horizonte: Fórum, 2009.

CHÍA, Eduardo A.; CONTRERAS, Pablo. Análisis de la sentencia Artavia Murillo y Otros ("Fecundación *In Vitro*") Vs. Costa Rica de la Corte Interamericana de Derechos Humanos. **Estudios Constitucionales**, Santiago, v.12, n.1, p.567-585, 2014.

CLÉMENT, Zlata Drnas de. **Corte Interamericana de Derechos Humanos**: Cuarta Instancia? Buenos Aires: La Ley, 2009.

COLE, George Douglas Howard. **A Century of Co-operation**. London: George Allen & Unwin Ltd., 1944.

COMPARATO, Fábio Konder. **A constituição mexicana de 1917**. Disponível em: <http://www.dhnet.org.br/educar/redeedh/anthist/mex1917.htm>. Acesso em: 19 maio 2015.

_____. **Quem é o povo**. São Paulo: Max Limonad, 1999.

_____. **A afirmação histórica dos direitos humanos**. 3.ed. São Paulo: Saraiva, 2003.

CONTRERAS, Juan Carlos Gutiérrez; MARTÍNEZ, Silvano Cantú. A restrição à jurisdição militar nos sistemas internacionais de proteção dos direitos humanos. **Revista Internacional de Direitos Humanos**, São Paulo, v.7, n.13, p.75-98, dez. 2010.

CORAO, Carlos M. Ayala. La Ejecución de Sentencias de la Corte Interamericana de Derechos Humanos. **Estudios Constitucionales**, Chile, v.5, n.1, p.127-201, 2007.

CORREIA, Theresa Rachel Couto. **Corte interamericana de direitos humanos**. Curitiba: Juruá, 2008.

CORTE CONSTITUCIONAL DA COLÔMBIA. **Sentencia T-653/12**. Disponível em: <www.corteconstitucional.gov.co/relatoria/2012/T-653-12.htm>. Acesso em: 06 ago. 2015.

CORTE INTERAMERICANA DE DIREITOS HUMANOS (CIDH). **ABC de la Corte Interamericana de Derechos Humanos**. San José: Corte IDH, 2014.

COSTA, Luiza Rodrigues; FERNANDES, Márcia de Paiva. **Dossiê Cooperação Internacional**: uma breve discussão teórica. Disponível em: <http://pucminasconjuntura.wordpress.com>. Acesso em: 20 abr. 2015.

CRETELLA NETO, José. **Teoria geral das organizações internacionais**. 3.ed. São Paulo: Saraiva, 2013.

Cunha Barreto. **O dirigismo na vida dos contratos**. São Paulo: Revista dos Tribunais, 1939.

Dallari, Dalmo. **Teoria geral do Estado**. São Paulo: Saraiva, 1998.

Delgado, Lucrecio Rebollo. **El Derecho Fundamental a la Intimidad**. Madrid: DinkinsonTecnos, 2000.

Deutche Welle. **1648**: paz da Vestfália encerrava Guerra dos Trinta Anos. Disponível em: <http://www.dw.de/1648-paz-da-vestf%C3%A1lia-encerrava-guerra-dos-trinta-anos/a-660411>. Acesso em: 28 mar. 2015.

Diniz, Geilza Fátima Cavalcanti. Soberania e margem nacional de apreciação. Itajaí: **Revista Eletrônica Direito e Política**, v.6, n.2, p.392-412, 2011. Disponível em: <www.univali.br/direitoepolitica>. Acesso em: 09 out. 2015.

Direito, Carlos Alberto Menezes; Cançado Trindade, Antônio Augusto; Pereira, Antônio Celso Alves (Orgs.). **Novas perspectivas do direito internacional contemporâneo**: estados em homenagem ao Professor Celso D. de Albuquerque Mello. Rio de Janeiro: Renovar, 2008.

Dunshee de Abranches, Carlos Alberto. **Proteção internacional dos direitos humanos**. Rio de Janeiro: Freitas Bastos, 1964.

Dworkin, Ronald. **O império do direito**. Tradução de Jefferson Luiz Camargo. 2.ed. São Paulo: Martins Fontes, 2007.

Elbert, Carlos. La Exclusión Global y los Derechos Humanos. Coordenação deAntônio Augusto Cançado Trindade e César Oliveira de Barros Leal. **Revista do Instituto Brasileiro de Direitos Humanos**, Fortaleza, v.11, n.11, p.39-48, 2011.

El Economista. **Corte Interamericana de Derechos Humanos celebrará sesiones em Honduras**. Disponível em: <www.eleconomista.es/legislacion/noticias/ 6896340/07/15/Corte-Interamericana-de-Derechos-Humanos-celebra-sesiones-en-Honduras.html#.Kku87ilhVJLKW1s>. Acesso em: 12 ago. 2015.

El Siglo. **Suspenden audiencia de Noriega por desaparición de Portugal**. Disponível em: <http://elsiglo.com/panama/suspenden-audiencia-noriega-desaparicion-portugal/23867126>. Acesso em: 16 ago. 2015.

Elguera Alvarez, Carlos. Caso de pueblos indígenas Kuna de Madungandí y Emberá de Bayano VS. Panamá ante la Corte IDH: Aportes y Retos. **Revista Alertanet**, Lima, 06 fev. 2015.

Espiel, Héctor. El Procedimento Contencioso ante la Corte Interamericana de Derechos Humanos In: Nikken, Pedro (Org.). **La Corte Inte-**

ramericana de Derechos Humanos: estudios y documentos. 2.ed. San José, CR: Corte IDH, 1999 p.187-208.

EUROPEAN COURT OF HUMAN RIGHTS. **Analysis of statistics 2014**. Disponível em: <http://www.echr.coe.int/Documents/Stats_analysis_2014_ENG.pdf>. Acesso em: 29 jun. 2015.

FAVOREU, Louis *et al.* **Droit des libertés fondamentales**. 4.ed. Paris: Dalloz, 2007.

FERRAJOLI, Luigi. **A soberania no mundo moderno**. São Paulo: Livraria Martins Fontes, 2002.

_____. **La democracia a través de los derechos**. Madrid: Editorial Trotta, 2014.

FERRERES, Orlando. Mercosul: todos os benefícios para o Brasil. **Pontes – Informações e análises sobre comércio e desenvolvimento sustentável em língua português**, Genebra, v.8, n.5, p.11-13, ago. 2012.

FINKELSTEIN, Cláudio. **Direito internacional**. 2.ed. São Paulo: Atlas, 2013.

_____. **Hierarquia das normas no direito internacional**: *jus cogens* e metaconstitucionalismo. São Paulo: Saraiva, 2013.

FONSECA, Ricardo Marcelo. O poder entre o direito e a "norma": Foucault e Deleuze na teoria do estado. In: FONSECA, Ricardo Marcelo (Org.). **Repensando a teoria do Estado**. Belo Horizonte: Fórum, 2004. p.398.

_____ (Org.). **Repensando a teoria do Estado**. Belo Horizonte: Fórum, 2004.

FOWLER, Bertram B.. **The Cooperative Challenge**. Boston: Little, Brown & Co., 1947.

FRIEDE, Roy Reis. **Pressupostos (elementos) de existência do estado**. São Paulo: Revista Justitia, 1999.

FUNDACIÓN REGIONAL DE ASESORÍA EM DERECHOS HUMANOS (INREDH). **Boletín n. 5**: El Ecuador ante la Corte Interamericana de Derechos Humanos. Disponível em: <www.inredh.org.index.php?option=com_content&view=article&id= 53:boletin-no-5-el-ecuador-ante-la-corte-interamericana-de-derechos-humanos&catid=29:boletines&ltem id=29>. Acesso em: 10 ago. 2015.

GAMA, Ricardo Rodrigues. **Introdução ao direito internacional**. Campinas: Bookseller, 2002.

GARAVITO, César Rodríguez; KAUFFMAN, Celeste. De las ordenes a la práctica: análisis y estrategias para el cumplimiento de las decisiones del sistema interamericano de derechos humanos. In: BARRETTO MAIA,

Camila; CÁRDENAS, Edurne; CERQUEIRA, Daniel; CETRA, Raísa; CHILIER, Gastón; ARMIJO, Mariana González; KAUFFMAN, Celeste; KLETZEL, Gabriela; CERÓN, Laura Lyons; NASCIMENTO, Jefferson; JIMÉNEZ, Miguel Pulido; CERVANTES, Silvia Ruíz; GARAVITO, César Rodríguez; ANDUJO, Jaqueline Sáenz; SALAZAR, Katya; TAGLE, María Sánchez de; SÁNCHEZ, Nelson Camilo; TIMO, Pétalla. **Desafíos del Sistema Interamericano de Derechos Humanos**: Nuevos tiempos, viejos retos. Bogotá: Centro de Estudios de Derecho, Justicia y Sociedade, Dejusticia, 2015. p.276-317.

GARCIA, Emerson. **Proteção internacional dos direitos humanos**: breves reflexões sobre os sistemas convencional e não-convencional. Rio de Janeiro: Lumen Juris, 2005.

GIDDENS, Anthony. **A Europa na era global**. Lisboa: Editorial Presença, 2007.

GLENDON, Mary Ann. **A World Made New**: Eleanor Roosevelt and the Universal Declaration of Human Rights: Origins, Drafting and Intent. Baltimore: The Johns Hopkins University Press, 2001.

GOBIERNO DE LA REPÚBLICA DE PANAMÁ. **Gabinete reconoce obligaciones del Estado com pueblos indígenas Kuna de Madugandí y Emerá de Baya**. Disponível em: <https://www.presidencia.gob.pa/Noticias/Gabinete-reconoce-obligaciones-del-Estado-con-pueblos-indigenas-Kuna-de-Madugandi-y-Embera-de-Baya>. Acesso em: 17 ago. 2015.

GODINHO, Fabiana de Oliveira. **A proteção internacional dos direitos humanos**. Belo Horizonte: Del Rey, 2006.

GODOY, Jose Alejandro. **El Peru y La Corte Interamericana de Derechos Humanos**. Disponível em: <http://www.desdeeltercerpiso.com/2015/03/el-peru-y-la-corte-interamericana-de-derechos-humanos/>. Acesso em: 31 ago. 2015.

GONZÁLEZ-SALZBERG, Damián. A implementação das sentenças da Corte Interamericana de Direitos Humanos na Argentina: uma análise do vaivém jurisprudencial da Corte Suprema de Justiça da Nação. **Revista Internacional de Direitos Humanos**, São Paulo, v.8, n.15, p.115-134, 2011.

GORCZEVSKI, Clóvis. **Direitos humanos dos primórdios da humanidade ao Brasil de hoje**. Porto Alegre: Imprensa Livre, 2005.

GRAMSCI, Antonio. **Maquiavel**: a política e o estado moderno. 6.ed. Rio de Janeiro: Civilização Brasileira, 2003.

GUERRA, Sidney. **Globalização**: desafios e implicações para o direito internacional Contemporâneo. Ijuí: Unijuí, 2006.

_____. **O sistema interamericano de proteção dos direitos humanos e o controle de convencionalidade**. São Paulo: Atlas, 2013.

_____. **Direitos humanos**: na ordem jurídica internacional e reflexos na ordem constitucional brasileira. São Paulo: Atlas, 2014.

GUIMARÃES, Samuel Pinheiro; PINHEIRO, Paulo Sérgio (Orgs.). **Direitos humanos no século XXI**: parte I. Brasília: Instituto de Pesquisa de Relações Internacionais – Fundação Alexandre Gusmão, 2002.

GUSMÃO, Paulo Dourado. **Introdução ao estudo do direito**. 10.ed. Rio de Janeiro: Forense, 1984.

HÄBERLE, Peter. **Estado constitucional cooperativo**. Rio de Janeiro: Renovar, 2007.

HARDT, Michael; NEGRI, Antonio. **Império**. 2.ed. Rio de Janeiro: Record, 2001.

HARDT, James W. The European Human Rights System. **Law Library Journal**, Ohio, v.102, n.4, p.533-559, 2010.

HELD, David; MCGREW, Anthony. **Prós e contras da globalização**. Rio de Janeiro: Jorge Zahar, 2001.

HERNÁNDEZ, Laura Rangel. Sentencias condenatórias al Estado mexicano dictadas por la Corte Interamericana de Derechos Humanos y sus implicaciones em el orden jurídico nacional. **Revista IUS**, Puebla, v.5. n.28, dez. 2010. Disponível em: <www.scielo.org.mx/scielo.php?script=sci_art text&pid=S1870-14720110002000 8& Ing=es&nrm=iso>. Acesso em: 13 ago. 2015.

HERRERA FLORES, Joaquín. **El Vuelo de Anteo**: Derechos Humanos y crítica de la razón liberal. Bilbao: Desclée de Brouwer, 2007.

HERRERA FLORES, Joaquín. **A (re)invenção dos direitos humanos**. Florianópolis: Fundação Boiteux, 2009.

HERZ, Mônica; HOFFMANN, Andreia Ribeiro. **Organizações internacionais**: histórias e práticas. Rio de Janeiro: Campus, 2004.

HEYNS, Christof; PADILLA, David; PADILLA, Leo. Comparação esquemática dos sistemas regionais de direitos humanos: uma atualização. **Revista Internacional de Direitos Humanos**, São Paulo, v.3, n.4, p.161-169, 1.º sem. 2006.

HIGGINS, Rosalyn. **Problems and process**: international Law and how we use it. Oxford: Claredon Press, 1998.

HITTERS, Juan Carlos; FAPPIANO, Oscar L. **Derecho internacional de los derechos humanos**. 2 ed. Buenos Aires, 2007.

Hobbes, Thomas. **O Leviatã**. São Paulo: Ícone, 2003.

Hobsbawn, Eric. **A era do capital**. Rio de Janeiro: Paz e Terra, 1982.

_____. **Mundo do trabalho**. Rio de Janeiro: Paz e Terra, 1987.

Hurrell, Andrew. **O ressurgimento do regionalismo na política mundial**: contexto internacional. Rio de Janeiro: Contexto Internacional, 1995.

Husek, Carlos Roberto. **Curso de direito internacional público**. 3.ed. São Paulo: LTr, 2000.

Husek, Carlos Roberto. **A nova (des)ordem Internacional ONU**: uma vocação para a paz. Tese (Doutorado em Direito) – Pontifícia Universidade Católica de São Paulo, São Paulo, 2004.

Instituto De Pesquisa Econômica Aplicada; Agência Brasileira De Cooperação. **Cooperação brasileira para o desenvolvimento internacional**: 2005-2009. Brasília: IPEA, 2010.

_____. **Cooperação brasileira para o desenvolvimento internacional**: 2010. Brasília: IPEA, 2013.

Jayme, Fernando G. **Direitos humanos e sua efetivação pela Corte Interamericana de Direitos Humanos**. Belo Horizonte: Del Rey, 2005.

Jolivet, Regis. **Traite de Philosophie**. 7.ed. França: Le-livre, 1963.

Kant, Immanuel. **A metafísica dos costumes**. Bauru: EDIPRO, 2003.

_____. **A paz perpétua**: um projecto filosófico. Covilhã: LusoSofia Press, 2008.

Kelsen, Hans. **A democracia**. São Paulo: Livraria Martins Fontes, 2000.

_____. **Teoria geral do direito e do estado**. São Paulo: Livraria Martins Fontes, 2000.

Keohane, Robert Owen. International Institutions: Two Approaches. In: **International Institutions and State Power**: Essays in International Relations. Boulder: Westview Press, 1989.

_____. **Ideas & Beliefs, Institutions, Foreign and Political Change Policy**. Ithaca: Cornell University Press, 1993.

Krader, Lawrence. **A formação do estado**. Rio de Janeiro: Jorge Zahar, 1970.

La Estrella De Panamá. **Panamá acatará fallo del caso Veléz Loor**. Disponível em: <http://laestrella.com.pa/panama/nacional/panama-acatara-fallo-caso-velez-loor/23842158>. Acesso em: 16 ago. 2015.

Lafer, Celso. **A reconstrução dos direitos humanos**: um diálogo com o pensamento de Hannah Arendt. 6.ed. São Paulo: Companhia das Letras, 1988.

_____. **Declaração Universal de Direitos Humanos**. In: MAGNOLI, Demétrio. **A história da paz**. São Paulo: Contexto, 2008. p.297-329.

LE FUR, Louis. **Précis de Droit International Public**. Paris: CNRS Editions, 1937.

LIMA JR., Jayme Benvenuto. **Manual de direitos humanos internacionais**: acesso aos sistemas global e regional de proteção dos direitos humanos. Recife: GAJOP, 2002.

LIMA, Antonio Sebastião de. **Teoria do estado e da constituição**: fundamentos do direito positivo. Rio de Janeiro: Freitas Bastos, 1998.

MADRID, Julio César Cuastumal. **Casos Colombianos Fallados por la Corte Interamericana de Derechos Humanos**: estúdio a través de la teoria del derecho procesal. Disponível em: <http://aprendeenlinea.udea.edu.co/revistas/index.php/ red/article/viewFile/20015/>. Acesso em: 06 ago. 2015.

MALHEIROS, Emerson. **Curso de direitos humanos**. 2.ed. São Paulo: Atlas, 2015.

MALISKA, Marcos Augusto. **A cooperação internacional para os direitos humanos**: entre o desafio constitucional e o direito internacional. Desafios ao estado constitucional cooperativo. Disponível em: <www.conpedi.org.br/manaus/arquivos/anais/bh/ marcos_augusto_maliska.pdf>. Acesso em: 04 set. 2015.

MALO, Miguel Concha. **México ante la Corte Interamericana de Derechos Humanos**. Disponível: <www.contralinea.info/archivo-revista/index.php/2013/04/01/mexico-ante-la-corte-interamericana-de-derechos-humanos>. Acesso em: 13 ago. 2015.

MALUF, Sahid. **Teoria geral do estado**. 31.ed. São Paulo: Saraiva, 2013.

MALUSCHKE, Günther. Desenvolvimento histórico dos direitos humanos. **Themis: Revista da ESMEC**, Fortaleza, v.2, n.1, p.81 -94, 1998.

MAQUIAVEL, Nicolau. **O príncipe**. Tradução Maria Júlia GoldWasser. 2.ed. São Paulo: Martins Fontes, 1996.

MARCOVITCH, Jacques. **Cooperação internacional**: estratégia e gestão. São Paulo: Editora da Universidade de São Paulo, 1994.

MARITAIN, Jacques. **O homem e o estado**. Rio de Janeiro: Livraria Agir, 1966.

MARTINS, Ives Grada da Silva. **O estado do futuro**. São Paulo: Pioneira, 1998.

MELLO, Celso de Albuquerque. **Direito internacional americano**: estudo sobre a contribuição de um direito regional para a integração econômica. Rio de Janeiro: Renovar, 1995.

_____. **Direito constitucional internacional**: uma introdução. 2.ed. Rio de Janeiro: Renovar, 2000.

MENEZES, Wagner. **Ordem global e transnormatividade**. Ijuí: Editora Unijui, 2005.

_____. **Direito internacional na América Latina**. Curitiba: Juruá, 2007.

MEYER, Eduard. **Geschichte des Altertums**. Berlin: J. G. Cotta'sche Buchhandlung Nachfolger, 1968.

MEZZAROBA, Orides; SILVEIRA, Vladmir Oliveira da. O princípio da dignidade da pessoa humana: uma leitura da efetivação da cidadania e dos direitos humanos a partir dos desafios impostos pela globalização. In: Baez, Narciso Leandro Xavier; CASSEL, Douglass. **A realização e a proteção internacional dos direitos humanos fundamentais**: desafios do século XXI. Joaçaba: Ed. UNOESC, 2011. p.443-466.

MIKKELSEN, Cæcilie. **El Mundo Indígena 2012**. Lima: Tarea Asociación Gráfica Educativa, 2012.

MILNER, Helen. **International theories of cooperation**: strenghts and weaknesses. In: World Politics. Baltimore: The Johns Hopkins University Press, 1992.

MINISTERIO DE JUSTICIA, DERECHOS HUMANOS Y CULTOS. **Se cumplió com la sentencia de la CorteIDH em el caso Suárez Peralta**. Disponível em: <www.justicia.gob.ec/se-cumplio-con-la-sentencia-de-la-corteidh-en-el-caso-suarez-peralta/>. Acesso em: 10 ago. 2015.

MONACO, Ricardo. **Mélanges offerts à Charles Rousseau**: La Communauté internationale. Paris: Editions A. Pédone, 1975.

MONTE, Mário Ferreira. **Direitos humanos e sua efetivação na era da transnacionalidade**: debate luso-brasileiro. Curitiba: Juruá, 2012.

MONTESQUIEU. **O espírito das leis**. São Paulo: Saraiva, 2008.

MÜLLER, Friedrich. **Metodologia de direito constitucional**. Tradução de Peter Naumann. 4.ed. São Paulo: Revista dos Tribunais, 2010.

MURPHY, Craig N. **International Organization and Industrial Change**: global governance since 1850. New York: Oxford University Press, 1994.

NA'IM, Abdullahi Ahmed. **Cultural transformation and human rights in Africa**. London: Zed Books, 2002.

NASSER, Salem Hikmat. *Jus Cogens*: ainda esse desconhecido. **Revista Direito Getúlio Vargas**, São Paulo, v.1, n.2, p.161-178, jun./dez. 2005.

NIKKEN, Pedro (Org.). **La Corte Interamericana de Derechos Humanos**: estudios y documentos. 2.ed. San José, CR: Corte IDH, 1999.

NOVAIS, Melissa Mendes. Um novo paradigma constitucional: o árduo caminho da desconolonização. In: WOLKMER, Antonio Carlos; CORREAS, Oscar. **Crítica jurídica na América Latina**. Aguascalientes: CENEJUS, 2013.

O'BRIEN, Sean; HAYEK, Stefan. O Sistema Interamericano de direitos humanos e o mecanismo de exame periódico universal: sinergias na teoria e na prática. In: BAEZ, Narciso Leandro Xavier; CASSEL, Douglass. **A realização e a proteção internacional dos direitos humanos fundamentais**: desafios do século XXI. Joaçaba: Ed. UNOESC, 2011. p.501-520.

OBSERVATÓRIO DE RELAÇÕES INTERNACIONAIS. **Sentencia Sobre el Alcance del Principio de Legalidad y de Retroactividad y el derecho a Recurrir el Fallo para Altas Autoridades em Suriname**. Disponível em: <https://neccint.wordpress.com/ 2014/06/05/cidh-comunicado-de-prensa-sentencia-sobre-el-alcance-del-principio-de-legalidad-y-de-retroactividad-y-el-derecho-a-recurrir-el-fallo-para-altas-autoridades-en-suriname/>. Acesso em: 24 ago. 2015.

OLIVAS CABANILLAS, Enrique; ORTÍZ-ARCE de la Fuente, Antonio; TORRADO, Jesús Lima. **Globalización y Derecho**: una aproximación desde Europa y América Latina. Madrid: Editorial DILEX, 2007.

OLIVEIRA, Adriano Enivaldo de. A Justiça Federal e a reforma do Poder Judiciário. Pelotas: **Revista da Esola de Direito** (UCPEL), v. 5, n.1, p.217-232, 2004.

ORGANIZAÇÃO DAS NAÇÕES UNIDAS (ONU). Relatório de Desenvolvimento Humano 2013. **A ascensão do sul**: progresso humano num mundo diversificado. Disponível em: <http://hdr.undp.org/en/content/relat%C3%B3rio-do-desenvolvimento-humano-2013>. Acesso em: 12 maio 2015.

_____. Declaração sobre a Concessão da Independência aos Países e Povos Coloniais. Resolução 1514 (XV) da Assembléia Geral de 14 de dezembro de 1960. Disponível em: <http://www.dhnet.org.br/direitos/sip/onu/spovos/dec60.htm>. Acesso em: 28 maio 2015.

ORTIZ, José Luis Ramírez. **La Corte Interamericana de Derechos Humanos ante um reto histórico**. Disponível em: <www.eldiario.es/

agendapublica/nueva-politica/Corte-Interamericana-Derechos-Humanos-historico_0_351715192.html>. Acesso em: 12 ago. 2015.

Ouguergouz, Fatsah. **The African Charter on Human and People's Rights**: A Comprehensive Agenda for Human Rights. Hague: Martinus Nijhoff, 2003.

Oxford English Dictionary. Oxford: Claredon Press, 1961.

Patrinós, Paula Rodriguez. **Mercosur, Unasur y Haití**: Cooperación regional em derechos humanos. Buenos Aires: Instituto de Políticas Públicas del MERCOSUR (IPPDH), 2014.

Pereira, Marcela Harumi Takahashi. **Cumprimento da sentença da Corte Interamericana de Direitos Humanos no âmbito interno**. Disponível em: <http://www.ambito-juridico.com.br/site/index.php?n_link=revista_artigos_leitura& artigo_id=6491>. Acesso em: 10 out. 2015.

Picado, Sonia. **Apuntes sobre los fundamentos filosóficos de los derechos humanos**: antologia básica. Costa Rica: IIDH-CAPEL, 1990.

Pinheiro, Paulo Sérgio. **Direitos humanos no século XXI**. Brasília: Fundação Alexandre de Gusmão, 2002.

Pinsky, Jaime; Pinsky, Bassanezi, Carla. **História da cidadania**. São Paulo: Contexto, 2003.

Pinto, Monica. **El derecho internacional**: Vigencia y desafios en um escenario globalizado. México: Fondo de Cultura Económica, 2004.

Piovesan, Flávia. **O sistema interamericano de proteção dos direitos humanos e o direito brasileiro**. São Paulo: Revista dos Tribunais, 2000.

_____. A justicialização do sistema interamericano de proteção dos direitos humanos: impacto, desafios e perspectivas. **Boletim Científico da Escola Superior do Ministério Público da União**, Brasília, v.1, n.4, p.35,50, jul./set. 2002.

_____. Proteção internacional dos direitos econômicos, sociais e culturais. In: Sarlet, Ingo Wolfgang. **Direitos fundamentais sociais**: estudos de direito constitucional, internacional e comparado. Rio de Janeiro: Renovar, 2003. p.215-232.

_____. Tratados internacionais de direitos humanos e a reforma do Judiciário. In: Sarmento, Daniel; Galdino, Flávio (Orgs). **Direitos fundamentais**: estudos em homenagem ao professor Ricardo Lobo Torres. Rio de Janeiro: Renovar, 2006. 792p.

_____. **Direitos humanos e o direito constitucional internacional**. 8.ed. São Paulo: Saraiva, 2007.

_____. **Temas de direitos humanos**. 3.ed. São Paulo: Saraiva, 2009.

_____. **Direitos humanos e justiça internacional**: um estudo comparativo dos sistemas regionais europeu, interamericano e africano. 2.ed. São Paulo: Saraiva, 2011.

_____. **Direitos humanos e o direito constitucional internacional**. 12.ed. São Paulo: Saraiva, 2011.

_____. Força integradora e catalisadora do sistema interamericano de protecção dos direitos humanos: desafios para a pavimentação de um constitucionalismo regional. In: SOUSA, Marcelo Rebelo de *et al.* **Estudos de Homenagem ao prof. doutor Jorge Miranda**. Coimbra: Coimbra Editora, 2012. p.467-482.

PLATÃO. **A República**. São Paulo Martin Claret, 2000.

PROCLAMAÇÃO DE TEERÃ. **Conferência Internacional sobre Direitos Humanos em Teerã de 13 de maio de 1968**. Disponível em: <http://direitoshumanos.gddc.pt/ 3_1/IIIPAG3_1_10.htm>. Acesso em: 30 maio 2015.

PROGRAMA DAS NAÇÕES UNIDAS PARA O DESENVOLVIMENTO (PNUD): **Cooperação Sul-Sul**. Disponível em: <http://www.pnud.org.br/cooperacaoSulSul.aspx>. Acesso em: 26 maio 2015.

PROGRAMA DE LAS NACIONES UNIDAS PARA EL DESARROLLO. **La democracia em América Latina**: hacia uma democracia de ciudadanas y ciudadanos. 2.ed. Buenos Aires: Aguilar, Altea, Taurus, Alfaguara, 2004.

RABELO JUNIOR, Luis Augusto. A justiça como equidade em John Rawls. **Âmbito Jurídico**, Rio Grande, v.14, n.94, nov. 2011. Disponível em: <www.ambito-juridicio.com.br/site/index.php?n_link=revista_artigos_leitura&artigo_id=10755>. Acesso em: 07 maio 2015.

RACHMAN, Gideon. **Zero-Sum World**: Politics, Power and Prosperity After the Crash. London: Atlantic Books, 2010.

RAMOS, André de Carvalho. **Direitos humanos em juízo**. São Paulo: Max Limonad, 2001.

_____. **Processo internacional de direitos humanos**. Rio de Janeiro: Renovar, 2002.

_____. A execução das sentenças da Corte Interamericana de Direitos Humanos no Brasil. In: SOARES, Guido Fernando Silva; CASELLA, Paulo Borba; CELLI JUNIOR, Umberto; MEIRELLES, Elizabeth de Almeida; Polido, Fabrício Bertini Pasquot Polido (Orgs.). **Direito internacional, humanismo e globalidade**. São Paulo: Atlas, 2008. p.461-468.

_____. Direitos humanos e responsabilidade internacional. In: DIREITO, Carlos Alberto Menezes; CANÇADO TRINDADE, Antônio Augusto; PEREIRA, Antônio Celso Alves (Orgs.). **Novas perspectivas do direito internacional contemporâneo**: estudos em homenagem ao Professor Celso D. de Albuquerque Mello. Rio de Janeiro: Renovar, 2008. p.251-302.

_____. **Processo internacional de direitos humanos**. 3.ed. São Paulo: Saraiva, 2013.

_____. **Curso de direitos humanos**. 2.ed. São Paulo: Saraiva, 2015.

_____. **Teoria geral dos direitos humanos na ordem internacional**. 5.ed. São Paulo: Saraiva, 2015.

RAWLS, John. **Uma teoria da justiça**. São Paulo: Martins Fontes, 2000.

REALE, Miguel. **Teoria do direito e do estado**. 5.ed. rev. São Paulo: Saraiva, 2000.

RECCO, Gregory; SANDAY, Eric. **Plato's Laws**: force and truth in politics. Indiana: Indiana University Press, 2012.

RESCIA, Victor Manuel Rodrigues. **La ejecución de sentencias de la Corte interamericana de derechos humanos**. San José: Editorial Investigaciones Jurídicas, 1997.

RESENDE, Augusto César Leite de. A Executividade das Sentenças da Corte Interamericana de Direitos Humanos no Brasil. **Revista de Direito Internacional**, Brasília, v.10, n.2, p.226-237, 2013.

RESENDE, Ranieri Lima. O regime jurídico da responsabilidade das organizações internacionais: a concepção do ato internacionalmente ilícito. **Revista de Informação Legislativa**, Brasília, v.43, p.191-207, 2006.

REUTER, Paul. **Institutions Internationales**. 8.ed. Paris: Thémis-Puf, 1975.

REZEK, Francisco. **Direito internacional público**: curso elementar. 10.ed. São Paulo: Saraiva, 2008.

RIBEIRO, Emmanuel Pedro S. G.. Direitos humanos e pluralismo cultural: uma discussão em torno da questão da universalidade. In: CONGRESSO NACIONAL DA CONPEDI, 15., 2006, Manaus. **Anais...**, Manaus, 2006.

RIDRUEJO, José Antonio Pastor. **Curso de Derecho Internacional Público Y Organizaciones Internacionales**. 7.ed. Madrid: Editorial Tecnos, 1999.

ROSENNE, Shabtai. **Is the Constitution of an Internacional Organization an International Treaty**. Milão: Communicazioni e Studi, 1966.

ROUSSEAU, Jean-Jacques. **Do contrato social**. São Paulo: Martins Fontes, 2011.

SABINE, George H. **História das teorias políticas**. Rio de Janeiro/Lisboa: Fundo de Cultura, 1964.

SALDANHA, Jânia Maria Lopes; BRUM, Márcio Morais. A margem nacional de apreciação e sua (in)aplicação pela Corte Interamericana de Direitos Humanos em matéria de anisita: uma figura hermenêutica a serviço do pluralismo ordenado? **Anuario Mexicano de Derecho Internacional**, México, v.15, n.1, p.195-238, 2015.

SANTAGATI, Claudio Jesús. **Manual de derechos humanos**. Buenos Aires: Ediciones Jurídicas, 2009.

SANTOS, Boaventura de Sousa. Uma concepção multicultural de direitos humanos. **Lua Nova**, São Paulo, n.39, p.105-124, 1997.

_____. **Pela mão de Alice**: o sociale o político na transição pós-moderna. 10.ed. São Paulo: Cortez, 2005.

SANTOS, Janara Pereira César. Sistema interamericano de proteção dos direitos humanos: um sistema jurídico pouco conhecido. **Revista da Esmese**, Sergipe, n.9, p.187-208, 2006.

SARLET, Ingo Wolfgang. **Direitos fundamentais sociais**: estudos de direito constitucional, internacional e comparado. Rio de Janeiro: Renovar, 2003.

SARMENTO, Daniel; GALDINO, Flávio (Orgs). **Direitos fundamentais**: estudos em homenagem ao professor Ricardo Lobo Torres. Rio de Janeiro: Renovar, 2006.

SCHMITT, Carl. **The Concept of Political**. Tradução de George Schwab. Chicago: Chicago University Press, 2007.

SCOTT, James Brown. **The Classes of International Law**: Le Droit des Gens. Washington: Carnegie Institute, 1916.

SECRETARIA DE DIREITOS HUMANOS – PRESIDÊNCIA DA REPÚBLICA. **Atuação internacional**. Disponível em: <www.sdh.gov.br/atuacao-internacional/programas/cooperacao-sul-sul>. Acesso em: 09 set. 2015.

SEITENFUS, Ricardo Antônio Silva. **Manual das organizações internacionais**. 5.ed. Porto Alegre: Livraria do Advogado, 2012.

SIEGHART, Paul. **International human rights law**: some current problems. Oxford: Clarendon Press, 1983.

SILVA, Christine Oliveira Peter da. Estado constitucional cooperativo: o futuro do estado e da interpretação constitucional sob a ótica da doutrina de Peter Häberle. **Revista Jurídica da Casa Civil da Presidência da República**. Disponível em: <www.planalto.gov.br/ccivil_03/revista/Rev_72/artigos/Christine_rev72.htm>. Acesso em: 16 maio 2015.

SILVA, Ricardo Perlingeiro Mendes. **O direito internacional contemporâneo**: estudos em homenagem ao professor Jacob Dolinger. Rio de Janeiro: Renovar, 2006.

_____. Reconhecimento da decisão judicial estrangeira no Brasil e o controle da ordem pública internacional no Regulamento 44: análise comparativa. **Revista de Processo**, São Paulo, v.29, n.118, p.173-86, nov./dez. 2004.

SILVEIRA, Vladmir Oliveira da. O Tribunal Penal Internacional e a garantia dos direitos humanos. **Revista Diálogo & Debates da Escola Paulista da Magistratura**, São Paulo, v.7, n.1, p.17-21, 2006.

SILVEIRA, Vladmir Oliveira da; ROCASOLANO, Maria Mendez. **Direitos humanos**: conceitos, significados e funções. São Paulo: Saraiva, 2010.

SIMMA, Bruno. **International Human Rights and General International Law**: a comparative analysis. Netherlands: Kluwer Law International, 1995.

SKINNER, Quentin. Uma Genealogía del Estado Moderno. **Estudios Públicos**, Chile, n.118, p.5-56, otoño 2010.

SMITH, Rhona K. M. **Textbook on International Human Rights**. Oxford: Oxford University Press, 2003.

SOARES, Guido Fernando Silva. **Curso de direito internacional público**. São Paulo: Atlas, 2002.

SOARES, Guido Fernando Silva; CASELLA, Paulo Borba; CELLI JUNIOR, Umberto; MEIRELLES, Elizabeth de Almeida; POLIDO, Fabrício Bertini Pasquot (Orgs.). **Direito internacional, humanismo e globalidade**. São Paulo: Atlas, 2008.

SOLÍS, Félix Wing. Algunos parámetros para la incorporación de los estándares del sistema interamericano de protección de los derechos humanos en la tutela constitucional, legal y judicial del derecho a um ambiente sano en Panamá. **Revista de Direito Econômico e Socioambiental**, Curitiba, v.1, n.1, p.149-182, jan./jun. 2010.

SOUSA, Marcelo Rebelo de; QUADROS, Fausto de; OTERO, Paulo; PINTO, Eduardo Vera-Cruz.. **Estudos de Homenagem ao Prof. Doutor Jorge Miranda**. Coimbra: Coimbra Editora, 2012.

SOUZA, Rafael Barreto. Direito ao Duplo Grau de Jurisdição na América Latina: Caso Herrera Ullhoa VS. Costa Rica da Corte Interamericana de Direitos Humanos. In: SILVEIRA, Vladmir Oliveira da; DIAS, Jefferson Aparecido; LOPES, Ana Maria D'ávila Lopes (Coords.). **Direito internacional e direitos humanos**. Florianópolis: CONPEDI, 2014. p.248-275.

State Responsability. **International Law Commission**. Disponível em: <http://legal.un.org/ilc/summaries/9_6.htm>. Acesso em: 21 maio 2015.

Streck, Lenio Luiz; Morais, José Luis Bozan de Morais. **Ciência política e teoria geral do estado**. 4.ed. Porto Alegre: Livraria do Advogado, 2004.

Strode, Hudson. **Sweden, Model for a World**. Nova York: Harcourt, Brace and Company, 1949.

Takahashi Pereira, Marcela Harumi. **Cumprimento da sentença da Corte Interamericana de Direitos Humanos no âmbito interno**. Disponível em: <http://www.ambito-juridico.com.br/site/index.php?n_link=revista_artigos_leitura& artigo_id=6491>. Acesso em: 31 ago. 2015.

Teixeira Júnior, Geraldo Alves. Filosofia da teoria política: alguns momentos. **Cadernos UFS de Filosofia**, Sergipe, fasc. XI, v.5, p.89-104, 2009.

Telles Junior, Goffredo. **O povo e o poder**: o Conselho do Planejamento Nacional. 3.ed. São Paulo: Saraiva, 2014.

The Age Of Human Rights Journal. **El Caso de la comunidad indígena Awas Tingni contra Nicaragua**: derechos humanos entre lo local y lo global. Disponível em: <www.tiempodelosderechos.es/component/content/article/9-proyectos0132-el-caso-de-la-counidad-indigena-awas-tigni-contra-nicaragua-derechos-humanos-entre-lo-local-y-lo-global.html>. Acesso em: 15 ago. 2015.

Tocqueville, Alexis de. **L'Ancien Régime et la Révolution**. 7.ed. Paris: Michel Lévy Frères, 1866.

Torrado, Jesús Lima; Olivas, Enrique; Fuente, Antonio Ortíz-Arce de la. **Globalización y Derecho**: una aproximación desde Europa y América Latina. Madrid: Editorial Dilex S. L., 2007.

Torronteguy, Marco Aurélio Antas. O papel da cooperação internacional para a efetivação de direitos humanos: o Brasil, os Países Africanos de Língua Oficial Portuguesa e o direito à saúde. **Revista Eletrônica de Comunicação, Informação e Inovação em Saúde**, Rio de Janeiro, v.4, n.1, p.58-67, mar. 2010.

Transparencia Activa. **Corte Interamericana de Derechos Humanos presenta informe sobre país**. Disponível em: <www.transparencia activa.gob.sv/corte-interamericana-de-derechos-humanos-presenta-informe-sobre-pais/>. Acesso em: 10 ago. 2015.

Traviesco, Juan Antonio. **Derechos humanos y derecho internacional**. 2.ed. Buenos Aires: Editorial Heliasta, 1996.

TUDE, João Martins. **Organizações untergovernamentais**: uma reflexão a partir da perspectiva intelectual de Karl Polanyi. Tese (Doutorado em Administração) – Universidade Federal da Bahia, Salvador, 2013.

VASCONCELLOS, Ricardo Rocha de. **O poder das organizações internacionais**. Tese (Doutorado em Direito) – Universidade Federal do Rio Grande do Sul, Porto Alegre, 2005.

VELASCO, Manuel Diez de. **Las Organizaciones Internacionales**. 11.ed. Madrid: Tecnos, 1999.

VELTEN, Paulo. Introdução aos fundamentos dos direitos humanos nas cortes internacionais. **Revista Eletrônica da Faculdade de Direito de Campos**, Campos dos Goytacazes, RJ, v.3, n.3, out. 2008. Disponível em: <http://www.fdc.br/Arquivos/ Revista/8/02.pdf>. Acesso em: 17 jun. 2015.

VERDUZCO, Alonso Gómez Robledo. **Derecho Internacional**: Temas Selectos. 5.ed. México: Instituto de Investigaciones Jurídicas, 2008.

VIPAJUR, Abdulrahim. **The Universa Declaration of Human Rights**: A Cornerstone of modern human rights regime. New Delhi: Manak, 1999.

WEYL, Paulo. América Latina: entre a afirmação e a permanência da violação de direitos humanos. **Hendu – Revista Latino-Americana de Direitos Humanos**, Pará, v.1, n.1, p.195-212, jul. 2010.

WOLKMER, Antonio Carlos. O pensamento político medieval: Santo Agostinho e Santo Tomás de Aquino. **Revista Crítica Jurídica da Fundácion Iberoamericana de Derechos Humanos**, México, n.19, p.15-32, 2001.

WOLKMER, Antonio Carlos; CORREAS, Oscar. **Crítica jurídica na América Latina**. Aguascalientes: CENEJUS, 2013.

YOUROW, Howard Charles. **The Margin of Appeciation Doctrine in the Dynamics of European Human Rights Jurisprudence**. Netherlands: Kluwer Academic Publishers Group, 1996.

Sites Consultados

A FILOSOFIA BUDISTA. Disponível em: <http://www.dhnet.org.br/direitos/militantes/ herkenhoff/livro1/filos1/ budismo.html>. Acesso em: 02 jun. 2015.

A REPORT ON THE SITUATION OF INDIGENOUS AND TRIBAL PEOPLES IN SURINAME AND COMMENTS ON SURINAME'S 13TH -15TH PERIODIR REPORTS. Disponível em: <www.forestpeoples.org/sites/fpp/files/publication/2015/07/suriname-shadow-2015-final.pdf>. Acesso em: 24 ago. 2015.

AFRICAN UNION. Disponível em: <http://www.au.int>. Acesso em: 29 jun. 2015.

AGÊNCIA BRASILEIRA DE COOPERAÇÃO. Disponível em: <www.abc.gov.br>. Acesso em: 26 maio 2015.

AGÊNCIA NACIONAL DE VIGILÂNCIA SANITÁRIA. Disponível em: <http://portal.anvisa.gov.br>. Acesso em: 20 abr. 2015.

ASSOCIAÇÃO MUTUALISTA MONTEPIO. Disponível em: <ei.montepio.pt>. Acesso em: 07 maio 2015.

ATO GERAL DA CONFERÊNCIA DE BRUXELAS. Disponível em: <http://www.fd.unl.pt/anexos/investigacao/1391.pdf>. Acesso em: 10 jun. 2015.

CARTA DA ORGANIZAÇÃO DOS ESTADOS AMERICANOS. Disponível em: <http://www.oas.org/ juridico/portuguese/carta.htm>. Acesso em: 22 jul. 2015.

CARTA DEMOCRÁTICA INTERAMERICANA. Disponível em: <www.oas.org/pt/democratic-charter/pdf>. Acesso em: 28 abr. 2015.

CASO "INSTITUTO DE REEDUCACIÓN DEL MENOR" *VS*. PARAGUAY. Disponível em: <www.corteidh.or.cr/docs/casos/articulos/seriec_112_esp.pdf>. Acesso em: 19 ago. 2015.

CASO "LA ÚLTIMA TENTACIÓN DE CRISTO" (OLMEDO BUSTOS Y OTROS) *VS*. CHILE. Disponível em: <www.corteidh.or.cr/docs/casos/articulos/seriec_73_esp.pdf>. Acesso em: 05 ago. 2015.

CASO ACOSTA CALDERÓN *VS*. ECUADOR. Disponível em: <www.corteidh.or.cr/ docs/casos/articulos/seriec_129_esp1.pdf>. Acesso em: 10 ago. 2015.

CASO ALMONACID ARELLANO Y OTROS *VS*. CHILE. Disponível em: <www.corteidh.or.cr/docs/casos/articulos/seriec_154_esp.pdf>. Acesso em: 05 ago. 2015.

CASO ALOEBOETOE Y OTROS *VS*. SURINAM. Disponível em: <www.corteidh.or.cr/docs/casos/articulos/seriec_11_esp.pdf>. Acesso em: 24 ago. 2015.

CASO ATALA RIFFO Y NIÑAS *VS*. CHILE. Disponível em: <www.corteidh.or.cr/ docs/casos/articulos/seriec_254_esp.pdf>. Acesso em: 05 ago. 2015.

CASO BAENA RICARDO Y OTROS *VS*. PANAMÁ. Disponível em: <www.corteidh.or.cr/docs/casos/articulos/seriec_127_esp.pdf>. Acesso em: 16 ago. 2015.

CASO BARBANI DUARTE Y OTROS *VS*. URUGUAY. Disponível em: <www.corteidh.or.cr/docs/casos/articulos/seriec_234_esp.pdf>. Acesso em: 31 ago. 2015.

CASO BOYCE Y OTROS *VS*. BARBADOS. Disponível em: <www.corteidh.or.cr/ docs/casos/articulos/seriec_204_esp.pdf>. Acesso em: 04 ago. 2015.

CASO CABRERA GARCÍA Y MONTIEL FLORES *VS*. MÉXICO. Disponível em: <www.corteidh.or.cr/docs/casos/articulos/seriec_220_esp.pdf>. Acesso em: 13 ago. 2015.

CASO CASTAÑEDA GUTMAN *VS*. MÉXICO. Disponível em: <www.corteidh.or.cr/ docs/casos/articulos/seriec_184_esp.pdf>. Acesso em: 13 ago. 2015.

CASO CLAUDE REYES *VS*. CHILE. Disponível em: <www.corteidh.or.cr/docs/ casos/articulos/seriec_151_esp.pdf>. Acesso em: 05 ago. 2015.

CASO COMUNIDAD MOIWANA *VS*. SURINAM. Disponível em: <www.corteidh.or.cr/docs/casos/articulos/seriec_145_esp.pdf>. Acesso em: 24 ago. 2015.

CASO DA COSTA CADOGAN *VS*. BARBADOS. Disponível em: <www.corteidh.or.cr/docs/casos/articulos/seriec_204_esp.pdf>. Acesso em: 04 ago. 2015.

CASO DE LA COMUNIDAD MAYAGNA (SUMO) AWAS TINGNI *VS*. NICARÁGUA. Disponível em: <www.corteidh.or.cr/docs/casos/articulos/seriec_79_esp.pdf>. Acesso em: 15 ago. 2015.

CASO DE LOS PUEBLOS INDÍGENAS KUNA DE MADUNGANDÍ Y EMBERÁ DE BAYANO Y SUS MIEMBROS *VS*. PANAMÁ. Disponível em: <www.corteidh.or.cr/docs/casos/articulos/seriec_284_esp.pdf>. Acesso em: 17 ago. 2015.

CASO DEL PUEBLO SARAMAKA *VS*. SURINAM. Disponível em: <www.corteidh.or.cr/docs/casos/articulos/seriec_172_esp.pdf>. Acesso em: 24 ago. 2015.

CASO FAMILIA PACHECO TINEO *VS*. BOLIVIA. Disponível em: <www.corteidh.or.cr/docs/casos/articulos/seriec_272_esp.pdf>. Acesso em: 05 ago. 2015.

CASO FERNÁNDEZ ORTEGA Y OTROS *VS*. MÉXICO. Disponível em: <www.corteidh.or.cr/docs/casos/articulos/seriec_215_esp.pdf>. Acesso em: 13 ago. 2015.

CASO FLEURY Y OTROS *VS*. HAITI. Disponível em: <www.corteidh.or.cr/docs/ casos/articulos/seriec_236_esp.pdf>. Acesso em: 12 ago. 2015.

CASO GANGARAM PANDAY *VS*. SURINAM. Disponível em: <www.corteidh.or.cr/ docs/casos/articulos/seriec_16_esp.pdf>. Acesso em: 24 ago. 2015.

CASO GARCÍA LUCERO Y OTRAS *VS*. CHILE. Disponível em: <www.corteidh.or.cr/ docs/casos/articulos/seriec_267_esp.pdf>. Acesso em: 05 ago. 2015.

CASO GARCÍA PRIETO Y OTRO *VS*. EL SALVADOR. Disponível em: <www.corteidh.or.cr/docs/casos/articulos/seriec_168_esp.pdf>. Acesso em: 10 ago. 2015.

CASO GELMAN *VS*. URUGUAY. Disponível em: <www.corteidh.or.cr/docs/casos/ articulos/seriec_221_esp.pdf>. Acesso em: 31 ago. 2015.

CASO GENIE LACAYO *VS*. NICARÁGUA. Disponível em: <www.corteidh.or.cr/docs/ casos/articulos/seriec_30_esp.pdf>. Acesso em: 15 ago. 2015.

CASO GOIBURÚ Y OTROS *VS*. PARAGUAY. Disponível em: <www.corteidh.or.cr/ docs/casos/articulos/seriec_153_esp.pdf>. Acesso em: 19 ago. 2015.

CASO GONZÁLEZ Y OTRAS *VS*. MÉXICO. Disponível em: <www.corteidh.or.cr/ docs/casos/articulos/seriec_205_esp.pdf>. Acesso em: 13 ago. 2015.

CASO HELIODORO PORTUGAL *VS*. PANAMÁ. Disponível em: <www.corteidh.or.cr/docs/casos/articulos/seriec_186_esp.pdf>. Acesso em: 16 ago. 2015.

CASO HERRERA ULLOA *VS*. COSTA RICA. Disponível em: <www.corteidh.or.cr/ docs/casos/articulos/seriec_107_esp.pdf>. Acesso em: 06 ago. 2015.

CASO IBSEN CÁRDENAS E IBSEN PEÑA *VS*. BOLIVIA. Disponível em: <www.corteidh.or.cr/docs/casos/articulos/seriec_217_esp1.pdf>. Acesso em: 05 ago. 2015.

CASO MASACRE DE EL MOZOTE Y LUGARES ALEDAÑOS *VS.* EL SALVADOR. Disponível em: <www.corteidh.or.cr/docs/casos/articulos/seriec_252_esp.pdf>. Acesso em: 10 ago. 2015.

CASO NORÍN CATRIMÁN Y OTROS *VS.* CHILE. Disponível em: <www.corteidh.or.cr/docs/casos/articulos/seriec_279_esp.pdf>. Acesso em: 05 ago. 2015.

CASO PALAMARA IRIBARNE *VS.* CHILE. Disponível em: <www.corteidh.or.cr/docs/casos/articulos/seriec_135_esp.pdf>. Acesso em: 05 ago. 2015.

CASO RADILLA PACHECO *VS.* MÉXICO. Disponível em: <www.corteidh.or.cr/docs/ casos/articulos/seriec_209_esp.pdf>. Acesso em: 13 ago. 2015.

CASO RICARDO CANESE *VS.* PARAGUAY. Disponível em: <www.corteidh.or.cr/ docs/casos/articulos/seriec_111_esp.pdf. Acesso em: 19 ago. 2015.

CASO ROCHAC HERNÁNDEZ Y OTROS *VS.* EL SALVADOR. Disponível em: <www.corteidh.or.cr/docs/casos/articulos/seriec_285_esp.pdf>. Acesso em: 10 ago. 2015.

CASO TIBI *VS.* ECUADOR. Disponível em: <www.corteidh.or.cr/docs/casos/ articulos/seriec_114_esp.pdf>. Acesso em: 10 ago. 2015.

CASO TICONA ESTRADA Y OTROS *VS.* BOLIVIA. Disponível em: <www.corteidh.or.cr/docs/casos/articulos/seriec_199_esp.pdf>. Acesso em: 04 ago. 2015.

CASO TRISTÁN DONOSO *VS.* PANAMÁ. Disponível em: <www.corteidh.or.cr/docs/ casos/articulos/seriec_193_esp.pdf>. Acesso em: 16 ago. 2015.

CASO TRUJILLO OROZA *VS.* BOLIVIA. Disponível em: <www.corteidh.or.cr/docs/ casos/articulos/seriec_92_esp.pdf>. Acesso em: 04 ago. 2015.

CASO VÉLEZ LOOR *VS.* PANAMÁ. Disponível em: <www.corteidh.or.cr/docs/casos/ articulos/seriec_218_esp2.pdf>. Acesso em: 16 ago. 2015.

CASO YATAMA *VS.* NICARÁGUA. Disponível em: <www.corteidh.or.cr/docs/casos/ articulos/seriec_127_esp.pdf>. Acesso em: 15 ago. 2015.

CASO YVON NEPTUNE *VS.* HAITI. Disponível em: <www.corteidh.or.cr/docs/casos/ articulos/seriec_180_esp1.pdf>. Acesso em: 12 ago. 2015.

CENTRO DE DERECHOS HUMANOS MIGUEL AGUSTÍN PRO JUÁREZ A. C. Disponível em: <www.centroprodh.org.mx>. Acesso em: 13 ago. 2015.

CENTRO POR LA JUSTICIA Y EL DERECHO INTERNACIONAL. Disponível em: <http://cejil.org>. Acesso em: 11 ago. 2015.

CILINDRO DE CIRO. Disponível em: <http://dhnet.org.br/direitos/anthist/marcos/ cilindro/index.htm>. Acesso em: 02 jun. 2015.

CÓDIGO DE HAMMURABI. Disponível em: <http://www.dhnet.org.br/direitos/anthist/ hamurabi.htm>. Acesso em: 02 jun. 2015.

COMISSÃO NACIONAL DA VERDADE. Disponível em: <www.cnv.gov.br>. Acesso em: 19 ago. 2015.

CONSULADO DA NICARÁGUA EM SÃO PAULO. Disponível em: <www.nicaragua.org.br>. Acesso em: 15 ago. 2015.

CONVENÇÃO DE VIENA SOBRE O DIREITO DOS TRATADOS DE 1969. Disponível em: <www.gddc.pt/siii/docs/rar67-2003.pdf>. Acesso em: 23 abr. 2015.

CONVENÇÃO EUROPEIA DOS DIREITOS DO HOMEM. Disponível: <http://www.echr.coe.int/Documents/Convention_POR.pdf. Acesso em: 22 jun. 2015.

COOPERATIVA HABITACIONAL DOS SERVIDORES DO SENADO FEDERAL. Disponível em: <www.coopersefe.org.br. Acesso em: 03 maio 2015.

COORDINADORA DE DERECHOS HUMANOS DEL PARAGUAY. Disponível em: <www.codehupy.org>. Acesso em: 19 ago. 2015.

CORTE INTERAMERICANA DE DIREITOS HUMANOS. Disponível em: <http://www.corteidh.or.cr/>. Acesso em: 29 jul. 2015.

COUNCIL OF EUROPE. Disponível em: <http://www.coe.int/>. Acesso em: 23 jun. 2015.

DECLARAÇÃO E PROGRAMA DE AÇÃO DE VIENA (1993). Disponível em: <www.pge.sp.gov.br/centrodeestudos/bibliotecavirtual/instrumentos/viena.htm>. Acesso em: 10 maio 2015.

DECLARAÇÃO UNIVERSAL DOS DIREITOS HUMANOS. Disponível em: <http://www.ohchr.org/EN/UDHR/Documents/UDHR_Translations/por.pdf>. Acesso em: 28 maio 2015.

ESTRATEGIA DE ACCESO DIFERENCIAL PARA BENEFICIARIOS DE LAS SENTENCIAS DE LA CORTE INTERAMERICANA DE DERECHOS HUMANOS. Disponível em: <www.minsalud.gov.co/proteccionsocial/Paginas/Victimas-CorteIDH-EstrategiaDiferencial.aspx>. Acesso em: 06 ago. 2015.

EUROPEAN COURT OF HUMAN RIGHTS. Disponível em: <http://www.echr.coe.int>. Acesso em: 29 jun. 2015.

HISTÓRIA DA ORGANIZAÇÃO DOS ESTADOS AMERICANOS. Disponível em: <http://www.oas.org/pt/sobre/nossa_historia.asp>. Acesso em: 22 jul. 2015.

HUMAN RIGHTS EDUCATION ASSOCIATES. Disponível em: <http://www.hrea.org/index. php?doc_id=439>. Acesso em: 10 mar. 2015.

INSTITUCIÓN NACIONAL DE DERECHOS HUMANOS Y DEFENSORÍA DEL PUEBLO. Disponível em: <inddhh.gub.uy>. Acesso em: 31 ago. 2015.

INTERNATIONAL COMMITTE OF THE RED CROSS. Disponível em: <www.icrc.org/por/asserts/files/publications/icrc-007-4046.pdf>. Acesso em: 30 abr. 2015.

INTERNATIONAL LAW COMISSION. Disponível em: <http://www.un.org/law/ilc/>. Acesso em: 18 abr. 2015.

INTERNATIONAL WORK GROUP FOR INDIGENOUS AFFAIRS. Disponível em: <www.iwgia.org/images/stories/sections-esp/regiones/latin-america/docs/MI2015/ Chile_MI201>. Acesso em: 05 ago. 2015.

MERCOSUL. Disponível em: <www.mercosur.int>. Acesso em: 26 maio 2015.

MINISTÉRIO DA EDUCAÇÃO E ENSINO SUPERIOR DE CABO VERDE. Disponível em: <http://www.minedu.gov.cv/>. Acesso em: 20 abr. 2015.

MINISTÉRIO DA JUSTIÇA. Disponível em: <www.justica.gov.br/sua-protecao/ cooperacao-internacional>. Acesso em: 23 abr. 2015.

MUTUALIDADES PORTUGUESAS. Disponível em: <www.mutualismo.pt>. Acesso em: 07 maio 2015.

O SISTEMA DAS NAÇÕES UNIDAS. Disponível em: <http://www.onu.org.br/img/ organograma.pdf>. Acesso em: 21 abr. 2015.

OFFICE OF THE HIGH COMMISSIONER FOR HUMAN RIGHTS. Disponível em: <http://www.unhchr.ch/hurricane/hurricane.nsf/view01/6C211162E43235FAC12573 E00056E19D?opendocument>. Acesso em: 30 jun. 2015.

ORGANIZAÇÃO DAS NAÇÕES UNIDAS NO BRASIL. Disponível em: <http://www.onu-brasil.org.br>. Acesso em: 02 fev. 2015.

ORGANIZAÇÃO DOS ESTADOS AMERICANOS. Disponível em: <http://www.oas.org/pt/sobre/ que_fazemos.asp>. Acesso em: 27 jul. 2015.

PROCURADOR DE LOS DERECHOS HUMANOS. Disponível em: <www.pdh.org.gt>. Acesso em: 11 ago. 2015.

PROGRAMA DE MUJERES Y NIÑAS DESAPARECIDAS "DAR CONTIGO". Disponível em: <www.ssp.gov.mx/extraviadosWeb/portais/extraviados.portal>. Acesso em: 13 ago. 2015.

PROTOCOLO DE BUENOS AIRES. Disponível em: <http://www.oas.org/dil/ treaties_B-31_Protocol_of_Buenos_Aires.htm>. Acesso em: 23 jul. 2015.

PROTOCOLO DE SAN SALVADOR. Disponível em: <http://www.cidh.org/Basicos/Portugues/e.Protocolo_de_San_Salvador.htm>. Acesso em: 13 jun. 2015.

SALA CONSTITUCIONAL DE LA CORTE SUPREMA DE JUSTICIA. Disponível em: <sítios.poder-judicial.go.cr/salaconstitucional/>. Acesso em: 06 ago. 2015.

SECRETARIA DE DIREITOS HUMANOS – PRESIDÊNCIA DA REPÚBLICA. Disponível em: <www.sdh.gov.br>. Acesso em: 07 set. 2015.

SUPREMO TRIBUNAL FEDERAL. Disponível em: <www.stf.jus.br>. Acesso em: 28 maio 2015.

THE HUMAN RIGHTS COUNCIL. Disponível em: <http://www2.ohchr.org/english/ bodies/ hrcouncil/index.htm>. Acesso em: 18 jun. 2015.